Georg Simmel · Gesamtausgabe

Herausgegeben von Otthein Rammstedt

Band 7

Georg Simmel
Aufsätze und Abhandlungen
1901-1908
Band 1

Herausgegeben von
Rüdiger Kramme, Angela Rammstedt
und Ottbein Rammstedt

Suhrkamp

Die Deutsche Bibliothek – CIP-Einheitsaufnahme
Simmel, Georg:
Gesamtausgabe / Georg Simmel.
Hrsg. von Otthein Rammstedt. –
[Ausg. in Schriftenreihe]. –
Frankfurt am Main : Suhrkamp.
NE: Rammstedt, Otthein [Hrsg.];
Simmel, Georg: [Sammlung]
[Ausg. in Schriftenreihe]
Bd. 7. Aufsätze und Abhandlungen 1901-1908. – Bd. 1. /
Rüdiger Kramme ... – 1. Aufl. – 1995
(Suhrkamp-Taschenbuch Wissenschaft ; 807)
ISBN 3-518-28407-X
NE: Kramme, Rüdiger [Hrsg.]; GT

suhrkamp taschenbuch wissenschaft 807
Erste Auflage 1995
© dieser Ausgabe Suhrkamp Verlag Frankfurt am Main 1995
Suhrkamp Taschenbuch Verlag
Alle Rechte vorbehalten, insbesondere das
des öffentlichen Vortrags, der Übertragung
durch Rundfunk und Fernsehen
sowie der Übersetzung, auch einzelner Teile.
Satz und Druck: Wagner GmbH, Nördlingen
Printed in Germany
Umschlag nach Entwürfen von
Willy Fleckhaus und Rolf Staudt

1 2 3 4 5 6 – 00 99 98 97 96 95

Inhaltsübersicht

Beiträge zur Erkenntnistheorie der Religion   9

Stefan George. Eine kunstphilosophische Studie . . .   21

Die ästhetische Bedeutung des Gesichts   36

Aesthetik der Schwere   43

Die beiden Formen des Individualismus   49

Zum Verständnis Nietzsches   57

Weibliche Kultur   64

Vom Pantheismus   84

Rodins Plastik und die Geistesrichtung der Gegenwart   92

Der Bildrahmen. Ein ästhetischer Versuch   101

Vom Heil der Seele   109

Die Großstädte und das Geistesleben   116

Soziologie des Raumes   132

Über ästhetische Quantitäten   184

Die ästhetische Quantität   190

Über räumliche Projektionen socialer Formen   201

Soziologie der Konkurrenz   221

Die Lehre Kants von Pflicht und Glück   247

Kant und die moderne Aesthetik   255

Kant und der Individualismus   273

Ueber Geschichte der Philosophie. Aus einer
einleitenden Vorlesung   283

Bruchstücke aus einer Psychologie der Frauen   289

Die Gegensätze des Lebens und die Religion 295

Das Abendmahl Leonardo da Vincis 304

Ein Problem der Religionsphilosophie 310

Aesthetik des Porträts 321

Das Ende des Streits 333

Der Henkel. Ein ästhetischer Versuch 345

Editorischer Bericht 351
Druckvorlagen 366
Varianten 370
Verzeichnis der Abkürzungen und Siglen 379
Namenregister 380

Aufsätze und Abhandlungen
1901-1908
Band 1

Beiträge zur
Erkenntnistheorie der Religion

I.

Die fromm-gläubige Stimmung hegt oft den unklaren Begriff von Religion, als habe diese die Existenz Gottes oder die objektive Realität der Heilsthatsachen unmittelbar in oder an sich. Man braucht die Gültigkeit der religiösen Behauptungen, die Inspiration ihrer Gründer, die Wirklichkeit ihrer Gegenstände und des Verkehrs mit Gott keineswegs in Abrede zu stellen und muss dennoch daran festhalten, dass Religion als solche ein Vorgang im menschlichen Bewusstsein und weiter nichts ist. Zugegeben, dass ein Verhältnis zwischen Gott und der einzelnen Seele besteht, so ist uns doch nur die in der letzteren gelegene Seite desselben gegeben. Religion ist nicht dieses Verhältnis als ein Ganzes gedacht, als die Einheit, welche seine Elemente zusammenschliesst. Wenn etwa das Vertragsverhältnis des alten Testamentes oder das Kindschaftsverhältnis des neuen oder ein mystisches Verschmelzen zwischen Gott und Mensch vorliegt, so ist dies eine einheitliche, aus zwei Beziehungsrichtungen zusammengesetzte Thatsache, ein metaphysisches Geschehen, das wohl Religion begründet oder einschliesst, aber doch nicht die Religion *ist* – so wenig wie die Rechtlichkeit, als Form des individuellen Handelns, mit dem Recht, als einer objektiven Einungsart zwischen Menschen zusammenfällt. Religion ist vielmehr nur das subjektive Verhalten des Menschen, durch welches er eine Seite jenes Beziehungsganzen bildet, oder vielleicht die subjektive Reaktion auf die Wirklichkeit desselben; sie ist durchaus ein menschliches Fühlen, Glauben, Handeln oder wie man sonst die Funktion einreihen mag, die unsern Anteil an dem Verhältnis zwischen Gott und uns ausmacht oder ausdrückt und die uns nur als ein Zustand oder Ereignis in unsrer Seele gegeben ist. Um zu einer wissenschaftlichen Analyse des religiösen Wesens zu kommen, muss man von diesem Selbstverständlichen und doch so oft unklar Bleibenden ausgehen: die Thatsache, dass ein Gott die Welt geschaffen hat und lenkt, dass er mit Lohn und Strafe Gerechtigkeit übt, dass von ihm Erlösung und Heiligung ausgeht – das alles ist nicht Religion, wenn es auch der Inhalt ist, den wir religiös fühlen, behandeln, glauben. Wie wir die objektive Welt, die den Inhalt des Denkprozesses bildet, von diesem Prozesse selbst zu unterscheiden haben, so den religiösen Inhalt, in seinem objektiven Bestande und Gültigkeit, von der Religion als subjektiv-menschlichem Prozesse.

Diese Scheidung ermöglicht die Einreihung der Religiosität unter einen weitausgreifenden erkenntnistheoretischen Gesichtspunkt. Die grossen Kategorieen unseres inneren Lebens: das Sein wie das Sollen, die Möglichkeit wie die Notwendigkeit, das Wollen wie das Fürchten, bilden eine Reihe, durch welche die Sachgehalte des Bewusstseins, die logisch fixierbaren, begrifflichen Bedeutungen der Dinge hindurchpassieren; man kann sie mit den verschiedenen Aggregatzuständen vergleichen, welche ein und derselbe chemische Stoff anzunehmen vermag, oder mit der Vielheit musikalischer Instrumente, auf denen eine und dieselbe Melodie, jedesmal aber mit einer besonderen Klangfarbe, gespielt werden kann. Vielleicht sind es nur verschiedene begleitende Gefühle, die uns den gleichen sachlichen Inhalt bald als seiend, bald als nicht-seiend, bald als gesollt, bald als erhofft anzeigen, oder richtiger: die es *bedeuten*, dass er bald das eine, bald das andere ist. Je nach ihrer Gesamtlage antwortet unsere Seele auf denselben Vorstellungsinhalt mit einem ganz verschiedenen Verhalten und rückt ihn eben damit in ganz verschiedene Bedeutungen für uns. Es scheint mir nun, dass die Religiosität zu diesen grundlegenden formalen Kategorieen gehört und so mit dem ihr eigenen Ton gewisse Vorstellungsinhalte ausstattet, welche aber in anderen Fällen auch die Anwendung anderer Kategorieen auf sich gestatten. Jene oben erwähnten Thatsachen: Gott und sein Verhältnis zur Welt, Offenbarung, Sünde und Erlösung können unter dem blossen Gesichtspunkte des Seins betrachtet werden, als metaphysische Thatsachen grösserer oder geringerer Beweisbarkeit; sie können unter die Kategorie des Zweifels geraten, jenes eigentümlichen inneren Oszillationszustandes, der aus dem Sein und dem Nichtsein eine neue spezifische Auffassungsform der Dinge bildet; gewisse von ihnen können unter die Kategorie des Sollens treten, so dass sie sozusagen als sittliche Anforderungen erscheinen, denen die Ordnung der Dinge und unsrer Seele zu genügen hat. Und so nun, ohne dass ihr Inhalt sich im geringsten ändert, können sie religiöse Form besitzen – eine vielleicht ganz einheitliche Art ihres Fürunsseins, eine einheitliche Stimmung der Seele, die jenen Inhalten eine spezifische Bedeutsamkeit und Art des Daseins und Geltens leiht, die wir aber psychologisch nur als Komplex verschiedenartiger Gefühlsbestandteile beschreiben können: als Hingabe des Ich und gleichzeitiges Sich-Zurückempfangen, als demütige Bescheidenheit und leidenschaftliches Begehren, als Zusammenschmelzen mit dem höchsten Prinzip und Entferntsein von ihm, als sinnliche Unmittelbarkeit und unsinnliche Abstraktion unseres Vorstellens seiner. Dass alle diese als einander widersprechend erscheinen, macht nur wahrscheinlich, dass das religiöse Phänomen nicht aus ihnen als einzelnen zusammengesetzt, sondern dass es eine innere Einheit sui generis ist, deren nachträgliche Konstruktion nur durch gegenseitig sich einschränkende psychologische Gegensatzpaare geschehen kann. Wie im Äusserlich-Praktischen derselbe Gegenstand durch eine Reihe von Interessenprovinzen cirkulieren kann, deren jede ihn mit einer besonderen Wichtigkeit, einer besonderen Reaktion unserer Willenszentren auf ihn ausstattet – so werden jene transcendenten Begriffe bald von einem inneren Spannungszustand getragen, der ihre theoretische Bedeutung, nach Sein oder Nicht-Sein ausmacht, bald von einem, den wir etwa dichterisch nennen können, indem er, ganz jenseits der Realitätsfrage, nur die so erreichte Harmonie des Weltbildes formal-ästhetisch geniesst, bald von dem spezifisch religiösen, der vielleicht den erstgenannten voraussetzt, ihn vielleicht auch erst begründet, keinesfalls aber mit ihm zusammenfällt; er stellt vielmehr eine eigene und unverwechselbare Tonart dar, in der unsere Seele die Melodie jener Inhalte spielt. Mit dieser Betrachtungsweise wird folgendes für die Theorie der Religion gewonnen. Erstens wird die Religiosität als eine einheitliche und fundamentale Verfassung der

Seele erkannt, so dass die Bedeutsamkeit und Geltungsart, welche sie den von ihr ergriffenen Inhalten mitteilt, in derselben Reihe steht wie die Kategorieen des Seins, des Sollens, des Wollens etc. von Inhalten; dadurch bekommt die von ihr geschaffene Welt eine Selbständigkeit, die nun nicht mehr immer auf die Legitimation seitens der Welten jener Kategorieen zu warten braucht, sondern diesen koordiniert ist. Diese Kategorieen verhalten sich zu einander, wie cogitatio und extensio bei *Spinoza*: jede drückt in der ihr eigenen Sprache das gesamte Sein aus und eben deshalb kann keine in die andere übergreifen. Ist Religiosität eine von ihnen, ist sie wirklich das gesamte Sein, von einem besondern Standpunkt aus gesehen, so lehnt sie nicht nur jede Prüfung an den Weltbildern der Wirklichkeit oder des Wollens usw. ab, sondern auch jede innere, sachliche Gemeinschaft und Verwebung mit diesen, so sehr alle diese im Leben des Individuums sich in »Gemengelage« darbieten mögen. Zweitens hat die so vollbrachte begriffliche Lösung der Religiosität als solcher von ihrem mehr oder minder dogmatischen Einzelinhalt vielerlei wesentliche Konsequenzen. Wenn die Religiosität eine Vergegenwärtigungsart bestimmter begrifflicher Inhalte ist, so wird begreiflich, dass bei allem Wechsel oder Entwickelung der letzteren die Innigkeit und subjektive Bedeutung der religiösen Stimmung selbst ganz die gleiche bleiben kann, gerade wie alle einander fremden oder widersprechenden Inhalte des Seins doch das eigentümliche Realitätsgefühl, das wir als ihr Sein objektivieren, in gleicher Art und Stärke besitzen und wie alle sich bekämpfenden Moralvorschriften die Form, die sie eben zu moralischen macht: das Sollen, mit einander teilen. Ferner folgt aus eben diesem Umstand, dass weder die religiöse Stimmung irgend einen bestimmten Inhalt logisch notwendig macht, noch dass ein solcher in sich allein die logische Notwendigkeit, zur Religion zu werden, besitzt. Auch aus dem Gefühl oder Begriff des Seins lässt sich kein konkreter Einzelinhalt herauspressen; erst wenn dieser aus anderweitigen Quellen geflossen ist, kann er, eine bestimmte Gefühlsbeteiligung erwerbend, sich in die Form des Seins kleiden, und ebensowenig ist ihm der Anspruch auf diese an und für sich anzusehen. All die alten Irrtümer, die aus dem Begriff Gottes seine Existenz logisch ableiten oder aus der Thatsache des Seins die Notwendigkeit eines Gottes deduzieren wollten, finden ihr Gegenbild an den dogmatischen Versuchen, die immer nur einen Inhalt der Religiosität als legitim anerkennen wollen, sei es, dass die religiöse Stimmung für sie nur in diesen einen münden kann, ohne sich in innere Widersprüche zu verwickeln, sei es, dass sie für diesen einen, den ihnen das theoretische Weltbild ergiebt, auch die spezifisch religiöse Reaktion meinen logisch erzwingen zu können. Von alledem befreit die Erkenntnis des Religiösen als einer formalen Grundkategorie, die freilich ebenso eines Inhaltes bedarf, wie das Sein es thut, aber ebenso wie dieses die Biegsamkeit ihres Charakters als Form in der Weite der Inhalte zeigt, die sie in gleicher Weise tragen kann. Endlich erlöst diese Auffassung das religiöse Empfinden von der ausschliesslichen Bindung an transcendente Gegenstände. Es giebt eine Unzahl von Gefühlsbeziehungen zu sehr irdischen Objekten, Menschen wie Dingen, die man nur als religiös bezeichnen kann. Wie sich der ästhetisch angelegte Mensch oft zu dem anschaulich Schönen verhält, der Arbeiter zu seiner sich emporringenden Klasse, oder der adelsstolze Feudale zu seinem Stand; die pietätvolle Seele zu Traditionen und tradierten Gegenständen; der Patriot zu seinem Vaterland oder der Enthusiast zu den Ideen von Freiheit, Brüderlichkeit, Gerechtigkeit – alle diese Verhältnisse haben, bei der unendlichen Verschiedenheit ihres Inhalts, einen psychologischen Ton gemeinsam, den man als religiös bezeichnen muss, da man ihn in jenes eigentümliche Ineinander von Erstreben und Geniessen, Geben und Nehmen, Demut und Erhöhung, Verschmelzung und Distanzierung analysieren und dennoch in seiner spezifischen Einheit nicht daraus zusammensetzen kann. Ich bin überzeugt, dass man die Religion in ihrem engeren, transcendenten Sinne erst verstehen wird, wenn man sie als die Zuspitzung, Sublimierung, Verabsolutierung dieser Ansätze, dieser gemischten und niederen Verwirklichungen ihres Prinzips entwickelt haben wird. Selbstverständlich wird dadurch in keiner Weise die sachliche Bedeutung ihrer selbst, bzw. ihrer Inhalte präjudiziert, die vielmehr eine von ihrem historisch-psychologischen Zustandekommen völlig unabhängige Gültigkeit und Prüfungsanspruch besitzt. Auch ist dieser Versuch, die religiöse Form auch an irdischen Inhalten aufzusuchen und weit jenseits der eigentlichen Religion ihre Ansätze zu finden, durchaus nicht ephemeristischer Natur und ganz ohne Zusammenhang mit den Bemühungen, Religion in allerhand Allzumenschlichkeiten aufzulösen. Denn es handelt sich nicht um ein Herabziehen der Religion, sondern umgekehrt um eine Erhebung gewisser irdischer Beziehungen und Gefühle in ihre Sphäre. Eben diese Erscheinungen bilden nur rudimentäre, weniger reine Erfüllungen des Grundprinzips, das am vollendetsten und ungemischtesten in der Religion lebendig wird. Möglich aber ist dies Verfahren, das sie aus ihrer unbegreiflichen Isolierung erlöst, ohne damit doch ihrer Würde das geringste zu vergeben, durch die Erkenntnis der Religiosität als einer fundamentalen, aber eben deshalb rein formalen Kategorie, die ebenso wie die anderen, mehr oder weniger apriorischen Grundformen unsres inneren Wesens, den ganzen Reichtum der Wirklichkeit als ihren Inhalt aufnehmen kann.

II.

Die Funktion also, welche die religiöse Bedeutung der Objekte trägt, ist prinzipiell derjenigen koordiniert, welche das Sein derselben für uns bedeutet, ganz unabhängig von der realen psychologischen Entwickelung, in der das eine vielleicht nicht ohne den Zusatz oder das Vorangehen des anderen stattfindet. Hiermit wird nun spezieller die Abtrennung des religiösen Glaubens vom theoretischen begründet. Glaube im intellektuellen Sinne steht in einer Reihe mit dem Wissen, als eine bloss niedere Stufe desselben, er ist ein Fürwahrhalten auf Gründe hin, die nur an quantitativer Stärke denen nachstehen, auf die hin wir zu *wissen* behaupten. So können uns metaphysische oder erkenntnistheoretische Untersuchungen dahin führen, dass wir die Existenz Gottes für eine plausible oder unter gewissen Umständen sogar notwendige Hypothese halten. Dann glauben wir an ihn wie man an die Existenz des Lichtäthers oder an die atomistische Struktur der Materie glaubt. Unmittelbar aber fühlen wir, dass wenn der Religiöse sagt: ich glaube an Gott – damit noch etwas anderes gemeint ist, als ein gewisses sicheres Fürwahrhalten seiner Existenz. Die bekannteste Theorie, die auf das Gefühl hierfür zurückgeht, ist die des praktischen Glaubens bei *Kant*, wie es bekanntlich ein spezifisches Gedankenmotiv des 18. Jahrhunderts war, dass die Moral nicht auf die Religion gegründet werden dürfe, sondern umgekehrt der religiöse Glaube der Ausdruck oder die Konsequenz der sittlichen Gesinnung sei. Aber trotzdem bleibt der Glaube bei ihm schliesslich etwas intellektuelles, wenn auch sein Ausgangspunkt ein übertheoretischer ist. Was *Kant* bewegt, an Gott und Unsterblichkeit zu glauben, ist die moralische Notwendigkeit, an der Realisierung des »höchsten Gutes«: der Harmonie vollendeter Tugend und vollendeter Glückseligkeit zu arbeiten. Da diese Notwendigkeit eine absolute ist, von der wir als moralische Wesen unter keinen Umständen lassen können, so müssen wir auch an die Möglichkeit jener Realisierung glauben, weil unser Bestreben sonst sinnlos wäre; möglich aber ist sie nur unter solchen transcendenten Bedingungen. Diese Annahme ihrer soll aber freilich keinerlei theoretischen Beweis oder Erkenntnis ihrer einschliessen. Nichtsdestoweniger ist dieser *Kant*ische Glaube ein theoretischer, weil er auf einem Schluss beruht, und zwar auf einem doppelten: einmal, dass der auf das höchste Gut bezügliche Imperativ nicht bestehen kann, ohne sich in die Annahme seiner Realisierung fortzusetzen, und ferner, dass diese Realisierung nur durch einen Gott und eine transcendente Gerechtigkeit erfolgen kann. Beide Behauptungen können bestritten werden, es ist Sache subjektiven psychologischen Bedürfnisses, aber nicht logischer Notwendigkeit, dass der Einzelne seine sittlichen Verpflichtungen als Teile einer objektiven und absoluten, über ihn hinausgehenden Entwickelung des höchsten Gutes deute. Dass die Moral ein solches Auswachsen über die jeweilige individuelle Aufgabe hinaus fordere, kann man mit demselben logischen Rechte verneinen wie bejahen. Wenn man es aber selbst zugiebt, so ist noch lange nicht sicher, dass nur transcendente Mächte jener Forderung genügen können. Wenn man die ganze Vorstellungsweise aus ihrem engen Individualismus erlöst und das Thun des Einzelnen als unselbständiges Element der Menschheitsentwickelung begreift, so kann etwa eine soziale Anpassung als hinreichend gedacht werden, Tugend und Glückseligkeit schliesslich und im Ganzen der gesellschaftlichen Schicksale miteinander zu versöhnen; oder man könnte, beidem einen biologischen Sinn gebend, die rein natürliche Evolution an dem gleichen Ziele münden lassen. Ich will nicht behaupten, dass diese Möglichkeiten sehr viel weniger Schwierigkeiten zu überwinden hätten als die *Kant*sche. Ich führe sie nur an, um die Ersetzbarkeit dieser letzteren durch allerhand andere theoretische Vermittelungen und damit *ihren eignen theoretischen Charakter* zu erweisen. Weil der *Kant*sche Glaube nichts unmittelbares ist, sondern nur theoretische Fortsetzung sittlicher Impulse, so würde von ihm nichts, aber auch gar nichts übrig bleiben, wenn die theoretische Irrigkeit, oder wenigstens Nicht-Notwendigkeit der diese Fortsetzung leitenden Prinzipien erwiesen würde. *Kant* hat also freilich in sehr verdienstvoller Weise die Stellung des religiösen Glaubens ausserhalb der rein intellektuellen Reihe insoweit festgelegt, als er ihn von der Hypothese, welche immer eine Steigerung zum eigentlichen Wissen ermöglicht, scharf unterscheidet: der religiöse Glaube ist, da sein Ursprung und seine Absicht in der Moral und nicht in der Intellektualität liegen, der Wahrheitsforderung der letzteren ganz entzogen. Dennoch bleibt das spezifische Wesen des religiösen Glaubens verkannt, da nur seinen Veranlassungen und Beziehungen, nicht aber ihm selbst der theoretische Charakter genommen wird. Wir gewinnen seine eigentliche Färbung deshalb auch noch nicht, wenn wir, statt auf Willensvorgänge, auf Gefühle als seine Ursprünge zurückgreifen. Angst, Verzweiflung, Vereinsamung; aber auch ebenso ein überquellendes Lebensgefühl, das die Schranken der Endlichkeit sprengt, kann zum Glauben an Gott führen, aber damit wird dieser Glaube selbst noch nicht beschrieben. Denn auch hier könnte er noch immer eine bloss theoretische Annahme sein, auch wenn diese, wie sie aus Gefühlsbedürfnissen hervorgegangen ist, in Gefühlsbefriedigungen mündete. Das innerste Wesen des religiösen Glaubens scheint mir vielmehr nur so ausdrückbar: dass er einen Zustand der menschlichen Seele, eine *Thatsächlichkeit* bedeutet, aber nicht, wie alles theoretische, ein blosses Spiegelbild einer solchen. Gewiss bedeutet auch die Intellektualität ein bestimmtes Sein der Seele, allein, in Hinsicht auf die Rolle derselben innerhalb unseres Gesamtwesens, tritt der Prozess selbst und die in ihm ausgesprochene Daseinsart völlig vor seinem Inhalt zurück. Als theoretische Wesen sind wir nichts, als unindividuelle Gefässe des Sachgehaltes der Dinge, indifferente Spiegel, deren eigenes Sein gegenüber dem, was sie spiegeln, nicht in Frage kommt. Dem Erkennen gegenüber ruht das Interesse nicht auf der Aktivität, von der es getragen wird, sondern auf dem sachlichen Inhalt, der von ihm getragen wird. Als religiös Gläubige dagegen unterscheiden wir uns von dem Nicht- oder Andersgläubigen nicht durch die Verschiedenheit des Inhalts, den unser Bewusstsein spiegelt – diese Verschiedenheit ist für den hier untersuchten Begriff nicht von spezifischer Bedeutung – sondern durch den Zustand unsrer Seele selbst. Der religiöse Glaube an Gott ist eine Art des inneren Daseins – die freilich auch ihre theoretische Seite und ihre theoretischen Konsequenzen haben, auch theoretisch ausgedrückt werden mag – während bei dem theoretischen Glauben oder Wissen Gottes unser seelischer Zustand nur der selbstlose und zurücktretende Träger eines Vorstellungsinhaltes ist.

Und nicht nur der Glaube an seine Existenz, sondern auch, was die religiöse Stimmung Erkenntnis Gottes im weiteren Sinne nennt, ist nicht ein Bewusstwerden seiner als eines Vorstellungsinhaltes, sondern die Thatsache der Herzensvereinigung mit ihm, die aus unsrer Hingabe an ihn und unsrer Empfängnis seiner als *realer Vorgänge* besteht, und von der die Vorstellungsseite seiner Erkenntnis nur das Spiegelbild ist. Das ist die Grundlage, auf der *Gregor von Nyssa* sagt: »Wer sein Herz von aller Schlechtigkeit befreit, der sieht in der eigenen Schönheit das Abbild des göttlichen Wesens.« Jeder theoretische Glaube kann seinen Inhalt wechseln, ohne dass der Mensch selbst dadurch ein andrer wird, denn die Glaubens-

funktion bleibt ungeändert. Im religiösen Glauben aber besteht diese gegenseitige Unabhängigkeit von Inhalt und Funktion nicht: der Glaube eines anderen Gottes ist ein anderes Glauben. Das ist wie mit Gemütsverhältnissen zu Menschen; wenn Liebe sich von dem einen ab- und einem andern zuwendet, so hat sie nicht nur den Gegenstand gewechselt, sondern je tiefer sie ist, je mehr sie unser *Sein* berührt, desto mehr ist sie eine andere Liebe. Ob man an *Jehova*, an den Christengott, an *Ormuzd* und *Ahriman*, an *Vitzliputzli* glaubt – das ist nicht nur inhaltlich, sondern auch funktionell verschieden, das verkündet ein verschiedenes *Sein* der Menschen.

Vermittelst dieser Deutung, dass es sich beim religiösen Glauben um ein Sein, um den subjektiven Vorgang selbst, statt, wie beim theoretischen, um seinen Inhalt handelt, erklären sich allerhand sonst paradoxe Thatsachen. Zum Beispiel das Gebet um Glauben – für den gewöhnlichen Rationalismus ein ganz sinnloses Unternehmen, da man doch offenbar nur zu jemand beten könne, an den man schon glaubt, wenn man ihn aber schon glaubt, man nicht mehr um den Glauben zu beten brauche. In der That setzt dieses Gebet den Glauben im theoretischen Sinne voraus. Dass ein Gott sei und dass er Gebete zu erfüllen im stande sei, muss schon zweifellos feststehen, damit man beten könne. Nicht um diese Frage der Objektivität also bewegt sich das Gebet um Glauben, sondern um eine eigene innere Wirklichkeit, eine Umwandlung unsres Beschaffenseins, das in jenem Fürwahrhalten nur seinen bewussten Anhaltspunkt oder angebbaren Abglanz findet. Vielleicht liegt hier der tiefste Grund des ontologischen Irrtums, der die Existenz Gottes durch einen Schluss des blossen Denkens gewinnen will, was nur möglich ist, wenn er diese Existenz bereits insgeheim vorausgesetzt hat. Man legte ihn sozusagen mit gutem Gewissen in die Prämissen hinein, weil man eben fühlte, dass wir den Gott schon haben, den die Logik erst beweisen will, weil der religiöse Glaube an ihn zu unsrem wirklichen Dasein gehört, von dem der theoretische Glaube oder Beweis seiner erst als ein sekundärer Reflex ausgeht. Wir haben hier, auf der gleichen Basis, den umgekehrten Fall wie bei dem Gebet um Glauben: dort soll, bei Gegebensein der theoretischen

18

Bedeutung des Glaubens, seine Seinsbedeutung gewonnen werden, hier, bei dem sicheren Gefühl der letzteren, die theoretische Legitimation erworben oder formuliert werden. Man kann dies vielleicht auch so ausdrücken. Die Einheit des religiösen Zustandes geht nach zwei Seiten auseinander: nach der intellektuellen in die theoretische Vorstellung von der Existenz der Heilsthatsachen, nach der Gemütsseite in Gefühl. Wenn wir nun den Zirkel begehen: an Gott (theoretisch) zu glauben, weil wir ihn fühlen, während wir ihn doch erst fühlen können, wenn wir seine Existenz annehmen – so ist dies völlig legitim, es ist der Ausdruck jener Einheit. Wenn ein einheitliches Moment A sich in die beiden α und β zerlegt, so ist eben sehr häufig α nur durch β und β wieder nur durch α zu begründen. So erscheint es als Zirkel, dass wir für einen Gegenstand Opfer bringen, weil er Wert hat, und dass er Wert hat, weil wir ihn nicht ohne Opfer erhalten können – aber in diesem Zirkel stellt sich die Einheit unsres fundamentalen Wertungsverhältnisses zu den Dingen dar.* Gegen den ontologischen Beweis als intellektualistische Konstruktion richtete sich die *Kant*sche Kritik mit Recht. Aber neben dieser scheint es mir doch wichtig, zu erkennen, wieso es überhaupt zu jenem groben Fehlschluss kommen konnte. Dies geschah, indem ein Gefühl oder subjektiver Seinszustand in einen bloss theoretischen Begriff umgesetzt wurde, der nun keine Zeugungskraft mehr besass.

Auf derselben Basis erklären sich ferner die vielfachen moralischen Werturteile, die man an den Glauben geknüpft sieht. Dass der Glaube etwas verdienstliches sei, wäre bei einem bloss intellektuellen Sinn desselben ganz absurd. Der Umstand, dass man sich von einer Sache theoretisch überzeugen lässt, steht ganz jenseits moralischer oder unmoralischer Qualität. Die völlige moralische Verworfenheit, die sich mit einem zweifelsfreien Glauben an die Existenz Gottes zusammenfindet, sollte von der Zusammenhangslosigkeit beider Reihen hinreichend überzeugen. Der Glaube, den man als Verdienst anrechnet, muss also etwas anderes sein, er kann nur eine un-

* Ich bin diesem werttheoretischen Axiom in meiner »Philosophie des Geldes« ausführlich nachgegangen.

mittelbare innere Beschaffenheit bedeuten. Ebenso liegt es, wenn umgekehrt die Kirche den Unglauben zu einem moralischen Vorwurf gemacht hat. Die fürchterliche Verderblichkeit der Irrtümer, die diese Meinung allerdings mit sich gebracht hat, bedarf nicht der Auseinandersetzung; sie liegen vor allem darin, dass man die Beschaffenheit des inneren Seins, die der Glaube bedeutet, unbefangen mit der moralischen in eins gesetzt hat, ferner dass man – die moralische Bedeutung des Glaubens zugegeben – übersah, dass die entsprechende Gesamtverfassung der Seele auch durch andere Eigenschaften und Bewegungen in ihr hervorgebracht werden könnte, endlich, dass man den Glauben, der diese Bedeutung hätte, ohne weiteres mit einem bestimmten, alle anderen ausschliessenden, Glaubensinhalt identifizierte. Die Verwerflichkeit der moralischen Ausdeutung des Glaubens als einer praktischen Maxime steht also ausser Zweifel. Aber es lag ihr doch ein Instinkt zu Grunde, der etwas mehr und tieferes war, als hierarchische Intoleranz – das ganz prinzipielle Gefühl, dass der Glaube nicht eine theoretische Annahme ist, die über unser Sein so indifferent hinweggínge, wie die, dass der Sirius bewohnt ist, sondern dass er selbst ein Sein ist, dass er nicht nur ein theoretisches Fürwahrhalten mit tiefen *Folgen* für unser Wesen ist – denn solche wären uns offenbar nur ebenso zuzurechnen, wie ihre Ursache, nämlich gar nicht, – sondern dass er von diesem Wesen bestimmt, oder vielmehr eine Bestimmtheit desselben selbst ist.

Stefan George
Eine kunstphilosophische Studie

Die Selbständigkeit des Genießenden gegenüber den Künstlern seiner Zeit geht selten weiter als bis zur Unbefriedigung an der einzelnen Leistung, an der einzelnen künstlerischen Persönlichkeit, vielleicht auch an dem Können der ganzen Generation; nicht aber darauf, daß der Umfang ihrer Probleme überhaupt verkümmert oder verfälscht ist; diesen vielmehr pflegt man an jeder gegenwärtigen Kunst einfach hinzunehmen. Unterläge man hier nicht der Suggestion durch die Kunst, die da ist, so wäre uns schon längst die Tyrannei unerträglich geworden, die in der Lyrik das erotische Motiv ausübt. Ist das Wesen der Seele: Einheit des Mannigfaltigen – während alles Körperhafte in ein unaufhebbares Außereinander gebannt ist – so ist keine Kunstform so, wie die lyrische durch ihre überschaubare Enge geeignet, diese Kraft und Geheimniß der Seele wirksam und fühlbar zu machen. Aber die Gesammtheit ihrer Inhalte, an deren jedem die Seele durch diese Form ihr tiefstes Sein offenbaren könnte, ist zu Gunsten jenes Einen schlechthin vernachlässigt worden. Hierfür ist großentheils der Einfluß Goethes verantwortlich, wenn auch nur so, wie Michelangelo für die Entstehung des Barock. Das unermeßliche Künstlerthum Goethes ließ freilich auch die jedem Triebe unmittelbar entquellende Aeußerung als Kunstwerk zu Tage treten; er konnte »singen wie der Vogel singt«, und ganz von selbst hatte es die Distanz gegen alles Vereinzelte und Subjektive, deren Mangel sonst die Klippe der erotischen Kunst bildet. Von der Erregung durch das Liebesgefühl aus gesehen wirkt freilich auch die schlechteste Versmacherei noch als Distanzirung: daher die Erlöstheit und Befreiung, die der Dilettant in ihr findet. Aber vom Standpunkt der Kunst aus ist fast die ganze Lyrik des 19. Jahrhunderts – mit der leuchtenden Ausnahme Hölderlins – von dem Athem naturalistischen Trieblebens durchdrungen. Mag man auch diese Reize nicht rigoristisch zurückweisen, so verräth es doch eine seelische

Armuth der Zeit, daß sie sich einer Kunstform, die der ganzen Weite des Innenlebens Raum gäbe, nur unter dem Zusatz von Attraktionen zu bedienen pflegt, die von außerhalb der Kunst stammen.

Vielleicht ist die Linie, die das künstlerische Wesen Stefan Georges umschreibt, am deutlichsten von diesem Punkt aus zu ziehen. Der organische, oder richtiger: überorganische Prozeß aller Kunst, in dem sie die Inhalte des Lebens über das Leben selbst hinauswachsen läßt, dürfte einmal an der Höhe besonders sichtbar sein, in die der Dichter sich und uns über die Unmittelbarkeit jener Impulse selbst darstellt, wo sie seinen Gegenstand bilden; und demnächst an der Leidenschaft und Zartheit, mit der er das Bild der Lebenswerthe jenseits der Liebe ausstattet. Denn damit erst wird der Künstler seine wirklich eigene Kraft und Vertiefung offenbaren, während alle erotischen Aeußerungen etwas Zufälliges haben: man weiß so-zusagen nicht, wie viel von der Leistung man der Einheit und Tiefe des eigentlichen Ich und wieviel jener Erregung zu-schreiben soll, die man als etwas Peripheres, halb und halb der äußeren Welt zugehörig, empfindet. Zu diesen höchsten Stu-fen entwickelt die Lyrik Georges die Elemente etwa bis zum Jahr 95 in einer gewissen Sonderung. Seine Kunst wird von vornherein durch das Bestreben bezeichnet, ausschließlich als Kunst zu wirken. Während sonst die Endabsicht des Lyrikers in dem Gefühls- oder Vorstellungsinhalt zu liegen pflegt, zu dessen Darstellung und Erregung ihm die künstlerische Form als Mittel dient – ist hier die grundsätzliche Wendung vollzo-gen: daß umgekehrt aller Inhalt das bloße Mittel ist, um rein ästhetische Werthe zu bilden. Diese Wendung hat freilich Viele zu bloßem Formalismus verführt: die künstlerische Vollen-dung in der wohlklingenden Korrektheit von Reim und Rhythmus zu suchen. Jedes wirkliche Kunstwerk kann uns belehren, daß die Scheidung von Form und Inhalt nur der verstandesmäßigen Analyse dient, während es selbst jenseits dieses Gegensatzes steht. Der ästhetische Genuß – weder mit dem, dem »Vorwurf« des Werkes korrespondirenden Gefühle noch mit der Freude an der bloß äußerlichen Harmonie der Form zusammenfallend – knüpft sich an die Einheit, der gegenüber diese Einzelmomente nur elementare Mittel sind. Je strenger die innere Logik des Kunstwerks ist, desto mehr offenbart sich diese innere Einheit in der Thatsache, daß jede leiseste Aenderung der sogenannten Form sogleich eine Aenderung des Ganzen, also auch des sogenannten Inhaltes ist, und umgekehrt. Man kann garnicht *denselben* Gedanken oder *dasselbe* Gefühl auf zwei verschiedene Arten ausdrücken. Nur die oberflächliche Abstraktion, die statt des wirklichen, individuellen, genau umgrenzten Inhalts den *Allgemeinbegriff* desselben setzt – wie es fast durchgehends Brauch ist – kann denselben Inhalt mannigfaltigen Ausdrucksnuancirungen zusprechen. Liebe kann man freilich sehr verschieden ausdrükken; *die* Liebe aber, die die Trilogie der Leidenschaft darstellt, ist eben genau nur *so* ausdrückbar und würde mit jedem geänderten Wort irgend eine ihrer Nuancen ändern. Diese mit nichts vergleichbare Einheit des Kunstwerks erhebt sich also ebenso über die Zweiheit von Form und Inhalt, wie die spezifisch-ästhetische Erregung über die primären Gefühle, die sich an jene bloßen Elemente des Kunstwerks knüpfen mögen. Die ersten Gedichte Georges, von denen man erfuhr, verriethen schon diese ausschließlich ästhetische Absicht: weder wollten sie außer dieser noch etwas »geben« – Gefühle oder Gedanken an und für sich – noch durch das leichte Spiel formalistischer Vollendung ergötzen; und durch diese beiden Jenseits unterschieden sie sich sogleich von der typischen Lyrik. Nur grade das erotische Thema bereitet ihm in diesen früheren Gedichten – von so großer Zartheit und Reinheit sie auch sind – hier und da noch einen Rückfall in die alte Art.

Die prinzipielle Wendung wird erst in dem »Jahr der Seele« (1897) restlos verwirklicht. Der Inhalt ist hier fast ausschließlich ein Verhältniß zwischen Mann und Weib. Aber die Distanz zu ihm ist gefunden, die ihm keinen andern Reiz, keine anders mitklingende Erregung gestattet, als dem Gegenstand eines Kunstwerks als solchem zukommt. Der Rohstoff des Gefühles ist so lange umgeschmolzen, bis er in sich der ästhetischen Formung keine Grenze mehr durch sein Fürsichsein setzt. Alle Kunst hat gegenüber dem lebendigen Dasein ihres Gegenstandes einen Zug von Resignation, sie versagt sich das

Auskosten seiner Realität, um freilich seinem Inhalt, dem Qualitativen an ihm, mehr zu entlocken, als es eigentlich selbst besitzt. Indem jener Verzicht und diese Fülle sich gegeneinander abheben, eines zur Bedingung des anderen wird, erzeugen sie den Reiz des ästhetischen Verhaltens zu den Dingen. Hier hat nun die Resignation die Gefühlsgrundlage selbst ergriffen: alle Bewegungen und Vertiefungen der Liebe, die dies Buch erfüllen, stehen im Zeichen der Resignation, sie werden gleich an ihrer Quelle von dieser gefärbt. Und zwar ist es nicht die Resignation im Sinne eines bloßen Nicht-Habens, und Nicht-Wollens, sondern jener ästhetisch werthvollen gleich: als Gegenstück und Bedingung dessen, daß man doch den letzten, tiefsten, feinsten Sinn und Inhalt des Menschen und der Beziehung zu ihm und unserer eigenen Empfindung ausschöpfe. So ist das erotische Motiv, dem sonst das Künstlerische nur wie zufällig oder äußerlich kopulirt ist, hier seinem ganzen eigenen Sein nach in die Formgestaltung dieses eingegangen; und das, was uns als der heimliche Gegner des ästhetischen Zustandes erschien: der selbständige Reiz des Materials, ist diesem selbst nun vereinheitlicht und dienstbar gemacht. Die Form der Resignation, in der allein hier das unmittelbare Gefühl zum Kunstwerden zugelassen wird, stiftet von innen heraus, als eine inhaltliche Bestimmtheit eben des Gefühles selbst die Distanz, die die Kunstform ihm sonst erst nachträglich und wie von außen zufügt.

Was hier das räumliche Symbol der Distanz ausdrückt, kann durch eine zeitliche Beziehung ein verstärktes Licht erhalten. Der Inhalt dessen, was wir unsere Gegenwart nennen, entspricht eigentlich nie ihrem strengen Begriff: obgleich sie nach diesem nur die Wasserscheide zwischen Vergangenheit und Zukunft ist, suchen wir in der Unheimlichkeit ihres Wegschwindens einen Halt, indem wir ihr Bild aus einem Stückchen Vergangenheit und einem Stückchen Zukunft bauen. Dieser logischen Zweideutigkeit der »Gegenwart« steht aber ein durchaus eindeutiges *Gefühl* ihrer gegenüber. Gewisse Vorstellungsinhalte werden von einem Gefühle begleitet, das wir nur so ausdrücken können: dieser Inhalt sei eben gegenwärtig. Das ist noch nicht dasselbe, wie daß er wirklich ist;

vielmehr, der Ton des Gegenwärtigen, die eigenthümliche innere Macht, die es ausübt, kann manches begleiten, an dessen Wirklichkeit wir garnicht denken; und manches kann »wirklich« sein, dem doch der Gefühlswerth der Gegenwärtigkeit fehlt. Diese Gegenwärtigkeit des Erlebens nun hat zu dem lyrischen Gedicht mannigfaltige Verhältnisse. An den Jugendgedichten Goethes empfindet man sie außerordentlich stark. Der Gefühlszustand, den sie darstellen, ist gegenwärtig, seine Gegenwart ist unmittelbar in diese Form gebannt, er ist in seiner ursprünglichen Wärme in sie gegossen. Bei dem älteren Goethe ist die Gegenwärtigkeit des dichterischen Erlebens verschwunden; das innere Schicksal scheint abgeschlossen zu sein, wenn die Kunst sich seiner bemächtigt. Aber nicht, als sei es ein fertiger Stoff, zu dem diese hinzutrete: sondern auch bei ihm ist der Charakter der Kunstform von vornherein auch der ihres im Gefühle erlebten Stoffes. Der Moment seines Fühlens selbst hat aber nicht mehr den Gegenwartston, nicht mehr das vollständige Aufgehen in seinem Jetzt. Der Grund dieser Aenderung ist, daß sein Erleben im Alter mit der ganzen Vergangenheit belastet war, jeder Augenblick, den er empfand, war nicht mehr bloß dieser, sondern er schloß tausenderlei Früheres, Gleiches und Entgegengesetztes, in sich. Darum werden selbst Gedichte, die aus einem so unmittelbaren Gefühlszustand hervorbrechen, wie die Trilogie der Leidenschaft, durchaus sententiös, der Inhalt des Augenblicks verbreitet sich zu einem übermomentanen, allgemein gültigen, gewinnt Beziehungen zu dem ganzen Umfang des Lebens.

In dem Jenseits der Gegenwart hält sich auch George; nur daß es nicht wie bei Goethe der erdrückende Reichthum der Vergangenheit ist, der die Gegenwart von ihrem eigenen Platze weg zu sich lockt und überdeckt; sondern hier ist es eine von innen her kommende Beschaffenheit des Kunstwerks. Als wäre die Empfindung, das Gefühl, das Bild von vornherein nur in ihrem reinen Inhalt, ohne jede Beziehung auf einen Zeitmoment erlebt. Die eigenthümliche Qualität des Empfundenwerdens, die wir als die Gegenwärtigkeit seines Inhaltes bezeichnen, hat immer etwas Zufälliges; grade jetzt ist er von Schicksalsmächten verwirklicht, die doch außerhalb seiner selbst liegen, es ist, als verdankte er seine Lebhaftigkeit nicht seinem eigenen Werthe, sondern dem glücklichen oder unglücklichen Zusammentreffen innerer und äußerer Ereignißreihen; so fühlen wir oft auch tiefer und eindrucksvoller Lyrik gegenüber, daß die Betonungen und Werthe, mit denen sie wirkt, ihren einzelnen Inhalten als momentane Erregungen, aus Zuspitzungen und Komplikationen der Gefühlsschicksale heraus, zuwachsen. Dieses Cachet der Gegenwärtigkeit trifft das, was eigentlich gemeint und gefühlt ist, wie der Strahl eines zufällig aufflammenden Lichtes; die Helligkeit und Wärme, die es bedeutet, kommt den eigentlich künstlerischen Bildern und Ideen mehr wie ein Glück von außen, denn als eine eigene, innere Nothwendigkeit zu. Bei George dagegen – wenn auch nicht bei ihm allein – scheint der Aggregatzustand des Gefühls, die ganze Existenzempfindung um die einzelnen Elemente, Worte, Gedanken des Gedichtes herum aus diesen selbst hervorzubrechen, statt ihnen durch die Gunst und Erhebung des Augenblicks anzufliegen. Ein Unterschied, der freilich qualitativ innerlich ist, ein Unterschied der Impressionen, für den die Verschiedenheit der Ursprünge nur ein symbolischer Ausdruck sein kann; so mögen wir für den Eindruck, den die Welt auf uns macht, kein anderes Wort haben, als daß sie aus dem Geist und Willen eines Gottes hervorgegangen ist – aber damit können wir nicht ihre historische Genesis begründet, sondern nur das qualitative Wesen der gewordenen, wirklichen, durch eine symbolische Verlegung des Seins in das Werden geschildert haben.

Was ich mit diesem, aller bloßen Gegenwärtigkeit entrückten Wesen der Georgeschen Lyrik meine, ordnet sich einem ganz allgemeinen Verhalten unserer Seele ein, das auf dem Gebiet der Erkenntniß vielleicht am deutlichsten ist. Sobald wir uns durch Begriffe verständigen wollen, setzen wir voraus, daß jeder von ihnen einen festumschriebenen, feststehenden Inhalt habe, den wir freilich nicht in jedem Augenblick dabei wirklich vorstellen, den vielmehr dieses wirkliche Vorstellen in größerem oder geringerem Abstand umspielt. Wie eine Wirklichkeit einem Ideal, so steht das Vorstellen in jedem gegebenen Moment jenem Sachgehalt des Begriffes gegenüber, und ob gleich auch er nur *vorgestellt* wird, so ist doch das, was wir mit ihm *meinen,* über die Zufälligkeit des augenblicklichen Bewußtseins erhaben, und von ihr ebenso unabhängig, wie Inhalt und Gültigkeit des Staatsgesetzes davon, daß die ihm Untergebenen es bald vollständiger, bald mangelhafter erfüllen. Eine solche Zweiheit muß, wie zwischen den logischen, so auch zwischen den Gefühlsbedeutungen der seelischen Gebilde bestehen. Wir empfinden – auch ohne es uns abstrakt klar zu machen – daß Worten wie Dingen, Sätzen wie Schicksalen, ein gewisses Gefühl, eine innere Resonanz, eine Antwort der gesammten Seele entspricht; dies ist sozusagen ihr Sachgehalt an Subjektivität, das haben sie zu fordern, das *sind* sie, wenn sie in der Sprache der Innerlichkeit richtig ausgesprochen werden. Aber jenseits dieser beharrenden Bedeutung für das Fühlen überhaupt, die dem Innenleben jener Gebilde korrespondirt, bewegt sich das Chaos aller zufälligen, persönlich-wirklichen Gefühle, nur mehr oder weniger denen verwandt, die den Dingen nach dem Gesetz ihrer Beziehungen zu uns zukommen. Alle Kunst nun scheint in höherem oder niederem Maße grade jene inneren Erregungen zum Anklingen zu bringen, die ihren Worten und Farben, Gedanken und Gestalten, Bewegungen und Ideen wie durch eine sachliche Nothwendigkeit eigen sind, wie Bestimmungen, die sich ihrem Wesen unmittelbar verbinden. Gewiß sind es nur subjektive, innerliche Vorkommnisse, um deren Anknüpfung an äußerliche, sinnliche Gegebenheiten es sich handelt; allein die Thatsache, *daß* sie sich an sie anknüpfen, wird als objektive Nothwendigkeit empfunden, und zwar als eine, die der Beschaffenheit des Gegebenen selbst anhaftet. Dies ist vielleicht der Sinn der zeitlosen Bedeutung, die wir Kunstwerken zusprechen. Die Zeitlosigkeit oder Ewigkeit des Naturgesetzes besagt doch, daß der Erfolg gewisser Bedingungen sachlich nothwendig ist, ganz gleichgültig gegen den Zeitmoment, in dem sie eintreten, und ob und wie oft sie überhaupt eintreten; die Zeitlosigkeit einer Idee hat den Sinn, daß ihre logische oder ethische Bedeutung ihr selbst einwohnt, wir mögen sie in uns nachbilden oder nicht – aber *wenn* wir diese Idee denken wollen, jetzt oder in tausend Jahren, so kann sie immer nur diese Bedeutung haben;

und so überzeugt uns die Kunst, daß jedem ihrer Elemente gewisse subjektive Bewegungen – wir nennen sie, vielleicht nicht durchweg zutreffend, Gefühle – aus der eigenen Beschaffenheit eben jener Elemente heraus zugehören. Wir mögen sie in uns seelisch vollkommen oder unvollkommen, heute oder morgen oder nie realisiren, *wenn* wir aber diese Ausdrücke, Bilder, Formen so empfinden wollen, wie es ihnen entspricht, so können wir es nur mit diesen und keinen anderen Gefühlsvorgängen.

Diese objektiven Valeurs aller Elemente des lyrischen Gedichtes zur Alleinherrschaft zu bringen, uns fühlen zu machen, welche innere Nothwendigkeit psychischer Reaktion jedes Wort, jeden Gedanken, jedes Gleichniß wie ein Astralleib umgiebt – das ist George nun am vollendetsten in seiner letzten Veröffentlichung (»der Teppich des Lebens und die Lieder von Traum und Tod, mit einem Vorspiel«) gelungen. Das »Vorspiel«, das mir als der Gipfel seiner bisherigen Leistungen erscheint,* schildert in vierundzwanzig Gedichten, wie das höhere Leben, die immer weiter greifende Zugehörigkeit zu den idealen Mächten uns von der verworrenen Wirklichkeit erlöst. Unter dem Bilde des »Engels«, der ihn durch das Dasein führt, erscheint ihm die ganz allgemeine Form unserer höchsten Werthpotenzen, die der Dichter als seine Muse, der Forscher als die Wahrheit, der handelnde Mensch als das praktische Ideal bezeichnen mag; dies ist für jeden die letzte Instanz, deren Einheit uns ebenso den Ueberschwang alles Glückes, wie die Unerbittlichkeit schmerzlichster Pflichten bedeutet; die uns von der darunter gelegenen Welt ebenso trennt, wie sie doch deren gerade für uns bestimmte Werthe kenntlich macht und in sich sublimirt; die uns von den Forderungen wie von den Genüssen des flacheren Lebens scheidet, um den Preis, allein vor ihr und uns selbst verantwortlich zu sein. Der Engel ist der Sinn, den das Leben in sich, und zugleich die Norm, die

* Ich lehne ausdrücklich ab, mit alledem eine Kritik der Georgeschen Dichtung zu geben. Mich geht hier nur an, was an dieser die Exemplifizirung gewisser kunstphilosophischer Gedanken ist – ganz dahingestellt lassend, ob das Werk damit, quantitativ und qualitativ, vollständig bezeichnet wird oder nicht.

es über sich hat. Nach Goethe weiß ich keine Dichtung, in der ein so völlig Allgemeines, durch keine Einzelbestimmung Festzulegendes, wie der Engel, so künstlerisch anschaulich, in der das Ungreifbare doch so fühlbar gemacht wäre. Der ungeheure Ernst seines Problems würde nun mit dem sinnlichen Reize seiner Form nicht zusammengehen, wenn nicht jedes Wort und jedes sonstige Element mit jener, ihm allein zukommenden, als nothwendig empfundenen Bedeutung wirkte, wenn das Kunstwerk nicht aus diesen inneren, jede Bereicherung oder Abzug von außen her ablehnenden Bedeutungen zusammenwüchse. Die Verse ziehen eine unvergleichliche Schwere und Bedeutsamkeit aus der Strenge, mit der jedes Wort nur den genauen Sinn seiner Innerlichkeit ansprechen läßt und dadurch alles das Spielerische und Flatternde ausschließt, das der Zufälligkeit seines bloß subjektiven Wieder- und Weiterklingens anhaftet. Durch welche Eigenthümlichkeit der Zusammenordnung, der innerpsychischen Akustik, der Verflechtung zwischen logischem Inhalt und Versbau ihm dies gelingt, kann keine Analyse feststellen. Es ist aber, als ob die Worte und Gedanken, Reime und Rhythmen hier erst zu ihrem eigenen Rechte kämen, als gehörten die inneren Bewegungen in uns zu *ihrem* eigenen Wesen, als dessen sachliche Konsequenz. Dadurch kann sich jene Synthese erzeugen, daß ein ganz Allgemeines und Abstraktes doch völlig sinnlich und ästhetisch wirksam ist: wir empfinden das Subjektive, das in uns vorgeht, als ein objektiv Nothwendiges, dem Werke selbst Zukommendes. Wenn in den Engelgedichten der spielende Reiz klanglicher Harmonie (der darum so wenig spielerisch ist, wie das Kindliche kindisch ist), eine Tiefe des Lebensinhaltes trägt, die an sich über aller Form steht – so ist dies möglich, weil alle Erregungen und Schwingungen subjektiver, momentaner, mittönender Gefühle den ganzen Werth, gleichsam den Aggregatzustand des sachlich Begründeten besitzen, die Signatur einer Gesetzmäßigkeit tragen, die über dem Subjekte thront; und dies wiederum ist ersichtlich nur ein anderer Ausdruck dafür, daß hier von jedem Elemente des Kunstwerks nur derjenige Sinn zum seelischen Anklingen zugelassen ist, der seinem eigensten, innersten Sein, seiner zeitlosen, über das ephemere Empfunden- oder Nicht-empfunden-Werden erhabenen Bedeutung zukommt.

Dies muß mit einer weiteren Eigenart der Georgeschen Lyrik, insbesondere seines letzten Werkes zusammenhängen. Jenes vollkommene Artistenthum, das keinem bloß persönlichen Tone Raum giebt, und in dem der Wille zum objektiven Kunstwerk alleinherrschend geworden ist, verbindet sich hier doch mit einem Zuge, den ich nur als Intimität bezeichnen kann. Man fühlt eine Seele ihr geheimstes Leben offenbaren, wie dem vertrautesten Freunde. Dies entspricht genau der höchsten Aufgabe bildender Kunst: indem diese den Formgesetzen und Idealen der reinen Anschaulichkeit genügt, indem sie die sichtbare menschliche Erscheinung nach den Normen, Ausgleichungen, Reizen gestaltet, die wirklich nur der Selbstgenügsamkeit der räumlichen und farbigen Erscheinung zukommen – giebt sie eben damit auch eine Vorstellung des Seelischen *hinter* der Erscheinung, des Charakters und der Geistigkeit, des ewig Unanschaulichen; und zwar unter der eigentlich metaphysischen Voraussetzung, daß der Vollendungsgrad der Darstellung in der einen Reihe, gemessen an ihren eigenen immanenten Bedingungen, eben den gleichen in der anderen, nicht weniger in sich geschlossenen, mit sich bringe. Den beiden, gegeneinander ganz selbständigen, so oft divergirenden Gesetzgebungen genügt diejenige künstlerische Erscheinung in ganz gleichem Grade, die für eine von ihnen die höchste ist: die Vollendung nach dem Maaßstab der anderen fällt ihr wie durch eine mystische Harmonie in den Schoß. Wenn nun diese Gedichte, den Normen objektiv ästhetischer Vollendung vorbehaltlos gehorsam, doch zugleich den Reiz und die Tiefe ganz persönlicher Intimität zeigen, die einer ganz anderen Ordnung als jener mehr formalen, bloß künstlerischen angehören – so kann man auf diesem Gebiet doch vielleicht den Treffpunkt der beiden, sonst von einander so unabhängigen Reihen etwas genauer bezeichnen.

Ich halte es für das erste Erforderniß aller wirklich ästhetischen Betrachtung, daß dieselbe dem Kunstwerk als einem ganz auf sich ruhenden, völlig selbständigen Kosmos gelte, in absoluter Loslösung von seinem Schöpfer und allen Gefühlen,

Deutungen, Hinweisungen, die ihm etwa durch die Beziehung zu diesem zugehören könnten. Die Absicht und Stimmung, aus der das Werk geschaffen ist, haben zu dem geschaffenen gar keine Beziehung mehr, außer insoweit sie zu objektiven Qualitäten desselben geworden sind: nicht weil der Künstler sie empfand, sondern weil sie dem Werke wahrnehmbar einwohnen, sind sie jetzt wesentlich. Das genetische, historisch-psychologische Verständniß des Werkes greift über die Grenzen desselben hinaus, in denen die rein ästhetische, nur dem Kunstwerk als solchem geltende Betrachtung sich hält. Während aber so die Projizirung der Leistung auf den realen, individuellen Schöpfer aus der ästhetischen Betrachtung jener schlechthin verbannt sein muß, ist mir noch die Frage, ob diese Betrachtung nicht doch den Begriff einer das Werk tragenden Persönlichkeit, wenn auch von anderer Art, direkt in sich schließt. Zu der Auffassung eines Kunstwerkes und seiner Wirkung auf uns gehört allerdings, wie mir scheint, als Bedingung, daß wir es als Aeußerung eines, und zwar eines bestimmt qualifizirten Geistes auffassen. Dadurch bekommt es den Zusammenhang seiner Theile, der es für uns erst zur Einheit macht, damit erst fühlen wir uns berechtigt, uns durch das Werk zu gewissen inneren Reaktionen anregen zu lassen, die einer bloßen Kombination äußerer Naturwirkungen nicht gelingen. Aber diese Persönlichkeit, die für uns, ebenso wirksam wie unbewußt, das Werk trägt, ist nicht die des wirklichen Autors, von dem man etwas außer seinem vorliegenden Werke weiß; sondern eine ideelle, die eben nichts ist, als die Vorstellung einer Seele, die grade dies Werk vollbracht hat. Wie wir eine Vielheit äußerer Eindrücke, die sich in unserem Bewußtsein treffen, zu der Einheit eines Gegenstandes zusammenschließen, zu einer Substanz, von der sie ausstrahlen, und deren Einheit das Gegenbild der Form unserer Seele ist: so wird uns die Mannigfaltigkeit der Töne und Farben, der Worte und Gedanken eines Kunstwerks in Wechselwirkung gesetzt, durchdrungen, zusammengehalten durch die Seele, von der wir sie ausstrahlen fühlen und die als der Träger der Einheit erscheint, zu der sie in unserer eigenen Seele werden. Daß wir das Kunstwerk *sub specie animae* empfinden, ist eine der zum

Grunde liegenden Kategorien, durch die es überhaupt erst wird, was es für uns ist – wie entsprechend die Natur es wird, indem wir sie unter der Kategorie von Ursache und Wirkung anschauen. So wenig aber die Ursächlichkeit etwas für sich und hinter den Erscheinungen Stehendes ist, sondern nur das immanente, sie zusammenhaltende Gesetz, so wenig steht die schöpferische Persönlichkeit, auf die das Kunstwerk projizirt wird, jenseits seiner, sondern ist eine innere Bedingung unserer Auffassung, sie ist eine Funktion des gegebenen Kunstwerkes selbst und ausschließlich von ihm aus zustande gekommen. Es wird hier also nicht, wie bei der Interpretation durch die historische Persönlichkeit des Schöpfers, auf eine *Realität* zurückgegangen, die für das rein ästhetische Gebiet immer etwas Fremdes, ein illegitimer Eindringling ist; sondern die Personalität wohnt hier selbst in der Sphäre des Ideellen, sie ist die Form, in der die einzelnen ästhetischen Gegebenheiten verständlich zusammenhängen. Wenn etwa ein Werk Michelangelos den Eindruck des Tragischen macht, so wirkt zu diesem vielleicht die Erinnerung an die Persönlichkeit Michelangelos mit: an diese ins Unendliche aufstrebende und von allem Schwergewicht innerer und äußerer Wirklichkeit niedergezogene Seele, erfüllt von der Sehnsucht nach Versöhnung mit sich und ihrem Gott und doch in angstvollem Dualismus verharrend, das eigene Sein und Thun nur nach dem Ideal absoluter Vollendung bewerthend und dabei durchdrungen von dem Bewußtsein, nur ein Anfang, ein Bruchstück, ein halbgeformter Rohstoff zu sein. Alles dies mag Ausdruck und Symbol in seinen Skulpturen finden, von denen fast keine ganz fertig geworden ist, in denen die Spannung zwischen dem leidenschaftlichsten Affekt und der physischen Möglichkeit seines Ausdrucks ein Maximum geworden ist, deren jede als Moment des Kampfes einer inneren, gleichsam latenten Vollendung mit einer ihr von außen aufgedrungenen Unvollendetheit und Unvollendbarkeit erscheint. Wenn aber das Gegebene uns erst durch jenes Persönliche solchen Sinn erhält, so ist der Bereich des Ästhetischen damit verlassen, das Verständnis des Kunstwerks ist nicht mehr von ihm selbst ausgegangen, es ist ihm transscendent geworden. Hiervon also müssen wir sorgfältig die Thatsache trennen (so sehr im unmittelbaren Eindruck beides durcheinander gehen mag), daß uns das Werk an und für sich, ohne irgend ein Wissen um seinen Schöpfer, tragisch erscheint, wie es bei den Skulpturen Michelangelos sicher der Fall ist. Möglich aber ist dies allerdings auch nur auf Grund einer Seelenhaftigkeit, die für uns aus den sinnlich gegebenen Formen, als ihr Quell und Träger, herauswächst. Dazu bedarf es nur jenes ganz allgemeinen und instinktiven Wissens um die Aeußerungen und Darstellungen der Innerlichkeit, ohne die es weder zu einem gesellschaftlichen Dasein noch zu einer Kunst käme und die sich völlig von dem historischen Kennen einer bestimmten Einzelpersönlichkeit unterscheidet. Es ist nicht der reale, individuelle, sondern der ganz allgemeine Mensch, wenn auch in derjenigen Modifikation, die durch den sachlichen Inhalt des Kunstwerkes angezeigt ist – ungefähr wie wir jeden beliebigen Satz der Sprache verstehen, indem wir die psychische Bewegung in uns anklingen lassen, die ihn normaler und logischer Weise hervorbringt, ohne auf die besondere und vielleicht ganz andersartige seelische Konstellation zurückzugehen, die ihn in einem einzelnen Fall wirklich entspringen ließ. Deshalb ist es aber doch kein fehlerhafter Zirkel, wenn wir so aus dem Werk eine schaffende Seele erschließen, und aus dieser Seele heraus wiederum das Werk deuten. Denn thatsächlich wächst dem gegebenen Werk aus unserem Vorrath instinktiver Psychologie etwas Neues zu, das ihm erst Sinn und Leben giebt: nur daß dies nichts Zufälliges, Historisches, aus einer anderen Ordnung Stammendes ist, sondern ein Nothwendiges, die Kristallisation des inneren Gesetzes der gegebenen Erscheinung. Sollte es ein Zirkel sein, so ist er nicht vermeidlicher, als wenn wir aus einer Reihenfolge sinnlicher Eindrücke ihre ursächliche Verbindung erschließen, um dann durch eben diese Kausalität jene Eindrücke und ihr Aufeinanderfolgen zu verstehen.

Und hiermit wird nun endlich klar, wieso Georges Gedichte, die sich, so ganz jenseits der Subjektivität, unter die reine Gesetzgebung der Kunst stellen, dennoch so ganz intim, so ganz als Offenbarung letzter Seelentiefe und allerpersönlichsten Lebens erscheinen können. Jene überindividuelle Persönlichkeit, die, aus dem Kunstwerk gleichsam auskristallisierend, in ihm selbst als sein Brennpunkt und Träger empfunden wird, bindet beides zusammen. Die ideelle Seele, deren Verhältniß zu dem Kunstwerk wir nur sehr unvollkommen mit dem räumlichen Gleichniß des gleichzeitigen Darin- und Dahinterstehens ausdrücken, hat eben hier die Qualität des Intimen; das innere Gesetz des Werkes, das sich uns als zusammenhaltende, das Ganze durchdringende Seelenhaftigkeit darstellt, ist hier: Erschließen des innersten Lebens, Fortsetzung der fundamentalsten Regungen in die ästhetische Erscheinung. Weil es aber keine konkrete, singuläre Persönlichkeit ist, auf die die Qualitäten des Werkes uns gefühlsmäßige Anweisung geben, sondern nur die ihnen sachlich, innerlich Zugehörige, die Ausstrahlung wie die Bedingung ihrer selbst – so unterscheidet sich diese Intimität aufs schärfste von derjenigen, die als Indiskretion über sich selbst und unziemliche Enthüllung wirkt. Dies ist z. B. bei den sehr tief empfundenen und in ihrer Art sehr schönen Gedichten Paul Heyses über den Tod seines Kindes (in den »Versen aus Italien«) zu spüren. Hier klingt, ganz naturalistisch, noch der reale Schmerz mit, man fühlt die ganz einzelne Persönlichkeit, die dies Leid betroffen hat, und zwar in der Wirklichkeit, in einer Ordnung der Dinge ganz außerhalb des Kunstwerks, betroffen hat. Deshalb entsteht hier ein ästhetisch peinliches, unorganisches Gemenge zweier ganz heterogener Reihen, der Realität mit ihren einzelnen, zufälligen, konkreten Individuen, und der Kunst, in der nur die sachlichen, also zeitlosen und von ihren historischen Trägern gelösten Bedeutungen der Dinge gelten. Indem George sich rein innerhalb dieser hält, kann er dennoch ganz persönliche Bewegungen zum Ausdruck bringen, weil er sie nur an jenem Persönlichkeitsbilde fühlen läßt, das die Worte und Gedanken des Gedichts als ihr Apriori, ihre innere Einheit umfaßt – gleichsam die eigentliche Bedeutung der individuellen Wirklichkeit, aber aus dieser Wirklichkeit selbst herausgerettet und in die Seinsart der bloßen Ideellität gekleidet. Aber indem die Kunst hier das Gefäß für die letzten Persönlichkeitswerthe wird, darf nun der Genießende auch so objektiven Kunstwerken Empfindungen subjektivster Art, gleichsam verklärt, zuwenden: so sehr die Persönlichkeit, die diese Gedichte uns fühlbar machen, nur der ideale Brennpunkt des Kunstwerkes selbst und nicht die reale Individualität ist, gewährt sie doch der Dankbarkeit für das Empfangene, aus der Form der Bewunderung in die der Liebe überzugehen.

Die ästhetische Bedeutung des Gesichts

Die unvergleichliche Rolle, die dem menschlichen Gesicht in dem Interessenkreis der bildenden Kunst zukommt, wird doch nur sehr allgemein und wie aus der Ferne dadurch bezeichnet, daß in seiner Form die Seele sich am deutlichsten ausdrückt. Wir verlangen zu wissen, durch welche sinnlich wahrnehmbaren Bestimmtheiten ihm dieser Erfolg gelingt, und ob nicht, jenseits dieses Grundes, unmittelbare ästhetische Qualitäten des Gesichts seine Bedeutung für das Kunstwerk tragen.

Als die eigentliche Leistung des Geistes kann man bezeichnen, daß er die Vielheit der Weltelemente in sich zu Einheiten formt: das Nebeneinander der Dinge in Raum und Zeit führt er in die Einheit eines Bildes, eines Begriffes, eines Satzes zusammen. Je enger die Teile eines Zusammenhanges auf einander hinweisen, je mehr lebendige Wechselwirkung ihr Außereinander in gegenseitige Abhängigkeit überführt, desto geisterfüllter erscheint das Ganze. Deshalb ist der Organismus mit der innigen Beziehung seiner Teile zu einander und ihrem Verschlungensein in der Einheit des Lebensprozesses die nächste Vorstufe des Geistes. Innerhalb des menschlichen Körpers besitzt das Gesicht das äußerste Maß dieser inneren Einheit. Das erste Symptom und der Beweis dafür ist, daß eine Veränderung, die, wirklich oder scheinbar, nur ein Element des Gesichts angeht, sofort seinen ganzen Charakter und Ausdruck modifiziert: ein Zucken der Lippe, ein Rümpfen der Nase, die Art des Blickens, ein Runzeln der Stirn. Auch giebt es keinen irgendwie ästhetisch in sich geschlossenen Teil des Körpers, der durch eine Verunstaltung einer einzelnen Stelle so leicht als Ganzes ästhetisch ruiniert werden könnte. Das eben bedeutet doch die Einheit aus und über dem Vielen, daß keinen Teil dieses ein Schicksal treffen kann, das nicht, wie durch die zusammenhaltende Wurzel des Ganzen hindurch, auch jeden anderen Teil träfe. Die Hand, die von allen anderen Körperteilen noch am meisten Einheitlichkeit besitzt, kommt doch dem

Gesicht nicht gleich: nicht nur weil der wunderbare Zusammenhang und die Zusammenwirksamkeit der Finger dennoch den einzelnen eine viel größere gegenseitige Unabhängigkeit im ästhetischen Eindruck läßt, sondern auch weil die Hand immer auf die andere hinweist, gleichsam erst mit der anderen zusammen die Idee der Hand erfüllt. Die Einheit des Gesichts in sich wird durch das Aufsitzen des Kopfes auf dem Halse verstärkt, das ihm dem Körper gegenüber eine halbinselartige Stellung giebt und ihn gleichsam auf sich allein anweist; im gleichen Sinne wirkt ersichtlich die Verhüllung des Körpers bis zum Halse hinauf.

Nun hat eine Einheit immer erst in dem Maße Sinn und Bedeutung, in dem sie eine Vielheit sich gegenüber hat, in deren Zusammenfassung sie eben besteht. Es giebt aber innerhalb der anschaulichen Welt kein Gebilde, das eine so große Mannigfaltigkeit an Formen und Flächen in eine so unbedingte Einheit des Sinnes zusammenfließen ließe, wie das menschliche Gesicht. Das Ideal menschlichen Zusammenwirkens: daß die äußerste Individualisierung der Elemente in eine äußerste Einheit eingehe, die, aus den Elementen freilich bestehend, dennoch jenseits jedes einzelnen von ihnen und nur in ihrem Zusammenwirken liegt – diese fundamentalste Formel des Lebens hat im Menschenantlitz ihre vollendetste Wirklichkeit innerhalb des Anschaulichen gewonnen. Und wie man als den Geist einer Gesellschaft eben den Inhalt solcher Wechselwirkung bezeichnet, die über den Einzelnen, aber doch nicht über die Einzelnen hinausreicht, mehr als die Summe dieser, aber doch ihr Produkt – so ist die Seele, die hinter den Gesichtszügen und doch in ihnen anschaubar wohnt, eben die Wechselwirkung, das Aufeinanderhinweisen der einzelnen Züge. Rein formal angesehen, wäre das Gesicht mit jener Vielheit und Buntheit seiner Bestandteile, Formen und Farben eigentlich etwas ganz Abstruses und ästhetisch Unerträgliches, wenn diese Mannigfaltigkeit nicht zugleich jene vollkommene Einheit wäre.

Um diese nun ästhetisch wirksam und genießbar zu machen, ist wesentlich, daß der räumliche Zusammenhang der Elemente des Gesichts nur in sehr engen Grenzen verschiebbar ist. Jede Einzelgestaltung bedarf zum ästhetischen Effekt des Zusammennehmens, Zusammenhaltens ihrer Teile; alles Abspreizen und Auseinandersperren der Gliedmaßen ist häßlich, weil es die Verbindung mit dem Zentrum der Erscheinung, also die anschauliche Herrschaft des Geistes über den Umkreis unseres Wesens unterbricht oder abschwächt. Die weit ausladenden Gebärden der Barockfiguren, bei denen die Glieder in Gefahr des Abbrechens scheinen, sind deshalb so widrig, weil sie das eigentlich Menschliche: das unbedingte Befaßtsein jeder Einzelheit unter die Macht des zentralen Ich, desavouieren. Das Gefüge des Gesichts macht solche Zentrifugalität, d. h. Entgeistigung, von vornherein fast unmöglich. Wo sie einigermaßen stattfindet, beim Aufsperren des Mundes und dem Aufreißen der Augen, ist sie nicht nur ganz besonders unästhetisch, sondern gerade diese beiden Bewegungen sind, wie nun begreiflich ist, der Ausdruck des »Entgeistertseins«, der seelischen Lähmung, des momentanen Verlustes der geistigen Herrschaft über uns selbst. Ebenso verstärkt es den Eindruck der Geistigkeit, daß das Gesicht weniger als die übrigen Gliedmaßen den Einfluß der Schwere zeigt. Die menschliche Erscheinung ist der Schauplatz, auf dem seelisch-physiologische Impulse mit der physikalischen Schwere ringen, und die Arten, diesen Kampf zu führen und in jedem Augenblick neu zu entscheiden, ist für den Stil bestimmend, in dem der Einzelne und die Typen sich darstellen. Indem dieses bloß körperliche Lasten innerhalb des Gesichts überhaupt nicht bemerklich überwunden zu werden braucht, verstärkt sich die Geistigkeit seines Eindrucks. Auch hier sind die Andeutungen des Gegenteils: die geschlossenen Augen, der auf die Brust sinkende Kopf, die hängenden Lippen, die schlaffe, nur noch der Schwere folgende Muskulatur – zugleich die Symptome herabgesetzten geistigen Lebens.

Nun ist aber der Mensch nicht nur Träger des Geistes, wie ein Buch, in dem sich geistige Inhalte wie in einem an sich indifferenten Gefäß zusammenfinden: sondern seine Geistigkeit hat die Form der Individualität. Daß wir das Gesicht als das Symbol nicht nur des Geistes, sondern seiner als einer unverwechselbaren Persönlichkeit empfinden, das ist durch die Verhüllung des Leibes, und also besonders seit dem Christentum, außerordentlich begünstigt worden. Das Gesicht war der Erbe des Leibes, der in dem Maß, in dem Unbekleidetheit herrscht, sicher an dem Ausdruck der Individualität teil hat. Allein seine Fähigkeit in dieser Hinsicht weicht von der des Gesichts doch wohl in folgendem ab. Zunächst unterscheiden sich die Körper für das dafür geschärfte Auge zwar ebenso wie die Gesichter; allein sie *deuten* diese Verschiedenheit nicht, wie es das Antlitz thut. Freilich ist die bestimmte geistige Persönlichkeit mit dem bestimmten unverwechselbaren Leibe verbunden, an ihm jederzeit zu identifizieren; allein *was* es für eine Persönlichkeit ist, das kann unter keinen Umständen er, sondern nur ihr Antlitz erzählen. Und ferner: der Körper kann seelische Vorgänge allerdings durch seine Bewegungen ausdrücken, vielleicht ebenso gut wie das Gesicht. Allein nur in diesem gerinnen sie zu festen, die Seele ein für allemal offenbarenden Gestaltungen. Die fließende Schönheit, die wir Anmut nennen, muß sich in der Bewegung der Hand, in der Neigung des Oberkörpers, in der Leichtigkeit des Schrittes jedesmal von neuem erzeugen, sie hinterläßt keine dauernde, die individuelle Bewegung in sich krystallisierende Form. Im Gesicht aber prägen die Erregungen, die für das Individuum typisch sind: Haß oder Ängstlichkeit, sanftmütiges Lächeln oder unruhiges Erspähen des Vorteils und unzählige andere – bleibende Züge aus, der Ausdruck in der Bewegung lagert sich nur hier als Ausdruck des bleibenden Charakters ab. Durch diese eigentümliche Bildsamkeit wird allein das Gesicht gleichsam zum geometrischen Ort der inneren Persönlichkeit, soweit sie anschaubar ist, und auch insofern ist das Christentum, dessen Verhüllungstendenzen die Erscheinung des Menschen durch sein Gesicht allein vertreten ließen, zur Schule des Individualitätsbewußtseins geworden.

Neben diesen formalen Mitteln, die Individualität ästhetisch darzustellen, besitzt das Gesicht andere, die ihm im Sinne des entgegengesetzten Prinzips dienen. Indem das Gesicht aus zwei untereinander gleichen Hälften besteht, kommt ein Moment innerer Ruhe und Ausgeglichenheit hinein, das die Erregtheit und Zuspitzung rein individueller Gestaltung mildert.

Jede Hälfte ist für die andere – gerade weil sie durch die verschiedene Profilierung und Beleuchtung sich nicht *ganz* gleich darzustellen pflegen – Vorbereitung oder Abklingen, die Unvergleichbarkeit der individuellen Züge findet ihr Gegenstück, ihre Balancierung in der unbedingten Vergleichbarkeit jener Zweiheit. Wie alle Symmetrie, ist auch die der Gesichtszüge an sich eine anti-individualistische Form. Indem in dem symmetrischen Gebilde jeder Teil wechselseitig aus dem anderen erschließbar ist, weisen sie auf ein höheres, beide gemeinsam beherrschendes Prinzip hin: zu symmetrischer Gestaltung strebt der Rationalismus auf allen Gebieten, während die Individualität immer etwas Irrationales, jedem vorbestimmenden Prinzip sich Entziehendes hat. Deshalb ist die Plastik, die die Gesichtshälften symmetrisch bildet, auf einen mehr generellen, typischen, der letzten individuellen Differenzierung sich entziehenden Stil angewiesen, während die Malerei durch die Verschiedenheit in der unmittelbaren Erscheinung der Gesichtshälften – wie die Profilstellungen und die Licht- und Schattenverhältnisse sie gestatten – von vornherein ihr individualistischeres Wesen zeigt. Das Gesicht ist die merkwürdigste ästhetische Synthese der formalen Prinzipien der Symmetrie und der Individualisierung: als Ganzes die letztere verwirklichend, thut es dies in der Form der ersteren, die die Beziehungen seiner Teile beherrscht.

Endlich giebt noch das folgende formale, schon oben berührte Verhältnis dem Gesichte seinen ästhetischen Rang. Bei allen Objekten, die entweder in sich wandelbar sind oder in vielen einander ähnlichen Exemplaren vorkommen, entscheidet es viel von ihrem ästhetischen Charakter, wie umfassend eine Änderung ihrer Teile sein muß, damit eine Änderung ihres Gesamteindrucks resultiere. Es giebt auch hier eine Art Ideal der Kraftersparnis: ein Gegenstand wird prinzipiell umsomehr ästhetisch wirksam oder verwendbar sein, je lebhafter er als Ganzer auf die Modifikation eines kleinsten Elementes reagiert. Denn dies zeigt die Feinheit und Stärke im Zusammenhang seiner Teile, seine innere Logik, die gleichsam aus jeder Verschiebung in einer Prämisse unausweichlich eine solche des Schlußsatzes folgen läßt. Wenn die ästhetische Be-

trachtung und Gestaltung die Gleichgültigkeit der Dinge auf-
hebt, die ihrem bloß theoretischen Existenzbild eigen ist, so
werden solche Objekte ihr am weitesten entgegenkommen, in
denen die gegenseitige Gleichgültigkeit ihrer Elemente ganz
aufgehoben ist und jedes Schicksal jedes Einzelnen die Gesamtheit der Anderen bestimmt. Thatsächlich löst das Gesicht
am vollständigsten die Aufgabe, mit einem Minimum von Veränderung im Einzelnen ein Maximum von Veränderung des
Gesamtausdruckes zu erzeugen. Für das Problem aller Kunst:
die Formelemente der Dinge durch einander verständlich zu
machen, das Anschauliche durch seinen Zusammenhang mit
dem Anschaulichen zu interpretieren – erscheint nichts präde-
stinierter als das Gesicht, in dem die Bestimmtheit jedes Zuges
mit der Bestimmtheit jedes anderen, d. h. des Ganzen, solidarisch ist. Ursache und Folge hiervon ist die ungeheure Beweglichkeit des Gesichts, die ja, absolut genommen, nur über sehr
geringfügige Lageverschiebungen verfügt, aber durch den Einfluß jeder einzelnen auf den Gesamthabitus des Gesichts
gleichsam den Eindruck potenzierter Veränderungen erregt.
Es ist, als wäre ein Maximum von Bewegungen auch in seinem
Ruhezustand investiert, oder als wäre dieses der unausge-
dehnte Moment, auf den unzählige Bewegungen hinzielten,
von dem unzählige ausgehen werden. Den Gipfel dieses äußersten Bewegungsaffektes bei geringster eigener Bewegung erreicht das Auge. Für das malerische Kunstwerk im besonderen
wirkt das Auge nicht nur in der durch seine latente Beweglichkeit vermittelten Beziehung zu der Gesamtheit der Züge, sondern auch in der Bedeutung, die der Blick der dargestellten
Personen für die Interpretation und Gliederung des Raumes
innerhalb des Bildes hat. Es giebt nichts, was, so unbedingt an
seinem Platz verweilend, sich so über ihn hinauszuerstrecken
scheint, wie das Auge: es bohrt sich ein, es flieht zurück, es
umkreist einen Raum, es irrt umher, es greift wie hinter den
begehrten Gegenstand und zieht ihn an sich. Es bedürfte besonderer Untersuchung, wie die Künstler die Richtung, die
Intensität, die ganze Formbestimmtheit des Blickes verwenden, um den Raum des Bildes einzuteilen und verständlich zu
machen. Während sich im Auge die Leistung des Gesichts, die

Seele zu spiegeln, aufgipfelt, vollbringt es so zugleich die feinste, rein formale Leistung in dem Deuten der bloßen Erscheinung, das von keinem Zurückgehen auf die unanschauliche Geistigkeit *hinter* der Erscheinung wissen darf. Aber eben damit giebt es, wie das Gesicht überhaupt, die Ahnung, ja das Pfand dafür, daß die vollendet gelösten künstlerischen Probleme der reinen Anschaulichkeit, des reinen sinnlichen Bildes der Dinge zugleich die Lösung der anderen bedeuten, die sich zwischen der Seele und der Erscheinung, als der Verhüllung und der Enthüllung jener, spannen.

Aesthetik der Schwere

Die Dinge und Verhältnisse, aus denen wir unser Leben formen, treten uns mit so vergewaltigender Wirklichkeit, mit so rücksichtsloser Eigenheit entgegen, daß wir diesen ganzen Stoff des Lebens oft als eine bloße Last empfinden, nach deren gänzlicher Beseitigung erst die Seele ihre ganze Freiheit entfalten würde. Der Druck, den wir von der Natur wie von der Gesellschaft erfahren, läßt uns, im Ganzen wie im Einzelnen, vergessen, daß wir ohne ihre Härte und ihren Widerstand gar kein Material haben würden, an dem unser inneres Leben sich zu vollziehen, sich auszuprägen vermöchte: wenn der Meißel keinen Widerstand am Marmor fände, würde er ihm auch keine Form verleihen können. Die Freiheit der Seele ist etwas Wirksames nur an der Eigengesetzlichkeit der übrigen Welt, von der sie freilich eingeengt wird, mit der zusammen sie aber erst ein wirkliches Leben ergiebt. Sogar unsere sittlichen Impulse bedürfen eines Rohstoffes sinnlich-selbstischer Triebe, um im endlosen Bekämpfen, Unterjochen, Umformen dieser erst ihre Kraft zu erweisen. So ist der Stand des inneren Lebens in jedem Augenblick der eines Antagonismus zwischen dem eigentlichen, zu vollem Ausleben drängenden Ich und beengenden Mächten, auf deren Vernichtung zwar seine ganze Freiheit gerichtet ist, deren gänzliches Verschwinden ihm aber allen Stoff des Lebens und alle Möglichkeit nähme, sich zu festen Formen auszugestalten.

Dieses typische Schicksal der Seele setzt sich auf ihre Umgebungen fort. Die Bewegungen unserer Glieder zeigen fortwährend den Stand eines Kampfes zwischen der physikalischen Schwere, die uns nach unten zieht, und den seelisch-physiologischen Impulsen, die die Schwerkraft des Körpers immerzu aufheben und abbiegen: ja, unsere Bewegungen *sind* dieser Kampf. Die willensmäßigen Energien beherrschen unsere Glieder nach ganz anderen Normen, in ganz anderen Richtungen als die physikalischen, und unser Leib ist in jedem Moment der Kampfplatz, auf dem beide sich treffen, sich gegenseitig ablenken, sich zu Kompromissen nöthigen. Und während es scheint, als verhinderten die materiellen Widerstände, daß sich die innere Bewegung restlos darstelle, bedingt in Wirklichkeit dieser Widerstand gerade jegliche Offenbarung der Seele: nur an ihm, in seiner Ueberwindung kann die Bewegung zu Stande kommen und ihren Sinn anschaulich machen. Die typischen Weisen nun, wie der Mensch sich darstellt, und wie er in den verschiedenen Stilen der Kunst erscheint, sind durch die besondere Art bestimmt, in der jene beiden Kräfte sich begegnen, eine die andere umbiegt, hemmt, gelegentlich fördert, ihr ausweicht, in mannigfaltigen Mischungen mit ihr die Einheit der Erscheinung erzeugt. Vergleicht man zum Beispiel eine griechische Statue mit einer Barockplastik, so fällt sofort auf, daß der Grieche es mit der Ueberwindung der Schwere lange nicht so leicht nimmt wie der Barockkünstler. Weder an der menschlichen Erscheinung selbst noch an dem Marmor empfindet dieser die natürliche Schwere, er spielt mit den physikalischen Bedingungen des Stoffes, als wäre dieser dem inneren Anstoß absolut nachgiebig, wie die Luft, die man da und dort hin blasen kann, ohne ihren Widerstand zu merken. Dennoch wirkt die Barockkunst lange nicht so geistig und von innen heraus beseelt wie die klassische, damit beweisend, daß jener Widerstand der Materie keineswegs bloß ein »böses Prinzip« ist, das besser nicht bestünde, sondern daß er gerade der nothwendige Stoff und Gegenhalt ist, dem allein sich die Seele anschaulich einschreiben kann. Das Gewand um den Körper ist in seinen Falten und seinem Fall, seinen Schwingungen und seinen Schwellungen ein enthüllendes Symbol jenes Streites der Kräfte. An den Figuren eines japanischen Holzschnittes etwa verräth die wunderliche Gebrochenheit, das uns so schwer begreifliche Ausladen und Eingezogensein der Formen, daß die irdische Schwere und der nervöse Impuls sich in diesen Körpern ganz anders, als wir es gewohnt sind, mischen, daß die Ueberwindung des einen durch das andere in ganz fremdartigen Rhythmen, Anstößen und Nachgiebigkeiten erfolgt. Das Wesentliche des Menschen: das Maß und die Art, wie er seelische Energien in die elementaren Begebenheiten der Natur verwebt, jedes über jedes siegen, sich gegenseitig fördern oder hemmen läßt, – dies ist für den Japaner ersichtlich etwas ganz anderes als für uns. Die einheitliche Erscheinung, in der der Künstler dieses Wesentliche anschaulich macht, divergirt so weit von unserer Art, weil die Elemente dieser Einheit, das physikalische und das psycho-physiologische, dort in so ganz abweichenden Proportionen und Wechseln zusammengehen.

Nicht weniger wird der persönliche Stil, in dem der einzelne Künstler den Menschen bildet, durch seine besondere Formel für diesen Antagonismus bestimmt. Bei Michelangelo fühlen wir alle Körper gegen einen Druck ringen, eine ungeheure Schwere zieht sie nieder, und eben deshalb müssen sie eine ungeheure, leidenschaftliche Kraft aufwenden, um sich dagegen aufzuarbeiten; der Kampf der Seele, die sich befreien will, gegen das elementare Lasten des natürlichen Seins, das zugleich die dumpfe Tragik innerer Belastungen symbolisirt, – dieser Kampf ist hier auf dem Punkt zum Stehen gekommen, wo beide Richtungen ihr Aeußerstes entfalten. Sobald das von ihm mit unbegreiflicher Kunst festgehaltene Gleichgewicht beider in der späteren Entwickelung ins Wanken gerieth, sobald man die seelische Freiheit und Impulsivität durch einfache Vernachlässigung der Schwere zu vollerem Ausdruck zu bringen meinte, glitt der Stil Michelangelos in das Barock über.

Ein völlig originelles Verhältniß zwischen der physikalischen Schwere und der seelischen Anspannung, die sie zu überwinden strebt, charakterisirt den Stil Konstantin Meuniers. Seine Plastik hat ein gänzlich neues Problem in die Kunst eingeführt: den arbeitenden Menschen; das heißt, er hat den formal-ästhetischen Werth der Arbeitsbewegung als solcher entdeckt, im Unterschied etwa von Millet und anderen Malern des arbeitenden Volkes, die mehr die Reflexe der Arbeit in dem Gefühl und Charakter der Menschen zur Anschauung bringen, aber nicht ihre rein anschauliche Bedeutung, die ganz jenseits ihrer ethischen oder sentimentalen steht. Er hat die Arbeit nach der ästhetischen Seite zuerst so zu Ehren gebracht, wie die Stadtbürger des Mittelalters sie nach der sozialen hin zu Ehren brachten. Wie das diesen gelang, indem sie zuerst den Knechtschaftsbegriff von ihr lösten, der vom Alterthum her mit ihr verbunden war, so hat Meunier alles Aesthetisch-Indifferente oder Widrige, das in den Ergebnissen oder den Begleiterscheinungen der Arbeit liegt, von ihr gelöst und die Arbeitsbewegung als ästhetische Formgebung des Menschenkörpers zuerst ebenso behandelt, wie man diesen sonst als ruhend oder als spielend oder als durch Affekte erregt bildet. In dem Heben, Ziehen, Wälzen, Rudern, das Meunier an seinen Menschen darstellt, ist die Schwere des Körpers nach außen hin verlegt, sie setzt sich in die tote Materie fort, um von dort aus ungeheuere und ganz eigenartige Ansprüche an ihre Ueberwindung durch die Kraft, das heißt: durch die Seele des Menschen zu stellen. Die soziale Bewegung der Gegenwart knüpft sich daran, daß man aus den unendlich verschiedenartigen Arbeiten des Eisengießers und des Schneiders, des Barbiers und des Bergmannes das Gleichartige, ihre Interessen Verbindende erkannt hat: sie sind eben alle Lohnarbeiter – ein Begriff, dessen Einheit und Immergleichheit frühere Zeiten vor jenen Verschiedenheiten des Arbeitsinhaltes nicht zu erkennen vermochten. Diese begriffliche Identität der Arbeit hat Meunier zu einer ästhetischen gestaltet. Die Arbeit mag ein sehr verschiedenes Kraftmaß, mag sehr verschiedene Muskelgruppen beanspruchen: sie ist doch überall eines und dasselbe Verhältniß des beseelten Körpers zu den Aufgaben, die ihm durch den Widerstand der Materie gegen seine Zwecke gestellt werden. Arbeit ist die Hineinbildung der Seele in die Materie, und so wiederholt sie außerhalb des Körpers jenen Streit zwischen der physikalischen Schwere und den seelischen Gegenimpulsen, der jede unserer Bewegungen färbt. Oder richtiger: die Arbeit bleibt doch in den Grenzen des menschlichen Leibes; sie ist nur eine besondere Accentuirung der physikalischen Widerstände, die unsere seelischen und physiologischen Tendenzen an der Härte, der Schwere, der Unbiegsamkeit unserer Materie finden. Erst die Meunierschen Bronzen erzählen in der Sprache der Kunst, was Arbeit ist, indem sie die allgemeingiltige Formel für das Verhältniß offenbaren, in das gerade der arbeitende Mensch die Kräfte der bloßen Materie zu den sich dagegen aufringenden Willensmächten setzt.

Die Plastik besitzt, um das Schweremoment und seine Gegenkraft empfinden zu lassen, den Vorteil des Materials, das selbst schwer ist, und dessen Lasten wir fühlen, wie wir das Gewicht des Gebälkes und die Strebekraft der Säule gleichsam innerlich nachbilden und so die Angemessenheit beider Kräfte durch ein unmittelbares Gefühl – als ob sie in uns ihren Antagonismus austrügen – entscheiden. Der Marmor hat in dieser Richtung ganz unvergleichliche Eigenschaften, indem seine Weiße und sein Schimmern die Schwere des Steines erleichtern und vergeistigen. Er hat etwas Objektives, wie der Raum, er ist sozusagen der bloße Raum als Körper, so daß die Plastik als Gestaltung des Raumes an ihm das biegsamste, jedem Verhältniß der Formen und Kräfte nachgiebigste Material findet; während bei dem Holz, dem Porzellan, der Bronze schon besondere, dem Stoffe eigene Schwereverhältnisse stark präjudizirend wirken. So sind lebensgroße Bronzefiguren nur unter besonderen Umständen ästhetisch möglich, weil die ungeheuere Schwere, mit der wir sie empfinden, kaum durch irgend eine innere Kraft und Lebendigkeit zu überwinden ist; wogegen zum Beispiel Porzellanfiguren sehr leicht den Eindruck des Barocken machen, weil *ihre* Bewegtheiten gegenüber der Leichtigkeit des Materials, an dem sie so wenig zu überwinden haben, fast immer zu übertreiben und Kraft ins Leere zu verschwenden scheinen.

Der Gegensatz von Anmuth und Würde innerhalb des Anschaulichen geht, wenn ich mich nicht täusche, gleichfalls auf die Verschiedenheit der Verhältnisse zurück, in die sich die seelischen und nervösen Energien zu dem Druck der Materie setzen. In beiden Daseinsformen wird die materielle Lastung an den Erscheinungen durch beseelte Bewegungen überwunden. Der Anmuth gelingt dies, indem sie jenen Widerstand des Stoffes von vornherein herabzusetzen scheint; sie steigert nicht die Kraft, sondern verringert die Ansprüche an sie so, daß die Bewegung sich wie widerstandslos vollzieht, als gäbe es überhaupt nur Freiheit der Seele, für die alle Hemmungen von außen her gerade nur da sind, um ihr ein Spiel zu sein. Umgekehrt erreicht die anschauliche Würde dasselbe Gleichgewicht zwischen der seelisch-physiologischen Leistung und ihren Widerständen, indem sie diesen zwar ihr volles Gewicht läßt, aber jene zu vollkommenem Hinausragen erhöht. Der Feind ist nicht, wie die Anmuth ihn erscheinen läßt, nur eine leise, wie schon durch sich selbst vernichtigte Andeutung eines Widerstandes; die Würde läßt die beschwerenden, nach unten strebenden Kräfte der Erscheinung ungeschmälert wirken, ja sie betont sie sogar, um nun erst darüber hinwegzugreifen und den Triumph der seelischen Kraft an der Stärke des überwundenen Gegners fühlen zu lassen. Es giebt eine genau entsprechende Zweiheit im sittlichen Leben. Wir bezeichnen dessen höchste Stufe als sittliches »Verdienst« – als eine Handlung, die alle Versuchungen der Sinnlichkeit, alle Widerstände des Egoismus in harten Kämpfen überwunden hat und die äußerste Stärke des Pflichtgefühles an der äußersten Stärke des Willens zur Sünde bewährt. Die »schöne Seele« dagegen ist sittlich, weil ihre Sittlichkeit aus der Selbstverständlichkeit des Naturtriebes quillt; sie hat keine Versuchungen zu überwinden, weil sie die Tugend genießt, wie der Andere, der erst überwinden muß, die Sünde genießen würde. Sie ist von selbst sittlich, weil ihr die Gegenkräfte fehlen, die sie in das Böse hinabzögen. Ihr ist die sittliche *Anmuth* eigen, da ja auch die Anmuth der Anschauung nichts anderes ist als jene Selbstverständlichkeit des Sieges, den die Freiheit der Seele über die dunkele Schwere der bloßen Materie an uns gewinnt – oder richtiger gar nicht erst zu gewinnen braucht. Jener tieferen und schwereren Seele aber, die erst über die bitterste Selbstüberwindung, über alle Dunkelheiten der Versuchung und der Allzuirdischkeit hinweg ihr Ich und ihre Freiheit rettet, – ihr ist die *Würde* eigen, die nicht über die Schwäche, sondern über die Stärke der niederziehenden Kräfte gesiegt hat. So enthüllt sich der Widerstreit der beiden Energien, den ich zu skizziren versuchte, als die ästhetische Form des großen Kampfes zwischen der menschlichen Seele und den Mächten der bloßen Natur, dessen Maße und Stadien, Siege und Kompromisse, Ablenkungen und Zuspitzungen der Geschichte des Menschen ihre Farben und ihre Werthe geben.

Die beiden Formen des Individualismus

Das Ideal der Freiheit und Gleichheit, von dem die französische Revolution entflammt war, ist nicht eigentlich durch die Thatsachen widerlegt, denn gerade ihnen brauchte es sich als Ideal nicht zu beugen, sondern durch die tiefere Einsicht in seinen inneren Widerspruch. Freiheit bedeutet doch, daß die individuelle Persönlichkeit ihre Eigenschaften ungehemmt entwickeln, ihre Kräfte vollkommen bewähren könne. In dem Maße, in dem dies gelingt, müssen die Unterschiede der Naturen sich schärfer herausarbeiten. Die Freiheit mag die klassenmäßigen Ungleichheiten beseitigen, die uns von außen kommen und nichts weniger als der Ausdruck unserer wirklichen und persönlichen Ungleichheiten sind. Indem diese aber vermöge der individuellen Freiheit sich restlos entfalten, werden sie unvermeidlich zu einem Ausdruck in den Beziehungen der Menschen untereinander drängen und so auch eine äußere Ungleichheit als die Folge der Freiheit ergeben, eine Ungleichheit, die, obgleich oder weil sie eine gerechtere ist, nicht kleiner als die historisch gegebene sein dürfte. Es war vielleicht ein Instinkt für diesen Sachverhalt, der der Freiheit und Gleichheit als dritte Forderung die Brüderlichkeit hinzufügen ließ. Denn nur durch ausdrücklichen Altruismus, durch sittlichen Verzicht auf das Geltendmachen natürlicher Vorzüge wäre die Gleichheit wieder herzustellen, nachdem die Freiheit sie aufgehoben hat.

So tief wurzelnde und weitgreifende Ideen zu kritisieren, ist indes weit weniger wichtig, als sie zu begreifen. Denn Irrungen dieser Art sind keine rein theoretischen Fehlschlüsse, sondern der angemessene Ausdruck einer bestimmten historischen Lage; ihre Formulierung in Worten ist eigentlich nur der Schatten praktischer Wirklichkeiten, die als solche ganz jenseits von Wahr und Falsch stehen. In unvermeidlicher Reaktion auf die herrschende Gesellschaftsverfassung entstand im 18. Jahrhundert ein Begriff der Individualität, der sich gar nicht treffender und logischer als mit dem in sich so unlogischen Ideal von Freiheit und Gleichheit aussprechen ließ. Denn es war eine Zeit, in der die individuellen Kräfte im unerträglichsten Gegensatz gegen ihre sozialen und historischen Bindungen und Formungen empfunden wurden. Als überständig und verrottet, als Sklavenfesseln, unter denen man nicht mehr atmen konnte, erschienen die Vorrechte der oberen Stände, wie die despotische Kontrolle von Handel und Wandel; die immer noch mächtigen Reste der Zunftverfassung wie der unduldsame Zwang des Kirchentums; die Fronpflichten der bäuerlichen Bevölkerung wie die politische Bevormundung im Staatsleben und die Einengungen der Stadtverfassungen. In der Bedrücktheit durch solche Institutionen, die jedes innere Recht verloren hatten, die aus Vernunft zu Unsinn, aus Wohlthat zu Plage geworden waren, entstand das Ideal der bloßen Freiheit des Individuums; wenn nur jene Bindungen fielen, die die Kräfte der Persönlichkeit in ihr unnatürliche Bahnen zwängen, so würden alle inneren und äußeren Werte, zu denen die Energien vorhanden, aber politisch, religiös, wirtschaftlich lahmgelegt waren, sich entfalten und die Gesellschaft aus der Epoche der historischen Unvernunft in die der natürlichen Vernünftigkeit überführen.

Hierbei aber ging nun eine höchst verhängnisvolle Täuschung vor sich. Jene ständischen, zünftigen, kirchlichen Bindungen hatten unzählige Ungleichheiten zwischen den Menschen geschaffen, deren Ungerechtigkeit aufs schärfste empfunden wurde, und so schloß man, daß die Beseitigung jener Institutionen, weil mit ihr diese Ungleichmäßigkeiten fallen müßten, alle Ungleichheiten überhaupt aus der Welt schaffen würde. Man verwechselte die bestehenden, sinnlosen Unterschiedenheiten mit der Ungleichheit überhaupt und hielt die Freiheit, die die ersteren vernichten sollte, für den Träger der allgemeinen und dauernden Gleichheit. Und dies traf nun mit dem Rationalismus des 18. Jahrhunderts zusammen, für den nicht der besondere, in seiner Eigenheit unvergleichliche Mensch der Gegenstand des Interesses war, sondern der allgemeine Mensch, der Mensch überhaupt. Wie die Litteratur der Revolutionszeit fortwährend von dem Volke, dem Tyrannen, der Freiheit ganz im allgemeinen spricht, wie die »natürliche

Religion« eine Vorsehung überhaupt, eine Gerechtigkeit überhaupt, eine göttliche Erziehung überhaupt hat, so ist es auch
das allgemeine Abstraktum Mensch, dem alle Begeisterung
gilt, der immer und überall der gleiche ist, weil von allem
abgesehen ist, was die Menschen von einander unterscheidet.
Das Grundmotiv ist, daß in jedem Individuum ein Kern enthalten ist, der das wesentliche an ihm und der zugleich in allen
Menschen derselbe ist, wie Kant es einmal ausdrückt: der
Mensch sei zwar unheilig genug, aber die Menschheit in ihm
sei heilig. Und nun versteht man, daß Freiheit und Gleichheit
so unbefangen als ein einheitliches Ideal empfunden wurden:
wenn der Mensch nur in Freiheit gesetzt würde, so müßte sein
bloß menschliches Wesen, das die historischen Verbindungen
und Verbildungen überdeckt und entstellt hätten, wieder als
sein eigentliches Ich hervortreten und dieses würde also, weil
es eben den allgemeinen Menschen in uns darstellte, bei allen
das gleiche sein. Wenn Friedrich der Große den Fürsten als
»den ersten Richter, den ersten Finanzmann, den ersten Minister der Gesellschaft«, in demselben Atem aber ihn als »einen
Menschen wie den geringsten seiner Unterthanen« bezeichnet,
so dokumentiert er, wie der Allgemeinbegriff Mensch das Al-
leinherrschende in der Vorstellung des Menschlichen geworden ist, wie sehr sein Wert alle individuellen Unterschiede sich
unterworfen hatte. Aber dieser allgemeine Mensch tritt eben
schlechthin als Individuum auf, er soll ein auf sich stehender,
für sich allein verantwortlicher sein, in schärfstem Gegensatz
gegen alle vom Mittelalter her überlebenden Normen, die den
Menschen nur als Glied einer Einung, als Element einer Kollektivität kannten. Dies ist der originelle und höchst bedeutsame Standpunkt des 18. Jahrhunderts: die Allgemeinheit bedeutete nicht soziale Verschmelzung, sondern inhaltliche oder
Rechts- oder Wertgleichheit isolierter Individuen. Mit leuch-
tender Klarheit und abschließend formuliert Fichte dieses Stadium der gesellschaftlichen Idealbildung: »ein Vernunftwesen
muß *schlechthin ein Individuum* sein, aber nicht eben *dieses
oder jenes bestimmte*.« Das ökonomische Ideal jenes alten Liberalismus: Individuen, die mit absoluter Freiheit ihren Interessen nachgehen und ebendamit – da diese in natürlicher Har-

monie stehen – den größtmöglichen Fortschritt der Gesamtheit bewirken, und die Thatsache, daß Kant den Träger aller Objektivität und Allgemeingültigkeit in unserem Denken und Handeln doch das *Ich* nennt und von diesem vernünftigen und moralischen Ich das persönlich-subjektive, das bei jedem ein anderes sei, aufs schärfste scheidet – dies sind nur zwei Ausstrahlungen eben desselben Prinzips: des Individualismus, der den Menschen ganz auf das eigene, von aller Bindung gelöste Ich stellt, dieses Ich aber als das allgemein menschliche, in allen gleiche und gleich wertvolle deutet.

Diese Vereinung von Freiheit und Gleichheit, oder, dasselbe anders ausgedrückt, von Individualität und Gleichheit, ging nun im 19. Jahrhundert in zwei ganz divergente Strömungen auseinander. In allgemeinen Begriffen, die vieler Vorbehalte bedürfen, bezeichnen wir sie als die Tendenz auf Gleichheit ohne Individualität und auf Individualität ohne Gleichheit. Die erstere, wesentlich im Sozialismus verkörpert, liegt hier außerhalb unseres Interesses; die andere hat die Art des Individualismus geschaffen, die, bei Fortbestand jener früheren, als die spezifisch moderne gelten kann und sich von Goethe über Schleiermacher und die Romantik bis zum Nietzscheanismus entwickelt. Nachdem die prinzipielle Lösung des Individuums von den verrosteten Ketten der Zunft, des Geburtsstandes, der Kirche vollbracht war, geht sie nun dahin weiter, daß die so verselbständigten Individuen sich auch *von einander* unterscheiden wollen; nicht mehr darauf, daß man überhaupt ein freier Einzelner ist, sondern daß man dieser Bestimmte und Unverwechselbare ist, kommt es an. Die Idealbildung des 18. Jahrhunderts forderte isolierte und im Wesen gleichartige Individuen, die zusammengehalten waren durch ein rational-allgemeines Gesetz und durch die natürliche Harmonie der Interessen. Die für das 19. Jahrhundert charakteristische rechnete mit lauter arbeitsteilig differenzierten, zusammengehalten durch Organisationen, die gerade auf der Arbeitsteilung und dem Ineinandergreifen des Differenzierten beruhten. Zu der Wirklichkeit der modernen Wirtschaft sind beide Prinzipien unentwirrbar zusammengewachsen. – Gewiß soll Wilhelm Meister das »rein Menschliche« in allem Schicksal, Bildung, Innerlichkeit des Menschen herausstellen und zur Geltung bringen. Und doch ist hier zum erstenmal eine Welt gezeichnet, die ganz auf die individuelle Eigenheit ihrer Individuen gestellt ist und sich nur durch sie organisiert. Dies künstlerisch Anschauliche hat Schleiermacher abstrakt geformt: gewiß sei jedes Wesen Ausdruck und Spiegel des gesamten Weltseins, jeder Mensch ein Kompendium der Menschheit; aber er sei es in besonderer, unvergleichlicher Form. Seine leidenschaftlichste Gegnerschaft gilt jenem Individualismus des 18. Jahrhunderts, der in einem jeden den »allgemeinen Menschen« sah. Wer nur ein Mensch überhaupt sein wollte, sagt er, sich aber dagegen wehrte, dieser oder jener besondere zu sein, der würde sich gegen das Leben selbst wehren. Eine nur ihm eigene Bedeutung, eine nur von ihm zu lösende Aufgabe kommt einem jeden zu. So sehr Kant und Fichte die Unbeschränktheit, die unendliche Freiheit des Ich in den Mittelpunkt ihrer Normen stellten – in dem *Inhalt* der Werte, die es verwirklichen sollte, bestand doch Nivellement; die Gleichheit *vor* dem Gesetz, *in* dem Gesetz, beherrschte ihre Ethik. Daß auch die *Verschiedenheit* des Menschlichen eine sittliche Forderung sei, daß jeder gleichsam ein besonderes Idealbild seiner selbst, das keinem anderen gleich ist, zu verwirklichen habe – das war eine ganz neue Wertung, ein qualitativer Individualismus gegenüber jenem, der allen Wert auf die Form des freien Ich legte.

Bei genauer Scheidung dieser beiden Lebensauffassungen, die man wegen des gemeinsamen Namens Individualismus so oft verwechselt, erklären sich manche tief gelegenen Vorgänge der Geistesgeschichte und ordnen sich den großen Strömungen derselben ein. Wenn Kant den ganzen Wert der Menschen und alle Wertunterschiede zwischen ihnen ausschließlich in den *Willen* verlegt, so setzt dies im letzten Grunde voraus, daß das *Sein* der Menschen, das naturgegebene Fundament ihrer Entwickelung, bei allen ununterschieden ist. Der etwas mechanische Gerechtigkeitsbegriff des 18. Jahrhunderts konnte nicht zugeben, daß dasjenige, wofür der Mensch nichts konnte, über seinen Wert entschiede; wenn er minderwertig ist, so muß er es sich ganz allein zuzuschreiben haben. Daß der Wille allein

allen Menschenwert trägt, ist also die konsequente Entwickelung jener Lebensauffassung, für die das letzte, unabänderliche
Fundament der Menschen das in allen gleiche ist, so daß der
Grund ihrer Wertdifferenz nicht in ihrem Sein, sondern oberhalb desselben, in dem variablen Element des Willens gesucht
werden muß. Im Gegensatz dazu hat Goethe das tiefste Gefühl für das *Sein* der Menschen und die Wertunterschiede, die
damit von vornherein gegeben sind. Die Romantik hat dies auf
das lebhafteste aufgenommen. Freilich hat die in die letzten
Tiefen der individuellen Natur hinabreichende Differenzierung des Seins leicht einen mystisch-fatalistischen Zug, durch
den sie sich der Romantik ebenso empfahl, wie sie sich damit
dem hellen Rationalismus der Aufklärungsepoche entfrem-
dete. Endlich ist für Nietzsche diese Wertung des Seins und
damit der elementare Unterschied zwischen Mensch und
Mensch der eigentliche Drehpunkt des ethischen Interesses
geworden. Hier liegt vielleicht der tiefste Grund seines Hasses
gegen den Kantischen Moralismus: nicht was die Menschen
wirken, d. h. wollen, sondern was sie sind, begründet ihren
Rang – er mußte es als eine Gewaltthat empfinden, das Sein zu
egalisieren, zum höheren Ruhme des Willens und der moralischen Verantwortung. »Die höhere Natur des großen Mannes«, sagt er, »liegt im Anderssein, in der Unmittelbarkeit, in
der Rangdistanz – *nicht* in irgendwelchen Wirkungen, ob er
auch den Erdball erschütterte.« Der Unterschied des Individualismus, der sein Ideal in der Gleichheit und Gleichberech-
tigtheit der gesellschaftlichen Elemente sieht – gegen den anderen, für den die Unterschiede zwischen ihnen den ganzen
Sinn der Menschheit ausmachen – jener konsequent eine formale Freiheit, dieser ein naturgegebenes Befehlen und Gehorchen predigend – hat hier seinen absoluten moralphilosophi-
schen Ausdruck gefunden.

Eine merkwürdige und extreme Erscheinung in der Geschichte des Individualismus stellt sich jenseits beider Formen:
Stirner, der nur die Thatsache der Individualität überhaupt
zum Sinn des menschlichen Daseins macht, aber jeden Inhalt
derselben, mag es der der Gleichheit oder der der Differenziertheit sein, als ganz gleichgültig ablehnt. So wendet er sich

einerseits gegen den Individualismus des 18. Jahrhunderts:
»Die individuelle Freiheit,« sagt er, »über welche der bürger-
liche Liberalismus eifersüchtig wacht, bedeutet keineswegs
eine vollkommen freie Selbstbestimmung, sondern nur Unabhängigkeit von Personen, aber um so unterwürfiger ist man
dagegen geworden gegen Gesetze. Man wird in aller Form
Rechtens geknechtet.« Er klagt die Revolution an, nicht den
einzelnen Menschen als solchen, sondern nur den Bürger, den
politischen Menschen frei gemacht zu haben; nicht um jenen,
sondern immer nur um ein Exemplar der Menschengattung,
speziell der Bürgergattung habe es sich damals gehandelt. »In
Dir und Mir nichts weiter sehen als »Menschen«, wie eben der
Rationalismus der Menschenrechte es thut, das heißt, die
christliche Auffassung, wonach einer für den anderen nichts
als ein Begriff (z. B. ein zur Seligkeit berufener) ist, auf die
Spitze treiben«. Zweifellos hat Stirner hiermit die schwachen
Seiten des älteren Individualismus scharf gekennzeichnet: daß
diese fundamental gleichen Gesellschaftsatome eigentlich
keine Persönlichkeiten, sondern bloß isolierte Exemplare eines
Allgemeinbegriffes sind und daß die formale Gleichheit vor
dem Gesetz, der Stolz dieser Weltanschauung, die ärgste Vergewaltigung der Individualität nicht zu verhindern weiß. Aber
er verkannte die Größe der Leistung, die doch damit geschehen war: die Emanzipierung des Menschen aus verkünstelt
und naturwidrig gewordenen Verbindungen, das jugendliche
Kraftgefühl, das in diesem Sich-Aufsichselbststellen lag, die
ungeheuere Aufgabe, gerade von dem Boden der fundamentalen Gleichheit aus ein wertvolles Leben und Sichentwickeln zu
gewinnen. Nun aber ist das Merkwürdige, daß Stirner darum
keineswegs sich dem Individualismus der Differenziertheit zu-
neigt. »Ich will nichts besonderes vor anderen haben oder
sein,« sagt er, »ich messe mich nicht an anderen. Ob andere
ähnliches sind oder haben, was kümmerts mich? *dasselbe* können sie weder sein noch haben.« »Der letzte und entschiedenste Gegensatz, der des Einzigen gegen den Einzigen, ist im
Grunde über das, was Gegensatz heißt, hinaus. Du hast als
Einziger nichts gemeinsames mehr mit dem anderen und
darum auch nichts trennendes; der Gegensatz verschwindet in

der vollkommenen Geschiedenheit.« Vor dem Ich in seiner absoluten Einzigkeit sinken ihm dessen einzelne Qualitäten unter: nicht nach meinen Eigenschaften, sagt er, sondern als ich selbst will ich geachtet sein. Die Einheit des Ich, für das die ganze Welt, seine eigenen Beschaffenheiten und Schicksale eingeschlossen, nur ein Gegenstand des Verbrauches ist, macht ihn gegen jeden *Inhalt* der Persönlichkeit gleichgültig: sowohl gegen das allgemeine Gesetz, das der ersten Form des Individualismus ihr Ideal gab, wie gegen die spezielle, unterschiedliche Qualifizierung, in der der Sinn der zweiten lag. So hat Stirner die bloße Form des Individualismus seinen beiden Ausgestaltungen entgegengesetzt; der Gegensatz beider hat sich bei ihm allerdings aufgehoben, aber so, daß sie beide verneint wurden und als ihr *caput mortuum* nur das von jedem Inhalt entleerte, radikale gesetz- und gegensatzlose Ich des Egoismus zurückblieb. Das Interesse der Stirnerschen Lehre liegt in der Reinlichkeit, mit der sie die Konsequenz des Individualismus nach seiner rein negativen Seite hin zieht. Die große Aufgabe der Zukunft aber ist eine Lebens- und Gesellschaftsverfassung, die eine positive Synthese der beiden Arten des Individualismus schafft: das unhistorische Ideal des 18. Jahrhunderts mit seinen gleichen und gleichberechtigten, nur durch das allgemeine und bloß rationale Gesetz verbundenen Individuen in eine höhere Einheit mit dem des 19. Jahrhunderts zu fassen, das in der Differenz der Einzelnen, in der Eigengesetzlichkeit der Persönlichkeiten und in ihrer Organisierung durch das historische Leben seine geistesgeschichtliche Leistung fand.

Zum Verständnis Nietzsches

Die Eindeutigkeit der Gedanken pflegt nicht die Eigenschaft der ganz großen Denker zu sein. Von Heraklit und Plato bis zu Kant und Hegel haben gerade sie stets einer Vielheit einander entgegengesetzter Deutungen Raum gegeben, dem Meere vergleichbar, aus dem jeder schöpfen kann, was ihm die Größe und die Form des mitgebrachten Gefäßes gestattet. Ihre Wirksamkeit wäre niemals eine so weite, wenn sie nur *eine* Art des Verständnisses ermöglichten, wenn sie nicht, wie die Natur selbst, zu jedem in *seiner* Sprache redeten und der Sehnsucht jeder individuellen Seele ein wie nur für sie geformtes Erlösungswort entgegenbrächten. Vielleicht kann erst diese Vielheit des Verstandenwerdens ihre ganze Größe umschreiben, die von einem Einzelnen nicht auszuschöpfen ist. Was Nietzsche erlebt, ist wie eine Karrikatur dieses Loses der Großen: er verdankt Ruhm und Wirksamkeit nicht einer Mannigfaltigkeit von Auffassungen, die alle gleich berechtigt wären, sondern solchen, die alle gleich unberechtigt sind. Für einen Prediger des egoistischen Genusses hält man ihn – und er lehrt die Verächtlichkeit alles bloßen Genießens, die Bedingtheit aller Größe durch das Leiden; anarchistische Zuchtlosigkeit will sich durch ihn rechtfertigen – und ihm kann gar keine Strenge und Disziplin hart genug sein; Gleichgültigkeit gegen die Menschheit außerhalb des Ich wirft man ihm vor – und in Wirklichkeit ist die Entwickelung unserer Gattung, die Erhöhung des Typus Mensch sein tiefstes, alles andere umfassendes Interesse.

Alles dies verschuldet er durch die Unvorsichtigkeit, daß er sich einen »Immoralisten« nennt und dadurch eigentlich den Irrtum legitimiert, den er seinen Gegnern vorwirft: daß sie die Moral der gegenwärtigen Epoche für die Moral schlechthin halten. Er ist keineswegs Immoralist in dem Sinne, daß er die Bindung an feste Pflichten, daß er die Werte des Wollens leugnete, daß er dem Menschen sein Sollen erließe. Nur die *gerade jetzt herrschende* Moral verneint er. Denn in deren demokratisch-christlichen Idealen: Selbstlosigkeit, Demut, Entsagung, Sich-Hingeben an die Zukurzgekommenen, die Elenden und Schwachen – sieht er die furchtbarste Gefahr für die Entwickelung unserer Gattung. Aller Fortschritt der Menschheit wird durch ihre in jedem Augenblick höchsten Exemplare getragen: die starken und aufrechten, die vornehmen und siegenden Naturen sind die Pioniere, die die Menschheit von jeder Stufe auf die nächst höhere führen. Wenn diese nun darauf verzichten, sich durchzusetzen, wenn sie statt der Kraft und Schönheit, der Feinheit und Freiheit, vielmehr nur die Eigenschaften ausbilden, mit denen sie der »Masse«, d. h. den hinter ihnen Zurückgebliebenen, nützen – so müssen jene Anlagen sich zurück statt aufwärts bilden. Christentum und Demokratie zielen darauf ab, die Schwachen und Unbegabten, die Kranken und Mitleidswürdigen zu konservieren, den Gesundungsprozeß der Menschheit, der auf Ausstoßung und Vernichtung dieser drängt, aufzuhalten und rückläufig zu machen. Dies erscheint ihm als das eigentliche Symptom der Decadence: daß der Instinkt für das, was die Gattung nach oben entwickelt, verloren gegangen ist. Seit der Sinn des Typus Mensch nicht mehr in seinen höchsten Exemplaren, sondern in der Masse, also der Mittelmäßigkeit liegt, seit nicht mehr die Entwickelung der kräftigsten und siegreichsten Eigenschaften, sondern der Verzicht auf Besonderheit, die Dienstbarkeit gegen Schwache und Niedere sittliches Ideal geworden ist – mußte der Verfall der Rasse beginnen: die Stärksten und von Natur Herrschenden, statt vorwärts, den noch unerreichten Vollkommenheiten menschlicher Eigenschaften zuzustreben, haben sich rückwärts gewandt, sich zurückgebildet. Nur *diese* Moral verneint Nietzsche, nicht die Moral überhaupt, der er vielmehr nur einen neuen Inhalt geben will: die rücksichtslose Entfaltung und Steigerung alles Starken, Eigenen und Schönen, wodurch aus der gegenwärtigen Menschheit eine höher qualifizierte aufsteigen würde. Mit einem Wort: an die Stelle des sozialen Ideals, dem es auf die Niederungen der Menschheit ankommt, will er ein menschheitliches setzen, dem nur an der Höherentwicklung der Menschheit, also nur an der ihrer höchsten und feinsten Exemplare, als den Bürgen und Führern dieser Entwickelung, liegen kann.

Dies also ist der viel verkannte, ganz einfache Sinn des »Übermenschen«: daß Nietzsche unsere Gattung nicht für unwandelbar fertig, sondern weiterer Entwickelung zugängig und bedürftig hält; der Übermensch ist nur der Name für die je höhere Stufe derselben. Jede Epoche hat ihren Übermenschen über sich, insofern jede entwickelungsfähig ist. Der Übermensch ist durchaus kein phantastisches Gebilde jenseits des Menschentums; er ist derjenige Mensch, der in der Evolution unserer Gattung auf deren gegenwärtige Staffel folgen soll. Das Sollen, das Nietzsche lehrt, enthält die Bedingungen, die ihm dieses Aufsteigen zu gewähren scheinen; und insofern die gegenwärtige Moral umgekehrt die Bedingungen der Rückbildung und Erniedrigung zu Idealen macht, nennt er *seine* Lehre Immoralismus.

II.

Von einem Egoismus im gewöhnlichen Sinne, als ob der Wert jedes Lebens in der Summe dessen bestände, was es genießt – ist bei Nietzsche niemals die Rede. Wenn Glück das Echo bedeutet, das die innere und äußere Schönheit, die Vertiefung und Eigenart des Wesens, kurz unsere objektiven Werte in unserem Gefühlsleben finden, so gehört es natürlich zu unserer Vollkommenheit; und ebenso, wenn aus ihm Mut und Schwungkraft und Helligkeit auf unser Thun und Sein zurückstrahlen. Aber nach dem Glück anders zu fragen, als nach einem Reflex oder einer Vorbedingung, es zu einem Ziel und Eigenwert des Lebens zu machen – das erscheint ihm als die niedrigste Weichlichkeit der Seele. Es kommt darauf an, »daß man gegen Mühsal, Härte, Entbehrung, selbst gegen das Leben gleichgültiger wird; daß die männlichen, die krieg- und siegesfrohen Instinkte die Herrschaft haben über andere Instinkte, z. B. über die des Glückes«, und anderswo: »alle Denkweisen, welche nach Lust und Leid, d. h. nach Begleitzuständen und Nebensachen, den Wert der Dinge messen, sind Naivitäten, auf welche jeder, der sich *gestaltender* Kräfte bewußt ist, nicht ohne Spott, auch nicht ohne Mitleid herabblikken wird.«

Damit hat die sittliche Aufgabe eine ganz neue Formulierung erfahren. Kein Moralgesetz, das eine abstrakte Vernunft uns auferlegt, das den ganzen lebendigen Menschen einem einseitigen Ideal opferte, der Vernunft oder dem Gemüt, der Religion oder dem Staat; sondern auf die Kräfte und Eigenschaften, die die Gattung Mensch höher entwickeln, kommt alles an, – aber nicht darauf, ob das Ich oder das Du sich dabei wohlfühlt oder nicht. Der Altruismus, der nur nach dem Glücke des Nächsten fragt, darf so wenig ein Endziel sein, wie der Egoismus, der dem eigenen Glücke nachläuft. Über die enge Alternative des gewöhnlichen sittlichen Bewußtseins: ob man für das eigene Wohl oder das des Anderen sorgen solle – geht Nietzsche weit hinweg. Die Vollendung des Menschen, die objektive Höhe seiner Qualitäten ist zum Ziel gemacht. Es ist ein völlig sachliches, über alle Subjektivität und ihre bloßen Gefühle erhobenes Ideal, dessen *Inhalt* freilich menschliche Qualitäten und ihre Steigerungen bilden. Daß die Menschen von adliger Gesinnung, von sieghafter Stärke des Leibes und der Seele, von vertieftem Denken und Wollen seien, das ist das objektiv Wertvolle, damit schließt sich die ethische Zielsetzung – nicht aber damit, daß diese Vollkommenheiten nun erst rückwirkend jemanden »erfreuten«. Der Anspruch »sich auszuleben«, der unter der Berufung auf Nietzsche eine bloße Genußsucht zu verstecken pflegt, offenbart so seine ganze Rechtlosigkeit: das Recht, nach dem Glücke des Du nicht zu fragen, fordert, daß man auch nach dem Glücke des Ich nicht frage, sondern nur nach den *Beschaffenheiten* der Seele, nach ihren Energieen, ihren Tiefen, ihren Schönheiten, die unsere Gattung auf die Stufe höherer Vollendung führen und jenseits alles persönlichen Genießens oder Leidens stehen. –

Ich will nicht verkennen, daß bei der ungeheuer bewegten geistigen Entwickelung Nietzsches, die ihre Vielgestaltigkeit vielleicht in jeden seiner Tage hineintrug, auch eine ganz andere Deutung seiner Absichten sich auf Aussprüche von ihm

stützen könnte. Es ist ganz irrig, ihm auf diese Selbstwider-
sprüche hin seinen Rang abzustreiten. Ein Denker gehört auf
die höchste Stufe, wenn aus den vielfachen und sich vielleicht
verwirrenden Reihen seines Denkens auch nur eine einzige
Größe, Tiefe, Wahrheit besitzt – ganz gleichviel, ob daneben
falsche, flache, widersprechende laufen; gerade wie ein Künstler durch seine besten und höchsten Werke eine Unsterblichkeit genießt, die durch seine minderwertigen nicht herabgesetzt wird – was würde sonst, wenn nicht allein seine *höchsten*
Schöpfungen den Rang eines Genies bestimmten, selbst der
eines Goethe und Beethoven sein?

III.

Die Voraussetzung der ganzen Idealbildung Nietzsches ist
das, was er die »Distanz« unter den Persönlichkeiten nennt.
Im Gegensatz zu allen demokratischen und sozialistischen
Überzeugungen glaubt Nietzsche fest an die naturgegebenen
Unterschiede zwischen Hohen und Niederen, Vorschreiten-
den und Verkümmerten, Herren und Sklaven – Unterschiede,
die nicht nur unzerstörbar sind, sondern es auch sein sollen,
weil alle Kultur und alle Entwickelung auf ihnen beruht. Er
hält eine solche überhaupt für unmöglich, außer auf der Basis
eines Sklaventums – habe dies die Form der antiken Sklaverei
oder der Hörigkeit oder der modernen Lohnarbeit. In welchem Maße die niederen Güter, Behagen und Bildung in der
Masse verbreitet sind, das zeigt die Entwickelung unserer Gattung nicht an, die sich vielmehr nur an dem jeweils erreichten –
wenn auch vielleicht nur von einem Einzigen erreichten –
höchsten Teilstrich mißt. »Wenn ihr die starken Gegensätze
und Rangverschiedenheiten wegschaffen wollt, so schafft ihr
die starke Liebe, die hohe Gesinnung, das Gefühl des Für-
sich-Seins auch ab!«
Was diesen Aristokratismus von auch sonst aufgetauchten
trennt, ist dies, daß er nicht als Mittel für die Wohlfahrt der
Gesellschaft gedacht ist, daß er keine »Sozialaristokratie« bedeutet. Er ist vielmehr Selbstzweck: die Ausbildung des ari-

61

stokratischen Menschen ist die Rechtfertigung, daß überhaupt eine Gesellschaft besteht, und nicht umgekehrt. An dieser völligen Ablehnung eines sozialen Effektes der Aristokratie zeigt sich die Verschiedenheit des sozialen Interesses vom Interesse an der Gattung, die das moderne Empfinden ohne weiteres für solidarisch zu halten pflegt. Gar zu unbefangen vielleicht glauben wir die absoluten Werte der Menschheit damit gefördert, daß die sozialen, die der Masse, des Durchschnitts, der unteren Stände – gehoben werden. Möglich, daß dieser Glaube richtig ist; aber selbstverständlich ist er nicht. Er bedarf des Beweises gegenüber diesem anderen, daß das Leben unserer Gattung seinen eigentlichen Wert nur in der Höhe der Eigenschaften hat, die ihre höchsten Exemplare ausbilden. Vielleicht aber ist keiner von beiden Standpunkten beweisbar, sondern wir stehen hier vor einer jener letzten Entscheidungen, die nicht mehr auf Beweise hin getroffen werden, sondern in denen das letzte, unbelehrbare, jenseits von wahr und falsch stehende Sein der einzelnen Menschen seinen Ausdruck findet.

Mit dieser Betonung der Distanz hat Nietzsche eine Wertkategorie eingeführt, die, so wirksam sie in der Wirklichkeit des Lebens ist, in der Ethik bisher so gut wie unbekannt war: die Vornehmheit. Dies ist ein innerer Wert, der auf keinen anderen ganz zu reduzieren ist, eine ursprüngliche Werteinheit, die die verstandesmäßige Beschreibung freilich nur aus einer Mehrheit von Zügen zusammensetzen kann. »Die vornehme Art Mensch fühlt sich als wertbestimmend, sie hat nicht nötig, sich gutheißen zu lassen. Im Vordergrund steht das Gefühl der Fülle, der Macht, die überströmen will, das Bewußtsein eines Reichtums, der schenken und abgeben möchte. Der vornehme Mensch ehrt in sich den Mächtigen, auch den, welcher Macht über sich selbst und Ehrerbietung vor allem Strengen und Harten hat. – Die vornehme Seele gesteht sich zu, daß es mit ihr gleichberechtigte gibt; sobald sie über diese Frage des Ranges im Reinen ist, bewegt sie sich unter diesen Gleichen mit der gleichen Sicherheit in Scham und zarter Ehrfurcht, welche sie im Verkehr mit sich selbst hat.« Der Vornehmheitswert wird so von einer besonderen Art des Unterschiedes getragen: der Unterschied betont hier einerseits den Ausschluß des Verwechseltwerdens, des sich Gemeinmachens; andererseits darf er doch nicht so hervortreten, um das Vornehme aus seinem Sich-selbst-Genügen und seiner Reserve herauszulocken und sein Wesen in eine Relation zu anderen zu verlegen. Die Vornehmheit repräsentiert eine ganz einzigartige Kombination von Unterschiedsgefühlen, die auf Vergleichung beruhen, und stolzem Ablehnen jeder Vergleichung überhaupt. Noch mehr als Schönheit ist sie sozusagen eine formale Eigenschaft, die den in aller sonstigen Hinsicht verschiedenartigsten Erscheinungen gemeinsam sein kann. Das Ideal der Vornehmheit in seiner eigentümlichen Weite und gleichzeitigen Strenge erscheint mir als der eigentliche Mittelpunkt, auf den das Grundgefühl Nietzsches alle Richtungen seines Denkens hinführt: aus dem Umfang und der Tiefe dieses Begriffes erklären sich, was man ihm immer vorwirft, der fast planlos erscheinende Versuchscharakter und die vielfachen Widersprüche der Wege, die er zu seiner Verwirklichung einschlägt.

Es ist oft hervorgehoben worden, daß die Lehre Nietzsches den Gegensatz seiner Persönlichkeit bildete: dieser rauhe, kriegerische und dann wieder bacchantisch weittönende Ruf quoll aus einer höchst sensitiven, still in sich gekehrten, liebenswürdig milden Natur. Gewiß ist dies kein Gegenbeweis gegen ihre Ernsthaftigkeit; denn der Philosoph giebt in seiner Lehre unzählige Male sein Gegenspiel, seine Ergänzung zum vollen Menschen, sein Anders-als-er und seine unerreichte Sehnsucht. Die Vornehmheit aber ist der Punkt, in dem das Ideal, das Nietzsche lehrte, und die Wirklichkeit seiner Natur sich getroffen haben, gleichsam der Gipfel seines persönlichen Seins, von dem aus er den Flug nahm in das Reich der Wünsche für die Menschheit.

Weibliche Kultur

Wenn man im geschichtlichen Leben unserer Gattung Gebilde und Werthe sehen darf, die Anderes darstellen und in Anderem ihren Sinn haben, als in den einzelnen Menschen; wenn man Bewegungen und Werke, Institutionen und Gedanken danach scheiden darf, ob sie bestimmten Summen Einzelner dienen und an ihnen leben, oder ob sie jenseits des Wohles und Wehes von Subjekten noch etwas besagen – so scheint die moderne Frauenbewegung jede Bedeutung abzulehnen, die über einzelne Personen, ihr Glück, ihre Ausbildung, ihre Freiheit hinausginge. Natürlich nicht bestimmte einzelne Personen sind gemeint, sondern der Gesammtheit der Frauen soll eine höhere Stufe der Existenz eröffnet werden. Aber immer handelt es sich nur um persönliche Güter, mögen diese auch in neuem Ernst und neuen Pflichten bestehen. Für einzelne Menschen, und seien es auch viele Millionen, wird hier gerungen, nicht für etwas, was an sich über alles Einzelne und Persönliche hinausginge. Und selbst wenn Interessen des sozialen Ganzen betont werden: die Vertiefung und Veredelung der Ehe und der Kindererziehung bei voller geistiger Ausbildung und wirthschaftlicher Unabhängigkeit der Frauen, die strengere Auslese der Tüchtigsten auf allen Gebieten durch die vermehrte Zahl der Mitbewerber – so sehe ich doch nirgends die Frage nach dem überpersönlichen und übersozialen *Kulturwerth* dieser Bewegung aufgeworfen, nach ihren eigentlich schöpferischen, den Bestand der geistigen Werthe vermehrenden Energien.

Ich will die Frage, was denn Kultur überhaupt sei, nicht ihre Dunkelheiten und Streitigkeiten in diese Auseinandersetzung mischen lassen. Wie man aber auch ihr allgemeines Wesen ausdrücken mag – man wird nicht verkennen, daß sie sich zu zwei sehr getrennten Bedeutungen besondert. Sie ist einmal ein Zustand von Ausbildung oder Thätigkeit, Wissen oder Schönheit, Glück oder Sittlichkeit an *Individuen*. Ihre Wirklichkeit und Wirksamkeit lebt an den einzelnen Seelen und das Mehr und Minder ihrer Güter in diesen bildet die jeweilige Summe ihres geschichtlichen Daseins. Allein sehr tiefsinnig nennt die Sprache diese Kultur der Subjekte ein *Theilhaben* an ihren Gütern: als gäbe es irgendwo einen unpersönlichen Vorrath dieser, von dem der Einzelne ein zufälliges, wechselndes Theil mitgenießt, ohne daß dies den Bestand jenes Ganzen eigentlich anginge. Denn in Wirklichkeit ist das, was man die objektive Kultur nennen kann, in seinem Inhalt und Sinn ganz unabhängig von dem Wie-Sehr und Wie-Oft seiner Darstellung an Individuen: die Sprache und das Recht, die Sitte und die Kunst, die Berufsarten und die Religion, die Möbel und die Trachten – alles sind geprägte Formen, die aufgenommen oder vernachlässigt werden können, für die Einzelnen gleichsam bereit liegend und doch in ihrer inneren, sachlichen Bedeutung über sie hinausragend, objektiv gewordene Ergebnisse geleisteter Kulturthätigkeit und Normen der künftigen. Der ideale Werth eines Kunstwerks oder einer sittlichen Regel, einer religiösen Idee oder einer Tischform, eines Rechtssatzes oder einer wissenschaftlichen Feststellung leidet oder gewinnt nicht dadurch, daß alles dieses selten oder oft das zufällige Material des Lebens in sich aufnimmt – während für den Standpunkt des individuellen oder des sozialen Interesses nur grade das *Wie-Vielmal* des einzelnen Werthes von entscheidender Bedeutung ist. Und an diesem Gegensatz tritt nun die neue Fragestellung gegenüber der Frauenbewegung deutlich hervor. Ihre *objektive Kulturbedeutung* kann nicht dies sein, daß die Lebens- und Leistungsformen, die bisher für die Männer bestanden, nun noch so und so oft von Frauen ausgefüllt werden. Sondern: erheben sich aus dieser Bewegung ganz neue Gebilde, qualitativ von den bisherigen unterschieden, nicht nur Multiplikationen der alten? Wird das Reich der Kulturinhalte dadurch rein sachlich vermehrt? Wird damit nicht nur nachgeschaffen, sondern geschaffen? Man mag diese Frage, die unmittelbar weder eine personale noch eine soziale noch eine im hergebrachten Wortsinne ethische Bedeutung hat, gegenüber der dringenden Noth der hiermit ausgeschlossenen Interessen für eine rein akademische, für eine spätere Sorge halten. Dem aber, dem nicht nur die Menschen, sondern der Mensch, nicht nur der Nutzen der Dinge, sondern die Dinge selbst, nicht nur der unruhige Strom des Thuns und Leidens, sondern der zeitlose Sinn seiner Formen am Herzen liegt, – dem wird erst aus ihrer Beantwortung eine letzte Bedeutsamkeit der Frauenbewegung entgegensehen – der Bewegung, die die Zukunft unserer Gattung vielleicht tiefer beeinflussen wird, als selbst die Arbeiterfrage.

Die Voraussetzungen wie die Ergebnisse dieser Fragestellung übersieht man erst von der Erkenntniß aus, daß die Kultur der Menschheit sozusagen nichts Geschlechtsloses ist, daß sie keineswegs in reiner Sachlichkeit jenseits von Mann und Weib steht. Vielmehr, unsere Kultur ist, mit Ausnahme ganz weniger Provinzen, durchaus männlich. Männer haben die Industrie und die Kunst, die Wissenschaft und den Handel, die Staatsverwaltung und die Religion geschaffen, und so tragen diese nicht nur objektiv männlichen Charakter, sondern verlangen auch zu ihrer immer wiederholten Ausführung specifisch männliche Kräfte. Der schöne Gedanke einer menschlichen Kultur, die nicht nach Mann und Weib fragt, ist historisch nicht realisirt, der Glaube daran entstammt dem gleichen Gefühl, das in so vielen Sprachen für Mensch und Mann dasselbe Wort setzte. Dieser maskuline Charakter auch der sachlichen Elemente der Kultur ist die Veranlassung, weshalb unzulängliche Leistungen auf allen möglichen Gebieten mit dem deklassirenden Ausdruck des Femininen belegt werden und weshalb man die Leistung einer Frau auf eben denselben oft nicht besser zu rühmen weiß, als daß man sie als »ganz männlich« bezeichnet. Das entspringt nicht nur aus dem Hochmuth der Männer, als wäre das Männliche an sich schon das Synonym des Werthvollen; sondern es drückt die geschichtliche Thatsache aus, daß unsere Kultur, weil sie aus dem Geist und der Arbeit von Männern entstand, auch nur an männliche Leistungsfähigkeit eigentlich angepaßt ist. Damit meine ich nicht nur das höhere Kraftmaaß in physischer oder vielleicht auch psychischer Beziehung – wenn es sich nur um dieses handelte, so gäbe jene prinzipielle Geringschätzung kein großes Räthsel auf. Thatsächlich aber wirken hier die qualitativen Differenzen der Geschlechter. Die Art, nicht nur das Maaß unserer Kulturarbeit wendet sich an specifisch männliche Energien, männliche Gefühle, männliche Intellektualität. Ich wähle einige weit auseinanderliegende Beispiele. In aller Gesetzgebung, und in gewissem Maaße doch auch in aller Rechtsprechung wirken ein fundamentales Rechtsgefühl, eine instinctive oder bewußte sociale Zweckmäßigkeit und eine sachliche, systematische Logik zusammen. Art und Maaß nun, in dem diese Elemente sich mischen, wären sicher von den jetzigen sehr abweichend, wenn das Recht von Frauen festgesetzt und ausgeführt würde. Die häufige Opposition von Frauen gegen juristische Normen und Urtheile bedeutet keineswegs immer eine Fremdheit gegen das Recht überhaupt, sondern gegen das *männliche* Recht, das wir allein haben und das uns deshalb als das Recht schlechthin erscheint. Gewisse Gewerbe, wie Tischlerei und Tapeziererei, müssen als männliche gelten, obgleich sie vielerlei Thätigkeiten enthalten, die Frauen sehr gut ausüben könnten. Allein mit diesen hat die herrschende Arbeitstheilung und -zusammenlegung andere Thätigkeitselemente verbunden, die eine männliche Körperkraft verlangen. Durch diese historische, wenngleich ersichtlich nicht durchaus nothwendige Konstellation haben diese Berufe den Stempel bloß männlicher Kulturarbeit erhalten. Und ganz allgemein: die *Spezialisirung*, die unsere Berufe und unsere Kultur überhaupt charakterisirt, ist ganz und gar männlichen Wesens. Denn sie ist keineswegs etwas bloß Aeußerliches, sondern ist nur möglich durch die tiefste psychologische Eigenart des männlichen Geistes: sich zu einer ganz einseitigen Leistung zuzuspitzen, die von der Gesammt-Persönlichkeit differenzirt ist, so daß das sachlich-specialistische Thun und die subjektive Persönlichkeit, jedes gleichsam ein Leben für sich leben. Alle weit getriebene Arbeitstheilung bedeutet die Lösung des Subjekts von seiner Leistung, diese wird in einen objektiven Zusammenhang hineingegeben, sie fügt sich den Anforderungen eines unpersönlichen Ganzen, während die eigentlich subjektiven Interessen und inneren Bewegungen des Menschen eine eigene Welt bilden und sozusagen eine Privatexistenz führen. Bestünde diese psychologische Möglichkeit nicht, so wäre unsere, auf die höchste Arbeitstheilung gebaute Kultur nicht nur unerträglich, sondern von vornherein unmöglich. Es scheint aber, als ob hier der tiefste Unterschied des männlichen und weiblichen Geistes läge; als ob dieser, wenigstens typischer Weise, in solcher Sonderung der Einzelbewährung von dem Ich und seinen Gefühls- und Gemüthszentren nicht existiren könne. Die ganze Tiefe und Schönheit des weiblichen Wesens, durch die es vor dem männlichen Geiste als seine Erlösung und Versöhnung steht, gründet sich in dieser Einheitlichkeit, diesem organischen, unmittelbaren Zusammenhang der Persönlichkeit mit jeder ihrer Aeußerungen, dieser Untheilbarkeit des Ich, die nur ein Alles oder Nichts kennt. Die wunderbare Beziehung, die die weibliche Seele noch zu der ungebrochenen Einheit der Natur zu haben scheint und die die ganze Formel ihres Daseins von dem vielspältigen, differenzirten, in die Objektivität aufgehenden Mann scheidet – eben diese trennt sie auch von der auf sachlicher Specialisirung ruhenden Arbeit unserer Kultur. Indem nun alle männlichen Berufe, die eben dieses Charakters sind, den Frauen eröffnet werden, wird ihnen insoweit nicht nur das Schöpferische der Kulturarbeit genommen – denn sie werden in ein Schema von Differenzirtheit gezwängt, in dem ihre tiefsten Wesenskräfte sich gar nicht äußern können –; nicht nur wiederholen sie, vom Standpunkt des sachlichen Kulturinteresses aus, immer ein schon Gegebenes; sondern sie thun dies auch sozusagen mit untauglichen Mitteln, weil sie den Formen, die sich so ihren Kräften bieten, nicht gewachsen sind. Und zwar nicht, weil ihre Kräfte zu gering wären, sondern weil deren Bewährungsart nicht in die Kategorien unserer Kulturarbeit paßt. Wir erleben Entsprechendes heute schon an einer großen Zahl von Männern. Die Ständemischung und die tausend Reizungen und Möglichkeiten des modernen Lebens haben eine Fülle eigenartiger Beanlagungen entwickelt oder bewußt gemacht, denen die gegebenen Berufe nicht mehr entsprechen. Die Konstellationen und Tendenzen der innerlichen Begabung haben sich rascher vermannigfaltigt, als die Möglichkeit, sie in Berufen zu bewähren. Eine immer größere Zahl von Männern wächst auf, die ihrer Anlage nach zwischen mehreren Berufen stehen, in keinem recht wurzeln und die Lebensform, die der ergriffene bietet, einerseits nicht ausfüllen, andrerseits zu sprengen drohen. Um wieviel stärkere Diskrepanzen eröffnen sich nun erst zwischen den historisch gegebenen, also männlichen Berufen und der weiblichen Seele mit ihrem ihr allein eigenen Rhythmus, Leistungsart, Willens- und Gefühlsspannung!

Das eigentliche Kulturproblem also, das wir stellen: ob die erstrebte Freiheit der Frauen neue Kulturqualitäten würde entstehen lassen – wäre nur auf Grund einer neuen Theilung oder Nuancirung der Berufe zu bejahen. Nicht dadurch, daß sie in demselben Sinn Naturforscher oder Techniker, Aerzte oder Künstler werden, wie die Männer es sind; sondern nur so, daß sie etwas leisten, *was die Männer nicht können*. Es handelt sich zunächst um eine weitere Arbeitstheilung, darum, daß die Gesammtleistungen eines Berufes von Neuem vertheilt werden und diejenigen Elemente seiner, die der weiblichen Leistungsart specifisch angemessen sind, zu besonderen, differenzirten Theilberufen zusammengeschlossen werden. Womit dann nicht nur eine außerordentliche Verfeinerung und Bereicherung des ganzen Thätigkeitsgebietes erreicht, sondern auch die Konkurrenz mit den Männern sehr abgelenkt werden würde. Auf einem engen und sehr materiellen Gebiet haben englische Arbeiter dies Prinzip durchgeführt. Frauen haben vielfach ihre niedrigere und billigere Lebenshaltung benutzt, um die Männer zu unterbieten und damit eine Verschlechterung des Standardlohnes herbeizuführen, so daß im Allgemeinen die Gewerkvereine die Verwendung der weiblichen Arbeitskraft in der Industrie aufs bitterste bekämpfen. Einige Gewerkvereine nun, z. B. Baumwollweber und Strumpfwirker, haben einen Ausweg gefunden, durch Einführung einer Standardlohnliste für sämmtliche, auch die kleinsten Theilfunktionen der Fabrikarbeit. Diese werden ganz gleichmäßig bezahlt, mögen sie von Männern oder von Frauen ausgeführt werden. Wie von selbst nun hat sich in Folge dessen die Arbeitstheilung herausgebildet, daß die Frauen die ihren Körperkräften und ihrer Geschicklichkeit adäquaten Funktionen für sich gleichsam monopolisirt haben, den Männern die *ihren* Kräften zusagenden überlassend. Dies bringt erstens eine wirkliche objektive Gleichheit zu Stande: denn wenn Frauen etwa die Männerarbeit leisten können, so verdienen sie nun genau so viel wie diese, und zweitens ist durch solche Arbeitstheilung die Konkurrenz abgeschnitten. Der beste Kenner der Verhältnisse englischer Industriearbeiter urtheilt: »So weit es sich um Handarbeit handelt, bilden die Frauen eine besondere Klasse von Arbeitern, die andere Fähigkeiten und andere Bedürfnisse als die Männer haben. Um beide Geschlechter in demselben Zustande von Gesundheit und Leistungsfähigkeit zu halten, ist oft eine *Differenzirung der Aufgabe* nöthig.« Hier ist also sozusagen naiv das große Problem der weiblichen Kulturarbeit schon gelöst, die neue Linie ist durch den Aufgabenkomplex gelegt, die die für das spezifisch weibliche Können prädestinirten Punkte verbindet und zu besonderen Berufen zusammenschließt. Handelte es sich bei diesem Typus von Reformen darum, gegebene Aufgaben zwar mit gegebenen Mitteln, aber in neuer und zweckmäßiger Form zu lösen, so zeigt eine andere Kategorie neue Aufgaben oder wenigstens principiell neue Wege zur Lösung allgemeiner Probleme. Das nächste Beispiel ist hier die Medizin. Unsere Frage ist, ob weiblichen Aerzten nicht nur eine Steigerung körperlichen und seelischen Wohles zu danken sein wird, sondern eine qualitative, durch männliche Mittel nicht erreichbare Mehrung der medizinischen Kultur. Dies scheint mir thatsächlich daraufhin zu erwarten, daß sowohl Diagnose wie Therapie zu einem nicht kleinen Theile von dem Nachfühlen des Zustandes des Patienten abhängt. Die objektiv-klinischen Untersuchungsmethoden kommen oft an ein frühes Ende, wenn sie nicht ergänzt werden durch ein entweder unmittelbar-instinktives, oder durch Aeußerungen vermitteltes, subjektives Wissen um den Zustand und die Gefühle des Kranken. Ein sehr erfahrener Nervenarzt hat einmal gesagt, daß man gewisse nervöse Zustände erst dann ärztlich ganz durchschauen könne, wenn man selbst einmal ähnliche erlebt habe. Das nachbildende Begreifen ist also durch eine gewisse Aehnlichkeit der Konstitution bedingt. Ich bin deshalb überzeugt, daß Frauen gegenüber der weibliche Arzt nicht nur oft die genauere Diagnose und das feinere Vorgefühl für die richtige Behandlung des einzelnen Falles haben wird, sondern auch rein wissen-

schaftlich typische Zusammenhänge entdecken könnte, die
dem Mann unauffindbar sind, und so zu der *objektiven* Kultur
spezifische Beiträge leisten würde; denn die Frau hat eben an
der gleichen Konstitution ein Werkzeug der Erkenntniß, das
dem Mann versagt ist. In einer etwas anderen Wendung des
gleichen Grundmotives könnte das wissenschaftliche historische Erkennen sich die weibliche Psyche dienstbar machen.
Alles, was wir Geschichte nennen, wäre ein sinnloses Hin und
Her äußerer Bewegungen, ohne jede Bedeutung, Zusammenhang und Interesse, wenn wir nicht die äußeren Thaten psychologisch interpretirten, ihnen seelische Vorgänge unterleg-
ten, die niemals unmittelbar festgestellt werden können, sondern nur der nachbildenden Phantasie, dem in die Seelen sich
einfühlenden Verständniß zugängig sind. Auch hier wird es im
Allgemeinen einer gewissen Gleichheit der seelischen Verfassung bedürfen, um zu einer adäquaten Nachbildung von den
Bedürfnissen und den Leidenschaften, der Liebe und dem
Haß, den Instinkten und den religiösen Emotionen zu gelangen, die das ganze Spiel der Geschichte nicht nur entfesseln,
sondern direkt ausmachen. Diese Gleichheit ist indeß nicht im
mechanischen Sinne zu verstehen und der ganze Prozeß
schließt ein großes psychologisches Geheimniß ein. Man
braucht allerdings kein Cäsar zu sein, um Cäsar zu verstehen,
und kein Catilina, um Catilina zu verstehen. Vielmehr dieses
nachbildende Verstehen geht sozusagen in Schichten der Seele
vor sich, die jenseits der unmittelbaren, persönlichen Existenz
liegen, es ist eine künstlerische Funktion, die ein Leben oberhalb der Subjektivität führt. So kann es kommen, daß eine
bestimmte Art der subjektiven Unterschiedenheit grade einem
besonders tiefen psychologischen Verständniß zu Grunde
liegt; ja, eine allzu unmittelbare Gleichheit kann uns so im
Subjektiven festhalten, daß es zu der objektiven Nachfühlung
in der wissenschaftlich-künstlerischen Sphäre nicht kommt.
So zeigen die Erfahrungen der Praxis, daß Frauen manche Seiten der männlichen Seelen besser und mit sichrerem Instinkt
erkennen, als andere Männer es vermögen. Mir ist kein Zweifel, daß diese Fähigkeit für die Geschichtsforschung ausgenutzt werden könnte. Man muß sich nur klar machen, – was

jetzt freilich noch aus mancherlei Gründen wissenschaftlicher Bureaukratie übersehen zu werden pflegt –, daß alle Geschichtswissenschaft angewandte Psychologie ist, um den einzigartigen Dienst zu ahnen, den die weibliche Seele mit ihren besonderen Wahrnehmungs- und Nachfühlungsorganen hier leisten könnte, von dem Verständniß dumpfer Volksbewegungen bis zu der Entzifferung von Inschriften. Ich bin überzeugt: wie es spezifisch weibliche Funktionen in der Medizin geben könnte, ebenso in der Geschichtswissenschaft. Auch hier könnte es zu Leistungen einer weiblichen Kultur im objektiven Sinne kommen.

Dem allgemeinen Verständniß dürfte diese Möglichkeit am zugänglichsten auf dem Gebiet der Kunst sein, denn hier sind thatsächlich schon allererste Ansätze zu dem, was ich meine, vorhanden. Am wahrnehmbarsten in der Literatur. Es giebt schon eine Reihe von Frauen in dieser, die nicht den sklavenhaften Ehrgeiz haben, zu schreiben »wie ein Mann«, und die nicht durch männliche Pseudonyme zu erkennen geben, daß sie von dem eigentlich Originellen und spezifisch Bedeutsamen, das sie als Frauen leisten könnten, keine Ahnung haben. Gewiß ist das Herausbringen der weiblichen Nuance, ihre Objektivirung, auch in der literarischen Kultur sehr schwierig, weil die allgemeinen Formen der Dichtung, innerhalb deren es geschieht, eben männliche Produkte sind und daraufhin wahrscheinlich einen leisen inneren Widerspruch gegen die Erfüllung mit einem spezifisch weiblichen Inhalt zeigen. Namentlich an weiblicher Lyrik, und zwar grade an sehr gelungener, empfinde ich oft zwischen dem personalen Inhalt und der künstlerischen Form eine gewisse Zweiheit, eine unterirdische Unbehaglichkeit, als hätte die schaffende Seele und ihr Ausdruck nicht ganz denselben Stil. Das innere Leben, das zu seiner Objektivirung in ästhetischer Gestalt drängt, füllt einerseits die gegebenen Umrisse dieser nicht ganz aus, so daß, da ihren Forderungen doch einmal genügt werden muß, dies nur mit Hülfe einer gewissen Banalität und Konventionalität geschehen kann; während andererseits auf der Seite der Innerlichkeit ein Rest von Gefühl und Lebendigkeit ungestaltet und unerlöst bleibt. Dabei ist es sehr interessant, daß auf der Stufe des Volksgesanges die Frauen bei vielen Völkern dichterisch mindestens ebenso produktiv sind, wie die Männer. Das bedeutet eben, daß bei noch unentwickelter Kultur keine Gelegenheit zu der hier fraglichen Diskrepanz ist. So lange die kulturellen Formen noch nicht speziell und fest geprägt sind, können sie auch noch nicht entschieden männlich sein; so lange sie sich noch in dem Indifferenzzustande befinden, sind die weiblichen Energien nicht in der Zwangslage, sich in einer ihnen nicht adäquaten Art zu äußern, sondern können sich frei und den eigenen inneren Normen folgend ausgestalten. Hier, wie in so vielen Entwicklungen, wiederholt die höchste Stufe die Form der niedrigsten: das sublimirteste Gebilde der Geisteskultur, die Mathematik, steht gleichfalls jenseits von Männlich und Weiblich und daraus erklärt sich vielleicht die auffallende Thatsache, daß grade in ihr mehr als in allen anderen Wissenschaften Frauen ein tiefes Eindringen und bedeutende Leistungen gezeigt haben. Die Mathematik besitzt eine Abstraktheit, die über alle psychologische Differenzirtheit der Menschen hinaus ist – wie die Stufe der weiblichen Volksliederproduktion insoweit noch nicht in sie eingetreten ist.

Geringere Schwierigkeiten als die sonstigen Literaturformen scheint der weiblichen Produktion der Roman darzubieten: und zwar weil er seiner Natur und seinem künstlerischen Problem nach überhaupt eine viel weniger strenge und festgelegte Form hat. Indem er inhaltlich vielmehr weit als tief greift, giebt er formal eine größere Freiheit als irgend eine andere Kunstgattung, und seine nachgiebigen, beliebig ausgestaltbaren Grenzen tragen weniger schroff den Charakter seines männlichen Ursprungs. Daher hat der Instinkt der Frauen sie grade auf den Roman als auf ihre eigentliche Domäne geführt, auf der sie sich am freisten und am eigensten geben können. Freilich scheint mir auch hier das lang anhaltende, gleichmäßige innere Verhältniß zu einer großen Mannigfaltigkeit von Erscheinungen, die Gefühlsspannung, die sich sympathischen wie antipathischen Inhalten gegenüber pausenlos auf derselben objektiven Höhe halten muß – dies scheint mir freilich dem Rhythmus der weiblichen Seele nicht zu entsprechen, und das ist vielleicht der Grund, weshalb selbst die Romanform, die der weiblichen Nuance einen besonders weiten Spielraum giebt, doch nur wenige künstlerisch hervorragende Produktionen aufweist. Jedenfalls sind die Ansätze zu einer spezifisch weiblichen Kultur hier deutlicher als in der bildenden Kunst, in der schon die gewöhnliche Anhängerschaft an einen Lehrer der Künstlerin schlechthin männliche Ideale steckt und die besondere weibliche Art unterdrückt. Daß eine solche in den bildenden Künsten der Möglichkeit nach vorhanden ist, bezweifle ich keinen Augenblick. Und zwar nicht nur, weil die grundlegenden weiblichen Gefühle der Welt und dem Leben gegenüber, die doch auch die Kunst bestimmen, eine spezifische Färbung tragen; sondern namentlich, weil wir jetzt wissen, wie sehr alle bildende Kunst von den psychisch-physischen Verhältnissen abhängt, von der Umsetzungsart der seelischen Bewegungen in körperliche, von den Innervationsempfindungen, von dem Rhythmus des Blickens und Tastens. Die theils unmittelbarere, theils reservirtere Art, mit der das Innenleben der Frauen in die Sichtbarkeit tritt, ihre besondere, anatomisch und physiologisch bestimmte Art sich zu bewegen, das Verhältniß zum Raum, das aus dem eigenthümlichen Tempo, Weite und Formung ihrer Gesten hervorgehen muß – dies alles müßte von ihnen in den Künsten der Räumlichkeit eine besondere Deutung und Gestaltung der Erscheinungen erwarten lassen, wie sie ja in der Tanzkunst auch entsprechende Besonderheiten darbieten. Aber in dieser lassen die überlieferten Formen auch dem individuellen Impuls, Anmuth und Gebärdungsart einen unvergleichlich weiten Spielraum. In der bildenden Kunst dagegen ist die Vergewaltigung durch das historische Material schon unendlich vielen männlichen Künstlern unüberwindlich – nach der individuellen Seite, während sie es für die Frauen außerdem noch nach der generellen ist. Immerhin sind auch hier einige leise Ansätze zu einer spezifisch weiblichen Note bemerklich. In einigen Bildern von Dora Hitz, in Radirungen von Käthe Kollwitz, und einigen frühen von Kornelie Wagner ist eine Gesammtstimmung, die ich nie an einer männlichen Produktion gefühlt habe. Mit Worten läßt sich dieser Unterschied natürlich nicht beschreiben; wenigstens müßte die Aesthetik dazu weiter vorgeschritten sein, als wir es jetzt auch nur absehen können. Aber hier ist wirklich, wenn auch nur in ersten Schritten, die unermeßliche Unterschiedenheit des weiblichen von dem männlichen Lebensprinzip aus der Form des fließenden Erlebens in die des objektiven kulturellen Gebildes getreten.

Im Zusammenhang dieser Ansätze zu einer weiblichen Kultur möchte ich auf eine wenig beachtete Spielart weiblicher Naturen hindeuten, die eigentlich zur Trägerin jener Gestaltungen prädestinirt erscheint. Ich meine diejenigen Frauen, die in ihren gesammten Wesensäußerungen das völlig reine und echte Cachet der Weiblichkeit zeigen, während doch die eigentlich sexuelle Färbung desselben völlig verschwunden ist. In biologischem Gleichniß gesprochen, sind dies Wesen, bei denen die sekundären Geschlechtscharaktere in psychologischer Hinsicht voll ausgebildet, aber die primären verschwunden sind. Unzweifelhaft ist die physiologisch-sexuelle Beschaffenheit mit den unmittelbar von ihr ausstrahlenden psychischen Begleiterscheinungen und Trieben die Quelle auch der vergeistigtsten und sublimirtesten Eigenheiten der weiblichen Seele. Allein in einer Reihe höchstentwickelter Individuen haben sich diese letzteren zu einem selbständigen Leben differenzirt, sie werden nicht mehr aus jener Quelle genährt, die vielmehr ganz atrophisch geworden ist. Die Sexualität hat hier ihre Schuldigkeit gethan, sie kann gehen; sie gleicht in diesen Fällen und Beziehungen den praktischen Interessen der Menschheit, die die theoretischen ursprünglich als ihre Folge, oder auch als ihr Mittel emporgetrieben haben, während dieses Erkenntnißinteresse jetzt als ein ganz selbständiges, von der Praxis ganz gelöstes existiren kann. Von physiologischer Seite hat man neulich die Vermuthung aufgestellt, daß die steigende Entwicklung der Menschen überhaupt die Bedeutung der Erotik für das gesammte Innenleben abschwächen werde, indem sie dieses Interesse gleichsam immer mehr lokalisire und die übrigen Interessen ihm gegenüber verselbständige. Ebenso wie sich die körperliche Geschlechtsfunktion allmählich besondere Organe beschafft habe, während bei den niederen Thieren der ganze Körper bei der Fortpflanzung betheiligt sei, so werde die höhere Evolution das Liebesgefühl immer entschiedener von den übrigen seelischen Funktionen abgrenzen und so bewirken, daß es sich immer weniger ablenkend und tyrannisirend in diese einmische. Eine eigenthümliche Abart dieses Schemas ist an jenen Frauen verwirklicht, bei denen sich die Weiblichkeit im Sinne der Sexualität seelisch ganz von der Weiblichkeit im Sinne der allgemeinen psychischen Beschaffenheit differenzirt hat – so daß jene sich ganz zurückbilden und verschwinden konnte, ohne die letztere irgendwie herabzusetzen. Hier ist in der Form des persönlichen Lebens, wie in einem Gleichniß zu dem auf diesen Seiten angedeuteten Kulturziel, die Durchdringung des seelischen Inhalts mit der ganzen Färbung der Weiblichkeit erreicht, zugleich aber gelöst von dem Dunklen, allzu Subjektiven, das so oft direkt und indirekt die Ausgestaltung der geistigen Persönlichkeit in sachlichen und geistigen Gebilden hintanhält.

Um nun aber jene leisen Andeutungen weiblich origineller Kultur als Thatsache und als Werth zu begreifen, muß man sich der innerlichen Unterschiedenheit des männlichen und weiblichen Prinzips doch noch bewußter werden, als gewöhnlich geschieht. Aber grade ihre Tiefe und Absolutheit pflegt daran zu verhindern. Denn sie ist uns so völlig selbstverständlich, eine so dogmatische Voraussetzung des praktischen Lebens geworden, daß wir instinktiv jede Frau nur auf weibliche, jeden Mann nur auf männliche Kategorien hin ansehen. Ohne bewußte und besondere Aufmerksamkeit beurtheilen wir männliches und weibliches Sein oder Thun garnicht nach einem wirklich einheitlichen Maßstab; nur ist freilich – und dies ist das Täuschende – dem schließlichen Schätzungsresultat nicht anzusehen, daß es durch die Abmessung der Frau an dem Durchschnitt oder dem Ideal des weiblichen Wesens, des Mannes an den männlichen Kriterien gewonnen ist. Allerdings sind es sonst gerade die Unterschiede der Menschen, die das höchste Bewußtsein erregen. Allein doch nur auf Grund ihrer Bedeutung für das praktische Thun. Was an allen Menschen gleichartig ist, das ist die selbstverständliche Grundlage alles Handelns, auf die wir im Praktischen kein Bewußtsein verwenden. Jede ökonomische, gesellige, ethische Thätigkeit wird in ihrem speziellen Zweck und Art von den erkannten *Ver-*

schiedenheiten unter den Individuen geleitet, diese sind die wichtigsten Voraussetzungen unserer Aktivität. Die Verschiedenheit männlichen und weiblichen Wesens überhaupt aber ist bisher auf Grund der ungestörten Arbeitstheilung zwischen den Geschlechtern für die Praxis so selbstverständlich gewesen und so naiv hingenommen worden, wie andrerseits die allgemeineren *Gleichheiten* unter allen Menschen. Erst der Einbruch der Frauen in die Thätigkeitskreise der Männer hat die Frage nach ihren Wesensunterschieden praktisch gemacht und dadurch das ungeheure Problem – wenn auch nur aus der Ferne – gezeigt, ob eine Kulturthätigkeit ebenso organisch aus dem weiblichen Wesen, wie die bisherige aus dem männlichen erwachsen könne. *Einen* derartigen Beruf, von höchster kultureller Bedeutung und zugleich in der weiblichen Natur völlig autochthon, hat es nun freilich gegeben und giebt es theilweise noch: die Hauswirthschaft. Die häusliche Wirthschaftsführung mit ihrer garnicht abzusehenden Bedeutung für die Gesammtheit des Lebens ist die große Kulturleistung der Frau, das Haus trägt ganz ihr Gepräge; hier haben ihre besonderen Fähigkeiten, Interessen, Gefühlsweise und Intellektualität, die ganze Rhythmik ihres Wesens ein nur durch sie mögliches Gebilde geschaffen. Es bedarf nicht der Auseinandersetzung, wie sehr die moderne ökonomische und moralische Entwicklung diesem mehr und mehr von seiner Substanz geraubt haben*: die Arbeitstheilung, die Expatriirung unzähliger Herstel-

---

* Für das Bild der Berufsrangirung in ihren individuellen Folgen hat dies übrigens eine selten betonte Bedeutung. Es giebt eine Reihe männlicher Berufe, zu denen es keiner spezifischen Begabung bedarf und die dennoch nicht inferior sind, nicht nothwendig schöpferisch und individuell und doch das Individuum von keinem sozialen Range ausschließend: so der juristische und viele kaufmännische Berufe. Diese soziale Formung besitzt auch der Hausfrauenberuf: er kann von jeder bloß durchschnittlichen Begabung erfüllt werden und ist doch nicht subaltern, braucht es wenigstens nicht zu sein. Wo dieser nun ausgeschlossen ist, sind die Carrieren und Selbständigkeiten, die sich den Frauen *ohne besondere Beanlagung* darbieten, nur subalterner Natur. Diejenigen, denen eine solche für die geistig produktiven Berufe abgeht, müssen schon Steno-

lungen aus dem Hause heraus, die steigende Ehelosigkeit, nicht zum wenigsten die ebenso steigende Beschränkung der Kinderzahl in den höheren Schichten. Erst seit die Selbstverständlichkeit dieses Berufes fraglich geworden ist, konnte es zum *Problem* werden, die Frau zu Kulturleistungen gelangen zu lassen. Da man aber die bestehende, d. h. männliche Kultur für die einzig mögliche zu halten pflegt, so entsteht das Dilemma, daß die Frauen entweder die produktiven Kulturleistungen oder sich selbst aufgeben. Sobald sie auf die spezifisch *weibliche* Kraft, Weltanschauung, Seinsqualität zu Gunsten jener maskulinen Berufsarbeit verzichten, so wird man ohne jedes reaktionäre Vorurtheil zugeben, daß durch die innere Beziehungslosigkeit zu dem objektiven Werk die persönlichen Werthe, Reize und Besonderheiten der weiblichen Seele Schaden nehmen müssen. Wenn man gemeint hat, die Berufe entweiblichten die Frauen so wenig, wie sie die Männer entmännlicht hätten, so hat man den Grund dieser letzteren Thatsache übersehen: daß die fraglichen »Berufe« eben von vorn herein männlichen Wesens sind – ganz abgesehen von der größeren Differenzirungsfähigkeit der Männer, die ihr seelisches Zentrum nicht so leicht wie bei Frauen mit ihrem äußeren Thun verwachsen, durch dieses stören und zerstören lassen. Diese Alternative, die den Frauen nur die Wahl zwischen der Bewahrung ihrer Eigenart und einer produktiven Kulturleistung zu stellen scheint, fällt sogleich durch die Erkenntniß fort, daß die bestehende Kultur keine neutrale, sondern mit Ausnahme der Hauswirthschaft eine auf die männliche Leistungsart allein zugeschnittene ist, die deshalb einer anderen, die weibliche Natur voraussetzenden und ausdrückenden, völlig Raum giebt. Die Schaffung einer solchen neuen Nuance, ja, eines neuen Welttheiles der Kultur würde sich nicht nur der großen sozialen Entwicklungsformel fügen: an die Stelle der Konkurrenz

graphistinnen, Zahnärztinnen und dgl. werden. Es fehlt ihnen vorläufig das Pendant zu der juristischen Laufbahn, die unspezifisch und doch nicht subaltern ist; wodurch sie einerseits in die niederen Berufe gedrängt werden, die unter ihren sozialen Ansprüchen bleiben, andrerseits in die höchsten geistigen, die über ihre persönlichen Anlagen hinausgehen.

gleichartiger Leistungen das Sich-Ergänzen arbeitstheiliger Verschiedenheiten zu setzen, sondern sie scheint mir an und für sich der eigentliche Gewinn zu sein, den die objektive Kultur aus der modernen Frauenbewegung ziehen kann.*

* Herr Professor Breysig hat in einer mündlichen Diskussion über diesen Gegenstand einen Gedanken angedeutet, den ich allerdings für eine wesentliche Erweiterung meiner Ausführungen halte. Die originale und objektive Kulturleistung der Frauen, so ungefähr meinte er, bestünde darin, daß die männliche Seele zum großen Theil von ihnen gestaltet wird. So gut, wie etwa die Thatsache der Pädagogik oder die rechtliche Einwirkung der Menschen auf einander oder auch: die Bearbeitung eines Materiales durch einen Künstler zur objektiven Kultur gehören, so gut thäten es die Einflüsse, Bildungen und Umbildungen seitens der Frauen, dank deren die männliche Seele gerade so ist, wie sie ist. In der That: in der Formung dieser drücken die Frauen sich selbst aus, sie schaffen hier ein objektives und nur durch sie mögliches Gebilde, in dem Sinne, in dem man überhaupt von menschlichem Schaffen reden kann, das immer nur eine Resultante der schöpferischen Einwirkung und der eigenen Kräfte und Bestimmtheiten ihres Gegenstandes bedeutet. Es läge nahe, hierin eine Analogie zu der populären Ueberzeugung zu sehen: die spezifische Leistung der Frauen sei die Produktion und das Aufziehen der nächsten Generation. In beiden Fällen liegt der Sinn der weiblichen Existenz in ihrer Beziehung auf andere Wesen, in der Entäußerung ihrer selbst zu Gunsten anderer, die sich duch sie gestalten. Diese Analogie ist indeß eine trügerische Verdeckung eines prinzipiellen Unterschiedes. Wer lehrt, daß die Frauen dazu da wären, das nächste Geschlecht hervorzubringen und zu erziehen – der lehrt, daß sie als Ganzes überhaupt nur für die Männer da sind. Denn da die weiblichen Wesen unter jener nächsten Generation auch nur wieder die *Mittel* für die demnächst folgende sind, so bleiben als *Zwecke* der ganzen Entwicklung eben nur die männlichen Elemente derselben bestehen. Der Breysig'sche Gedanke dagegen lehrt nicht das Sich-Aufgeben der Frauen, sondern grade das Sich-Erhalten ihrer, wie sich der Künstler in seinem Werk erhält, dem gegenüber er doch nicht als Mittel bezeichnet werden kann. Vielmehr, daß *seine* Eigenart und Wirkungskraft sich auslebt und ausprägt, ist und bleibt der Endzweck seines Thuns. Daß die Frauen für die nächste Generation da wären, ist nur die optimistische Verhüllung davon, daß sie bloß um der Männer willen

Nun verhehle ich mir die äußeren und inneren Schwierigkeiten nicht, denen die Entwicklung auf das hiermit angedeutete Ideal hin begegnet. Man wird zunächst diese Entwicklung für eine solche erklären können, deren erste Stadien eine ihrem Endziel durchaus entgegengesetzte Richtung halten. Die Ausbildung, die Thätigkeit, die Position der geistig oder ökonomisch selbständigen Frauen muß wohl das Stadium der historisch gegebenen, also männlichen Kultur durchmachen, auch wenn dies nur Vorbereitung ist, um sie, von einem bestimmten Punkte an abbiegend, dann eine eigene Linie verfolgen zu lassen. Denn soweit wir ohne ausschweifende Phantastik sehen können, wird auch die höchst ausgebildete weibliche Kultur sich über den dauernden Grundthatsachen und -aufgaben des Menschenlebens erheben, ihrer spezifisch männlichen Behandlung eine spezifisch weibliche hinzufügend, aber das Fundamentale und sicher auch unzähliges Einzelnes mit jener theilend. Darum werden sie zunächst an der Bildung, den Bewährungen, den Rechten der Männer theilhaben müssen, weil sie nur in dieser Form die Basis, das Material, die Technik für ihre *besonderen* Leistungsmöglichkeiten bekommen können. So macht auch der eigenartigste Künstler seine Lehrjahre bei einem unvermeidlich anders gearteten durch, und eignet sich so Ziele und Kunstmittel in einer bestimmten Form an, die er nachher selbständig zu unbegrenzten Abweichungen modifizirt. Hier berührt unser Problem die difficilsten Fragen der Psychologie der Geschichte. Bei den vielfachen Gleichheiten in fundamentalen, technischen, materialen Punkten, die selbst die differenzirteste weibliche Kultur noch mit der männlichen aufweisen muß, droht immerhin den seelischen Differenzen zwischen Männern und Frauen eine Verengerung und Reduzirung, und damit eine Herabsetzung eines der tiefsten und unentbehrlichsten Reize des Lebens. Vermeidbar ist diese Gefahr nur unter der Voraussetzung einer außerordentlich gestiege-

existiren; daß sie ihre Kulturleistung an der qualitativen Formung der Männer haben, bedeutet umgekehrt, daß sie an den Männern gleichsam den Stoff finden, an dem die Besonderheit ihres Wesens und ihrer Kräfte sich objektivirt und ein nur durch sie realisirbares und sie – wenn auch nicht wörtlich – ausdrückendes Gebilde schafft.

nen Unterschiedsempfindlichkeit. Es ist eine der feinsten Aufgaben des Seelenlebens, die Thatsache und den Reiz von Unterschieden *auf dem Boden erheblicher Gleichheit* zu kultiviren und zu fühlen. Die Bildung spezifisch weiblicher Ideale hat sich bisher immer an die größte und gröbste Unterschiedenheit angeschlossen, an die unmittelbare sexuelle Differenzirtheit; der absolute Gegensatz gegen das männliche Wesen, durch den sie zum Gegenstand der Erotik werden, hat ihre näheren wie ihre weiteren Ideale gestaltet und so deren Abstand von dem männlichen Prinzip freilich ganz unüberhörbar gemacht. So absolut und sinnenfällig aber wird innerhalb objektiven Kulturschaffens die weibliche Tonart sich nicht von der männlichen abheben. Wir werden viel sensibler für die Nuancen werden müssen; der Verfeinerungsprozeß, der den ästhetischen Geschmack schon hier und da von krassen Kontrasten zu milden Abtönungen, von gewaltsamen Extremen der Formen und der Aeußerungen zu sanften Hebungen und Senkungen geführt hat, ohne daß wir darum die Unterschiede, die die größeren Gemeinsamkeiten der Erscheinungen noch bestehen lassen, weniger lebhaft und reizvoll empfänden – dieser Verfeinerungsprozeß wird sich auf die weiteren Kulturgebiete fortzusetzen haben, wenn bei einer weiblichen Kultur die volle Stärke des Reizes, den die Spannweite zwischen dem männlichen und weiblichen Prinzip entfaltet, weiter leben soll. Jedenfalls aber wird für den Augenblick zuzugeben sein, daß die Bildung und die Rechte der Frauen, nachdem sie so lange den Männern gegenüber in übertriebener Ungleichheit verharrt haben, das Stadium einer gewissen äußeren Gleichheit passiren müssen, ehe sich über diese hinweg eine Synthese: das Ideal einer objektiven Kultur, die mit der Nuance weiblicher Produktivität bereichert ist, erheben kann. So können allerdings Personen, für die der ganze Werth der Frauenbewegung in dieser erhofften Differenzirtheit, diesem Herausarbeiten des spezifisch Weiblichen besteht, zunächst der brutalen Gleichmacherei der Emanzipationspartei beistimmen, – wie es heute extreme Individualisten giebt, die Sozialisten sind, weil sie allein von dem Durchgang durch einen nivellirenden Sozialismus eine wahrhaft naturgemäße Rangirung und eine neue

Aristokratie, die wirklich die Herrschaft der *Besten* wäre, erwarten.

Viel tiefere Bedenken aber als aus dieser Entwicklungsschwierigkeit tauchen aus dem Verhältniß auf, das der weibliche Geist zu der Form der Kultur überhaupt zu besitzen scheint. Alle Kulturgebilde, nach deren Produktion hier gefragt wird, haben den Charakter der Dauer, sie stehen ihrem Sinne nach jenseits des individuellen Lebens und seines zeitlichen Verfließens. Vielleicht aber ist diesem Schaffenstypus die ganze Art und der Rhythmus des weiblichen Wesens prinzipiell fremd. Es trägt vielleicht, viel stärker als der Mann, den Charakter des Fließenden, in der Forderung des Tages Aufgehenden, auf das bloß individuelle Leben Gerichteten. Es gehört zu den banalen Vorwürfen gegen die Frauen, daß sie keine Objektivität besäßen, daß ihre Hingabe eigentlich niemals einem Gegenstand oder einer Idee, sondern in letzter Instanz immer einer Person gälte, d. h. einem Zeitlichen und gleichsam Punktuellen gegenüber der Abgewogenheit und Ueberzufälligkeit, die der rein sachlichen Interessirtheit eigen ist. Was daran richtig sein mag, hängt sicher damit zusammen, daß die Thätigkeit der Frauen, besonders seit der Einschränkung der häuslichen Produktion, selten »Objekte« schafft. Die noch übrige häusliche Arbeit gilt dem Tage – woran sie den ganzen Vormittag gekocht haben, wird in einer halben Stunde aufgegessen –, sie ordnet sich dem Flusse und Wechsel momentaner Ansprüche und Interessen ein, ohne ein substantielles Resultat zu hinterlassen, das nicht wieder unmittelbar in diesen Fluß hineingezogen würde. Das Leben im Zeitlosen, – das etwas ganz Anderes ist als die Ewigkeit im religiösen Sinne –, die reine Sachlichkeit und die unvermeidliche Einseitigkeit substantieller Arbeit, die Einordnung in überpersönliche Zusammenhänge – dies widerstrebt vielleicht dem innersten Leben der weiblichen Seele. Hier handelt es sich also nicht mehr darum, ob diese besonders charakterisirte Inhalte besäße, die in das geschichtliche Kulturleben hinein verkörpert werden könnten. Dies möchte im Prinzip zugegeben werden und doch zugleich behauptet, daß die typische, innere Lebensform, daß der psychische Rhythmus der Weiblichkeit sich gegen die Produktion der Werthe, die wir objektive Kultur nennen, sträubt. Es ist hier nicht die Sache, sondern ihr Träger, nicht der seelische Gehalt, sondern die Funktion, die ihn verwirklicht, nicht das Sein, sondern die Art seines Werdens – was die Aufgabe vielleicht illusorisch macht.

Diese Frage nach dem Takt und Tempo der seelischen Bewegtheit, nach der ganz allgemeinen, alle Wesensäußerungen von innen her rhythmisirenden Form des weiblichen Lebens ist die letzte Instanz, von der die Frage nach einem zukünftigen Aufwachsen weiblicher Kulturproduktion neben oder zwischen der männlichen abhängt. Und sie ist so wenig, wie alles Erste und Letzte, wissenschaftlich zu beantworten, sondern nur aus jenen ahnungsmäßigen Entscheidungen der Einzelnen heraus, zu denen die Zufälligkeit ursprünglicher, individueller Tendenzen und die nicht geringere Zufälligkeit unzähliger, unbewußter Erfahrungen und ihre Deutung zusammenwirken. Dennoch giebt es einen Zusammenhang, der diese Subjektivität in der Entscheidung der tiefsten Fragen des historischen Lebens legitimirt: die ganz großen und fundamentalen geschichtlichen Bewegungen und Wendungen, die dem heutigen Verständniß nicht viel weniger geheimnißvoll sind als dem vorwissenschaftlichen und die das Schicksal und die Leistung der Frauen als Wirkung wie als Ursache aller anderen einschließen – diese werden schließlich in der geschichtlichen Wirklichkeit durch ganz dieselben instinktiven, aus den alogischen Tiefen der Seele hervorbrechenden Gefühle *hervorgebracht*, durch die allein auch ihre geistige Aneignung, ein subjektives *Urtheil* über ihre objektiv so vieldeutige Gestaltung möglich ist.

Vom Pantheismus

Die Form der Dinge und unseres Verhältnisses zu ihnen scheint einem durchgehenden Prinzip gehorchen zu müssen, wenn unser Interesse und unsere innere Lebendigkeit von ihnen erregt werden soll: *Unterschiede* müssen zwischen ihnen herrschen, mit getrennten Eigenschaften müssen sie einander gegenüberstehen, wechselnde Empfindungen müssen sie in uns aufrufen. Und nicht anders das Verhältnis des Menschen zum Menschen: was unsere Tätigkeit anregt, unsere Gefühle erzeugt, unsere Stellung in unserem Milieu bestimmt, das ist unsere gegenseitige Differenz, das ist das charakteristische Fürsichsein jedes Menschen, mit dem er sich jedem anderen als ein Unverwechselbarer entgegensetzt, eine Unterschiedenheit und ein Gegenüber, ohne die es so wenig Liebe wie Haß giebt. Und endlich, dem gesamten Sein, sowohl seinem gleichgültigen Mechanismus wie der Göttlichkeit seines Grundes, stellen wir uns *entgegen*, damit und weil wir uns als Ich fühlen, weil der Sinn des Lebens ist: dem Sein zu geben und von ihm zu nehmen – und weil dies völlig an die Form des Gegenüber und der Besonderung gebunden ist. Ohne diese unaufhebbare Distanz aller Dinge untereinander und aller Seelen untereinander und zu allen Dingen ist kein Leben denkbar; und daß sie in jedem Augenblick ihre Richtung und ihr Maß wechselt, verstärkt nur ihren Charakter, das Unterschiedensein und die rastlos flutende Gegensätzlichkeit in allem Dasein.

Vielleicht ist es gerade die Allgültigkeit dieser Lebensformel selbst, die uns über sie hinaustreibt; gerade weil wir ihr gehorchen, können wir nicht bei ihr verweilen, sondern flüchten unsere Sehnsucht in das Bild und Gefühl ihres Gegensatzes. Jene Differenzen und Besonderungen, jenes Suchen und Fliehen zwischen uns und den Dingen, jenes Gegenüberstehen und Fürunssein – das empfinden wir zu Zeiten als eine Ferne und Enge, eine brückenlose Einsamkeit und Armut, eine Kälte und gegenseitiges Nicht-Verstehen, das uns unerträglich wird. Und wie mit leidenschaftlich ausgebreiteten Armen stürzen wir an das Herz des Seins, unser Einssein mit ihm zu fühlen, uns durchdringen zu lassen von dem Gotte, der gar nicht *unser* Gott war, solange er uns noch gegenüberstand, solange wir noch etwas anderes waren als er. Und indem wir uns in ihm wissen, schmelzen doch alle anderen Dinge nicht weniger in ihn ein, sind nicht weniger Sein von seinem Sein; und so, indem in jedem gleichmäßig die Tiefe des Weltgrundes lebendig ist, fällt auch zwischen ihnen der Abstand und die Fremdheit des Andersseins, jede Seele und jedes Ding wird von dem All-Einen umfaßt, in dem es kein Hoch und Tief, kein Groß und Klein, kein Näher und Ferner mehr giebt. Dann ruht die Seele, kein getrenntes Ich mehr, in diesem Einen, außerhalb dessen sie nichts mehr zu wünschen hat; denn dieses Eine ist das All und ist sie selbst.

Dies ist die Stimmung, deren Kristallisierung zu einer Religion oder einer Philosophie man als Pantheismus bezeichnet: Gott und Welt stehen sich nicht mehr gegenüber, beide sind das eine unendliche Sein, das sich in dem Gestirn wie in dem Insekt, in der ziehenden Wolke wie in der Menschenseele gleichmäßig und ungeteilt offenbart. Es scheint, als ob jeder Begriff Gottes, der mit sich Ernst macht, auf diese Ungeschiedenheit zwischen ihm und der Welt drängen müßte. Denn jede Selbständigkeit der Dinge, jedes Nicht-Sein seiner in ihnen ist eine Grenze seiner Macht, die doch keine Grenzen kennen soll. Ohne den Willen Gottes fällt kein Sperling vom Dach – das heißt doch nicht, daß er, als ein passiver Zuschauer des Weltlaufs, nur nichts gegen ihn einzuwenden hat, sondern offenbar, daß er die wirksame, veranlassende Kraft in jedem Geschehen ist. Da nun aber alle Dinge in unaufhörlicher Bewegung sind, alle scheinbare Starrheit und Stofflichkeit in Wirklichkeit in rastlose Oszillationen aufgeht – bleibt dann noch etwas, wo er nicht sei? Wenn die Welt Bewegung ist und er das Bewegende in jeder Bewegung, so ist die Welt nichts außerhalb seiner. Das Werk, das durch den Willen eines *menschlichen* Schöpfers wird, geht freilich in diesem Willen nicht auf, es ist noch etwas anderes als er selbst; aber doch nur, weil der Mensch ein Sein, ein Material *vorfindet*, an dem er wirkt. Wenn Gott aber wirklich *all*-mächtig ist und *alles* durch seinen Willen ist, so ist nichts außerhalb seiner, so ist er das Sein und Werden aller Dinge. Ganz willkürlich ist es deshalb auch, wenn die verschiedenen Punkte der Wirklichkeit von seinem Willen in verschiedenem Grade getragen sein sollen, wenn die Erscheinungen hier und dort den »Finger Gottes« zeigen, während andere in trotziger Freiheit und »Gottverlassenheit« sich ihm entzögen. Heißt das nicht, die Unterschiede unseres Erkennens, das Durcheinander von Blindheit und Scharfsichtigkeit in unserem Blick in die Wirklichkeit hineintragen? Nicht nur, daß es eine wenig würdige Vorstellung ist, daß Gott sich nur das Gute der Welt als seine Domäne vorbehält und mit dem weniger Wertvollen nichts zu tun haben will; sondern die Zufälligkeit, mit der den einen der Atem Gottes unmittelbar aus einer Erscheinung anweht, die den andern gleichgültig und stumpf läßt – sie kann unmöglich das wirkliche Verhalten Gottes zur Welt nachzeichnen. Vielmehr, wenn *ein* Punkt des Daseins die Erscheinung seines Willens ist, so muß jeder andere es ebenso sein. Der strenge gesetzliche Zusammenhang des Kosmos einerseits, die Einheit Gottes andererseits verbieten, daß die Welt in ihren verschiedenen Provinzen ein verschiedenes Verhältnis zu ihm habe. Wenn der Fall des Sperlings vom Dache der Kraftwille Gottes ist, so ist es die unvermeidliche Konsequenz, daß die Welt völlig in seiner Einheit befaßt ist, daß es zwischen ihm und ihr nirgends ein Gegenüberstehen, ein Anderssein geben kann.

Aber eben diese Konsequenz, die den christlichen Gott, wenn man ihm nicht ganz willkürliche Schranken setzen will, zur All-Einheit werden läßt – eben diese Konsequenz verneint ihre eigenen Voraussetzungen. Was hat die *Macht*, deren Steigerung ins Unendliche die Schranke zwischen Gott und Welt aufhob, für einen Sinn, wenn sie nichts sich gegenüber findet, an dem sie sich bewähren kann? Macht *ist* doch nur, wo sie einen Widerstand überwindet. Wo alles Seiende von vornherein und notwendig und nicht erst durch eine nachträgliche Formung mit dem göttlichen Willen Eins ist, wo die Materie, an der sein Wille sich vollzieht, eben auch schon durch seinen Willen ist und so ist, da hat der Machtbegriff seine Bedeutung verloren. Ich gehe einen Augenblick auf diesen Begriff ein, der die anfängliche Gottesvorstellung ganz auszufüllen scheint. Was die Seelen zunächst, und oft auch zuletzt, an ihren Gott fesselt, ist seine Macht. Ein neuer Gott, auch der Christengott, ist unzählige Male angenommen worden, weil er sich als der Mächtigere den alten Göttern gegenüber gezeigt hat. Die Bekehrer pflegten die heidnischen Dämonen nicht zu leugnen, sie traten ihnen vielmehr wie wirklichen Feinden mit Kreuz und Segensformel entgegen: an dem Gegner zeigt sich eben die Macht des wahren Gottes. Auch daß Gott als »Geist« vorgestellt wird, entstammt wohl der gleichen Quelle. Sobald der Geist als die höchste Kraft des Menschen erkannt ist, sowohl der niederen Natur gegenüber wie im Kampf der Menschen untereinander, mußte Gott zum Geist werden, während in dem Maße, in dem noch die Muskelkraft der geistigen gegenüber geschätzt wurde, die Götter mit physischen Kräften ausgerüstet waren. Dem Gotte kommt die wirkungsvollste Energie zu: diejenige, die den stärksten Widerstand überwindet. Wenn also das Gegenüber fortfällt, an dem sie sich dokumentiert, fällt auch die Macht fort; ein Gott, der mit der Welt in eine Einheit verschmolzen ist, kann keine Macht haben, weil er kein Objekt für sie hat. Wie die Unbeschränktheit irdischer Macht in Sinnlosigkeit umschlagen kann, weil die Herrschaft über völlig willenlose Sklaven alle Bedeutung und allen Reiz des Herrschens verliert; wie ein absolut nachgiebiges Material dem Künstler die Verwirklichung seines Formgedankens verweigern würde, weil nur die widerstehende Härte des Steines dessen Ausprägung gestattet – so würde an dem Gott, durch dessen Allmacht die Selbständigkeit der Welt vernichtet wird, der Machtbegriff keinen Platz mehr finden.

Und ebensowenig das Glück der Seele, ihn zu besitzen, das sich doch gerade zu jenem vollkommenen Aufgehen in ihm gesteigert hat. Es ist das Wesen der religiösen Stimmung, daß sie, in aller Sicherheit und Meeresstille, doch noch ihren Gott *suche*; in aller Seligkeit des Gefundenhabens klingt die suchende Sehnsucht noch in irgend einer Schicht der Seele mit oder nach, sie kann die Ruhe nur an einer dennoch gefühlten Entferntheit genießen; so sehr in der religiösen Ekstase alles Gegenüber und Getrenntsein ausgelöscht scheint, so ist sie in

Wirklichkeit doch nur die Schwingung aus der Unerträglichkeit der völligen Sonderung in die Unmöglichkeit des völligen Einsseins. Das logisch Unzulängliche wird hier psychologisches Ereignis: das Zusammen lebt nur von dem gleichzeitigen Gegenüber. Man mag theoretisch noch so sehr überzeugt sein, daß die Persönlichkeit Gottes, mit der er uns gegenübersteht wie Seele der Seele, ein Rest Mythologie ist, eine Vermenschlichung und Verkleinerung des Unendlichen – die Bedürfnisse des Gemütes fordern ihn dennoch so. Ist uns doch alle äußere Natur, ja alles Unorganische, nur dadurch zugängig und ein innerer Besitz, daß wir uns selbst hineinempfinden: in die Säule und den Berggipfel das Gefühl des Sich-Streckens, in den Stein die lastende, drückende Schwere, in jede Kante den gefühlten Zusammenstoß der Richtungen. Es ist die Form unserer Seele, daß sie allem, was ihr etwas sein und geben soll, die Form einer Seele leihe. Und wie schon jene nur anklingende und unvollständige Seelenhaftigkeit den äußeren Dingen irgend einen Ansatz von Persönlichkeit, von Fürsichsein leiht – so meine ich, daß es keine Seele giebt, die wir nicht als Persönlichkeit empfinden, als etwas, was der eigenen Seele gegenübersteht, als ein selbständiges Sein, dem wir uns hingeben und von dem wir empfangen können. Aber an das Gegenüberstehen ist alles dieses gebunden und die Leidenschaft, die sich mit ihrem Gott bis zur Einheit durchdringen, jede Schranke eines Andersseins niederreißen will, würde zwar mit jedem Schritt zu ihrem Ziel sich weiter, tiefer, beseligter fühlen – aber mit dem Augenblick, wo sie es völlig erreicht hätte, würde sie sich im Leeren sehen; indem der Gegensatz der Zweiheit *ganz* schwindet, an dessen Verringerung freilich das Glück haftet, verliert sie den Sinn und Inhalt dieses Glückes.

So liegt denn über der religiösen Stimmung ein wunderlicher Widerspruch, den sie freilich nicht in abstrakter Reinheit, sondern nur in Ansätzen, Schwankungen, Vermittlungsversuchen zu verwirklichen pflegt. Das Gemüt sucht den Gott, der Macht über Himmel und Erde hat, an den es sich liebend hingebe und von dem es Liebe und Erlösung zurückempfange. Aber jene Allmacht, wirklich zu Ende gedacht, läßt der Welt keinerlei eignes Sein mehr, Gott und Welt werden zu ungeschiedener Einheit, da jede Wesenstrennung eine Schranke seiner Macht bedeutete. Und hier schlägt die Macht in ihr Gegenteil um, in dieses Absolute gesteigert verneint sie sich selbst, weil sie keinen Gegenstand ihrer Betätigung mehr außer sich findet. Von seiner Seite her wiederholt das Gefühl diese pantheistische Selbstverneinung des Göttlichen. Denn indem es immer tiefer und tiefer in seinen Gott versinkt, sich immer leidenschaftlicher mit ihm durchdringt und sich zum bloßen Gefäße des Göttlichen machen will, würde es gerade in der völlig erreichten Einheit die Möglichkeit des Gebens und Nehmens verlieren, an die für unsere Seele, wie sie nun einmal beschlossen ist, auch die religiöse Seligkeit geknüpft bleibt.

Damit gehört der Pantheismus zu jenen End- und Höhepunkten, denen unsere inneren Entwickelungen zwar ohne inneren Widerspruch zustreben, die sie aber nicht ohne einen solchen erreichen können, die mit ihrer Erreichtheit einen völlig andern Charakter annehmen, als ihn ihre nur teilweisen Verwirklichungen tragen. Vielleicht verhält sich der Sozialismus so, indem eine immer steigende Durchsetzung des öffentlichen Wesens mit sozialisierenden Momenten das Wohl und die Kraft des Ganzen vorläufig stetig steigern – womit keineswegs widerlegt ist, daß ein durchgeführter Sozialismus, die restlose Ausschaltung alles Individualismus ein Bild mit völlig andern Zügen ergeben würde; so hat man den Wert und das Glück der Wahrheit in die Annäherung an sie gelegt, während gerade um unseres Glückes willen uns ihr absoluter Besitz versagt sein müsse; so verhindert alle sittlich geforderte Steigerung des Altruismus doch nicht, daß seine Durchführung bis zu *völliger* Aufhebung des Egoismus ganz widerspruchsvolle, innerlich und äußerlich gleich unmögliche Zustände ergeben würde. Diesem Typus von Idealen zugehörend, ist der Pantheismus als Weltanschauung nie vollkommen realisiert worden; so oft er abstrakt ausgesprochen ist, so ist doch die Aufhebung jedes Fürsichseins der Dinge, die alleinige Existenz der göttlichen Einheit weder in der philosophischen, noch in der religiösen Wirklichkeit je durchgeführt. Andrerseits fehlen pantheistische Ansätze wohl in keiner Religion ganz, auch nicht im Christentum, so streng es Gott und Welt auseinanderhalten will. So ist das Kindschaftsverhältnis zu Gott ein pantheistisches Element. Im Kinde leben die Erzeuger fort, es ist ganz aus ihnen geworden, eine neue Form, die ihre Substanz und nur die ihre angenommen hat; das Symbol der Kindschaft setzt in wundervoller Weise über die Individualität und Distanz des Menschen seine tiefe Wesenszugehörigkeit zu Gott, das pantheistische Einströmen und Aufgelöstsein in Gott erscheint darin statt als der Endpunkt vielmehr als der Ausgangspunkt unserer Entwickelung, es ist sozusagen ein Pantheismus der Präexistenz. Noch tiefer drückt die Liebe zu Gott, als Grundforderung des Christentums, die Einheit in der Unterscheidung aus. Denn überall ist Liebe der Kampf getrennter Wesen gegen ihre Getrenntheit, der seinen Sieg nie erreichen kann und dessen Sieg seinen Sinn in Unsinn verkehren müßte; an diesem geheimen Selbstwiderspruch aller Liebe: nur in der Zweiheit möglich zu sein und doch die Zweiheit vernichten zu wollen – liegt die Unerschöpflichkeit ihres Reizes, die innere Lebendigkeit, mit der sie auch an die innigste Vereinigung die Sehnsucht einer noch immer innigeren, immer tieferen knüpft. In dem Prinzip der Liebe zu Gott war der Weg gefunden von dem Gott-Gegenüberstehen, wie es im Judaismus und fast allen nicht-christlichen Religionen vorherrscht, und dem Verschmelzen mit Gott zur Einheit, das den Brahmanismus und die philosophische Religiosität bezeichnet, und von denen das eine der durchgreifenden Wärme und Innigkeit, das andere der praktischen Impulse und der Fülle des bewegten Lebens entbehrt. Der Weg von dem einen zum andern, sage ich, nicht die Versöhnung zwischen ihnen. Denn diese kann und soll nicht sein, und es bedarf ihrer nicht, da der Widerspruch: daß Glaube und Hingabe an den Gott, der der Welt gegenübersteht, aufwärts zum Pantheismus treiben, und dieser, an der Stelle der gehofften Güter nur eine leere Einheit bietend, wieder zu jenem zurücktreibt – da dieser Widerspruch weder die eine noch die andere Glaubensform entwertet. Mir scheint vielmehr die ganze Tiefe und Bewegtheit des menschlichen Wesens darin zu wurzeln, das Verhältnis der Seele zur Welt darin ausgesprochen zu sein, daß sie auf Wegen geht, deren jeder auf den andern und der andere wieder auf den ersten zurückweist. Wie könnten wir hoffen, unsere Beziehung zum Unendlichen mit einer einreihigen Formel endgültig festzulegen? Indem jede, die wir finden möchten, sowohl die des Gegenüberstehens wie die der Einheit, aus sich heraus und der andern zuführt, ist jene Unendlichkeit der inneren Bewegung da, in deren Form allein ein Strahl eines Unendlichen uns gewährt ist.

Rodins Plastik
und die Geistesrichtung der Gegenwart

Die Geschichte der Plastik schließt mit Michelangelo. Was nach ihm kommt ist entweder barocke Ausartung oder, selbst in den edleren Erscheinungen, Epigonenwerk, unter seiner und der Antike Botmäßigkeit. Nur in der Porträtkunst, in die Individualität der Aufgabe einerseits den traditionellen Schematismus am trostlosesten fühlbar macht, andererseits die kräftigeren Geister zu immer neuen Synthesen von Natureindruck und Stilforderung aufregt, – nur in der Porträtkunst treten Persönlichkeiten wie Houdon und Hildebrand origineller hervor. Aber sie bleiben selbst individuelle Erscheinungen, es fehlt ihnen die Weite der stilbildenden Kraft, durch die die Formgebungen der Antike und der Gothik, Donatellos und Michelangelos den ganzen Umfang einer Welt in sich aufnehmen konnten. Selbst das schöpferische Genie Meuniers hat der Plastik zwar neue Inhalte, aber keinen neuen Stil gewonnen. Er hat den Formwerth der *Arbeit* entdeckt, er hat die Schönheit und Stilisirbarkeit des arbeitenden Menschen bewiesen, während man bisher nur an die des ruhenden oder des leidenschaftlichen, des spielenden oder des tragisch erregten geglaubt hatte. Aber diese neue Provinz ist doch nur dem alten Reiche hinzugefügt, sie ist eine Weitererstreckung, aber keine Ueberwindung des klassizistischen Stiles.

Wenn Geschichte einer Kunst aber Entwickelung neuer Stilformen statt ihrer Wiederholung ist, so beginnt die Geschichte der Plastik, die mit Michelangelo geendet hat, mit Rodin wieder. Rodin hat die erste prinzipielle Wendung von dem Schema der Antike weg vollbracht – und zwar nach der Seite eines neuen Stiles hin. Der Naturalismus, der sich an der Plastik weniger als an den anderen Künsten – und eigentlich nur in den romanischen Ländern – versucht hatte, strebte nach derselben Befreiung. Aber es war die Freiheit des Sklaven, der die Kette bricht, nicht die, die um eines neuen Gesetzes willen geschieht. Wie Nietzsche für weite Kreise erwiesen hat, daß unsere Moral, die wir für die Moral schlechthin halten, nur eine Moral ist, neben der noch andere Arten von Moral möglich sind, so hat Rodin durch die That gezeigt, daß der klassizistische Stil, den man für *den* Stil der Plastik zu halten pflegt, keine absolute, sondern eine historische Form ist, neben der, unter anderen historischen Bedingungen, noch andere ihr Recht haben. Der Beschreibung, die die Anschauung ersetzte, entzieht sich dies nicht nur wie jedes Kunstwerk überhaupt, sondern weil es gerade im Maße seiner Neuheit die Berufung auf Bekanntes ausschließt. Das Wort kann nur die Stelle in der allgemeinen Kulturentwickelung festlegen, die dem Platze einer solchen Erscheinung in der Entwickelung der Kunst korrespondirt.

Nur in einem Theil des Rodinschen Gesammtwerkes herrscht unzweideutig der neue Stil, der in Rodin durch die Verschmelzung des modernen Geistes mit dem Kunstgefühl Michelangelos gezeugt wurde, – jenes gleichsam als das weibliche, dieses als das männliche Prinzip gedacht. Rodin ist durch viele historische Stile hindurchgegangen, ja fast hat man den Eindruck, als ob er gleichzeitig wie Donatello oder Verrocchio, wie Michelangelo oder Bernini arbeiten könnte. Indem er in diesen Ausdrucksweisen zeigt, was er *kann,* offenbart er in solcher Vielumfassung den modernen Geist seiner Extensität nach; in einem Bruchtheil seines Werkes aber offenbart er, was er *ist,* und damit die Intensität des modernen Geistes. Und diese kann man etwa so ausdrücken. Die tiefsten inneren Schwierigkeiten des neunzehnten Jahrhunderts beruhten in dem Konflikt zwischen der Individualität und der Gesetzmäßigkeit. Der Einzelne mag weder auf seine Einzigkeit und auf sich selbst ruhende Besonderheit verzichten, noch auf die innere Nothwendigkeit seines Seins und Thuns, die wir als Gesetzmäßigkeit bezeichnen. Dies aber erscheint unverträglich; denn unser Gesetzesbegriff, an der Naturwissenschaft und am Recht gebildet, schließt immer Allgemeinheit ein, Gleichgiltigkeit gegen das Individuelle, Unterordnung des Einzelnen unter eine für Alle giltige Norm. Daher gilt auf inneren wie äußeren Gebieten die Sehnsucht dem, was man das individuelle Gesetz nennen könnte, der Einheit einer rein persönlichen, von aller bloßen Verallgemeinerung freien Lebensgestaltung mit der Würde, Weite und Bestimmtheit des Gesetzes. Die moderne Plastik nun hat, wo sie nicht naturalistisch war, durchweg im Banne des allgemeinen Gesetzes gestanden, das die klassische Kunst ihr gegeben hat, und das jetzt weder in der anschaulichen Form noch in der Seele hinter ihr ein wirklich persönliches, aus eigenem Brunnen schöpfendes, einzigartiges Leben sich offenbaren ließ. Der Naturalismus hat das freilich gethan, er entband Subjekt wie Objekt von dem Zwange einer allgemeinen und dem innerlichsten Leben fremden Regel, aber damit überantwortete er es dem Zufall, einer anarchischen und ideenlosen Augenblicksgestaltung. Die Formprinzipien, die hier unversöhnt auseinanderliegen, bilden die Einheit von Rodins Kunst.

Hier ist die absolute Freiheit von jedem, der schaffenden Seele äußeren Schema, wie sie Rembrandt besessen hat, jede Form zeichnet das Anschauen und Empfinden eines völlig individuellen Menschen unmittelbar nach. Deshalb zeigt jede seiner Figuren die Freiheit, die in der vorbehaltlosen Nachgiebigkeit jedes einzelnen und äußeren Zuges gegen den Sinn und Impuls des Ich besteht. Aber diese Freiheit, mag man sie als die des Schöpfers oder seiner Geschöpfe ausdrücken, hat alle Strenge, allen Zusammenhalt, alle Würde eines gesetzmäßigen Daseins, man fühlt die Nothwendigkeit, mit der alle Theile zusammengehören, ein organisches Wachsthum, dessen innere Zielsicherheit jeden Zufall ausschließt. Niemals aber wird man auf einen abstrakten Typus, der auch für Andere Gesetz wäre, hingewiesen; sondern das ganze Jenseits des Zufalles, das ganze Nichtandersseinkönnen bedeutet nur, daß jeder Theil und die Einheit aller ein und dieselbe Seele ausdrückt und von ihr undurchbrechlich zusammengehalten wird. Das Problem, das uns auf allen Gebieten bedrängt: wie das rein individuelle Dasein doch ein gesetzmäßiges sein könnte, wie man den Anspruch allgemeiner Normen: zu gelten, weil sie für alle anderen gelten – ablehnen könne, ohne in Anarchie und wurzellose Willkür zu fallen, – dies Problem hat die Kunst Rodins gelöst, wie die Kunst eben geistige Probleme löst: nicht in Prinzipien, sondern in einzelnen Anschauungen.

Diese Kunst hat mir deshalb bewußt gemacht, daß zwei Tendenzen, die zu unversöhnlicher Feindschaft geboren schienen, dennoch in ihrer gemeinsamen Gegnerschaft gegen wirkliche Kunst einträchtig zusammengehören: der Naturalismus und der Konventionalismus. Beide empfangen die Norm ihrer Gestaltungen von außen, der eine schreibt den Natureindruck ab, der andere die Schablone; beide sind sie Abschreiber, gegenüber dem eigentlichen Schöpfer, für den die Natur nur Anregung und Material ist, um die Form, die sich in ihm bewegt, in die Welt hinein zu gestalten. Naturalismus und Konventionalismus sind nur die künstlerischen Reflexe der beiden Vergewaltigungen des neunzehnten Jahrhunderts: Natur und Geschichte. Beide drohten, die freie, sich selbst gehörende Persönlichkeit zu ersticken, die eine, weil ihr Mechanismus die Seele demselben blinden Zwang unterwarf wie den fallenden Stein und den sprießenden Halm, die andere, weil sie die Seele zu einem bloßen Schnittpunkt sozialer Fäden machte und ihre ganze Produktivität in ein Verwalten der Gattungserbschaft auflöste. Dem Individuum, so durch die überwältigenden Massen von Natur und Geschichte erdrückt, verblieb weder Eigenheit noch eigentliche Selbstthätigkeit, es wurde ein bloßer Durchgangspunkt ihm äußerer Gewalten, und in der künstlerischen Produktion kam dies sozusagen am anderen Ende wieder heraus, indem die Unselbständigkeit des Naturalismus uns an die bloße Gegebenheit der Dinge fesselte, die Unselbständigkeit des Konventionalismus an das historisch Gegebene und das gesellschaftlich Anerkannte.

Vielleicht ist von allen Gebieten der Kulturproduktion die Plastik am meisten der Konvention ausgeliefert. Seltener als in allen anderen Künsten sind in ihr die schöpferischen, neue Wendungen einleitenden Genies. Darum hat Rodin eine ungeheure Leistung vollbracht, gerade in ihr die Konvention zu überwinden, ohne in den Naturalismus zu fallen. Die Plastik scheint durch die Sprödigkeit und den geringen Spielraum ihres Materiales dem Ausdruck unmittelbarer Seelenhaftigkeit ganz einzigartige Schwierigkeiten zu bereiten. Während ihr dadurch freilich die negativen Tugenden einer gewissen Ruhe und Freiheit von den kleinlichen Schwankungen der Subjektivität gewährt sind, hält sie nun jeden minderen Geist in den einmal geprägten Ausdrucksformen fest und läßt nur die eigenartigsten und zugleich kraftvollsten Subjektivitäten der Zurückhaltung und Unergiebigkeit ihres Stoffes neue Ausdrucksmöglichkeiten abgewinnen. Die Beseelung des Steines fordert offenbar einen viel größeren Aufwand von Seele als der fließende, nachgiebigere Stoff des Oeles oder der Tempera, der Worte oder der Töne. Indem der Plastik nun dieser Zauber der subjektiven Seele seit Michelangelo fehlte, ist sie die spezifisch unmoderne Kunst geworden. Denn es ist doch wohl das Grundstreben der Neuzeit, die Souveränität der persönlichen Seele gegenüber allem Dasein zur Geltung zu bringen. Seit das Christenthum die naive Einheit von Natur und Geist durchbrochen hat, und die Physik die Welt zu einem bloßen Mechanismus entseelt hat, ist der Seele erst die ganze Größe und Schwere ihrer Aufgabe erwachsen: nicht nur in diesem fremdartigen Getriebe ihr eigenthümliches Wesen zu erhalten, sondern jenes vergeistigend zu durchdringen und sich anzueignen. Der tiefste Sinn des modernen Lebens lag deshalb in dem ungeheueren Machtspruch Kants, als er die Welt mit all ihren Inhalten in Raum und Zeit als eine bloße Vorstellung im menschlichen Bewußtsein erkannte. Aber doch hat die Seele damit die Welt nur prinzipiell, sozusagen wie mit einer politischen Souveränitätserklärung in Besitz genommen, ohne daß es ihr darum erspart bliebe, sie noch Schritt für Schritt sich zu eigen zu machen und ihrem Gesetz zu unterwerfen.

Nach einer Seite hin leistet dies die moderne Technik; allein gerade sie macht den Menschen wieder zu ihrem Sklaven, bindet ihn an so äußerliche Interessen, daß durch sie sehr viel mehr die Seele in das Aeußere als das Aeußere in die Seele aufgeht. Der Versuch des Sozialismus, das ganze Leben einer sinnvollen Ordnung zu unterwerfen, den Zufall äußerer Schicksale durch eine planmäßige Organisation der Gesellschaft auszuschließen, dient schließlich auch nur jener tiefsten Sehnsucht der Seele, alles Gegebene nach ihrem Bilde zu gestalten. Die Enttäuschungen und Rückschläge, die die Seele auf den Wegen der Technik, der Wissenschaft, der Gesellschaftsverfassung zu jenem Ziele unvermeidlich erfährt, haben die Sehnsucht nach der Kunst ins Ungemessene gesteigert, bis zu der Leidenschaft, unser ganzes äußeres Milieu mit Kunst zu tränken. Denn in ihr allein scheint der Sieg des Geistes über den gegebenen Stoff des Daseins vollendet; oder vielmehr, diejenige Bethätigung heißt uns Kunst, in der das eigengesetzliche, uns im letzten Grunde unverständliche Sein der Dinge den inneren Bewegungen der Seele völlig nachgiebig geworden ist. Aber dieser Sieg muß in jedem Werk von Neuem und von innen her gewonnen werden, und darum verfehlt aller Konventionalismus, der dem Stoff eine traditionelle Schablone von außen aufprägt, so völlig den Sinn der Kunst. Was die Plastik der Sehnsucht der modernen Seele gewähren kann, hat zuerst wieder Rodin geleistet. An seinen Werken empfinden wir zuerst wieder die restlose Beseelung des Steines und der Bronze, hier scheint ein Innenleben des Steines an seiner Oberfläche zu vibriren, sie widerstandslos nach sich gestaltet zu haben, wie man wohl sagt, daß die Seele sich ihren Leib baut.

Aber die Schmiegsamkeit, die die Seele dem Stoffe abgewinnt, ist noch nicht die ganze Kunst; sondern diese scheint erst mit einer Formung des Stoffes erreicht, durch die dieser einen rein anschaulichen Reiz, völlig unabhängig von aller seelischen Offenbarung, gewinnt. Ohne daß die Form irgend etwas bedeutete, ohne daß sie ein jenseits ihrer lebendes Gefühl ausdrückte, muß sie eine Schönheit und Eigenart, eine Kraft und Einheitlichkeit besitzen, die sie für das Auge bedeutsam und anziehend macht. Erst dieser selbständige Reiz der Form hebt die subjektive Verlautbarung des Gefühls über sich hinaus zu überindividueller Giltigkeit und Mittheilbarkeit. Das eigentliche Wunder der bildenden Kunst ist, daß die sinnlich-formalen Eigenschaften der Raumgestaltung, des Umrisses, der Farbe, nur ihren eigenen Gesetzen und Attraktionen folgsam, doch zugleich ein seelisches, unanschauliches Innenleben bis auf den Grund verrathen, ja daß die vollendete Erfüllung der einen Forderung an die der anderen geknüpft scheint. Daß diese beiden Funktionen der Erscheinung: als rein sinnliches Bild und als Symbol und Aussprache der Seele, die in der wirklichen Welt ganz auseinanderzuliegen und sich nur zufällig zu berühren pflegen, in der Kunst eine Einheit sind, ist vielleicht die tiefste Beglückung, die sie uns bietet, das Pfand dafür, daß die Elemente des Lebens doch im letzten Grunde nicht so zusammenhangslos sind, wie das Leben uns glauben machen will.

Während jedes große Kunstwerk die Einheit dieses Dualismus, den letzten Sinn aller Kunst, wie selbstverständlich verwirklicht, wird das spezifisch moderne Kunstwerk dadurch bezeichnet, daß die Vollendung jedes von beiden Elementen im Eindruck scharf, gesondert und bewußt hervortritt. Denn das ist doch die Entwickelungsformel des neuzeitlichen Geistes, daß er die Lebenselemente aus ihrer ursprünglich undifferenzirten, wurzelhaften Einheit auseinanderlegt, individualisirt, für sich bewußt macht, um sie erst nach so gesonderter Ausbildung zu neuer Einheit zusammenzuführen. Wo diese mißlingt, verbleibt deshalb die charakteristisch moderne Zerrissenheit, das Spezialistenthum der einzelnen Inhalte des Daseins. Diesem ist, in Hinsicht ihrer angedeuteten Grundelemente, die moderne Kunst nicht entgangen. Sie hat einerseits ihre ganze Aufgabe im Ausdruck eines seelischen Inhalts gesehen, in Gedanken, Stimmungen, Charakteren, Ideen, zu deren Uebermittelung die anschauliche Form das an sich gleichgiltige Werkzeug war. Sie ist andererseits, vielfach unter dem Einfluß von Japan, dem bloßen Reiz der Form: der Linie, Raumeintheilung und Farbe nachgegangen; jenes Differenzirungsstreben hat Inhaltskunst und Formkunst auseinandergetrieben. In Rodins Plastik haben sie sich wieder zusammengefunden. Es kann scheinen, als ob seine Figuren und Gruppen rein auf den Umriß komponirt wären, von dem richtigen Blickpunkt aus gesehen, sind die Umrißlinien, das Spiel zwischen der Schwere der Massen und ihrer Aufhebung, die Balance zwischen den reliefmäßig vor- und zurücktretenden Theilen so vollkommen beglückend, daß das Werk zu seiner Rechtfertigung nichts Seelenhaftes mehr hinter seiner Anschaulichkeit bedürfte und als reine Formkunst erscheint. Nun aber ist diese Form doch genau die Form jenes tiefsten seelischen Inhaltes, sein Strom ergießt sich genau bis zu ihrer Grenze, nirgends etwas leer lassend und nirgends darüber hinausfluthend. Der Sinn für die Beseelung der Form und der für den selbständigen Reiz ihrer bloßen Anschaulichkeit sind hier, gleichsam jeder für sich, auf das Aeußerste gesteigert, um sich dann erst zu vermählen. Dieser Kunst mag deshalb der Zauber der alten Meister fehlen, bei denen die Wurzel der Kunst noch die Vielheit ihrer Reize in ungebrochener Einheit trug. Da nun aber einmal die Differenzirung, als Verfeinerung wie als Tragik, jenen früheren Stand durchbrochen hat, so findet das moderne Leben sein Höchstes eben nur in der Wiedervereinigung der Elemente, deren heimliches Sonderleben nicht mehr zu widerrufen ist; was ich mit keinem vollendeteren Beispiel als mit dem Eindruck Rodinscher Plastik zu belegen weiß.

Und endlich gilt diese Koincidenz noch an einem letzten Punkte. Rodins Skulpturen sind oft unvollendet, in den verschiedensten Graden, bis zu dem, wo die Figur nur in einzelnen Theilen, in schwer erkennbaren Umrissen aus dem Block herausragt. Unter den Charakterzügen der Gegenwart ist dieser unverkennbar: daß uns gegenüber einer immer wachsenden Zahl von Werthen Anregung und Andeutung mehr sind als die deutliche Erfüllung, die unserer Phantasie nichts zu ergänzen übrig läßt. Wir wollen ein Minimum objektiver Gegebenheit, das ein Maximum von Selbstthätigkeit in uns entfesselt. Wir lieben die Diskretion der Dinge, die alle Deutungskräfte in uns entfaltet, und ihre Sparsamkeit, die uns ihren Reichthum erst durch den unseren empfinden läßt. In der Ausnutzung dieses Zuges der modernen Seele gelingt Rodin bisweilen das Aeußerste, indem er durch die scheinbare Unvollendetheit zugleich das Verhältniß zwischen dem Material und der Form eindringlich macht. Die Gestalt, die sich erst in diesem Augenblick dem Stein zu entringen scheint, bringt die Spannung zwischen dem ungefügen, bloß lastenden Stoff und der beseelten Form, die er hergeben muß, zur stärksten Empfindung, die fertige Figur würde ohne diesen schweren Erdenrest, der ihr als Hintergrund geblieben ist, nicht die gleiche Geistigkeit und Freiheit aufbringen. Und andererseits wird nun durch diese Versagtheit der vollen Form die eigene Aktion des Beschauers aufs Lebhafteste herausgefordert. Worin neuere Interpreten der Kunst das Wesen ihres Genusses setzen: daß der Genießende den Schaffensprozeß in sich wiederhole, – das kann nicht energischer geschehen als durch die Anregung der Phantasie, das Unvollständige selbst zu vollenden, die noch im Stein verborgene Gestaltung von ihm zu befreien. Indem sich so unsere eigene Thätigkeit zwischen das Werk und seinen Endeffekt in uns schiebt, rückt jenes in die Distanz, deren die Sensibilität des modernen Menschen zwischen sich und den Dingen bedarf; denn es ist dessen Stärke und Schwäche, von den Dingen nicht ihre abgerundete Ganzheit, sondern nur den Punkt ihrer stärksten Anregung, ihren sublimirtesten Extrakt zwar, aber nur »wie aus der Ferne« zu verlangen. Es ist nichts bezeichnender, als daß dieses Steckenbleiben der Figur im Steine, das bei Michelangelo durch Verhauen oder Hinderungen entstand, bei Rodin bewußtes Kunstmittel geworden ist. Dort wirkt es tragisch, das lastende Schicksal verstärkend, das alle Gestalten Michelangelos in ein namenloses Dunkel hinabzieht; bei Rodin wirkt es unleugbar raffinirt, und dies ist der Abzug, den der moderne Mensch in Kauf nehmen muß, wenn er gerade seine eigenthümlichsten Kräfte zu Leistungen entfaltet, die zwar der unmittelbaren Kraft und Einheit der Klassik entbehren, aber eben den Stil *seines* Lebens ausprägen. Wo diese Ausprägung so vollendet geschieht wie bei Rodin, darf sich in unsere Bewunderung nicht der Werth oder Unwerth mischen, den uns dieser Stil selbst zu verdienen scheint.

Der Bildrahmen
Ein ästhetischer Versuch

Der Charakter der Dinge hängt in letzter Instanz davon ab, ob sie Ganze oder Teile sind. Ob ein Dasein, sich selbst genügend, in sich geschlossen, nur durch das Gesetz seines eigenen Wesens bestimmt wird, oder ob es als Glied im Zusammenhange eines Ganzen steht, aus dem ihm erst Kraft und Sinn kommt – das unterscheidet die Seele von allem Materiellen, den Freien von dem bloßen Sozialwesen, die sittliche Persönlichkeit von dem, den sinnliche Begier in die Abhängigkeit von allem Gegebenen verflicht. Und es scheidet das Kunstwerk von jedem Stück Natur. Denn als natürliches Dasein ist jedes Ding ein bloßer Durchgangspunkt ununterbrochen fließender Energien und Stoffe, verständlich nur aus Vorangehendem, bedeutsam nur als Element des gesamten Naturprozesses. Das Wesen des Kunstwerkes aber ist, ein Ganzes für sich zu sein, keiner Beziehung zu einem Draußen bedürftig, jeden seiner Fäden wieder in seinen Mittelpunkt zurückspinnend. Indem das Kunstwerk ist, was sonst nur die Welt als ganze oder die Seele sein kann: eine *Einheit* aus Einzelheiten – schließt es sich, als eine Welt für sich, gegen alles ihm Aeußere ab. So bedeuten seine Grenzen etwas ganz anderes, als was man an einem natürlichen Dinge Grenzen nennt: bei diesem sind sie nur der Ort fortwährender Exosmose und Endosmose mit allem Jenseitigen, dort aber jener unbedingte Abschluß, der die Gleichgültigkeit und Abwehr nach außen und den vereinheitlichenden Zusammenschluß nach innen in *einem* Akte ausübt. Was der Rahmen dem Kunstwerk leistet, ist, daß er diese Doppelfunktion seiner Grenze symbolisiert und verstärkt. Er schließt alle Umgebung und also auch den Betrachter vom Kunstwerk aus und hilft dadurch, es in die Distanz zu stellen, in der allein es ästhetisch genießbar wird. Distanz eines Wesens gegen uns bedeutet in allem Seelischen: Einheit dieses Wesens in sich. Denn nur in dem Maße, in dem ein Wesen in sich geschlossen ist, besitzt es den Bezirk, in den niemand eindringen kann, das Für-sich-Sein, mit dem es sich gegen jeden anderen reserviert.

Distanz und Einheit, Antithese gegen uns und Synthese in sich, sind Wechselbegriffe; die beiden ersten Eigenschaften des Kunstwerks: die innere Einheit und daß es in einer Sphäre sei, die von allem unmittelbaren Leben abgerückt ist – sind eine und dieselbe, nur von zwei verschiedenen Seiten gesehen. Und erst wenn und weil das Kunstwerk diese Selbstgenügsamkeit besitzt, hat es uns so viel zu geben, jenes Für-sich-Sein ist der Anlaufrückschritt, mit dem es um so tiefer und voller in uns eingeht. Das Gefühl des unverdienten Geschenkes, mit dem es uns beglückt, stammt aus dem Stolze dieser in sich befriedigten Geschlossenheit, mit der es nun dennoch unser eigen wird.

Die Eigenschaften des Bildrahmens enthüllen sich als Hilfen und Versinnlichungen solcher inneren Einheit des Bildes. Anhebend von scheinbar so Zufälligem wie die Fugen zwischen seinen Seiten. An ihnen gleitet der Blick nach innen; indem das Auge sie auf ihren ideellen Schnittpunkt zu verlängert, wird die Beziehung des Bildes auf sein Zentrum von allen Seiten her betont. Diese zusammenführende Wirkung der Rahmenfugen verstärkt man ersichtlich, indem man die äußeren Rahmenseiten den inneren gegenüber etwas erhöht, so daß die vier Seiten konvergierende Ebenen bilden. Aus dem gleichen Motiv aber erscheint mir eine jetzt häufige Form völlig verwerflich: die Erhöhung der inneren Rahmenseiten, so daß der Rahmen nach außen abfällt. Da der Blick, wie die körperliche Bewegung, leichter vom Hohen zum Tieferen geht als umgekehrt, so wird er auf diese Weise unvermeidlich vom Bilde weg nach außen geführt, und der Zusammenhalt des Bildes einer zentrifugalen Zerstreuung ausgesetzt.

Weniger der synthetischen als der abschließenden Funktion dient es, daß die Rahmenseite von zwei Leisten eingefaßt ist. Dadurch verläuft das ganze Ornament oder die Profilierung des Rahmens wie ein Strom zwischen zwei Ufern. Und eben dies begünstigt jene inselhafte Stellung, deren das Kunstwerk der Außenwelt gegenüber bedarf. Es ist deshalb von äußerster Wichtigkeit, daß die Zeichnung des Rahmens dies kontinuierliche Fließen des Blickes, als ob er immer in sich zurückströme, ermögliche. Deshalb darf der Rahmen nirgends durch seine Konfiguration eine Lücke oder Brücke bieten, an der sozusagen die Welt hinein könnte oder an der es in die Welt hinaus könnte – wie dies z. B. durch die Fortsetzung des Bildinhaltes in den Rahmen hinein geschieht, eine zum Glück seltene Verirrung, die das Für-sich-Sein des Kunstwerks und eben damit den Sinn des Rahmens völlig verneint. Die sich in sich schließende Strömung des Rahmens bedeutet aber nicht etwa, daß das Rahmenornament in sich seiner Einfassung parallel verlaufen müßte. Im Gegenteil, gerade um den Fluß des Rahmens, der das Bild zur Insel macht, deutlich hervorzuheben, müssen Linien des Ornamentes stark, bis zur Senkrechten, von dieser Parallelität abweichen. Alle zur Rahmenseite quer stehenden Linien bilden Stauungen jenes Stromes in ihm, dessen Kraft und Bewegtheit, von uns ästhetisch nachgefühlt, sich an der Ueberwindung solcher Hemmungen steigert und verdeutlicht. Die ganze Bildung des Rahmenornamentes findet ihr Regulativ an dem Eindruck des Fließens und Sich-schließens, durch die er die Abtrennung des Bildes von allem Ringsumher betont; so daß jede trennende Linie in dem Maße gerechtfertigt ist, in dem sie jenen Eindruck auf sein Maximum heben hilft. Aus dem gleichen Motiv wird die längst bewährte Praxis verständlich, dem kleineren Bilde den breiteren, jedenfalls den energischer wirkenden Rahmen zu geben. Denn der Gefahr für dieses, in der zugleich erblickten Umgebung zu verschwimmen, ihr gegenüber nicht hinreichend selbständig hervorzutreten, muß mit stärkeren Abschlußmitteln begegnet werden als bei dem ganz großen Bilde, das einen erheblichen Teil des Sehfeldes für sich allein ausfüllt; indem das letztere von seiner Umgebung keine Konkurrenz für die selbständige Bedeutsamkeit seines Eindrucks zu fürchten braucht, kann es sich mit einem minimalen Rahmenabschluß begnügen.

Der Endzweck des Rahmens beweist die Unzulässigkeit der hie und da auftauchenden Stoffrahmen: ein Stück Stoff wird als Stück eines viel weiter gehenden Stoffes empfunden, es hat keinen inneren Grund, daß das Muster gerade an dieser Stelle abgeschnitten wird, es weist von sich aus auf eine unbegrenzte Fortsetzung hin – der Stoffrahmen entbehrt deshalb des durch die Form gerechtfertigten Abschlusses und kann also nicht etwas anderes abschließen. Bei ungemusterten Stoffen, wo dieser Mangel an Geschlossenheit und Abschlußfähigkeit weniger hervortritt, genügt schon die Weichheit des Randes, des ganzen Stoffeindrucks überhaupt, um den gleichen Mangel zu produzieren. Es fehlt dem Stoff an der eigenen organischen Struktur, durch die das Holz eine so wirksame und doch bescheidene Geschlossenheit in sich selbst erhält – die an dem imitierten Rahmen schmerzlich vermißt wird, während sie an dem geschnitzten Goldrahmen trotz des Ueberzuges fühlbar wird. Denn er verdeckt nicht die leisen Unregelmäßigkeiten der Handarbeit, durch die deren organische Lebendigkeit aller Korrektheit der Maschine überlegen ist.

Das richtig verstandene Prinzip erklärt, weshalb man jetzt in einigermaßen geschmackvollen Milieus Photographien nach der Natur nicht mehr in Rahmen findet. Der Rahmen schickt sich nur für Gebilde von abgeschlossener Einheit, wie sie ein Stück Natur niemals hat. Jeder Ausschnitt der unmittelbaren Natur ist durch tausend räumliche, historische, begriffliche, gemütliche Beziehungen mit alledem verbunden, das in größerer oder geringerer, physischer oder seelischer Nähe es umgibt. Erst die Kunstform schneidet diese Fäden durch und knüpft sie gleichsam nach innen zusammen. An dem Stück Natur, das wir instinktiv als bloßen Teil in dem Zusammenhange des großen Ganzen fühlen, ist deshalb der Rahmen in demselben Maße widerspruchsvoll und gewaltthätig, in dem das innere Lebensprinzip des Kunstwerkes ihn verträgt und fordert.

Ein anderes prinzipielles Mißverständnis, unter dem der Rahmen leidet, ist ein Abkömmling moderner Möbelsünden. Der Grundsatz, daß das Möbel ein Kunstwerk sei, hat mit vielem Ungeschmack und öder Banalität aufgeräumt; aber sein Recht ist nicht so positiv und unbegrenzt, als das günstige Vorurteil für ihn meinen läßt. Das Kunstwerk ist etwas für sich, das Möbel ist etwas für uns. Jenes, als Versinnlichung einer seelischen Einheit, mag noch so individuell sein: in unserem Zimmer hängend, stört es unsere Kreise nicht, da es einen Rahmen hat, d. h. – da es wie eine Insel in der Welt ist,

die wartet, bis man zu ihr kommt, und an der man auch vor-
überfahren und vorübersehen kann. Das Möbelstück aber berühren wir fortwährend, es mischt sich in unser Leben und hat
deshalb kein Recht auf Für-sich-Sein. Manches moderne Möbel erscheint, weil es der unmittelbare Ausdruck individuellen
Künstlertums ist, degradiert, wenn man darauf sitzt; es schreit
förmlich nach einem Rahmen, und ohne diesen im Zimmer
stehend unterdrückt es den Menschen, der doch mit seiner
Individualität schließlich die Hauptsache, und jenes nur Hintergrund sein soll. Es ist eine Hypertrophie des modernen
Individualitätssinnes, wenn man allenthalben die Individualität des Möbels predigen hört. Es ist dieselbe Rangverkennung,
wenn man dem Rahmen einen ästhetischen Selbstwert verleihen will: durch figürliche Ornamente, durch den eigenen Reiz
der Farbe, durch Formung oder Symbolik, die ihn zum Ausdruck einer selbstgenügsamen Kunstidee machen. Alles dies
verschiebt die dienende Stellung des Rahmens gegenüber dem
Bilde. Wie der Rahmen einer Seele nur ein Körper sein kann,
nicht aber wieder eine Seele – so kann ein Kunstwerk, das
etwas für sich ist, nicht als Rahmen das Für-sich-Sein eines
anderen betonen und stützen: die Resignation, deren er dazu
bedarf, schließt das Kunstsein aus.

Wie das Möbel, soll er keine Individualität, sondern einen
Stil haben. Stil ist Entlastung der Persönlichkeit, Ablösung der
individuellen Zuspitzung durch ein breiteres Allgemeines;
während deshalb ein Gegenstand des Kunstgewerbes es sofort
in den Vordergrund des Bewußtseins rückt, in welchem Stil es
ist, fragen wir einem Kunstwerk gegenüber viel weniger danach, ja bei den größten Kunstwerken ist uns ihr Stil eigentlich
sehr gleichgültig: das Individuelle überragt hier schlechthin
das Allgemeine, das wir den Stil nennen und das der einzelne
Gegenstand mit unzähligen teilt; in diesem überindividuellen
Charakter liegt das Gedämpfte und Beruhigende, das von allen
streng stilisierten Gegenständen ausgeht. Am Menschenwerk
ist der Stil ein Mittleres zwischen der Einzigkeit der individuellen Seele und der absoluten Allgemeinheit der Natur. Deshalb umgibt sich der Mensch in seinem kulturellen Niveau, das
ihn von der bloß natürlichen Welt trennt, mit stilisierten Ob-

jekten, und deshalb ist für den Rahmen des Kunstwerks, das in seinem Verhältnis zur Umgebung das der Seele zur Welt wiederholt, der Stil, und nicht die Individualisierung, das rechte Lebensprinzip.

Wenn also die ästhetische Position des Rahmens nicht weniger durch eine gewisse Indifferenz als durch jene Energien seiner Formen bestimmt wird, deren gleichmäßiges Fließen ihn als den bloßen Grenzhüter des Bildes charakterisiert – so scheinen gerade ganz alte Rahmen dem zu widersprechen. Hier sind die Seiten oft als Pilaster oder als Säulen gebildet, die ein Gesims oder einen Giebel tragen; dadurch ist jeder Teil und das Ganze sehr viel differenzierter und bedeutsamer als bei einem modernen Rahmen, dessen vier Seiten ohne weiteres für einander vikarieren können. Durch diese schwere Architektonik, durch das arbeitsteilige Einander-Bedürfen seiner Elemente, wird freilich der innere Schluß des Rahmens aufs höchste gesteigert; allein er erhält dadurch ein eigenes organisches Leben und Gewichtigkeit, die mit seiner Funktion als bloßer Rahmen in herabsetzende Konkurrenz treten. Dies mag gerechtfertigt sein, solange die innere künstlerische Einheit des Bildes, die es in sich zusammen- und von der Welt abschließt, noch nicht hinreichend stark empfunden wurde. Wenn das Bild gottesdienstlichen Zwecken diente, wenn es in das religiöse Erlebnis hineingezogen wurde, wenn es durch Spruchbänder oder sonstige Interpretationen sich direkt an die Intelligenz des Beschauers wendete – so bemächtigten damit außerartistische Sphären sich seiner und drohten seine formale künstlerische Einheit zu durchbrechen. Dem begegnet die Dynamik des architektonischen Rahmens, dessen aufeinander hinweisende Teile einen undurchbrechlich starken Zusammenhang – und dadurch Abschluß – bilden. Je mehr das Kunstwerk solche ihm jenseitigen Beziehungen ablehnt, desto mehr kann es der Rahmenkräfte entbehren, die durch ihre eigene organische Lebendigkeit doch ihre dienende Funktion wieder desavouieren.

Daß dem architektonischen Rahmen gegenüber der moderne Rahmen mit dem viel mechanischeren, schematischen Charakter seiner vier gleichen Seiten einen Fortschritt darstellt, ordnet den Rahmen in ein weitgreifendes Prinzip der Kulturentwicklung ein. Diese führt nämlich keineswegs immer das einzelne Element von mechanistisch-äußerlicher zu organisch beseelter, für sich sinnvoller Form. Im Gegenteil: wenn der Geist den Stoff des Daseins immer umfänglicher und zu immer höheren Gestaltungen organisiert, werden unzählige Gebilde, die bis dahin ein in sich geschlossenes, eine eigene Idee repräsentierendes Leben führten, zu bloß mechanisch wirksamen, partikulären Elementen größerer Zusammenhänge degradiert; nur diese sind jetzt die Träger der Idee geworden, jene aber bloße Mittel, deren Eigenexistenz sinnlos ist. So verhält sich der mittelalterliche Ritter zu dem Soldaten der modernen Armee, der selbständige Handwerker zu dem Fabrikarbeiter, die abgeschlossene Gemeinde zu der Stadt im modernen Staate, die hauswirtschaftliche Eigenproduktion zu der Arbeit innerhalb der geld- und weltwirtschaftlichen Organisation des Marktes. Aus den nebeneinander gelegenen, gegeneinander selbständigen, selbstgenügsamen Wesen erwächst ein übergreifendes Gebilde, an das jene gleichsam ihre Seele, ihr Für-sich-Sein abgeben, um erst als dessen mechanisch funktionierende Glieder einen Sinn ihrer Existenz zurückzugewinnen. So zeigt die mechanisch-gleichförmige, an sich bedeutungsleere Gestaltung des Rahmens gegenüber seiner architektonischen oder sonst »organischen«, daß das Verhältnis zwischen Bild und Umgebung nun erst als Ganzes aufgefaßt und adäquat ausgedrückt ist. Die scheinbar höhere Geistigkeit des an sich bedeutsamen Rahmens beweist nur die geringere Geistigkeit in der Auffassung des Ganzen, dem er angehört. Das Kunstwerk ist in der eigentlich widerspruchsvollen Lage, mit seiner Umgebung ein einheitliches Ganzes ergeben zu sollen, während es selbst doch schon ein Ganzes ist; es wiederholt damit die allgemeine Schwierigkeit des Lebens, daß die Elemente von Gesamtheiten dennoch beanspruchen, autonome Ganze für sich selbst zu sein. Es ist ersichtlich, welcher unendlich feinen Abwägung des Vor- und Zurücktretens, der Energien und der Hemmungen der Rahmen bedarf, wenn er im Anschaulichen die Aufgabe lösen soll, zwischen dem Kunstwerk und seinem Milieu, trennend und verbindend, zu

vermitteln – die Aufgabe, an deren Analogie im Geschichtlichen das Individuum und die Gesellschaft sich gegenseitig
zerreiben.

Vom Heil der Seele

Es gehört zu den großen geistigen Leistungen der Religion, daß sie die weiten Kreise unserer Vorstellungen und Interessen zu einheitlichen Begriffen zusammenwachsen läßt, die doch nicht abstrakt sind wie die philosophischen, sondern die volle Lebendigkeit und innere Ergreifbarkeit des anschaulichen, des unmittelbaren Daseins besitzen. Gott – die höchste Wirklichkeit, Quelle und Mündung für alle Ströme der Einzelexistenz, über und zugleich in allen Dingen lebend, das Allgemeinste und doch der eigenste Besitz jeder Seele. Heiligung – die zusammenfassende Vollendung jedes sittlichen Bestrebens, jenseits aller Erreichbarkeit durch einzelne Handlungen gelegen, und doch nicht wie so viele bloß sittliche Ideale eine blasse Abstraktion, sondern die ganze Leidenschaft der Seele weckend wie ein Ruf, der dem Gefangenen zumutet, seine Ketten zu zerbrechen; ewiges Leben – die Vereinigung und Vollendung aller Werte und Kräfte unseres fragmentarischen Daseins, aber nicht ein begriffliches Schema gleich der Ideenwelt Platons, sondern in unmittelbarer Verbindung mit unserer persönlichsten Existenz empfunden und – mögen es nun die Jagdgründe des indianischen Jenseits oder die Mauern des ewigen Zion sein – in der Anschaulichkeit der gewissesten Wirklichkeit strahlend. In diese Reihe gehört das Heil der Seele – das von ihrer Heiligung sowohl wie von ihrer Unsterblichkeit wohl zu unterscheiden ist. Denn mit ihm bezeichnen wir die Befriedigung alles letzten Verlangens der Seele, keineswegs nur des sittlichen, sondern auch des nach ihrer Seligkeit, ihrer Vollkommenheit, ihrer Höhe und Stärke. Nicht eigentlich irgend ein angebbares Gut meinen wir, von dem diese Erfüllungen ausstrahlten; vielmehr das ist der ganze Inhalt dieses Begriffes, daß er den Einheits- und Treffpunkt all jener Bestrebungen und Regungen bedeutet: er besteht nicht für sich als etwas, worauf unsere Sehnsucht sich richte, sondern er ist der Name für den Ort unserer Sehnsüchte. Und er meint etwas schlechthin Innerliches; so daß die Frage, ob die Seele, die ihr Heil gefunden hat, sich in einem irdischen Körper oder in einem Jenseits befindet, eine ganz äußerlich-gleichgültige ist, so gleichgültig wie die nach der Wohnung, in der unsere Schicksale uns treffen. Mit dem Heil der Seele meinen wir die höchste Einheit, zu der all ihre innerlichsten Vollendungen zusammenrinnen, die sie nur mit sich und ihrem Gott abzumachen hat; aber nicht die Einheit eines Begriffes, sondern die eines Zustandes, den wir fühlen, obgleich wir ihn nicht haben, oder vielleicht: den wir in der Form der Sehnsucht nicht weniger fühlen, als wir es in der Form der Erfüllung könnten.

Unter den unzähligen Inhalten, die in den Rahmen dieses Ideales eingehen können, erscheint mir einer vor allen bedeutsam, auf den ich in der christlichen Lehre hier und da eine Hindeutung finde. Wenn der Mensch sein Höchstes erreicht, wenn er wirklich einmal alles wird, was er gemäß seinen Idealen oder, religiös gesprochen, gemäß den göttlichen Forderungen und Zusagen werden kann – so fühlen wir oft, daß er damit nur etwas entfaltet oder äußerlich realisiert hat, was er eigentlich innerlich schon war; daß eine Wirklichkeit seiner, die sozusagen nur noch nicht empirisch war, damit nur diese neue Form angenommen hat. Nach dieser Auffassung – die freilich nur hier und da anklingt, neben direkt entgegengesetzten – kommt mit der Vollendung der Seele nichts Neues in sie hinein, nicht einmal in dem Sinne, in dem die gereifte Frucht etwas Neues gegenüber dem bloßen Keim ist. Vielmehr, in jedem Menschen ruht potenziell, aber doch *wirklich*, das Ideal seiner selbst; die reine Form seiner, das, was er sein *soll*, durchdringt als eine ideelle Wirklichkeit die reale und unvollkommene; so daß nur »der alte Adam ausgezogen« zu werden braucht, damit das vollendete Sein darunter zum Vorschein käme, so daß nur »das Fleisch gekreuzigt« zu werden braucht, damit unser besseres Teil, das schon da ist, frei werde. Wenn die Engel, die Fausts Unsterbliches der Vollendung entgegentragen, ihn zuerst wie die Puppe des Schmetterlings empfangen, so singen sie: »*Löset die Flocken los*, die ihn umgeben – Schon ist er schön und groß von heiligem Leben« – nur befreit von Verhüllungen und Schranken braucht das Innerlichste zu werden; und das eben ist das Heil der Seele, daß ihr nicht von außen etwas hinzugetan oder angebildet wird, sondern daß sie eigentlich nur eine Hülle abzuwerfen, nur zu werden braucht, was sie schon ist. Was würde die Gotteskindschaft für einen Sinn haben, wenn sie nicht das Erbe der Vollendung bedeutet, die wir also nicht mehr zu erwerben, sondern die wir sozusagen nur herauszuholen, auf die wir uns nur zu besinnen haben? In dem Einzelnen des Lebens, insbesondere der sittlichen Praxis, haben wir freilich genug zu *schaffen*, neue Formen und Inhalte zu bilden; fragen wir aber nach der Bedeutung alles dieses Handelns und Produzierens für das Innerlichste der Seele, so scheinen wir damit, soweit es gut und heilig ist, doch nur den eigentlichen Kern unseres Wesens zu enthüllen, der schon von je da war, uns damit selbst in Licht und Klarheit zu sehen, während Sünde und Wirrnis vorher uns nur unkenntlich gemacht und unsere Umrisse durch trübe Schatten gefälscht haben. Alles Aeußerliche mit seiner Macht über die Seele muß erst von ihr abfallen, aber indem es abfällt, hat die Seele auch schon ihr Heil gefunden; denn damit fand sie sich selbst: »wer seine Seele verliert, der wird sie gewinnen!« Eben damit ist auch aller Egoismus abgestreift; denn Egoismus ist immer nur ein Verhältnis der Seele zu ihrer Umgebung, sie erwartet von dieser irgend eine Gewährung, irgend ein Glück, zu dem sie sie ausnutzt. Jeder Egoismus ist eine Mischung der Seele mit Aeußerem, ein Umweg, auf dem sie sich selbst verliert, ein Sich-ergänzen-Wollen einer Lücke in ihr, das ihr selbst nicht gelingt. Die Seele aber, die ganz und gar sie selbst geworden ist, bedarf dessen nicht. Nirgends in ihrem Umkreis hat sie ein Aeußerliches, das ihr Sehnsucht oder Selbstsucht wecken könnte, sondern weil sie überall sich selbst hat und nichts als ihr reinstes Inneres ist, so ist sie überall Verlangen und Erfüllung zugleich.

Daraus versteht man das Gefühl von Freiheit bei allen Handlungen, die wir dem Heil unserer Seele dienen wissen. Der Mensch ist in dem Maße frei, in dem das Zentrum seines Wesens die Peripherie desselben bestimmt, d. h. wenn unsere einzelnen Gedanken und Entschlüsse, unser Handeln wie unser Leiden, unser eigentliches Ich ausdrücken, unabgelenkt von Kräften, die außerhalb unser liegen. Nicht daß die Handlung bestimmungslos in der Luft schwebt, macht sie zu einer freien, sondern daß der tiefste Punkt in uns, den wir als unsere Persönlichkeit fühlen, ihr seine Kraft und Färbung hemmungslos aufprägt. Dem Ideal vom Heil der Seele, wie es im Christentum, freilich fragmentarisch genug, angedeutet ist, ist es eigentümlich, daß diese Herausarbeitung unserer Persönlichkeit, diese Befreiung ihrer von allem, das nicht sie selbst ist, dieses Sich-Ausleben nach der Idee und dem Gesetz des Ich – daß dies zugleich den Gehorsam gegen den *göttlichen* Willen, zugleich das Leben nach *seiner* Norm, zugleich die Uebereinstimmung mit den letzten Werten des Daseins überhaupt bedeutet. Das Heil, das die Seele sucht, wäre nicht *ihr* Heil, sondern ein farbloses, ihr innerlich fremdes, wenn es nicht in ihr wie mit ideellen Linien vorgezeichnet wäre, wenn sie es nicht auf dem Wege zu sich selbst fände. Deshalb giebt es allerdings vielerlei Heilsbegriffe, die der Seele ihr Heil sozusagen gewaltsam aufdrängen, wie einen äußeren Befehl und eine Umgestaltung wie durch äußere Mächte; dieses Heil, abhängig von äußerem Thun oder dogmatischem Glauben, ist der Seele selbst etwas Zufälliges und damit ein Zwang, der ihre Freiheit bricht. Erst wenn der Inhalt der religiösen Forderung an einen jeden Menschen in ihm selbst wirklich ist, und nur von dem befreit zu werden verlangt, was an uns nicht wir selbst sind – erst dann ist das Gebiet des religiösen Heiles zugleich das Reich der Freiheit.

Der Gegensatz zum alten vorprophetischen Judentum macht dies besonders anschaulich. Hier ist der Gegensatz zwischen dem Ich und der göttlichen Norm ganz weit gespannt – und zwar nicht nur, wenn Jehova als der orientalische Despot erscheint, dessen Wille von selbst Gesetz ist und dem das jüdische Volk als Knecht gegenübersteht; sondern auch wenn das Verhältnis beider als rechtliches auftritt, als ein Bund, der beiden Parteien Rechte gibt, auf deren Erfüllung sie halten dürfen. In beiden Fällen ist das Gesetz etwas dem Subjekte Aeußerliches, und deshalb besteht auch der Lohn für seine Erfüllung in etwas Aeußerlichem: in dem Wohlergehen auf Erden. Hier sind also die Bedingungen für den Egoismus, den ich oben charakterisierte, gegeben: das Heil liegt nicht in dem

Realisieren des eigensten Sinnes der Seele, demgegenüber es überhaupt keine Habsucht geben kann, sondern in den Gütern ihrer Peripherie, von denen man möglichst viele der Macht, die sie zu gewähren hat, durch Gehorsam oder List oder Gewalt abzuringen hat. Und eben diese Abhängigkeit des Lebensgefühles von Aeußerlichem läßt es nicht zur Freiheit kommen, das Knechtsbewußtsein bleibt und offenbart so die ganze Tiefe der Wurzel, in der Unfreiheit und Egoismus zusammenhängen. Das Gesetz muß für seine Erfüllung einen *Lohn* setzen, weil es nicht aus und an dem eigenen Ich seinen Inhalt hat, sondern umgekehrt eine Schranke für dieses Ich bildet; nicht als Erweiterung und Erhöhung des empirischen Menschen durch das innere Ideal seiner selbst, sondern als Einengung durch die vorwiegende Form des Verbotes, durch das: du sollst nicht – tritt es auf.

Diese Deutung des Heiles der Seele als der Erlösung, sozusagen der Entzauberung des Wertes, der zwar in der Seele von je vorhanden ist, aber mit Fremdem, Unreinem, Zufälligem gemischt – diese Deutung scheint freilich gerade an einer Fundamentalbestimmung des Christentums eine Schwierigkeit zu finden: an der gleichmäßigen Fähigkeit *jeder* Natur zum Gewinn des absoluten Heils, an der Bedingtheit dieses durch Leistungen, die von vornherein niemandem unzugänglich sind. Für alle ist Platz in Gottes Hause, weil das Höchste, was der Mensch erreichen kann, zugleich das Mindeste ist, was von ihm gefordert werden muß, und deshalb keinem prinzipiell versagt sein kann. Wenn nun aber das Heil nichts anderes sein soll, als daß jede Seele ihr eigenstes inneres Sein, das reine Bild ihrer, dessen unsichtbare Linien ihre irdische Unvollkommenheit durchziehen, ganz zum Ausdruck bringt, ganz in ihm aufgeht – wie vereinigt sich denn die unendliche Verschiedenheit der Seelen nach Höhe und Tiefe, Weite und Enge, Helligkeit und Dunkelheit, mit der Gleichheit des religiösen Erfolges, mit der gleichen Würdigkeit vor Gott? Da doch unser Begriff des Heiles gerade das Individuellste, Unterscheidendste der Menschen zu seinem Träger macht? Tatsächlich hat die Schwierigkeit, die Gleichheit vor Gott mit der unermeßlichen Mannigfaltigkeit der Individuen zu vereinen, zu jener Uniformität der Leistungen geführt, die aus weiten Provinzen des christlichen Lebens einen bloßen Schematismus gemacht hat. Den ganzen Individualismus des christlichen Heilsbegriffes hat man verkannt, und daß jeder mit *seinem* Pfunde wuchern soll, indem man ein einheitliches Ideal, ein gleichartiges Verhalten von allen verlangte, statt von jedem – ihn selbst zu fordern. Alles für Alle Gleichmäßige ist für die Persönlichkeit etwas Aeußerliches; jene Einheit, in der die Gläubigen sich finden, jene Gleichheit der vollendeten Seelen, besteht nur darin, daß jede einzelne die *ihr* eigene Idee durch alles Außenwerk hat durchwachsen lassen; dabei mag der *Inhalt* der verschiedenen um Welten verschieden sein. Jesus deutet an vielen Stellen an, wie sehr er die Verschiedenheit der menschlichen Anlagen zu schätzen weiß, zugleich aber, wie wenig dies die Gleichheit des Endresultates des Lebens zu alterieren braucht. Es kommt eben alles auf das *Verhältnis* an, das zwischen jenem, im Menschen selbst vorgezeichneten Ideal seiner selbst und dessen Durchdringen in seine Wirklichkeit besteht.

Dabei ist freilich nicht zu verkennen: je mehr das Heil des Menschen nur auf dem ruht, was er ganz allein, vielleicht mit keinem anderen vergleichbar, ist, je weniger irgend ein allgemeiner Inhalt des Strebens ihn von dieser Zuspitzung auf sein Eigenstes und Innerlichstes entlastet – desto gefährlicher ist das Leben, desto exponierter sein innerer Standpunkt, desto umfassender seine Verantwortlichkeit für sich selbst. Darum hat Nietzsche das Christentum völlig mißverstanden, wenn er es für eine Art Volksversicherung hält. Daß man zum Gewinn des Heils sich selbst gegen sich selbst durchzusetzen hat, bedeutet eine furchtbare innere Gefahr, die sich in der Gnadenwahl nach außen hin projiziert. Es ist eben alles auf die eine Hauptsache gestellt, zu deren Gewinn es kein allgemeines Rezept gibt, sondern für jedes Individuum einen individuellen Weg, selbst wenn sie alle an *einem* religiösen Ziele münden sollten.

Wo das Christentum sich diesem Heilsbegriffe nähert, rührt es an das tiefste Lebensproblem der Gegenwart. Denn im Sittlichen wie im Künstlerischen, im Sozialen wie in den Normen der Erkenntnis suchen wir nach dem Allgemeingültigen, das zugleich individuell ist, nach dem Rechte der Person, das zugleich das Recht der Allgemeinheit sei, nach dem Typus, der die Unvergleichbarkeit der Einzelgestaltung in sich aufnehme. Was man bisher dem Leben als Norm vorhielt, pflegte nur das eine oder das andere zu betonen, aber die ganzen Entscheidungen des modernen Lebens hängen an der Synthese von beidem. Wenn nun das Heil der Seele, also die umfassendste, schlechthin *allgemeine* Forderung an alles Menschliche, in dem Herausringen dessen ruht, was ein jeder als sein *Eigenstes*, in der Idee schon Wirkliches, aber noch unrein Gestaltetes in sich birgt – so würde sich dies als eines der Motive enthüllen, aus denen das gegenwärtige Leben wieder instinktiv nach Religion tastet, als fänden unsre tiefsten Lebensnöte in ihr, wenn keine Lösung, so doch eine Formulierung und den Trost, daß sie die Nöte der Menschheit von je gewesen sind.

Die Großstädte und das Geistesleben

Die tiefsten Probleme des modernen Lebens quellen aus dem Anspruch des Individuums, die Selbständigkeit und Eigenart seines Daseins gegen die Übermächte der Gesellschaft, des geschichtlich Ererbten, der äußerlichen Kultur und Technik des Lebens zu bewahren – die letzterreichte Umgestaltung des Kampfes mit der Natur, den der primitive Mensch um seine *leibliche* Existenz zu führen hat. Mag das 18. Jahrhundert zur Befreiung von allen historisch erwachsenen Bindungen in Staat und Religion, in Moral und Wirtschaft aufrufen, damit die ursprünglich gute Natur, die in allen Menschen die gleiche ist, sich ungehemmt entwickele; mag das 19. Jahrhundert neben der bloßen Freiheit die arbeitsteilige Besonderheit des Menschen und seiner Leistung fordern, die den Einzelnen unvergleichlich und möglichst unentbehrlich macht, ihn dadurch aber um so enger auf die Ergänzung durch alle anderen anweist; mag Nietzsche in dem rücksichtslosesten Kampf der Einzelnen oder der Sozialismus gerade in dem Niederhalten aller Konkurrenz die Bedingung für die volle Entwicklung der Individuen sehen – in alledem wirkt das gleiche Grundmotiv: der Widerstand des Subjekts, in einem gesellschaftlich-technischen Mechanismus nivelliert und verbraucht zu werden. Wo die Produkte des spezifisch modernen Lebens nach ihrer Innerlichkeit gefragt werden, sozusagen der Körper der Kultur nach seiner Seele – wie mir dies heut gegenüber unseren Großstädten obliegt – wird die Antwort der Gleichung nachforschen müssen, die solche Gebilde zwischen den individuellen und den überindividuellen Inhalten des Lebens stiften, den Anpassungen der Persönlichkeit, durch die sie sich mit den ihr äußeren Mächten abfindet.

Die psychologische Grundlage, auf der der Typus großstädtischer Individualitäten sich erhebt, ist die *Steigerung des Nervenlebens,* die aus dem raschen und ununterbrochenen Wechsel äußerer und innerer Eindrücke hervorgeht. Der Mensch ist ein Unterschiedswesen, d. h. sein Bewußtsein wird durch den Unterschied des augenblicklichen Eindrucks gegen den vorhergehenden angeregt; beharrende Eindrücke, Geringfügigkeit ihrer Differenzen, gewohnte Regelmäßigkeit ihres Ablaufs und ihrer Gegensätze verbrauchen sozusagen weniger Bewußtsein, als die rasche Zusammendrängung wechselnder Bilder, der schroffe Abstand innerhalb dessen, was man mit einem Blick umfaßt, die Unerwartetheit sich aufdrängender Impressionen. Indem die Großstadt gerade diese psychologischen Bedingungen schafft – mit jedem Gang über die Straße, mit dem Tempo und den Mannigfaltigkeiten des wirtschaftlichen, beruflichen, gesellschaftlichen Lebens – stiftet sie schon in den sinnlichen Fundamenten des Seelenlebens, in dem Bewußtseinsquantum, das sie uns wegen unserer Organisation als Unterschiedswesen abfordert, einen tiefen Gegensatz gegen die Kleinstadt und das Landleben, mit dem langsameren, gewohnteren, gleichmäßiger fließenden Rhythmus ihres sinnlich-geistigen Lebensbildes. Daraus wird vor allem der intellektualistische Charakter des großstädtischen Seelenlebens begreiflich, gegenüber dem kleinstädtischen, das vielmehr auf das Gemüt und gefühlsmäßige Beziehungen gestellt ist. Denn diese wurzeln in den unbewußteren Schichten der Seele und wachsen am ehesten an dem ruhigen Gleichmaß ununterbrochener Gewöhnungen. Der Ort des Verstandes dagegen sind die durchsichtigen, bewußten, obersten Schichten unserer Seele, er ist die anpassungsfähigste unserer inneren Kräfte; er bedarf, um sich mit dem Wechsel und Gegensatz der Erscheinungen abzufinden, nicht der Erschütterungen und des inneren Umgrabens, wodurch allein das konservativere *Gemüt* sich in den gleichen Rhythmus der Erscheinungen zu schicken wüßte. So schafft der Typus des Großstädters, – der natürlich von tausend individuellen Modifikationen umspielt ist – sich ein Schutzorgan gegen die Entwurzelung, mit der die Strömungen und Diskrepanzen seines äußeren Milieus ihn bedrohen: statt mit dem Gemüte reagiert er auf diese im wesentlichen mit dem Verstande, dem die Steigerung des Bewußtseins, wie dieselbe Ursache sie erzeugte, die seelische Prärogative verschafft; damit ist die Reaktion auf jene Erscheinungen in das am wenigsten empfindliche, von den Tiefen der Persönlichkeit am weitesten abstehende psychische Organ verlegt.

Diese Verstandesmäßigkeit, so als ein Präservativ des subjektiven Lebens gegen die Vergewaltigungen der Großstadt erkannt, verzweigt sich in und mit vielfachen Einzelerscheinungen. Die Großstädte sind von jeher die Sitze der Geldwirtschaft gewesen, weil die Mannigfaltigkeit und Zusammendrängung des wirtschaftlichen Austausches dem Tauschmittel eine Wichtigkeit verschafft, zu der es bei der Spärlichkeit des ländlichen Tauschverkehrs nicht gekommen wäre. Geldwirtschaft aber und Verstandesherrschaft stehen im tiefsten Zusammenhange. Ihnen ist gemeinsam die reine Sachlichkeit in der Behandlung von Menschen und Dingen, in der sich eine formale Gerechtigkeit oft mit rücksichtsloser Härte paart. Der rein verstandesmäßige Mensch ist gegen alles eigentlich Individuelle gleichgültig, weil aus diesem sich Beziehungen und Reaktionen ergeben, die mit dem logischen Verstande nicht auszuschöpfen sind – gerade wie in das Geldprinzip die Individualität der Erscheinungen nicht eintritt. Denn das Geld fragt nur nach dem, was ihnen allen gemeinsam ist, nach dem Tauschwert, der alle Qualität und Eigenart auf die Frage nach dem bloßen Wieviel nivelliert. Alle Gemütsbeziehungen zwischen Personen gründen sich auf deren Individualität, während die verstandesmäßigen mit den Menschen wie mit Zahlen rechnen, wie mit an sich gleichgültigen Elementen, die nur nach ihrer objektiv abwägbaren Leistung ein Interesse haben – wie der Großstädter mit seinen Lieferanten und seinen Abnehmern, seinen Dienstboten und oft genug mit den Personen seines gesellschaftlichen Pflichtverkehrs rechnet, im Gegensatz zu dem Charakter des kleineren Kreises, in dem die unvermeidliche Kenntnis der Individualitäten ebenso unvermeidlich eine gemütvollere Tönung des Verhaltens erzeugt, ein Jenseits der bloß objektiven Abwägung von Leistung und Gegenleistung. Das Wesentliche auf wirtschaftspsychologischem Gebiet ist hier, daß in primitiveren Verhältnissen für den Kunden produziert wird, der die Ware bestellt, so daß Produzent und Abnehmer sich gegenseitig kennen. Die moderne Großstadt aber nährt sich fast vollständig von der Produktion für den Markt, d. h. für völlig unbekannte, nie in den Gesichtskreis des eigentlichen Produzenten tretende Abnehmer. Dadurch bekommt das Interesse beider Parteien eine unbarmher-zige Sachlichkeit, ihr verstandesmäßig rechnender wirtschaft-licher Egoismus hat keine Ablenkung durch die Imponderabi-lien persönlicher Beziehungen zu fürchten. Und dies steht of-fenbar mit der Geldwirtschaft, die in den Großstädten domi-niert, und hier die letzten Reste der Eigenproduktion und des unmittelbaren Warentausches verdrängt hat und die Kunden-arbeit täglich mehr reduziert –, in so enger Wechselwirkung, daß niemand zu sagen wüßte, ob zuerst jene seelische, intel-lektualistische Verfassung auf die Geldwirtschaft hindrängte, ober ob diese der bestimmende Faktor für jene war. Sicher ist nur, daß die Form des großstädtischen Lebens der nährendste Boden für diese Wechselwirkung ist; was ich nur noch mit dem Ausspruch des bedeutendsten englischen Verfassungshistori-kers belegen will: im Verlauf der ganzen englischen Geschichte habe London niemals als das Herz von England gehandelt, oft als sein Verstand und immer als sein Geldbeutel!

An einem scheinbar unbedeutenden Zuge auf der Oberflä-che des Lebens vereinigen sich, nicht wenig charakteristisch, dieselben seelischen Strömungen. Der moderne Geist ist mehr und mehr ein rechnender geworden. Dem Ideale der Natur-wissenschaft, die Welt in ein Rechenexempel zu verwandeln, jeden Teil ihrer in mathematischen Formeln festzulegen, ent-spricht die rechnerische Exaktheit des praktischen Lebens, die ihm die Geldwirtschaft gebracht hat; sie erst hat den Tag so vieler Menschen mit Abwägen, Rechnen, zahlenmäßigem Be-stimmen, Reduzieren qualitativer Werte auf quantitative aus-gefüllt. Durch das rechnerische Wesen des Geldes ist in das Verhältnis der Lebenselemente eine Präzision, eine Sicherheit in der Bestimmung von Gleichheiten und Ungleichheiten, eine Unzweideutigkeit in Verabredungen und Ausmachungen ge-kommen – wie sie äußerlich durch die allgemeine Verbreitung der Taschenuhren bewirkt wird. Es sind aber die Bedingungen der Großstadt, die für diesen Wesenszug so Ursache wie Wir-kung sind. Die Beziehungen und Angelegenheiten des typi-schen Großstädters pflegen so mannigfaltige und komplizierte zu sein, vor allem: durch die Anhäufung so vieler Menschen mit so differenzierten Interessen greifen ihre Beziehungen und

Bethätigungen zu einem so vielgliedrigen Organismus ineinander, daß ohne die genaueste Pünktlichkeit in Versprechun-
gen und Leistungen das Ganze zu einem unentwirrbaren
Chaos zusammenbrechen würde. Wenn alle Uhren in Berlin
plötzlich in verschiedener Richtung falschgehen würden, auch
nur um den Spielraum einer Stunde, so wäre sein ganzes wirt-
schaftliches und sonstiges Verkehrsleben auf lange hinaus zer-
rüttet. Dazu kommt, scheinbar noch äußerlicher, die Größe
der Entfernungen, die alles Warten und Vergebenskommen zu
einem gar nicht aufzubringenden Zeitaufwand machen. So ist
die Technik des großstädtischen Lebens überhaupt nicht denkbar, ohne daß alle Thätigkeiten und Wechselbeziehungen aufs
pünktlichste in ein festes, übersubjektives Zeitschema eingeordnet würden. Aber auch hier tritt hervor, was überhaupt nur
die ganze Aufgabe dieser Betrachtungen sein kann: daß sich
von jedem Punkt an der Oberfläche des Daseins, so sehr er nur
in und aus dieser erwachsen scheint, ein Senkblei in die Tiefe
der Seelen schicken läßt, daß alle banalsten Äußerlichkeiten
schließlich durch Richtungslinien mit den letzten Entscheidungen über den Sinn und Stil des Lebens verbunden sind. Die
Pünktlichkeit, Berechenbarkeit, Exaktheit, die die Komplikationen und Ausgedehntheiten des großstädtischen Lebens ihm
aufzwingen, steht nicht nur in engstem Zusammenhange mit
ihrem geldwirtschaftlichen und ihrem intellektualistischen
Charakter, sondern muß auch die Inhalte des Lebens färben
und den Ausschluß jener irrationalen, instinktiven, souverä-
nen Wesenszüge und Impulse begünstigen, die von sich aus die
Lebensform bestimmen wollen, statt sie als eine allgemeine,
schematisch präzisierte von außen zu empfangen. Wenn auch
die durch solche charakterisierten, selbstherrlichen Existenzen
keineswegs in der Stadt unmöglich sind, so sind sie doch ihrem
Typus entgegengesetzt, und daraus erklärt sich der leidenschaftliche Haß von Naturen wie Ruskin und Nietzsche gegen
die Großstadt – Naturen, die allein in dem unschematisch
Eigenartigen, nicht für alle gleichmäßig Präzisierbaren den
Wert des Lebens finden und denen deshalb aus der gleichen
Quelle wie jener Haß der gegen die Geldwirtschaft und gegen
den Intellektualismus des Daseins quillt.

Dieselben Faktoren, die so in der Exaktheit und minutenhaften Präzision der Lebensform zu einem Gebilde von höchster Unpersönlichkeit zusammengeronnen sind, wirken andrerseits auf ein höchst persönliches hin. Es giebt vielleicht keine seelische Erscheinung, die so unbedingt der Großstadt vorbehalten wäre, wie die Blasiertheit. Sie ist zunächst die Folge jener rasch wechselnden und in ihren Gegensätzen eng zusammengedrängten Nervenreize, aus denen uns auch die Steigerung der großstädtischen Intellektualität hervorzugehen schien; weshalb denn auch dumme und von vornherein geistig unlebendige Menschen nicht gerade blasiert zu sein pflegen. Wie ein maßloses Genußleben blasiert macht, weil es die Nerven so lange zu ihren stärksten Reaktionen aufregt, bis sie schließlich überhaupt keine Reaktion mehr hergeben – so zwingen ihnen auch harmlosere Eindrücke durch die Raschheit und Gegensätzlichkeit ihres Wechsels so gewaltsame Antworten ab, reißen sie so brutal hin und her, daß sie ihre letzte Kraftreserve hergeben und, in dem gleichen Milieu verbleibend, keine Zeit haben, eine neue zu sammeln. Die so entstehende Unfähigkeit, auf neue Reize mit der ihnen angemessenen Energie zu reagieren, ist eben jene Blasiertheit, die eigentlich schon jedes Kind der Großstadt im Vergleich mit Kindern ruhigerer und abwechslungsloserer Milieus zeigt.

Mit dieser physiologischen Quelle der großstädtischen Blasiertheit vereinigt sich die andere, die in der Geldwirtschaft fließt. Das Wesen der Blasiertheit ist die Abstumpfung gegen die Unterschiede der Dinge, nicht in dem Sinne, daß sie nicht wahrgenommen würden, wie von dem Stumpfsinnigen, sondern so, daß die Bedeutung und der Wert der Unterschiede der Dinge und damit der Dinge selbst als nichtig empfunden wird. Sie erscheinen dem Blasierten in einer gleichmäßig matten und grauen Tönung, keines wert, dem anderen vorgezogen zu werden. Diese Seelenstimmung ist der getreue subjektive Reflex der völlig durchgedrungenen Geldwirtschaft; indem das Geld alle Mannigfaltigkeiten der Dinge gleichmäßig aufwiegt, alle qualitativen Unterschiede zwischen ihnen durch Unterschiede des Wieviel ausdrückt, indem das Geld, mit seiner Farblosigkeit und Indifferenz, sich zum Generalnenner aller Werte aufwirft, wird es der fürchterlichste Nivellierer, es höhlt den Kern der Dinge, ihre Eigenart, ihren spezifischen Wert, ihre Unvergleichbarkeit rettungslos aus. Sie schwimmen alle mit gleichem spezifischem Gewicht in dem fortwährend bewegten Geldstrom, liegen alle in derselben Ebene und unterscheiden sich nur durch die Größe der Stücke, die sie von dieser decken. Im einzelnen Fall mag diese Färbung oder vielmehr Entfärbung der Dinge durch ihre Äquivalenz mit dem Gelde unmerkbar klein sein; in dem Verhältnis aber, das der Reiche zu den für Geld erwerbbaren Objekten hat, ja vielleicht schon in dem Gesamtcharakter, den der öffentliche Geist jetzt diesen Objekten allenthalben erteilt, ist er zu einer sehr merkbaren Größe angehäuft. Darum sind die Großstädte, die Hauptsitze des Geldverkehrs und in denen die Käuflichkeit der Dinge sich in ganz anderem Umfange aufdrängt, als in kleineren Verhältnissen, auch die eigentlichen Stätten der Blasiertheit. In ihr gipfelt sich gewissermaßen jener Erfolg der Zusammendrängung von Menschen und Dingen auf, die das Individuum zu seiner höchsten Nervenleistung reizt; durch die bloß quantitative Steigerung der gleichen Bedingungen schlägt dieser Erfolg in sein Gegenteil um, in diese eigentümliche Anpassungserscheinung der Blasiertheit, in der die Nerven ihre letzte Möglichkeit, sich mit den Inhalten und der Form des Großstadtlebens abzufinden, darin entdecken, daß sie sich der Reaktion auf sie versagen – die Selbsterhaltung gewisser Naturen, um den Preis, die ganze objektive Welt zu entwerten, was dann am Ende die eigene Persönlichkeit unvermeidlich in ein Gefühl gleicher Entwertung hinabzieht.

Während das Subjekt diese Existenzform ganz mit sich abzumachen hat, verlangt ihm seine Selbsterhaltung gegenüber der Großstadt ein nicht weniger negatives Verhalten sozialer Natur ab. Die geistige Haltung der Großstädter zu einander wird man in formaler Hinsicht als Reserviertheit bezeichnen dürfen. Wenn der fortwährenden äußeren Berührung mit unzähligen Menschen so viele innere Reaktionen antworten sollten, wie in der kleinen Stadt, in der man fast jeden Begegnenden kennt und zu jedem ein positives Verhältnis hat, so würde man sich innerlich völlig atomisieren und in eine ganz unausdenkbare seelische Verfassung geraten. Teils dieser psychologische Umstand, teils das Recht auf Mißtrauen, das wir gegenüber den in flüchtiger Berührung vorüberstreifenden Elementen des Großstadtlebens haben, nötigt uns zu jener Reserve, infolge deren wir jahrelange Hausnachbarn oft nicht einmal von Ansehen kennen und die uns dem Kleinstädter so oft als kalt und gemütlos erscheinen läßt. Ja, wenn ich mich nicht täusche, ist die Innenseite dieser äußeren Reserve nicht nur Gleichgültigkeit, sondern, häufiger als wir es uns zum Bewußtsein bringen, eine leise Aversion, eine gegenseitige Fremdheit und Abstoßung, die in dem Augenblick einer irgendwie veranlaßten nahen Berührung sogleich in Haß und Kampf ausschlagen würde. Die ganze innere Organisation eines derartig ausgedehnten Verkehrslebens beruht auf einem äußerst mannigfaltigen Stufenbau von Sympathien, Gleichgültigkeiten und Aversionen der kürzesten wie der dauerndsten Art. Die Sphäre der Gleichgültigkeit ist dabei nicht so groß, wie es oberflächlich scheint; die Aktivität unserer Seele antwortet doch fast auf jeden Eindruck seitens eines anderen Menschen mit einer irgendwie bestimmten Empfindung, deren Unbewußtheit, Flüchtigkeit und Wechsel sie nur in eine Indifferenz aufzuheben scheint. Thatsächlich wäre diese letztere uns ebenso unnatürlich, wie die Verschwommenheit wahlloser gegenseitiger Suggestion unerträglich, und vor diesen beiden typischen Gefahren der Großstadt bewahrt uns die Antipathie, das latente und Vorstadium des praktischen Antagonismus, sie bewirkt die Distanzen und Abwendungen, ohne die diese Art Leben überhaupt nicht geführt werden könnte: ihre Maße und ihre Mischungen, der Rhythmus ihres Auftauchens und Verschwindens, die Formen, in denen ihr genügt wird – dies bildet mit den im engeren Sinne vereinheitlichenden Motiven ein untrennbares Ganzes der großstädtischen Lebensgestaltung: was in dieser unmittelbar als Dissoziierung erscheint, ist so in Wirklichkeit nur eine ihrer elementaren Sozialisierungsformen.

Diese Reserviertheit mit dem Oberton versteckter Aversion erscheint aber nun wieder als Form oder Gewand eines viel allgemeineren Geisteswesens der Großstadt. Sie gewährt nämlich dem Individuum eine Art und ein Maß persönlicher Freiheit, zu denen es in anderen Verhältnissen gar keine Analogie giebt: sie geht damit auf eine der großen Entwicklungstendenzen des gesellschaftlichen Lebens überhaupt zurück, auf eine der wenigen, für die eine annähernd durchgängige Formel auffindbar ist. Das früheste Stadium sozialer Bildungen, das sich an den historischen, wie an gegenwärtig sich gestaltenden findet, ist dieses: ein relativ kleiner Kreis, mit starkem Abschluß gegen benachbarte, fremde, oder irgendwie antagonistische Kreise, dafür aber mit einem um so engeren Zusammenschluß in sich selbst, der dem einzelnen Mitglied nur einen geringen Spielraum für die Entfaltung eigenartiger Qualitäten und freier, für sich selbst verantwortlicher Bewegungen gestattet. So beginnen politische und familiäre Gruppen, so Parteibildungen, so Religionsgenossenschaften; die Selbsterhaltung sehr junger Vereinigungen fordert strenge Grenzsetzung und zentripetale Einheit und kann deshalb dem Individuum keine Freiheit und Besonderheit innerer und äußerer Entwicklung einräumen. Von diesem Stadium aus geht die soziale Evolution gleichzeitig nach zwei verschiedenen und dennoch sich entsprechenden Seiten. In dem Maß, in dem die Gruppe wächst – numerisch, räumlich, an Bedeutung und Lebensinhalten – in eben dem lockert sich ihre unmittelbare innere Einheit, die Schärfe der ursprünglichen Abgrenzung gegen andere wird durch Wechselbeziehungen und Konnexe gemildert; und zugleich gewinnt das Individuum Bewegungsfreiheit, weit über die erste, eifersüchtige Eingrenzung hinaus, und eine Eigenart und Besonderheit, zu der die Arbeitsteilung in der größer gewordenen Gruppe Gelegenheit und Nötigung giebt. Nach dieser Formel hat sich der Staat und das Christentum, Zünfte und politische Parteien und unzählige andere Gruppen entwickelt, so sehr natürlich die besonderen Bedingungen und Kräfte der einzelnen das allgemeine Schema modifizieren. Es scheint mir aber auch deutlich an der Entwicklung der Individualität innerhalb des städtischen Lebens erkennbar. Das Kleinstadtleben in der Antike wie im Mittelalter legte dem Einzelnen Schranken der Bewegung und Beziehungen nach außen, der Selbständigkeit und Differenzierung nach innen hin

auf, unter denen der moderne Mensch nicht atmen könnte –
noch heute empfindet der Großstädter, in die Kleinstadt ver-
setzt, eine wenigstens der Art nach gleiche Beengung. Je kleiner ein solcher Kreis ist, der unser Milieu bildet, je beschränk-
ter die grenzenlösenden Beziehungen zu anderen, desto ängstlicher wacht er über die Leistungen, die Lebensführung, die
Gesinnungen des Individuums, desto eher würde eine quantitative und qualitative Sonderart den Rahmen des Ganzen
sprengen. Die antike Polis scheint nach dieser Richtung ganz
den Charakter der Kleinstadt gehabt zu haben. Die fortwährende Bedrohtheit ihrer Existenz durch Feinde von nah und
fern bewirkte jenen straffen Zusammenhalt in politischer und
militärischer Beziehung, jene Beaufsichtigung des Bürgers
durch den Bürger, jene Eifersucht der Gesamtheit gegen den
Einzelnen, dessen Sonderleben so in einem Maße niedergehal-
ten war, für das er sich höchstens durch den Despotismus
seinem Hause gegenüber schadlos halten konnte. Die ungeheure Bewegtheit und Erregtheit, die einzigartige Farbigkeit
des athenischen Lebens erklärt sich vielleicht daraus, daß ein
Volk von unvergleichlich individuell angelegten Persönlichkeiten gegen den steten inneren und äußeren Druck einer entin-
dividualisierenden Kleinstadt ankämpfte. Dies erzeugte eine
Atmosphäre von Gespanntheit, in der die schwächeren nieder-
gehalten und die starken zu den leidenschaftlichsten Selbstbe-
währungen angereizt wurden. Und eben damit gelangte in
Athen dasjenige zur Blüte, was man, ohne es genau umschreiben zu können, als »das allgemein Menschliche« in der geistigen Entwicklung unserer Art bezeichnen muß. Denn dies ist
der Zusammenhang, dessen sachliche wie geschichtliche Gültigkeit hier behauptet wird: die allerweitesten und allgemeinsten Inhalte und Formen des Lebens sind mit den allerin-
dividuellsten innig verbunden; beide haben ihr gemeinsames
Vorstadium oder auch ihren gemeinsamen Gegner an engen
Gestaltungen und Gruppierungen, deren Selbsterhaltung sie
ebenso gegen das Weite und Allgemeine außer ihnen wie gegen
das frei Bewegte und Individuelle innerhalb ihrer zur Wehre
setzt. Wie in der Feudalzeit der »freie« Mann derjenige war,
der unter Landrecht stand, d. h. unter dem Recht des größten

sozialen Kreises, unfrei aber, wer sein Recht nur aus dem engen Kreise eines Feudalverbandes, unter Ausschluß von jenem, zog – so ist heute, in einem vergeistigten und verfeinerten Sinn, der Großstädter »frei« im Gegensatz zu den Kleinlichkeiten und Präjudizierungen, die den Kleinstädter einengen. Denn die gegenseitige Reserve und Indifferenz, die geistigen Lebensbedingungen großer Kreise, werden in ihrem Erfolg für die Unabhängigkeit des Individuums nie stärker gefühlt, als in dem dichtesten Gewühl der Großstadt, weil die körperliche Nähe und Enge die geistige Distanz erst recht anschaulich macht; es ist offenbar nur der Revers dieser Freiheit, wenn man sich unter Umständen nirgends so einsam und verlassen fühlt, als eben in dem großstädtischen Gewühl; denn hier wie sonst ist es keineswegs notwendig, daß die Freiheit des Menschen sich in seinem Gefühlsleben als Wohlbefinden spiegele. Es ist nicht nur die unmittelbare Größe von Bezirk und Menschenzahl, die, wegen der weltgeschichtlichen Korrelation zwischen der Vergrößerung des Kreises und der persönlichen, innerlich-äußerlichen Freiheit, die Großstadt zum Sitz der letzteren macht, sondern, über diese anschauliche Weite noch hinausgreifend, sind die Großstädte auch die Sitze des Kosmopolitismus gewesen. Vergleichbar der Form der Vermögensentwicklung – jenseits einer gewissen Höhe pflegt der Besitz sich in immer rascheren Progressionen und wie von selbst zu steigern – vergrößern sich der Gesichtskreis, die wirtschaftlichen, persönlichen, geistigen Beziehungen der Stadt, ihr ideelles Weichbild, wie in geometrischer Progression, sobald erst einmal eine gewisse Grenze überschritten ist; jede gewonnene dynamische Ausdehnung ihrer wird zur Staffel, nicht für eine gleiche, sondern für eine größere nächste Ausdehnung, an jeden Faden, der sich von ihr aus spinnt, wachsen dann wie von selbst immer neue an, gerade wie innerhalb der Stadt das *unearned increment* der Bodenrente dem Besitzer durch die bloße Hebung des Verkehrs ganz von selbst wachsende Gewinne zuführt. An diesem Punkt setzt sich die Quantität des Lebens sehr unmittelbar in Qualität und Charakter um. Die Lebenssphäre der Kleinstadt ist in der Hauptsache in und mit ihr selbst beschlossen. Für die Großstadt ist dies entscheidend, daß ihr Innenleben sich in Wellenzügen über einen weiten nationalen oder internationalen Bezirk erstreckt. Weimar ist keine Gegeninstanz, weil eben diese Bedeutung seiner an einzelne Persönlichkeiten geknüpft war und mit ihnen starb, während die Großstadt gerade durch ihre wesentliche Unabhängigkeit selbst von den bedeutendsten Einzelpersönlichkeiten charakterisiert wird – das Gegenbild und der Preis der Unabhängigkeit, die der Einzelne innerhalb ihrer genießt. Das bedeutsamste Wesen der Großstadt liegt in dieser funktionellen Größe jenseits ihrer physischen Grenzen: und diese Wirksamkeit wirkt wieder zurück und giebt ihrem Leben Gewicht, Erheblichkeit, Verantwortung. Wie ein Mensch nicht zu Ende ist mit den Grenzen seines Körpers oder des Bezirkes, den er mit seiner Thätigkeit unmittelbar erfüllt, sondern erst mit der Summe der Wirkungen, die sich von ihm aus zeitlich und räumlich erstrecken: so besteht auch eine Stadt erst aus der Gesamtheit der über ihre Unmittelbarkeit hinausreichenden Wirkungen. Dies erst ist ihr wirklicher Umfang, in dem sich ihr Sein ausspricht. Dies weist schon darauf hin, die individuelle Freiheit, das logische und historische Ergänzungsglied solcher Weite, nicht nur im negativen Sinne zu verstehen, als bloße Bewegungsfreiheit und Wegfall von Vorurteilen und Philistrositäten; ihr Wesentliches ist doch, daß die Besonderheit und Unvergleichbarkeit, die schließlich jede Natur irgendwo besitzt, in der Gestaltung des Lebens zum Ausdruck komme. Daß wir den Gesetzen der eigenen Natur folgen – und dies ist doch Freiheit – wird uns und anderen erst dann ganz anschaulich und überzeugend, wenn die Äußerungen dieser Natur sich auch von denen anderer unterscheiden; erst unsere Unverwechselbarkeit mit anderen erweist, daß unsere Existenzart uns nicht von anderen aufgezwungen ist. Die Städte sind zunächst die Sitze der höchsten wirtschaftlichen Arbeitsteilung; sie erzeugen darin so extreme Erscheinungen, wie in Paris den einträglichen Beruf des Quatorzième: Personen, durch Schilder an ihren Wohnungen kenntlich, die sich zur Dinerstunde in angemessenem Kostüm bereit halten, um schnell herangeholt zu werden, wo sich in einer Gesellschaft 13 am Tisch befinden. Genau im Maße ihrer Ausdehnung bietet die Stadt immer mehr die entscheidenden Bedingungen der Arbeitsteilung: einen Kreis, der durch seine Größe für eine höchst mannigfaltige Vielheit von Leistungen aufnahmefähig ist, während zugleich die Zusammendrängung der Individuen und ihr Kampf um den Abnehmer den Einzelnen zu einer Spezialisierung der Leistung zwingt, in der er nicht so leicht durch einen anderen verdrängt werden kann. Das Entscheidende ist, daß das Stadtleben den Kampf für den Nahrungserwerb mit der Natur in einen Kampf um den Menschen verwandelt hat, daß der umkämpfte Gewinn hier nicht von der Natur, sondern vom Menschen gewährt wird. Denn hierin fließt nicht nur die eben angedeutete Quelle der Spezialisierung, sondern die tiefere: der Anbietende muß in dem Umworbenen immer neue und eigenartigere Bedürfnisse hervorzurufen suchen. Die Notwendigkeit, die Leistung zu spezialisieren, um eine noch nicht ausgeschöpfte Erwerbsquelle, eine nicht leicht ersetzbare Funktion zu finden, drängt auf Differenzierung, Verfeinerung, Bereicherung der Bedürfnisse des Publikums, die ersichtlich zu wachsenden personalen Verschiedenheiten innerhalb dieses Publikums führen müssen.

Und dies leitet zu der im engeren Sinne geistigen Individualisierung seelischer Eigenschaften über, zu der die Stadt im Verhältnis ihrer Größe Veranlassung giebt. Eine Reihe von Ursachen liegt auf der Hand. Zunächst die Schwierigkeit, in den Dimensionen des großstädtischen Lebens die eigene Persönlichkeit zur Geltung zu bringen. Wo die quantitative Steigerung von Bedeutung und Energie an ihre Grenze kommen, greift man zu qualitativer Besonderung, um so, durch Erregung der Unterschiedsempfindlichkeit, das Bewußtsein des sozialen Kreises irgendwie für sich zu gewinnen: was dann schließlich zu den tendenziösesten Wunderlichkeiten verführt, zu den spezifisch großstädtischen Extravaganzen des Apartseins, der Kaprice, des Pretiösentums, deren Sinn gar nicht mehr in den Inhalten solchen Benehmens, sondern nur in seiner Form des Andersseins, des Sich-Heraushebens und dadurch Bemerklichwerdens liegt – für viele Naturen schließlich noch das einzige Mittel, auf dem Umweg über das Bewußtsein der anderen irgend eine Selbstschätzung und das Bewußtsein, einen Platz auszufüllen, für sich zu retten. In demselben Sinne wirkt ein unscheinbares, aber seine Wirkungen doch wohl merkbar summierendes Moment: die Kürze und Seltenheit der Begegnungen, die jedem Einzelnen mit dem anderen – verglichen mit dem Verkehr der kleinen Stadt – gegönnt sind. Denn hierdurch liegt die Versuchung, sich pointiert, zusammengedrängt, möglichst charakteristisch zu geben, außerordentlich viel näher, als wo häufiges und langes Zusammenkommen schon für ein unzweideutiges Bild der Persönlichkeit im anderen sorgen.

Der tiefste Grund indes, aus dem grade die Großstadt den Trieb zum individuellsten persönlichen Dasein nahelegt – gleichviel ob immer mit Recht und immer mit Erfolg – scheint mir dieser. Die Entwicklung der modernen Kultur charakterisiert sich durch das Übergewicht dessen, was man den objektiven Geist nennen kann, über den subjektiven, d. h., in der Sprache wie im Recht, in der Produktionstechnik wie in der Kunst, in der Wissenschaft wie in den Gegenständen der häuslichen Umgebung ist eine Summe von Geist verkörpert, deren täglichem Wachsen die geistige Entwicklung der Subjekte nur sehr unvollständig und in immer weiterem Abstand folgt. Übersehen wir etwa die ungeheure Kultur, die sich seit 100 Jahren in Dingen und Erkenntnissen, in Institutionen und Komforts verkörpert hat, und vergleichen wir damit den Kulturfortschritt der Individuen in derselben Zeit – wenigstens in den höheren Ständen – so zeigt sich eine erschreckende Wachstumsdifferenz zwischen beiden, ja in manchen Punkten eher ein Rückgang der Kultur der Individuen in Bezug auf Geistigkeit, Zartheit, Idealismus. Diese Diskrepanz ist im wesentlichen der Erfolg wachsender Arbeitsteilung; denn eine solche verlangt vom Einzelnen eine immer einseitigere Leistung, deren höchste Steigerung seine Persönlichkeit als ganze oft genug verkümmern läßt. Jedenfalls, dem Überwuchern der objektiven Kultur ist das Individuum weniger und weniger gewachsen. Vielleicht weniger bewußt, als in der Praxis und in den dunklen Gesamtgefühlen, die ihr entstammen, ist es zu einer *quantité négligeable* herabgedrückt, zu einem Staubkorn gegenüber einer ungeheuren Organisation von Dingen und

Mächten, die ihm alle Fortschritte, Geistigkeiten, Werte allmählich aus der Hand spielen und sie aus der Form des subjektiven in die eines rein objektiven Lebens überführen. Es bedarf nur des Hinweises, daß die Großstädte die eigentlichen Schauplätze dieser, über alles Persönliche hinauswachsenden Kultur sind. Hier bietet sich in Bauten und Lehranstalten, in den Wundern und Komforts der raumüberwindenden Technik, in den Formungen des Gemeinschaftslebens und in den sichtbaren Institutionen des Staates eine so überwältigende Fülle krystallisierten, unpersönlich gewordenen Geistes, daß die Persönlichkeit sich sozusagen dagegen nicht halten kann. Das Leben wird ihr einerseits unendlich leicht gemacht, indem Anregungen, Interessen, Ausfüllungen von Zeit und Bewußtsein sich ihr von allen Seiten anbieten und sie wie in einem Strome tragen, in dem es kaum noch eigener Schwimmbewegungen bedarf. Andererseits aber setzt sich das Leben doch mehr und mehr aus diesen unpersönlichen Inhalten und Darbietungen zusammen, die die eigentlich persönlichen Färbungen und Unvergleichlichkeiten verdrängen wollen; so daß nun gerade, damit dieses Persönlichste sich rette, es ein Äußerstes an Eigenart und Besonderung aufbieten muß; es muß dieses übertreiben, um nur überhaupt noch hörbar, auch für sich selbst, zu werden. Die Atrophie der individuellen durch die Hypertrophie der objektiven Kultur ist ein Grund des grimmigen Hasses, den die Prediger des äußersten Individualismus, Nietzsche voran, gegen die Großstädte hegen, aber auch ein Grund, weshalb sie gerade in den Großstädten so leidenschaftlich geliebt sind, grade dem Großstädter als die Verkünder und Erlöser seiner unbefriedigtsten Sehnsucht erscheinen.

Indem man diese beiden Formen des Individualismus, die von den quantitativen Verhältnissen der Großstadt genährt werden: die individuelle Unabhängigkeit und die Ausbildung persönlicher Sonderart – nach ihrer geschichtlichen Stellung fragt, gewinnt die Großstadt einen ganz neuen Wert in der Weltgeschichte des Geistes. Das 18. Jahrhundert fand das Individuum in vergewaltigenden, sinnlos gewordenen Bindungen politischer und agrarischer, zünftiger und religiöser Art vor – Beengungen, die dem Menschen gleichsam eine unnatürliche Form und längst ungerechte Ungleichheiten aufzwangen. In dieser Lage entstand der Ruf nach Freiheit und Gleichheit – der Glaube an die volle Bewegungsfreiheit des Individuums in allen sozialen und geistigen Verhältnissen, die sogleich in allen den gemeinsamen edlen Kern würde hervortreten lassen, wie die Natur ihn in jeden gelegt und Gesellschaft und Geschichte ihn nur verbildet hätten. Neben diesem Ideal des Liberalismus wuchs im 19. Jahrhundert, durch Goethe und die Romantik einerseits, die wirtschaftliche Arbeitsteilung andererseits, das weitere auf: die von den historischen Bindungen befreiten Individuen wollen sich nun auch von einander unterscheiden. Nicht mehr der »allgemeine Mensch« in jedem Einzelnen, sondern gerade qualitative Einzigkeit und Unverwechselbarkeit sind jetzt die Träger seines Wertes. In dem Kampf und den wechselnden Verschlingungen dieser beiden Arten, dem Subjekte seine Rolle innerhalb der Gesamtheit zu bestimmen, verläuft die äußere wie die innere Geschichte unserer Zeit. Es ist die Funktion der Großstädte, den Platz für den Streit und für die Einungsversuche beider herzugeben, indem ihre eigentümlichen Bedingungen sich uns als Gelegenheiten und Reize für die Entwicklung beider offenbart haben. Damit gewinnen sie einen ganz einzigen, an unübersehbaren Bedeutungen fruchtbaren Platz in der Entwicklung des seelischen Daseins, sie enthüllen sich als eines jener großen historischen Gebilde, in denen sich die entgegengesetzten, das Leben umfassenden Strömungen wie zu gleichen Rechten zusammenfinden und entfalten. Damit aber treten sie, mögen ihre einzelnen Erscheinungen uns sympathisch oder antipathisch berühren, ganz aus der Sphäre heraus, der gegenüber uns die Attitüde des Richters ziemte. Indem solche Mächte in die Wurzel wie in die Krone des ganzen geschichtlichen Lebens eingewachsen sind, dem wir in dem flüchtigen Dasein einer Zelle angehören – ist unsere Aufgabe nicht, anzuklagen oder zu verzeihen, sondern allein zu verstehen.*

* Der Inhalt dieses Vortrags geht seiner Natur nach nicht auf eine anzuführende Litteratur zurück. Begründung und Ausführung seiner kulturgeschichtlichen Hauptgedanken ist in meiner »Philosophie des Geldes« gegeben.

Soziologie des Raumes

Inhaltsverzeichnis
Die Ausschließlichkeit des Raumes, ihre absolute und ihre relative
soziologische Bedeutsamkeit. Räumlich permeable Sozialgebilde
S. 134 – Die räumliche Grenze als seelische Wechselwirkung: Folge
der Eingrenzung nach innen S. 138 – Die räumliche Fixierung: der
soziologische »Drehpunkt«, die Individualität des Ortes S. 146 – Die
Sichtung der Gruppenelemente S. 154 – Die Ortsveränderung der
Gruppe als ganzer. Nivellement der Wanderung S. 167 – Ortsveränderung von Elementen innerhalb stabiler Gruppen. Vereinheitlichende Wirkung S. 174 – Dissoziierende Wirkung S. 179.

Die nachfolgenden Untersuchungen bilden ein Kapitel einer
von mir künftig zu veröffentlichenden Soziologie, deren Pro-
blemstellung ich bereits in diesem Jahrbuch (XVIII, 4) veröffentlicht habe. Ich hoffe, daß sie ihren Beitrag zu der Analyse
des gesellschaftlichen Daseins unabhängig davon liefern werden, ob man jenes Programm als das der Soziologie eigene
anerkennt oder ablehnt.

Es gehört zu den häufigsten Ausartungen des menschlichen
Kausaltriebes, formale Bedingungen, ohne die bestimmte Ereignisse nicht stattfinden können, für positive, produktive Ursachen derselben zu halten. Das typische Beispiel ist die Macht
der Zeit – eine Redensart, die uns unzähligemal darum betrügt,
den *wirklichen* Gründen von Milderungen oder Erkaltungen
der Gesinnung, von seelischen Heilprozessen oder fest gewordenen Gewohnheiten nachzuforschen. Mit der Bedeutung des
Raumes wird es sich vielfach nicht anders verhalten. Wenn eine
ästhetische Theorie es für die wesentliche Aufgabe der bildenden Kunst erklärt, uns den Raum fühlbar zu machen, so verkennt sie, daß unser Interesse nur den besonderen Gestaltungen der Dinge gilt, nicht aber dem allgemeinen Raum oder
Räumlichkeit, die nur die *conditio sine qua non* jener, aber
weder ihr spezielles Wesen noch ihren erzeugenden Faktor
ausmachen. Wenn eine Deutung der Geschichte das Raummo-

ment derart in den Vordergrund stellt, daß sie die Größe oder Kleinheit der Reiche, die Zusammendrängung oder Zerstreutheit der Bevölkerungen, die Beweglichkeit oder Stabilität der Massen usw. als die gleichsam vom Raum ausstrahlenden Kräfte des ganzen geschichtlichen Lebens versteht, so gerät auch hier die notwendige räumliche Befaßtheit aller dieser Konstellationen in Gefahr, mit ihren positiv wirksamen Ursachen verwechselt zu werden. Freilich können Reiche nicht irgend welche Umfänge haben, freilich können Menschen nicht einander nahe oder fern sein, ohne daß der Raum seine Form dazu hergebe, so wenig jene Vorgänge, die man der Macht der Zeit zuschreibt, außerhalb der Zeit verlaufen können. Aber die Inhalte dieser Formen erfahren doch nur durch andere *Inhalte* die Besonderheit ihrer Schicksale, der Raum bleibt immer die an sich wirkungslose Form, in deren Modifikationen die realen Energien sich zwar offenbaren, aber nur, wie die Sprache Gedankenprozesse ausdrückt, die allerdings *in* Worten, aber nicht *durch* Worte verlaufen. Ein geographischer Umfang von so und so vielen Quadratmeilen bildet nicht ein großes Reich, sondern das tun die psychologischen Kräfte, die die Bewohner eines solchen Gebietes von einem herrschenden Mittelpunkt her politisch zusammenhalten. Nicht die Form räumlicher Nähe oder Distanz schafft die besonderen Erscheinungen der Nachbarschaft oder Fremdheit, so unabweisbar dies scheinen mag. Vielmehr sind auch dies rein durch seelische *Inhalte* erzeugte Tatsachen, deren Ablauf zu ihrer Raumform in keinem prinzipiell anderen Verhältnis steht als eine Schlacht oder ein Telephongespräch zu den ihrigen – so zweifellos auch diese Vorgänge sich eben nur unter ganz bestimmten Raumbedingungen verwirklichen können. In dem Erfordernis spezifisch seelischer Funktionen für die einzelnen geschichtlichen Raumgestaltungen spiegelt es sich, daß der Raum überhaupt nur eine Tätigkeit der Seele ist, nur die menschliche Art, an sich unverbundene Sinnesaffektionen zu einheitlichen Anschauungen zu verbinden.

Trotz dieser Sachlage ist die Betonung der Raumbedeutungen der Dinge und Vorgänge nicht ungerechtfertigt. Denn diese verlaufen tatsächlich oft so, daß die formale oder negative Bedingung ihrer Räumlichkeit *für die Betrachtung* besonders hervortritt, und daß wir an ihr die klarste Dokumentierung der realen Kräfte besitzen. Wenn auch ein chemischer Prozeß oder eine Schachpartie schließlich ebenso an Raumbedingtheiten gebunden ist wie ein Kriegszug oder wie der Absatz landwirtschaftlicher Produkte, so ist doch die Blickrichtung, die das Erkenntnisinteresse dem einen und dem andern Falle gegenüber einschlägt, methodisch so verschieden, daß die Frage nach den Bedingungen und Bestimmtheiten von Raum und Ort dort ganz außerhalb derselben fällt, hier ganz entschieden eingeschlossen wird. Kant definiert den Raum einmal als die Möglichkeit des Beisammenseins; die Vergesellschaftung hat, in den verschiedenen Arten der Wechselwirkung der Individuen, andere Möglichkeiten des Beisammenseins – im geistigen Sinne – zustande gebracht; manche derselben aber verwirklichen sich so, daß die Raumform, in der dies wie bei allen überhaupt geschieht, für unsere Erkenntniszwecke besondere Betonung rechtfertigt. So fragen wir im Interesse der Ergründung der Vergesellschaftungsformen nach der Bedeutung, die die Raumbedingungen einer Vergesellschaftung für ihre sonstige Bestimmtheit und Entwickelungen in soziologischer Hinsicht besitzen.

I. Zunächst sind es einige Grundqualitäten der Raumform, mit denen Gestaltungen des Gemeinschaftslebens rechnen.

A. Dazu gehört das, was man die Ausschließlichkeit des Raumes nennen kann. Wie es nur einen einzigen allgemeinen Raum gibt, von dem alle einzelnen Räume Stücke sind, so hat jeder Raumteil eine Art von Einzigkeit, für die es kaum eine Analogie gibt. Einen bestimmt lokalisierten Raumteil in der Mehrzahl zu denken, ist ein völliger Widersinn, und eben dies ermöglicht es, daß von *anderen* Objekten gleichzeitig eine Mehrzahl völlig identischer Exemplare bestehen kann; denn nur dadurch, daß jedes einen anderen Raumteil einnimmt, von denen keiner jemals mit einem anderen zusammenfallen kann, sind es eben *mehrere*, obgleich ihre Beschaffenheit eine absolut einheitliche ist. Diese Einzigkeit des Raumes teilt sich also den Gegenständen, insoweit sie bloß als raumfüllend vorgestellt werden, mit, und dies wird für die Praxis an denjenigen besonders wichtig, von denen wir gerade die Raumbedeutung besonders zu betonen und zu benützen pflegen. So vor allem am Grund und Boden, der die Bedingung ist, die Dreidimensionalität des Raumes für unsere Zwecke zu erfüllen und zu fruktifizieren. In dem Maß, in dem ein gesellschaftliches Gebilde mit einer bestimmten Bodenausdehnung verschmolzen oder sozusagen solidarisch ist, hat es einen Charakter von Einzigkeit oder Ausschließlichkeit, der auf andere Weise nicht ebenso erreichbar ist. Gewisse Verbindungstypen können ihrer ganzen soziologischen Form nach sich nur so verwirklichen, daß innerhalb des Raumgebietes, das eine ihrer Ausgestaltungen erfüllt, für keine zweite Platz ist. Von anderen dagegen kann eine beliebige Zahl – soziologisch gleich gearteter – denselben Umfang erfüllen, indem sie gegenseitig gleichsam permeabel sind; weil sie keine innerliche Beziehung zum Raum haben, können sie auch nicht in räumliche Kollisionen geraten. Für das erstere ist das einzige völlig deckende Beispiel der Staat. Von ihm hat man gesagt, er wäre nicht ein Verband unter vielen, sondern der alles beherrschende Verband, also einzig in seiner Art. Diese Vorstellung, deren Richtigkeit für das Gesamtwesen des Staates hier nicht in Frage steht, gilt in jedem Fall in Rücksicht auf den Raumcharakter des Staates. Die Verbindungsart zwischen den Individuen, die der Staat schafft, oder die ihn schafft, ist mit dem Territorium derartig verbunden, daß ein zweiter gleichzeitiger Staat auf eben demselben kein vollziehbarer Gedanke ist. Einigermaßen hat die Kommune den gleichen Charakter: innerhalb des Weichbildes einer Stadt kann es nur diese Stadt geben, und wenn etwa doch eine zweite in eben diesen Grenzen erwächst, so sind das nicht zwei Städte auf demselben Grund und Boden, sondern auf zwei zwar ehemals vereinten, jetzt aber gesonderten Territorien. Dennoch ist diese Ausschließlichkeit nicht ebenso absolut wie die des Staates. Das Bedeutungs- und Wirksamkeitsgebiet einer Stadt – innerhalb eines Staates – endet doch nicht an ihrer geographischen Grenze, sondern mehr oder weniger bemerkbar erstreckt es sich mit geistigen, ökonomischen, politischen Wellenzügen über das ganze Land, indem die allgemeine Staatsverwaltung die Kräfte und Interessen jedes Teiles mit denen des Ganzen verwachsen läßt. Von diesem Gesichtspunkt aus verliert die Gemeinde ihren ausschließenden Charakter und expandiert sich funktionell über den Gesamtstaat, derart, daß dieser das gemeinsame Wirkungsgebiet für die sozusagen ideellen Erstreckungen aller einzelnen Gemeinden ist. Indem jede über ihre unmittelbaren Grenzen hinausgreift, begegnet sie sich mit allen anderen, auf dem gleichen Totalgebiet wirksamen, so daß auf diesem keine die einzige ist, und eine jede um die Ausschließlichkeit ihres engeren Gebietes ein weiteres gelagert hat, auf dem sie nicht einzig ist. Auch innerhalb der einzelnen Stadt kann sich diese Lokalform des Gruppenlebens wiederholen. Wenn sich aus deutschen Markgemeinden bischöfliche Städte entwickelten, so war die freie Gemeinde nie Eigentümerin der ganzen Stadtmark, vielmehr bestand neben ihr ein Bischof, der einen umfangreichen, nach eigenem Rechte regierten Herrschaftsverband abhängiger Leute hinter sich hatte. Ferner bestand in den meisten Städten noch ein Fronhof des Königs mit einer besonders verwalteten Hofgemeinde, endlich noch unabhängige Klöster und Judengemeinden, welche nach eigenem Rechte lebten. Es gab also in älterer Zeit wohl Gemeinden in den Städten, aber keine eigentlichen Stadtgemeinden. Unvermeidlich aber entwickelten sich aus der räumlichen Berührung hin- und hergreifende Wirkungen, die sich, bevor alle diese Getrenntheiten zu einem Stadtwesen zusammenschmolzen, zunächst in dem gemeinsamen Stadtfrieden einen Ausdruck schafften. Mit ihm war allen Einwohnern ein gemeinsam schützendes Recht über ihren besonderen Personenrechten gegeben; d. h. die Rechtssphäre jedes Bezirkes griff über seine Abgrenzung, innerhalb deren jede Gemeinschaft die einzige war, hinaus, erstreckte sich in für alle gleichmäßiger Weise auf ein alle einschließendes Gesamtgebiet und verlor mit dieser Erweiterung ihres wirksamen Wesens die lokale Ausschließlichkeit. Dieser Typus bildet den Übergang zu der weiteren Stufe des Raumverhältnisses von Gruppen, auf der sie, weil sie nicht auf eine bestimmte Ausdehnung begrenzt sind, auch nicht den Anspruch auf Einzigkeit innerhalb einer solchen besitzen. So konnten auf dem Territorium einer Stadt beliebig viele soziologisch ganz gleich beschaffene Zünfte ne-

beneinander bestehen. Jede war eben die Zunft der ganzen
Stadt, sie teilten die gegebene Ausdehnung nicht quantitativ,
sondern funktionell, sie stießen sich nicht im Raume, weil sie
als soziologische Gebilde nicht räumlich, wenn auch *örtlich*
bestimmt waren. Ihrem Inhalte nach hatten sie die Ausschließlichkeit der Erfüllungen räumlicher Ausdehnung, insoweit es
für jedes bestimmte Handwerk eben nur eine Zunft in der
Stadt gab, und für eine zweite kein Raum war. Ihrer Form
nach konnten unzählige Gebilde dieser Art widerspruchslos
denselben Raum erfüllen. Den äußersten Pol dieser Reihe
exemplifiziert die Kirche, wenigstens wenn sie wie die katholische den Anspruch auf All-Erstreckung und Freiheit von jeglicher örtlicher Schranke erhebt. Dennoch könnten mehrere
Religionen dieser Art sich z. B. in derselben Stadt zusammenfinden. Die katholische Gemeinde wäre nicht weniger »die
katholische Gemeinde der Stadt« – d. h. in einer bestimmten
organisatorisch-lokalen Beziehung zu der Stadt als Einheit stehend – wie ganz entsprechend die einer beliebigen anderen
Religion. Das Prinzip der Kirche ist unräumlich und deshalb,
obgleich über jeden Raum sich erstreckend, von keinem ein
gleich geformtes Gebilde ausschließend. Es gibt innerhalb des
Räumlichen ein Seitenstück zu dem zeitlichen Gegensatz des
Ewigen und des Zeitlosen: das letztere seinem Wesen nach
überhaupt nicht von der Frage des Jetzt oder Früher oder
Später berührt und deshalb freilich jedem Zeitmoment zugängig oder gegenwärtig. Das erstere gerade ein Begriff von Zeit,
nämlich von endloser und ununterbrochener. Den entsprechenden Unterschied im Räumlichen, für den wir keine einfachen Ausdrücke haben, bilden auf der einen Seite die über-
räumlichen Gebilde, die ihrem inneren Sinne nach keine Beziehung zum Raume, eben deshalb aber eine gleichmäßige zu
allen einzelnen Punkten desselben haben; auf der anderen
Seite diejenigen, die ihre gleichmäßige Beziehung zu allen
Raumpunkten nicht als gleichmäßige Indifferenz, also eigentlich als bloße Möglichkeit, sondern als überall wirkliche und
prinzipielle Solidarität mit dem Raume genießen. Der reinste
Typus der ersteren ist ersichtlich die Kirche, der des letzteren
der Staat: zwischen beide schieben sich mittlere Erscheinun-

gen, von denen ich einige andeutete; auf das formale Wesen von vielerlei sozialen Gebilden mag so ein besonderes Licht von ihrer Stufe auf der Skala her fallen, die von der völligen territorialen Festgelegtheit und daraus folgenden Möglichkeit eines Kondominiums vieler gleichartiger über denselben Raumabschnitt führt. Die Nähe oder die Entfernung, die Ausschließlichkeit oder die Vielfachheit, die das Verhältnis der Gruppe zu ihrem Grund und Boden aufweist, ist deshalb vielfach die Wurzel und das Symbol ihrer Struktur.

B. Eine weitere Qualität des Raumes, die auf die gesellschaftlichen Wechselwirkungen wesentlich einwirkt, liegt darin, daß sich der Raum für unsere praktische Ausnutzung in Stücke zerlegt, die als Einheiten gelten und – als Ursache wie als Wirkung hiervon – von Grenzen eingerahmt sind. Mögen nun die Konfigurationen der Erdoberfläche uns den Rahmen vorzuzeichnen scheinen, den wir in die Grenzenlosigkeit des Raumes einschreiben, oder mögen rein ideelle Linien gleichgeartete Stücke des Bodens trennen wie eine Wasserscheide, diesseits und jenseits deren jedes Teilchen einem anderen Zentrum zu gravitiert: immer fassen wir den Raum, den eine gesellschaftliche Gruppe in irgend einem Sinne erfüllt, als eine Einheit auf, die die Einheit jener Gruppe ebenso ausdrückt und trägt, wie sie von ihr getragen wird. Der Rahmen, die in sich zurücklaufende Grenze eines Gebildes, hat für die soziale Gruppe sehr ähnliche Bedeutung wie für ein Kunstwerk. An diesem übt er die beiden Funktionen, die eigentlich nur die zwei Seiten einer einzigen sind: das Kunstwerk gegen die umgebende Welt ab- und in sich zusammenzuschließen; der Rahmen verkündet, daß sich innerhalb seiner eine nur eigenen Normen untertänige Welt befindet, die in die Bestimmtheiten und Bewegungen der umgebenden nicht hineingezogen ist; indem er die selbstgenügsame Einheit des Kunstwerks symbolisiert, verstärkt er zugleich von sich aus deren Wirklichkeit und Eindruck. So ist eine Gesellschaft dadurch, daß ihr Existenzraum von scharf bewußten Grenzen eingefaßt ist, als eine auch innerlich zusammengehörige charakterisiert, und umgekehrt: die wechselwirkende Einheit, die funktionelle Beziehung jedes Elementes zu jedem gewinnt ihren räumlichen

Ausdruck in der einrahmenden Grenze. Es gibt vielleicht nichts, was die Kraft insbesondere des staatlichen Zusammenhaltes so stark erweist, als daß diese soziologische Zentripetalität, diese schließlich doch nur seelische Kohärenz von Persönlichkeiten zu einem wie sinnlich empfundenen Bilde einer fest umschließenden Grenzlinie aufwächst. Man macht sich selten klar, wie wunderbar hier die Extensität des Raumes der Intensität der soziologischen Beziehungen entgegenkommt, wie die Kontinuität des Raumes, gerade weil sie objektiv nirgends eine absolute Grenze enthält, eben deshalb überall gestattet, eine solche subjektiv zu legen. Der Natur gegenüber ist jede Grenzsetzung Willkür, selbst im Falle einer insularen Lage, da doch prinzipiell auch das Meer »in Besitz genommen« werden kann. Gerade an dieser Unpräjudiziertheit durch den natürlichen Raum macht die trotzdem bestehende unbedingte Schärfe der einmal gesetzten physischen Grenze die formende Macht des gesellschaftlichen Zusammenhanges und ihre von innen kommende Notwendigkeit ganz besonders anschaulich. Darum ist das Bewußtsein der Eingegrenztheit auch vielleicht nicht gegenüber den sogenannten natürlichen Grenzen (Gebirge, Flüsse, Meere, Einöden) das stärkste, sondern gerade an bloß politischen Grenzen, die nur eine geometrische Linie zwischen zwei Nachbarn legen. Und zwar gerade, weil hier Verschiebungen, Erweiterungen, Einziehungen, Verschmelzungen viel näher liegen, weil das Gebilde an seinem Ende an lebendige, seelisch wirksame Grenzen stößt, von denen nicht nur passive Widerstände, sondern sehr aktive Repulsionen ausgehen. Jede derartige Grenze bedeutet Defensive und Offensive; oder vielleicht richtiger: sie ist der räumliche Ausdruck jenes einheitlichen Verhältnisses zwischen zwei Nachbarn, für das wir keinen ganz einheitlichen Ausdruck haben, und das wir etwa als den Indifferenzzustand von Defensive und Offensive bezeichnen können, als einen Spannungszustand, in dem beides latent ruht, mag es sich nun entwickeln oder nicht.

Damit ist selbstverständlich nicht geleugnet, daß die in jedem Fall psychologische Grenzsetzung an jenen natürlichen Gebietsabschlüssen eine Erleichterung und Betonung fände; ja der Raum erhält durch die Gliederung seiner Grundfläche oft Einteilungen, die die Beziehungen der Bewohner untereinander und zu den draußen Stehenden in einzigartiger Weise färben. Das bekannteste Beispiel bilden die Gebirgsbewohner mit ihrer eigentümlichen Einheit von Freiheitssinn und Konservativismus, von Sprödigkeit des Verhaltens gegeneinander und leidenschaftlicher Anhänglichkeit an den Boden, die dennoch ein außerordentlich starkes Band zwischen ihnen schafft. Der Konservativismus ist in Gebirgstälern sehr einfach aus der Erschwerung des Verkehrs mit der Außenwelt und dem daraus hervorgehenden Mangel an Anregungen zur Veränderung erklärt; wo die Gebirgslage diese prohibitive Wirkung nicht übt, wie in einigen griechischen Landschaften, überwiegt die konservative Tendenz keineswegs. Sie hat also nur negative Veranlassungen im Gegensatz etwa zu anderen geographischen Bestimmtheiten von gleichem Ergebnis: der Nil bietet seinen Anwohnern einerseits eine außerordentliche Gleichmäßigkeit dessen, was er ihnen gewährt, und der Tätigkeit, die zu der Nutzbarmachung davon erfordert wird. Andererseits ist die Fruchtbarkeit seines Tales so groß, daß die Bevölkerung, die einmal dort eingedrungen ist, keine Veranlassung zu unruhigen Bewegungen hat. Diese sehr positiven Gründe prägen der Gegend eine Einförmigkeit immer wiederholter Lebensinhalte ein, fesseln sie wie an die Regelmäßigkeit einer Maschine und haben dem Niltal oft eine konservative Erstarrung für Jahrhunderte aufgezwungen, wie sie an der Küste des ägäischen Meeres schon aus geographischen Gründen gar nicht erzielbar war. –

Der Begriff der Grenze ist in allen Verhältnissen von Menschen untereinander äußerst wichtig, wenngleich sein Sinn nicht immer ein soziologischer ist; denn er bezeichnet oft genug nur, daß die Sphäre einer Persönlichkeit nach Macht oder Intelligenz, nach Fähigkeit des Ertragens oder des Genießens eine Grenze gefunden hat – aber ohne daß an diesem Ende sich nun die Sphäre eines anderen ansetzte und mit ihrer eigenen Grenze die des ersten merkbar festlegte. Dieses letztere, die soziologische Grenze, bedeutet eine ganz eigenartige Wechselwirkung. Jedes der beiden Elemente wirkt auf das andere, indem es ihm die Grenze setzt, aber der Inhalt dieses Wirkens ist eben die Bestimmung, über diese Grenze hin, also doch auf den anderen, überhaupt *nicht* wirken zu wollen oder zu können. Wenn dieser Allgemeinbegriff des gegenseitigen Begrenzens von der räumlichen Grenze hergenommen ist, so ist doch, tiefer greifend, dieses letztere nur die Kristallisierung oder Verräumlichung der allein wirklichen *seelischen* Begrenzungsprozesse. Nicht die Länder, nicht die Grundstücke, nicht der Stadtbezirk und der Landbezirk begrenzen einander; sondern die Einwohner oder Eigentümer üben die gegenseitige Wirkung aus, die ich eben andeutete. Von der Sphäre zweier Persönlichkeiten oder Persönlichkeitskomplexe gewinnt jede eine innere Geschlossenheit für sich, ein Aufeinanderhinweisen ihrer Elemente, eine dynamische Beziehung zu ihrem Zentrum; und eben dadurch stellt sich zwischen beiden das her, was sich in der Raumgrenze symbolisiert, die Ergänzung des positiven Macht- und Rechtmaßes der eigenen Sphäre durch das Bewußtsein, daß sich Macht und Recht eben in die andere Sphäre nicht hinein erstrecken. Die Grenze ist nicht eine räumliche Tatsache mit soziologischen Wirkungen, sondern eine soziologische Tatsache, die sich räumlich formt. Das idealistische Prinzip, daß der Raum unsere Vorstellung ist, genauer: daß er durch unsere synthetische Tätigkeit, durch die wir das Empfindungsmaterial formen, zustande kommt – spezialisiert sich hier so, daß die Raumgestaltung, die wir Grenze nennen, eine soziologische Funktion ist. Ist sie freilich erst zu einem räumlich-sinnlichen Gebilde geworden, das wir unabhängig von seinem soziologisch-praktischen Sinne in die Natur einzeichnen, so übt dies starke Rückwirkung auf das Bewußtsein von dem Verhältnis der Parteien. Während diese Linie nur die Verschiedenheit der beiden Verhältnisse: zwischen den Elementen einer Sphäre untereinander und zwischen diesen und den Elementen einer anderen – markiert, wird sie zu einer lebendigen Energie, die jene aneinanderdrängt und sie nicht aus ihrer Einheit herausläßt und sich wie eine physische Gewalt, die nach beiden Seiten hin Repulsionen ausstrahlt, zwischen beide schiebt. Vielleicht in der Mehrzahl aller Verhältnisse zwischen Individuen wie zwischen Gruppen wird der Begriff der Grenze irgendwie wichtig. Überall, wo die Interessen zweier Elemente demselben Objekt gelten, hängt die Möglichkeit ihrer Koexistenz daran, daß eine Grenzlinie innerhalb des Objekts ihre Sphären scheidet – sei diese nun als Rechtsgrenze das Ende des Streites oder als Machtgrenze vielleicht sein Anfang. Ich erinnere nur an einen für alles menschlich gesellschaftliche Dasein unermeßlich bedeutungsvollen Fall. Jedes engere Zusammenleben beruht durchgehends darauf, daß jeder vom anderen durch psychologische Hypothesen mehr weiß, als dieser ihm unmittelbar und mit bewußtem Willen zeigt. Denn wären wir nur auf das so Offenbarte angewiesen, so würden wir jedesmal statt eines einheitlichen Menschen, den wir verstehen, und mit dem wir rechnen können, nur einige zufällige und zusammenhangslose Bruchstücke einer Seele vor uns haben. Wir müssen also durch Schlüsse, Deutungen und Interpolationen die gegebenen Fragmente ergänzen, bis ein soweit ganzer Mensch herauskommt, wie wir ihn innerlich und für die Lebenspraxis brauchen. Diesem zweifellosen sozialen Rechte auf Eindringen in den anderen, mag er es wollen oder nicht, steht aber sein Privateigentum an seinem seelischen Sein, sein Recht auf Diskretion gegenüber; denn Diskretion bedeutet doch nicht nur, daß man keine fremden Briefe öffnet und nicht an der Tür horcht, sondern auch, daß man sich des Nachgrübelns und der Kombinationen enthält, durch die man gegen den Willen des anderen in seine Intimitäten und Uneingeständlichkeiten eindringen könnte. Wo aber liegt die Grenze zwischen der erlaubten, ja unerläßlichen Konstruktion der fremden Seele und dieser psychologischen Indiskretion? Und diese prekäre sachliche Grenze bedeutet doch nur die Grenze zwischen den beiden Persönlichkeitssphären, sie bedeutet, daß das Bewußtsein des einen nur bis zu einer gewissen Linie die Sphäre des anderen decken darf, und daß von jener an unverletzlich die letztere beginnt, über deren Offenbarung nur er ganz allein zu verfügen hat. Es liegt auf der Hand, daß die unendlich verschiedene Führung dieser Linie mit der ganzen Struktur des gesellschaftlichen Lebens in engster Wechselwirkung steht: in primitiv-undifferenzierteren Zeiten wird das Recht zu diesen psychologischen

Grenzerweiterungen größer, das Interesse daran aber vielleicht geringer sein als in Zeiten sehr individualisierter Menschen und komplizierter Verhältnisse; bei kaufmännischen Verhandlungen wird diese Grenze anders liegen als im Verhältnis zwischen Eltern und Kindern, unter Diplomaten anders als unter Kriegskameraden. An diesem unscheinbaren und doch für die tiefere Analyse des gesellschaftlichen Daseins äußerst wichtigen Problem zeigt sich recht, wie sehr Grenzbestimmungen dieser Art die Gesamtheit der wechselwirkenden Verhältnisse zwischen Individuen ausdrücken, welche gar nicht zu fixierende Mannigfaltigkeit der Abgrenzungen, und namentlich welches fortwährende Fließen und Verschieben sie beherrscht. Gerade deshalb habe ich diese dem Raumproblem ganz fernstehende Angelegenheit hier berührt, um an ihr die unvergleichliche Festigkeit und Anschaulichkeit zu verdeutlichen, die die sozialen Begrenzungsprozesse durch ihre Verräumlichung erhalten. Jede Grenze ist ein seelisches, näher: ein soziologisches Geschehen; aber durch dessen Investierung in einer Linie im Raum gewinnt das Gegenseitigkeitsverhältnis nach seinen positiven und negativen Seiten eine Klarheit und Sicherheit – freilich oft auch eine Erstarrung –, die ihm versagt zu bleiben pflegt, solange das Sich-Treffen und Sich-Scheiden der Kräfte und Rechte noch nicht in eine sinnliche Gestaltung projiziert ist und deshalb immer sozusagen im *status nascens* verharrt.

Handelte es sich hier also im wesentlichen um die Wechselwirkungen, die sich zwischen dem Diesseits und dem Jenseits der Grenze entspinnen, so bedürfen doch auch diejenigen, die die Grenze als Rahmen zwischen den Elementen innerhalb ihrer hervorbringt, mindestens eines Beispiels. Das Wesentliche ist hier die Enge oder Weite des Rahmens – obgleich keineswegs das allein Wesentliche; denn auch die Form, in die der räumliche Rahmen die Gruppe bringt, seine gleichmäßige oder an verschiedenen Stellen verschieden stark zusammenhaltende Energie, die Frage, ob der Rahmen überall durch dasselbe Gebilde hergestellt wird (wie einerseits bei Inseln, andererseits bei Staaten von der Lage von San Marino oder den indischen Tributärstaaten) oder aus mehreren Benachbartheiten zusammengesetzt ist – dies alles ist für die innere Struktur der Gruppe von zweifelloser Bedeutung, auf die aber hier nur hingewiesen werden soll. Die Enge und Weite des Rahmens fällt nun keineswegs immer mit der Kleinheit oder Größe der Gruppe zusammen. Vielmehr kommt es auf die Spannkräfte an, die sich innerhalb der Gruppe entwickeln; wenn diese einen hinreichenden Spielraum finden, ohne bei ihrer Expansion an die Grenzen anzuprallen, so ist der Rahmen eben weit, auch wenn sich innerhalb seiner relativ viele Menschen zusammenfinden, wie dies oft die Konstellation orientalischer Reiche ist. Andererseits ist der Rahmen eng, wenn er selbst bei geringer Menschenzahl als eine Einschnürung wirkt, über die gewisse Energien, nach innen nicht entfaltbar, fortwährend hinauszugreifen suchen. Die Wirkung dieser letzteren Konstellation auf die soziale Form hat z. B. Venedig unverkennbar erfahren: die enge und unmittelbar gar nicht durchbrechliche Eingefaßtheit seines Territoriums wies es viel mehr auf die sozusagen dynamische Expansion in den großen Weltverhältnissen hin als auf eine territoriale Machterweiterung, die bei einer solchen Lage nur beschränkte Chancen bietet. Eine solche, räumlich weit ausschauende, über das Nächstliegende hinweggreifende Politik stellt aber sehr erhebliche intellektuelle Ansprüche, wie sie von der großen Masse nicht realisiert werden können. Dadurch war die unmittelbare Demokratie für Venedig ausgeschlossen. Es mußte seinen räumlichen Lebensbedingungen nach eine Aristokratie züchten, die, so hat man es ausgedrückt, über das Volk gebot, wie die Offiziere auf einem Schiff der Mannschaft.

Die Tatsache des räumlichen Rahmens der Gruppe beschränkt sich als formal-soziologische keineswegs auf die politische Umgrenzung. Seine Enge oder Weite übt ihre formenden Folgen mit entsprechenden Modifikationen, wo eine Anzahl von Menschen sich sozial zusammenfinden. Der oft betonte Charakter der versammelten Menge: ihre Impulsivität, ihr Enthusiasmus, ihre Fortreißbarkeit, hängt zum Teile sicher auch daran, daß sie sich entweder im Freien oder wenigstens in einer – im Vergleich mit sonstigen Aufenthaltsräumen – sehr großen Lokalität befinden. Der große Luftraum gibt dem

Menschen ein Gefühl von Bewegungsfreiheit, von Ausgreifen-
können ins Unbestimmte, von unbestimmtem Setzen weiter
Ziele – wie es in engen Zimmern entschieden sinnlich er-
schwert ist. Daß solche Räume doch oft relativ zu eng, d. h.
überfüllt sind, kann diese psychische Wirkung, das Wachstum
des individuellen psychischen Schwunges über seine gewohnten Grenzen hinaus, nur vermehren: denn es muß jenes Kol-
lektivgefühl steigern, das den einzelnen in eine Einheit jenseits
seiner Individualität einschmilzt, das ihn über seine persönlichen Direktiven und Verantwortlichkeiten hinaus wie durch
eine Sturmflut mitreißt. Die exzitierenden Suggestivwirkun-
gen einer großen Masse und ihrer seelischen Gesamterschei-
nungen, in deren Form der einzelne seinen Beitrag nicht wiedererkennt, steigern sich in dem Maße ihrer Zusammenge-
drängtheit, und um so erheblicher, einen je größeren Raum
diese erfüllt. Eine Lokalität, über einem dichten Gedränge einen für den einzelnen ungewohnt großen Luftraum bietend,
muß jenes Gefühl einer ins Unbestimmte gehenden Expansion
und Kraftentfaltung begünstigen, auf das große zusammenbe-
findliche Massen so leicht gestimmt sind, und das sich in dem
engen, mit einem Blick klar überschauten Rahmen eines gewöhnlichen Zimmers nur gelegentlich bei Ausnahmeindivi-
duen einstellt. Diese Unbestimmtheit des räumlichen Rahmens, die die typischen Kollektiverregungen so lebhaft unter-
stützt, – wie überhaupt Undeutlichkeit und Weite der Grenzen
auch im nicht räumlichen Sinne erregend, verführend, das
klare Bewußtsein herabsetzend wirkt – eben diese macht auch
Zusammenrottungen im Dunkeln so gefährlich, daß die mittelalterliche Stadtpolizei sie oft durch abendliche Gassensper-
rungen mit Ketten usw. zu verhindern suchte. Das Dunkel
gibt der Zusammenkunft überhaupt einen ganz besonderen
Rahmen, der die Bedeutsamkeit des Engen und des Weiten zu
einer eigentümlichen Vereinigung bringt. Indem man nämlich
nur die allernächste Umgebung übersieht, und hinter dieser
sich eine undurchdringliche schwarze Wand erhebt, fühlt man
sich mit dem Nächststehenden eng zusammengedrängt, die
Abgegrenztheit gegen den Raum jenseits des sichtbaren Umfanges hat ihren Grenzfall erreicht: dieser Raum scheint über-

haupt verschwunden zu sein. Andererseits läßt eben dies auch die wirklich vorhandenen Grenzen verschwinden, die Phantasie erweitert das Dunkel zu übertriebenen Möglichkeiten, man fühlt sich von einem phantastisch-unbestimmten und unbeschränkten Raum umgeben. Indem nun die im Dunkeln natürliche Ängstlichkeit und Unsicherheit hier durch jenes enge Zusammengedrängtsein und Aufeinander-Angewiesensein Vieler behoben wird, entsteht jene gefürchtete Erregung und Unberechenbarkeit des Zusammenlaufs im Dunkeln, als eine ganz einzige Steigerung und Kombination der einschließenden und der sich expandierenden räumlichen Begrenzung.

C. Die dritte Bedeutsamkeit des Raumes für die sozialen Gestaltungen liegt in der *Fixierung*, die er seinen Inhalten ermöglicht. Ob eine Gruppe oder bestimmte einzelne Elemente ihrer oder wesentliche Gegenstände ihres Interesses völlig fixiert oder dem Raume nach unbestimmbar sind, das muß ersichtlich ihre Struktur beeinflussen, und wie sehr die Verfassungen nomadischer und fest angesiedelter Gruppen in ihren Unterschieden hierdurch bestimmt sind, ist hinreichend oft ausgeführt, um hier nur der Hinweisung darauf zu bedürfen. Es handelt sich keineswegs nur um eine schematische Fortsetzung des Fixierungsprinzips: daß es im Räumlichen geltend sich nun in den sachlichen Lebensinhalten als Stabilisierung und feste Ordnung offenbare. Denn dieser ohne weiteres verständliche Zusammenhang gilt nicht einmal durchgehends; gerade in sehr konsolidierten, der Möglichkeit äußerer Entwurzelung enthobenen Zuständen wird man mancher Regulierungen und gesetzlichen Kontrollen entraten können, deren es bei allgemeiner Unsicherheit und unruhigen, der Zersplitterung leichter ausgesetzten Verhältnissen dringend bedarf.

Eine speziellere soziologische Bedeutsamkeit der Fixierung im Raum kann man durch den symbolischen Ausdruck des »Drehpunktes« bezeichnen: die räumliche Festgelegtheit eines Interessengegenstandes bewirkt bestimmte Beziehungsformen, die sich um ihn gruppieren. Nun ist eigentlich jedes unbewegliche Gut, um das Verhandlungen, wirtschaftliche Transaktionen irgend welcher Art stattfinden, ein solcher stabiler Drehpunkt labiler Verhältnisse und Wechselwirkungen.

Allein die räumliche Immobilität des Gegenstandes bestimmt wenigstens heute jene Verhältnisse nicht in einer soziologisch besonders charakteristischen Weise. Dies ist in nicht uninteressanter Abwandlung an derjenigen Beziehung wirtschaftender Individuen zu beobachten, die sich an der Hypothek verwirklicht. Zu dem Grunde, der diese sich gerade fast ausschließlich an das unbewegliche Eigentum knüpfen läßt, vereinigt sich die Fixiertheit desselben mit seiner Unzerstörbarkeit, die als das Korrelat der vorhin behandelten Ausschließlichkeit gelten kann: für die Einzigkeit, auf die jeder Teil unseres Raumes sozusagen beschränkt ist, gewinnt er die Unvergänglichkeit, kraft deren sich das Grundstück so besonders zu der hypothekarischen Verpfändung eignet. Denn nur so ist es möglich, daß das Pfandobjekt in der Hand des Schuldners verbleibt und doch dem Gläubiger völlig gesichert ist; es kann weder weggetragen noch mit einem anderen verwechselt werden. Nun aber hat das Versicherungsprinzip gerade diejenigen Objekte, denen die Fixierung im Raum absolut fehlt, doch der Hypothezierung zugängig gemacht, nämlich die Schiffe. Denn was an der räumlichen Fixierung für die Hypothek besonders wichtig ist: die Geeignetheit zu öffentlicher Registrierung, das ist bei den Schiffen anderweitig leicht erreichbar. Damit hat sich, wie in vielen anderen Fällen, die substanzielle Bestimmtheit als eine eigentlich funktionelle enthüllt. Die Fixiertheit, die als eine starre Qualität des Grundstückes die Hypothezierung begünstigte, erreicht dies in Wirklichkeit mindestens zum Teil durch die Publizität, zu der sie disponiert, die aber auch durch andere Mittel mit gleichem Erfolge herstellbar ist. So ist also der Drehpunkt der wirtschaftlichen Wechselwirkung hier zwar ganz überwiegend ein räumlich fixierter Wert, aber nicht eigentlich wegen seiner Immobilität, sondern wegen gewisser an diese geknüpften Funktionen. Anders aber lag es im Mittelalter, das überhaupt eine ganz andere Mischung von Stabilität und Bewegtheit der Lebensinhalte forderte. Wir finden in dem mittelalterlichen Verkehr unzählige »Verhältnisse«, die sich für unsere Auffassung der wirtschaftlichen und privatrechtlichen Aktion ganz entziehen, dennoch zu Gegenständen einer solchen gemacht. Die Herrschaftsgewalt über die Territorien wie die Gerichtsbarkeit in ihnen, kirchliche Patronate wie Steuerrechte, Wege wie Münzprivilegien, alles dies wird verkauft oder verborgt, als Pfand gegeben oder verschenkt. Derartig labile, schon an sich in bloßen Wechselwirkungen zwischen Menschen bestehende Objekte nochmals zum Gegenstand wirtschaftlicher Wechselwirkungen zu machen, hätte noch mehr zu schwankenden und prekären Zuständen geführt, wenn alle diese Rechte und Verhältnisse nicht die Eigentümlichkeit gehabt hätten, *am Orte ihrer Ausübung unentfernbar fixiert zu sein.* Dies war das Stabilitätsmoment, das ihrem rein dynamischen und relativistischen Wesen so viel Festigkeit gab, daß sich eben um sie jetzt weitere wirtschaftliche Wechselwirkungen gruppieren konnten. Ihre örtliche Fixierung war nicht wie die eines substanziellen Gegenstandes, den man immer an derselben Stelle wiederfände, sondern wie die eigentlich ideelle eines Drehpunktes, der ein System von Elementen in einer bestimmten Distanz, Wechselwirkung, gegenseitigen Abhängigkeit festhält.

Die Bedeutung als Drehpunkt soziologischer Beziehung kommt der fixierten Örtlichkeit überall da zu, wo die Berührung oder Vereinigung sonst voneinander unabhängiger Elemente nur an einem bestimmten Platze geschehen kann. Ich behandle einige Beispiele dieser Erscheinung, die eigentlich eine Wechselwirkung der innerlichen und der räumlichen soziologischen Bestimmtheit darstellt. Für Kirchen ist es in ihrer Diaspora eine äußerst kluge Politik, überall da, wo auch nur die kleinste Zahl von Anhängern innerhalb eines Bezirkes lebt, sogleich eine Kapelle und feste Seelsorgstation einzurichten. Diese räumliche Fixierung wird zu einem Drehpunkte für die Beziehungen und den Zusammenhalt der Gläubigen, so daß sich nicht nur religiöse Gemeinschaftskräfte an Stelle bloß isolierter entwickeln; sondern die Kräfte, die von solchem, anschaulichen Zentrum ausstrahlen, erwecken auch in solchen, dem Bekenntnis Zugehörigen, deren religiöse Bedürfnisse in ihrer Vereinzelung seit lange geschlafen haben, wieder das Bewußtsein der Dazugehörigkeit. Die katholische Kirche ist darin der evangelischen weit überlegen. Sie wartet nicht erst in der Diaspora auf eine förmliche Gemeinde von Personen, um die räumliche Konstituierung vorzunehmen, sondern um den kleinsten Kern herum beginnt sie mit der letzteren, und diese Lokalisierung ist unzähligemal der Kristallisationspunkt eines innerlich und numerisch wachsenden Gemeindelebens geworden. Allenthalben wirken die Städte als Drehpunkte des Verkehrs für ihre engere und weitere Umgebung, d. h. jede läßt in sich unzählige dauernde und wechselnde Drehpunkte von Verkehrsaktionen entstehen. Der Verkehr fordert Städte um so entschiedener, je lebhafter er ist, damit den ganzen Unterschied *seiner* Lebhaftigkeit gegen die unruhige nomadische Bewegtheit primitiver Gruppen offenbarend. Es ist der typische Gegensatz gesellschaftlicher Lebendigkeiten, ob sie einfach ein Hinausstreben aus dem räumlich und sachlich Gegebenen, bzw. den Kreislauf abwechselnder Weideplätze von Hirtenvölkern bedeuten – oder ob sie sich um feste Punkte herumbewegen. Im letzteren Falle erst werden sie eigentlich geformt, gewinnen sie einen Kristallisationspunkt für den Ansatz bleibender Werte, selbst wenn diese nur in der beharrenden Form von Relationen und Bewegungen bestehen. Dieser Gegensatz ihrer Bewegtheitsformen beherrscht das äußere und das innere Leben überhaupt so vielfach, daß seine räumliche Verwirklichung als bloßer Spezialfall erscheint. Ob geistige und gesellige Beziehungen ein festes Zentrum besitzen, um das herum Interessen und Gespräche zirkulieren, oder ob sie einfach der Linienform der Zeit nachfließen; ob zwei politische Parteien einen festen Punkt zwischen sich haben, sei es die stetige Gleichheit einer Tendenz oder eine stetige Gegnerschaft, oder ob ihr Verhältnis sich von Fall zu Fall ohne Präjudiz entwickelt; ob in dem einzelnen Menschen ein starkes einseitig gefärbtes Lebensgefühl herrscht – etwa ästhetischer Art – das alle seine verschiedenartigen Interessen, religiöse wie theoretische, gesellige wie erotische, verbindet, gegeneinander abtönt, in *einer* Sphäre festhält – oder ob seine Interessen sich ohne solche dauernde Rückbeziehung und richtendes Maß nur nach ihren eigenen Stärkeverhältnissen entfalten – das bedingt ersichtlich die größten Unterschiede der Lebensschemata und bestimmt durch fortwährende Kämpfe und Mischungen beider den wirklichen Verlauf unseres Daseins. Dies alles aber sind einzelne Ausgestaltungen eben desselben allgemeinen Gegensatzes, dem im Räumlichen der soziologische Drehpunkt angehört. Indem der Verkehr die Stadt als einen solchen ausbildet, erwächst erst der eigentliche Sinn des Verkehrs: denn dieser ist doch im Gegensatz zu dem einfachen Streben ins Unbegrenzte hinein, daß die Bewegung einer zweiten äquivalenten Macht begegnet, ohne daß diese Begegnung eine feindselige zu sein braucht – was sie vor ausgebildetem Verkehr immer ist. Sie bedeutet nun kein gegenseitiges Sich-Aufreiben mehr, sondern ein Sich-Ergänzen und dadurch Sich-Vermehren der Kräfte, welches den räumlichen Stützpunkt braucht und deshalb erzeugt. – Ich erinnere ferner an das Rendezvous als spezifisch soziologische Form, deren örtliche Determiniertheit die Sprache durch den Doppelsinn des Wortes charakterisiert: es bezeichnet sowohl das Zusammentreffen selbst wie seinen Ort. Das soziologische Wesen des Rendezvous liegt in der Spannung zwischen der Punktualität und Flüchtigkeit der Beziehung einerseits und ihrer räumlich-zeitlichen Fixierung andererseits. Das Rendezvous – und keineswegs nur das erotische oder illegitime – hebt sich psychologisch durch den Zug des *Einmaligen*, Akuten, nur der besonderen Gelegenheit Entsprießenden, aus der chronischen Daseinsform heraus, und weil es sich so von dem kontinuierlichen Ablauf der Lebensinhalte inselhaft ablöst, gewinnt es gerade an den formalen Momenten seiner Zeit und seines Ortes einen besonderen Halt für das Bewußtsein. Für die Erinnerung entfaltet der Ort, weil er das sinnlich Anschaulichere ist, gewöhnlich eine stärkere assoziative Kraft als die Zeit; so daß, insbesondere wo es sich um einmalige und gefühlsstarke Wechselbeziehung handelte, für die Erinnerung gerade er sich mit dieser unlöslich zu verbinden pflegt und so, da dies gegenseitig geschieht, der Ort noch weiterhin der Drehpunkt bleibt, um den herum das Erinnern die Individuen in nun ideell gewordene Wechselbeziehungen einspinnt.

Diese soziologische Bedeutung des im Raume fixierten Punktes nähert sich schon einer weiteren, die man als die Individualisierung des Ortes bezeichnen könnte. Es scheint eine gleichgültig-äußerliche Tatsache, daß die Stadthäuser im Mittelalter ganz allgemein und vielfach noch bis in das 19. Jahrhundert hinein durch Eigennamen bezeichnet waren; die Bewohner des Faubourg St. Antoine in Paris sollen noch vor 50 Jahren ihre Häuser trotz der bereits vorhandenen Numerierung stets mit ihren Eigennamen (*Au roi de Siam, Etoile d'or* etc.) genannt haben. Dennoch liegt in dem Unterschiede zwischen dem individuellen Namen und der bloßen Nummer des Hauses eine Verschiedenheit in dem Verhältnis des Besitzers und des Einwohners zu demselben – und eben damit zu seiner Umgebung – ausgedrückt. Bestimmtheit und Unbestimmtheit der Bezeichnung sind hier in ganz eigenartigem Maße gemischt. Das mit dem Eigennamen benannte Haus muß jenen Personen eine Empfindung räumlicher Individualität geben, die Zugehörigkeit zu einem *qualitativ* festgelegten Raumpunkt; durch den Namen, der mit der Vorstellung des Hauses assoziiert war, bildet dieses viel mehr eine für sich seiende, individuell gefärbte Existenz, es hat für das Gefühl eine höhere Art von Einzigkeit als bei der Bezeichnung durch Nummern, die sich in jeder Straße gleichmäßig wiederholen, und zwischen denen nur quantitative Unterschiede bestehen. Gegenüber den Flutungen und Nivellierungen des sozialen, insbesondere des städtischen Verkehrs, dokumentiert jene Benennungsart eine Unverwechselbarkeit und Personalität des Daseins nach seiner räumlichen Seite hin, die aber freilich im Vergleich mit dem jetzigen Zustand mit einer Unbestimmtheit und einem Mangel an objektiver Fixiertheit bezahlt wird und deshalb oberhalb einer gewissen Weite und Raschheit des Verkehrs verschwinden muß. Das *benannte* Haus ist nicht ohne weiteres auffindbar, man kann seine Lage nicht objektiv konstruieren wie bei der jetzigen geographischen Bezeichnung. Die Zahlen bedeuten bei all ihrer Indifferenz und Abstraktheit eben doch als Ordnungszahlen eine bestimmte Stelle im Raum, was der Eigenname der Lokalität nicht tut. Die äußerste Stufe ist dann nach der einen Seite die Bezeichnung von Hotelgästen nach ihrer Zimmernummer, nach der andern, daß auch die Straßen nicht mehr benannt, sondern fortlaufend beziffert werden, wie teilweise in New York. Dieser Gegensatz der Benennungsarten offenbart in der Sphäre des Räumlichen einen völligen Gegensatz in der soziologischen Stellung des einzelnen. Der individualistische Mensch mit seiner qualitativen Fixiertheit und der Unverwechselbarkeit seiner Lebensinhalte entzieht sich doch eben damit der Einreihung in eine für alle geltende Ordnung, in der er nach einem durchgehenden Prinzip eine fest berechenbare Stelle hätte. Wo umgekehrt die Organisation des Ganzen die Leistung des einzelnen nach einem nicht in ihm selbst gelegenen Zweck reguliert, muß seine Stellung nach einem ihm selbst äußerlichen System fixiert werden; nicht eine innere oder ideelle Norm, sondern das Verhältnis zum Ganzen bestimmt ihm diese Stellung, die deshalb am geeignetsten durch zahlenmäßige Anordnung festgelegt wird. Die automatische Dienstbereitschaft des Kellners oder Droschkenkutschers, deren Unindividualität gerade darin hervortritt, daß ihr Inhalt schließlich nicht so mechanisch gleichmäßig ist wie die des Maschinenarbeiters – wird deshalb durch seine Numerierung statt jeder irgend persönlichen Bezeichnung höchst zutreffend betont. Dieser soziologische Unterschied ist es, den jene verschiedenartigen Bezeichnungen der Häuser in den auf den Raum projizierten Beziehungen der städtischen Elemente darstellen.

War hier also die Individualität der Elemente räumlicher Relation mit der Beziehung zu einem weiten und mannigfaltigen Kreise nicht in demselben Symbol zu vereinigen, so kann man doch vielleicht an diesem Maßstabe, ganz formal gefaßt, eine soziologische Skala aufstellen. Das heißt: die Individualität, gleichsam der Charakter personaler Einzigkeit, den der Ort gewisser Personen oder Gruppen besitzt, verhindert oder begünstigt es in den mannigfaltigsten Mischungen, daß von ihm aus weit ausgreifende Beziehungen zu einer Mannigfaltigkeit anderer Elemente geknüpft werden. Die vollkommenste Einheit beider Bestimmungen hat die katholische Kirche durch ihren Sitz in Rom erreicht. Einerseits ist Rom das schlechthin einzige, die unvergleichbarste historisch-geographische Gestaltung, und dadurch, daß »alle Wege nach Rom führen«, wie von einem System unzählig vieler Koordinaten festgelegt; andererseits aber hat es durch den ungeheueren Umfang und Inhalt seiner Vergangenheit, dadurch, daß es als ein geometrischer Ort aller Wechsel und Gegensätze der Geschichte erscheint, deren Sinn und Spuren ideell wie sichtbar in ihm oder zu ihm zusammengewachsen sind – dadurch hat es die Beschränktheit der Lokalisierung an einem Punkte ganz verloren. Die Kirche hat dadurch, daß sie Rom besitzt, zwar eine ständige örtliche Heimat mit allen Vorteilen der steten Auffindbarkeit, der sinnlich-anschaulichen Kontinuität, der sicheren Zentralisierung ihrer Wirksamkeiten und ihrer eigenen Institutionen; aber sie braucht dies nicht mit allen sonstigen Schwierigkeiten und Einseitigkeiten der Machtlokalisierungen an einem einzelnen individuellen Punkte zu bezahlen, denn Rom ist sozusagen gar kein einzelner Ort. Es erstreckt sich durch die Weite der in ihm investierten Schicksale und Bedeutsamkeiten in seiner psychisch-soziologischen Wirkung weit über seine lokale Fixierung hinaus, während es doch gerade auch die Bestimmtheit einer *solchen* der Kirche darbietet. Es besitzt, um die Zwecke der Kirche in ihrem Herrschaftsverhältnis zu den Gläubigen zu tragen, die äußerste Individualität und Einzigkeit, die überhaupt je ein Ort besaß, und zugleich die Erhabenheit über alle Beschränktheit und Zufälligkeit des individuell fixierten Daseins. Große Organisationen bedürfen als solche eines räumlichen Mittelpunktes; denn sie können nicht ohne Über- und Unterordnung auskommen, und der Befehlshaber muß in der Regel einen festen Wohnplatz besitzen, um einerseits seine Untergebenen zur Hand zu haben, und damit andererseits diese wissen, wo sie jederzeit ihren Herrn finden. Allein wo nicht die wunderbare Vereinigung von Lokalisierung und Überräumlichkeit wie in Rom vorliegt, muß dies doch immer mit gewissen Verzichten bezahlt werden. Die Franziskaner waren ursprünglich völlig heimatlose Existenzen; das verlangte ihre individualistische Freiheit von allen irdischen Banden, ihre Armut, ihre Predigermission. Erst als der weit ausgebreitete Orden dann »Minister« bedurfte, brauchten diese aus den berührten Ursachen einen ständigen Wohnsitz, und darum konnten die Brüder fürderhin nicht ohne Fixierung in Klöstern auskommen. So sehr dies ihrer Macht technisch diente, so setzte es doch jene unvergleichliche Gelöstheit, jene innere Sicherheit der ersten Brüder herab, von denen man sagte, daß sie zwar nichts hätten, aber alles besäßen; indem sie nun mit den übrigen Menschen die Festigkeit der Wohnsitze teilten, wurde ihre Lebensform trivialisiert, ihre Freiheit war nur noch sehr groß, aber nicht mehr unendlich, da sie jetzt wenigstens an einem Raumpunkt festgelegt waren.

Ganz anders als Rom hat schließlich die nach manchen Seiten sonst vergleichbare Lokalisierung des jüdischen Kultus in Jerusalem gewirkt. Solange der Tempel zu Jerusalem bestand, lief von ihm gleichsam ein unsichtbarer Faden zu jedem der an unzählige Orte verstreuten Juden mit ihren mannigfaltigen Staatszugehörigkeiten, Interessen, Sprachen, ja Glaubensnuancen; er war der Treffpunkt, der die teils wirklichen, teils ideellen Berührungen der gesamten Judenschaft vermittelte. Aber er hatte eine Bestimmung, durch die die lokale Individualisierung schärfer gespannt war als die römische, und die sie überspannte: nur hier konnte geopfert werden, Jahve hatte keine anderswo gelegene Opferstätte. Die Zerstörung des Tempels mußte deshalb jenes Band zerschneiden; die spezifische Kraft und Färbung, die dem Jahvekultus durch die ganz singuläre Verräumlichung gekommen war, machte nun einem farbloseren Deismus Platz. Dadurch vollzog sich die Lösung des Christentums leichter und kräftiger, an die Stelle der Zentralstelle in Jerusalem traten die autonomen Synagogen, der wirksame Zusammenhang der Juden zog sich immer mehr von dem religiösen auf das Rassenmoment zurück. Das waren die Folgen jener lokalen Zuspitzung, die das soziologische Band vor ein starres: hier oder nirgends – stellten.

D. Einen vierten Typus äußerlicher Verhältnisse, die sich in die Lebendigkeit soziologischer Wechselwirkungen umsetzen, bietet der Raum durch die sinnliche Nähe oder Distanz zwischen den Personen, die in irgend welchen Beziehungen zu einander stehen. Der erste Blick überzeugt, daß zwei Vereinigungen, durch die genau gleichen Interessen, Kräfte, Gesinnungen zusammengehalten, ihren Charakter danach ändern werden, ob ihre Teilnehmer sich räumlich berühren oder von einander getrennt sind. Und zwar nicht nur in dem selbstverständlichen Sinne eines Unterschiedes der Gesamtbeziehungen – indem sich zu jenem Verhältnis noch, innerlich von ihm unabhängige, durch die körperliche Nähe sich entspinnende hinzufügen, sondern so, daß die räumlich begründeten Wechselwirkungen das erstere, auch in der Distanz mögliche, dennoch wesentlich modifizieren. Eine wirtschaftliche Kartellierung wie eine Freundschaft, eine Vereinigung von Briefmarkensammlern wie eine Religionsgemeinschaft, kann dauernd oder zeitweise der persönlichen Berührung entraten; aber sofort zeigt sich die Möglichkeit unzähliger quantitativer und qualitativer Abänderungen des zusammenhaltenden Bandes, wenn es keine Distanz zu überwinden hat. Vor dem Eingehen auf diese sei das Prinzipielle bemerkt, daß der Unterschied beider Verbindungsarten mehr relativ ist, als die logische Schroffheit des Gegensatzes vom Beisammensein und Getrenntsein vermuten läßt. Die psychologische Wirkung des ersteren kann tatsächlich sehr annähernd durch die Mittel des indirekten Verkehrs und noch mehr durch die der Phantasie ersetzt werden. Gerade den in seelischer Hinsicht entgegengesetzten Polen menschlicher Verknüpfungen: den rein sachlich-unpersönlichen und den ganz auf die Intensität des Gemütes gestellten – gelingt dieser Erfolg am leichtesten; den einen, etwa gewissen wirtschaftlichen oder wissenschaftlichen Transaktionen, weil ihre Inhalte in logischen Formen und eben deshalb schriftlich restlos ausdrückbar sind, den anderen, wie religiösen und manchen Herzensvereinigungen, weil die Gewalt der Phantasie und die Hingegebenheit des Gefühls die Bedingungen von Zeit und Raum in einer oft genug mystisch erscheinenden Weise überwindet. In dem Maße, in dem diese Extreme ihre Reinheit verlieren, wird die örtliche Nähe erforderlicher: wenn jene objektiv begründeten Beziehungen Lücken zeigen, die nur durch logisch nicht faßbare Imponderabilien auszufüllen sind, oder wenn die rein innerlichen sich einem Beisatz äußerlich sinnlicher Bedürfnisse nicht entziehen können. Vielleicht läßt sich die Gesamtheit sozialer Wechselwirkungen von diesem Gesichtspunkt aus in eine Skala einordnen: welches Maß räumlicher Nähe oder räumlicher Entfernung eine Vergesellschaftung von gegebenen Formen und Inhalten entweder fordert oder verträgt. Die Art, wie man die

Kriterien einer solchen Skala zusammenbringen könnte, soll im folgenden weiter exemplifiziert werden.

Die räumliche Spannungskapazität einer Vergesellschaftung ist unter gleichen Gefühls- und Interessenbedingungen von dem vorhandenen Maße von Abstraktionsfähigkeit abhängig. Je primitiver das Bewußtsein ist, desto unfähiger, die Zusammengehörigkeit des räumlich Getrennten oder die Nichtzusammengehörigkeit des räumlich Nahen vorzustellen. An diesem Punkt geht die Art der vergesellschaftenden Kräfte unmittelbar auf die letzten Fundamente des Geisteslebens überhaupt zurück; nämlich darauf, daß die naive Einheitlichkeit des unausgebildeten Vorstellens überhaupt noch nicht zwischen dem Ich und seiner Umgebung recht unterscheidet. Einerseits verschwimmt das Ich noch ohne individualistische Betonung in den Bildern der anderen Menschen und der Dinge, wie der Mangel des Ichs beim Kinde und die halb kommunistische Undifferenziertheit früher Sozialzustände zeigen; andererseits wird auf dieser Stufe den Objekten kein Für-sich-Sein zuerkannt, der naive Egoismus des Kindes und des Naturmenschen will alles Begehrte – und er begehrt fast alles, was ihm sinnlich nahekommt – ohne weiteres sich aneignen und erstreckt so die Sphäre des Ich praktisch ebenso über die Dinge, wie es theoretisch durch den Subjektivismus des Denkens und die Unkenntnis objektiver Gesetzlichkeiten geschieht. Damit wird ersichtlich, wie entscheidend bei dieser seelischen Verfassung die sinnliche Nähe für das Bewußtsein des Zu-einander-Gehörens sein muß. Da diese Nähe freilich nicht als objektive räumliche Tatsache, sondern als der seelische Überbau über derselben in Frage kommt, so kann sie, wie schon erwähnt, gelegentlich selbst auf dieser Stufe durch andere psychologische Konstellationen ersetzt werden, z. B. durch die Zugehörigkeit zu dem gleichen Totemverband, die unter den Australnegern Individuen aus ganz getrennt lebenden Gruppen in enge Beziehung bringt, so daß sie in einem Kampf der Gruppen einander aus dem Wege gehen. Im ganzen aber sind bei primitivem Bewußtsein nur die äußerlichen Berührungen die Träger der innerlichen – so verschieden diese in ihrem Charakter seien – das undifferenzierte Vorstellen weiß beides nicht recht auseinanderzuhalten: wie denn auch heute noch in der Rückständigkeit kleinstädtischer Verhältnisse die Beziehung zum Hausnachbar und das Interesse für ihn eine ganz andere Rolle spielt als in der Großstadt, in der man durch die Komplikation und Wirrnis des äußeren Lebensbildes an fortwährende Abstraktionen, an Gleichgültigkeit gegen das räumlich Nächste und enge Beziehung zu räumlich sehr Entferntem gewöhnt wird. In Epochen, in denen die den Raum überspringende Abstraktion durch sachliche Umstände gefordert, aber durch die psychologische Unentwickeltheit gehindert ist, entstehen deshalb soziologische Spannungen von erheblichen Folgen für die Verhältnisform. Z. B. ist die Schutzherrlichkeit des angelsächsischen Königs über die Kirche mit Recht auf die weite Entfernung des römischen Stuhles geschoben worden. Die persönliche Gegenwart wurde damals noch zu sehr als Bedingung auszuübender Autorität empfunden, als daß man diese einer so fernen Instanz gutwillig überlassen hätte. Übrigens möchte ich auch eine historische Rückwirkung innerhalb dieses Zusammenhanges annehmen. Wo die geistige Überlegenheit des einen Teiles oder der Zwang der Umstände Beziehungen auf eine Distanz hin, zu deren Überwindung das Bewußtsein eigentlich nicht reif ist, unausweichlich machen, da muß dies zur Ausbildung der Abstraktion, gleichsam zur Streckfähigkeit des Geistes viel beigetragen haben, die soziologische Notwendigkeit mußte sich ihr individualpsychologisches Organ züchten. So ist wohl das Verhältnis des mittelalterlichen Europas zu Rom allerdings, wo es nicht der räumlichen Distanz wegen versagte, gerade ihretwegen zur Schule des Abstraktionsvermögens geworden, der Fähigkeit, über das sinnlich Nächste hinauszuempfinden, des Triumphes der nur durch ihren Inhalt wirksamen Mächte über die, die auf räumliche Gegenwart gestellt waren.

Wenn demnach Beziehungen auf weite Distanz hin in erster Linie eine gewisse intellektuelle Entwickeltheit voraussetzen, zeigt sich umgekehrt der sinnlichere Charakter der lokalen Nähe daran, daß man mit eng Benachbarten auf freundlichem oder feindlichem, kurz auf einem entschieden positiven Fuße zu stehen und gegenseitige Indifferenz in dem Maße der räumlichen Enge ausgeschlossen zu sein pflegt. Die dominierende Intellektualität bedeutet immer ein Herabsetzen der gefühlsmäßigen Extreme. Nach ihrem objektiven Inhalt wie als seelische Funktion stellt sie sich jenseits der Gegensätze, zwischen denen das Gemüt und der Wille schwingt, sie ist das Prinzip der Unparteilichkeit, so daß weder Individuen noch geschichtliche Epochen von wesentlich intellektualistischer Färbung sich durch die Einseitigkeit oder die Stärke von Liebe und Haß auszuzeichnen pflegen. Diese Korrelation gilt auch für die einzelnen Beziehungen der Menschen. Die Intellektualität, so sehr sie einen Boden allgemeiner Verständigung darbietet, setzt doch gerade dadurch eine Distanz zwischen die Menschen: weil sie Annäherung und Zusammenstimmen zwischen den Entferntesten ermöglicht, stiftet sie eine kühle und oft entfremdende Sachlichkeit zwischen den Nächsten. Wenn Verhältnisse zu räumlich weit Entfernten eine gewisse Ruhe, Gemessenheit, Affektlosigkeit zu zeigen pflegen, so erscheint dies dem naiven Denken ebenso als unmittelbare Folge der Distanz, wie eben dasselbe die Abschwächung einer Wurfbewegung nach dem *Maße* des durchlaufenen Raumes als *Erfolg* der bloßen Raumweite ansieht. In Wirklichkeit ist die Bedeutung des Raumintervalls nur, daß es die Erregungen, Reibungen, Attraktionen und Repulsionen ausschaltet, die die sinnliche Nähe hervorruft, und so in dem Komplex der vergesellschaftenden Seelenvorgänge den intellektuellen die Majorität verschafft. Dem räumlich Nahen gegenüber, mit dem man sich in den beiderseitig verschiedensten Lagen und Stimmungen ohne die Möglichkeit von Vorsicht und Auswahl berührt, pflegt es nur dezidierte Empfindungen zu geben, so daß diese Nähe die Grundlage sowohl des überschwänglichsten Glückes wie des unerträglichsten Zwanges sein kann. Es ist eine sehr alte Erfahrung, daß Bewohner des gleichen Hauses nur auf freundlichem oder auf feindlichem Fuße stehen können. Die Ausnahmen von dieser Regel bestätigen ihre Grundlage: einerseits bei sehr hohem Bildungsstande, andrerseits in der modernen Großstadt kann bei nächster Flurnachbarschaft vollkommene Indifferenz und Ausschluß jeder gegenseitigen Gefühlsreaktion stattfinden. Im ersteren Falle, weil die über-

wiegende Intellektualität die impulsiven Reaktionen auf die –
sozusagen – Berührungsreize herabsetzt, im zweiten, weil die
unaufhörlichen Berührungen mit unzähligen Menschen eben
denselben Effekt durch Abstumpfung hervorbringen; hier ist
die Gleichgültigkeit gegen den räumlich Nahen einfach eine
Schutzvorrichtung, ohne die man in der Großstadt sich seelisch zerreiben und sprengen müßte. Wo diesem abschwächen-
den Erfolg des Großstadtlebens zu lebhafte Temperamente
entgegenwirkten, hat man gelegentlich andere Schutzvorrich-
tungen gesucht: in dem Alexandria der Kaiserzeit waren von
den fünf Stadtquartieren zwei hauptsächlich von Juden bewohnt, womit man durch beiderseitig festgehaltenes Herkommen nachbarlichen Konflikten möglichst vorbeugen wollte.
Wenn deshalb der Friedensstifter zwischen leidenschaftlich
kollidierenden Parteien sie vor allen Dingen räumlich ausein-
anderzubringen sucht, so widerspricht dem durchaus nicht,
daß er sich bemüht, wenn sie einander fern waren, sie gerade
zusammenzubringen. Denn bei manchen Naturen entfesselt
die in der Distanz wirksame Phantasie eine hemmungslose
Übertriebenheit der Gefühle, der gegenüber die Erregungsfol-
gen der sinnlichen Nähe, so groß sie sein mögen, doch zugleich als irgendwie begrenzt und endlich erscheinen.

Neben den auf der Hand liegenden praktischen Wirkungen
der räumlichen Nähe und dem soziologisch höchst wichtigen
Bewußtsein, solche Wirkungen wenigstens in jedem Augenblick zur Verfügung zu haben, auch wenn man gerade keinen
aktuellen Gebrauch davon macht – neben diesen setzt sich der
Erfolg der Nähe für die Vergesellschaftungsform aus der Bedeutung der einzelnen Sinne zusammen, mit denen die Individuen sich gegenseitig perzipieren. Diese Leistung der Sinne für
die Verknüpfung der Menschen untereinander müßte das Problem spezieller Untersuchungen sein, die wegen ihrer sehr
umfänglichen Grundlagen physiologischer und psychologischer Art hier nicht eingefügt werden können. Nur beispiels-
weise erwähne ich einige Gesichtspunkte. Ist das Zusammen
ein solches, daß die Individuen zwar dauernd einander sehen,
aber nur relativ selten miteinander sprechen können, wie die
Arbeiter in einem Fabriksaal oder die Studenten einer Vorle-

sung oder die Soldaten einer für gewöhnlich ungetrennten Abteilung, so wird das Einheitsbewußtsein einen abstrakteren Charakter haben, als wenn jenes Zusammensein auch zugleich mündlicher Verkehr ist. Gegenüber dem optischen Bilde des oder der Menschen, das immer einen relativ stabilen und nur in engen Grenzen variierbaren Inhalt zeigt, vermittelt das Ohr eine unendliche Fülle der divergentesten Stimmungen, Bewegtheiten, Gedanken, kurz die ganze Polarität des subjektiven wie des objektiven Lebens. Die Gesprächsnähe schafft ein sehr viel individuelleres Verhältnis als die Sehnähe, und zwar nicht nur weil sie noch zu jener hinzukommt, sondern ganz unmittelbar: die wenigsten Menschen haben selbst von ihren Nächsten, die sie täglich vor Augen haben, ein exaktes Anschauungsbild, wissen auch nur deren Augenfarbe oder Mundbildung aus der Erinnerung sicher anzugeben; wogegen die Erinnerung an Gesagtes unendlich viel reicher und fester ist und das Bild der Persönlichkeit eigentlich allein als das ganz einzige und persönliche festlegt. Wo nur der Gesichtssinn die Nähe ausnutzt, wird es deshalb mehr zu dem Gefühl einer allgemein-begrifflichen, unspezifischen Einheit oder auch mehr zu einem mechanischen Nebeneinander kommen, während die Möglichkeit des Sprechens und Hörens individuelle, belebte, organische Einheitsgefühle ergibt. Von sehr großer Wichtigkeit für die Verknüpfung oder die Repulsion unter Menschen ist der Geruchssinn, der hier mit den beiden anderen Sinnen insofern eine Skala bildet, als er die dumpfeste, instinktivste, am ausschließlichsten gefühlsmäßige Bedingung jener Verhältnisse an die körperliche Nähe knüpft; der Gesichtssinn für sich allein gibt hellere, bewußtere, differenziertere Motive der Vereinigung oder ihres Gegenteils; das Gehör verwebt die Menschen wirklich ineinander, erst dies ist der dauernde Träger der Vereinigungen, die eine Geschichte haben, während jene Sinne nur das mehr oder weniger unentwickelte Sein der Menschen sich berühren lassen. Dem Geruchssinn und insbesondere seinen unter der Bewußtseinsschwelle bleibenden und mit Worten nicht bezeichenbaren Erregungen (da wir nur für die groben und unindividuellen Geruchsnuancen Begriffe haben) dürfen wir wohl einen Anteil an jenen elementaren Sympathien und Antipathien zuschreiben, die sich, oft jenseits aller Begreiflichkeit, einseitig oder gegenseitig zwischen Personen knüpfen. Er hat zum mindesten einen großen Anteil an dem soziologischen Verhältnis verschiedener auf demselben Territorium lebender Rassen: die Rezeption der Neger in die höhere Gesellschaft Nordamerikas ist schon wegen der Atmosphäre des Negers ausgeschlossen, die vielfach instinktmäßige Aversion von Juden und Germanen gegen einander ist auf dasselbe Moment geschoben worden; die für die soziale Entwickelung der Gegenwart vielfach so lebhaft befürwortete persönliche Berührung zwischen den Gebildeten und den Arbeitern, jene auch von den Gebildeten als ethisches Ideal anerkannte Annäherung der beiden sozialen Welten, »von denen eine nicht weiß, wie die andere lebt« – scheitert einfach an der Unüberwindlichkeit der Sinneseindrücke dieses Gebietes; der durchschnittliche Gebildete wird im sittlich-sozialen Interesse sich lieber alle möglichen Entsagungen zumuten als die körperliche Berührung mit dem Volk, an dem »der ehrwürdige Schweiß der Arbeit« haftet. Auf diesem Wege beeinflußt räumliche Nähe die soziologische Gestaltung zum mindesten in negativer Richtung sehr erheblich, und zwar wahrscheinlich mit steigender Kultur immer mehr, weil diese für alle Sinne und nicht zum wenigsten für den Geruchssinn die eigentliche Wahrnehmungsschärfe herabsetzt, die Lust- und Unlustbetonung aber steigert. Man kann den Geruchssinn direkt als den dissoziierenden Sinn bezeichnen, da das Zusammensein vieler ihm niemals irgend welche Attraktionen gewährt, wie eben diese Situation sie doch wenigstens unter gewissen Umständen für die anderen Sinne entfalten kann. Schon durch diese physisch-psychische Vermittelung hindurch weist kulturelle Verfeinerung auf individuelle Isolierung hin, wenigstens in kälteren Ländern; während die Chance, das Zusammensein wesentlich im Freien, also ohne jene Unzuträglichkeit zu bewerkstelligen, den ganzen sozialen Verkehr in südlichen Ländern in erheblicher – wenn auch natürlich mit hundert anderen Ursachen kooperierender oder konkurrierender – Weise beeinflußt haben muß.

Neben diese im engeren Sinne psychologischen Folgen der

Nähe oder Distanz für die gesellschaftlichen Wechselwirkungen stellen sich natürlich solche mehr logischen oder wenigstens verstandesmäßigen Wesens, die mit jener sinnlich-irrationalen Unmittelbarkeit nichts zu tun haben. Die Abänderungen etwa, die ein Verhältnis durch den Übergang seiner Elemente aus der Distanz in räumliche Nähe erfährt, bestehen keineswegs nur in steigender Intensität der Verbindung, sondern ebenso sehr in Abschwächungen, Reserven, Repulsionen. Neben jenen direkten Antipathien, die der sinnlichen Nähe entquillen mögen, wirkt hier hauptsächlich das Ausbleiben oder das Dementi der Idealisierungen, mit denen man den mehr oder weniger abstrakt vorgestellten Genossen umkleidet; es wirkt die notwendige Betonung der inneren Distanz, die Grenzscheidung der persönlichen Sphären, die Abwehr unangemessener Intimitäten, kurz solcher Gefahren, die bei räumlicher Entfernung gar nicht in Frage kommen; es wirken gewisse Vorsichtigkeiten und Umwege, die der Verkehr gerade bei persönlicher Unmittelbarkeit machen muß, weil dem indirekten oder Distanzverkehr eine größere Sachlichkeit, eine Milderung persönlicher Zuspitzungen, eine geringere Wahrscheinlichkeit von Übereilungen und Heftigkeiten eigen zu sein pflegt. Es gehört zu den feinsten soziologischen Aufgaben der Lebenskunst, die Werte und Zartheiten, die sich zwischen Persönlichkeiten in einer gewissen Distanz entwickeln, in ein Nahverhältnis hinüberzuretten. Unwillkürlich wird man schließen, daß die Wärme und Innerlichkeit der Beziehung in dem Maße der persönlichen Annäherung zunehmen müsse. Was sich so günstigsten Falles allerdings entwickeln könnte, antizipiert man gleich am Anfang in Ton und Intensität des Verkehrs, um dann freilich oft genug zu fühlen, daß man der bloßen Form des Raumverhältnisses zu viel zugemutet hat; wir greifen ins Leere hinein, weil die Plötzlichkeit der körperlichen Nähe uns über die Langsamkeit, mit der die seelische ihr nachwächst, weggetäuscht hat. So entstehen Rückschläge und Abkühlungen, die nicht nur dieses illusionäre Zuviel zurücknehmen, sondern auch die vorher schon gewonnenen Werte der Liebe oder Freundschaft oder Interessengemeinschaft oder geistigen Verständigung mit sich reißen. Diese

Lage gehört zu den unter Menschen nicht spärlichen Wirrnissen, die wohl durch instinktive Taktgefühle von vornherein vermieden werden können, einmal entstanden aber, sich in der Regel nicht mehr durch solche allein, sondern nur unter Assistenz von bewußten Abwägungen und Besinnungen wieder ins Rechte bringen lassen.

Von Beziehungen, die von der Intimität der zuletzt berührten weit abstehen, entnehme ich ein zweites Beispiel, um dem soziologischen Unterschiede der Raumentfernungen in seine ausrechenbareren Ergebnisse nachzugehen. Wo in einer größeren Gruppe sich eine von gleichen Interessen zusammengehaltene Minorität befindet, ist es für das Verhalten derselben zum Ganzen sehr unterscheidend, ob sie räumlich kompakt zusammen wohnt oder durch die Gesamtgruppe hindurch verstreut bzw. in kleinen Abteilungen lebt. Welche von beiden Formen für die Machtstellung einer solchen Minorität unter sonst gleichen Umständen das Günstigere ist, läßt sich nicht generell bestimmen. Wenn die fragliche Untergruppe sich in einem defensiven Zustand gegenüber der Majorität befindet, so entscheidet über jene Frage das Maß ihrer Kräfte. Sind diese sehr gering, so daß kein eigentlicher Widerstand, sondern nur ein Entgehen, Sich-unsichtbar-Machen, Vermeiden vernichtender Angriffe in Frage steht, so wird, wie ohne weiteres ersichtlich, möglichste Zerstreuung ratsam sein. Bei erheblicheren Kräften, insbesondere größeren Personenzahlen, für die schon die Chance, einen Angriff auszuhalten, besteht, wird umgekehrt möglichste Zusammenballung die Erhaltung fördern. Wie schon die Züge der Heringe sich durch ihre dichte Gedrängtheit vor Gefahren schützen, indem sie so eine geringere Angriffsfläche und weniger Zwischenräume für eindringende Feinde darbieten – so gewährt ein enges Zusammenwohnen exponierter Minoritäten die größere Wahrscheinlichkeit erfolgreichen Widerstandes, gegenseitiger Aushülfe, wirksameren Bewußtseins der Zusammengehörigkeit. Der räumliche Verteilungsmodus der Juden hat beide Wege für sie nutzbar gemacht. Indem ihre Diaspora sie durch die gesamte Kulturwelt hin verteilte, konnte keine Verfolgung ihre *sämtlichen* Abteilungen treffen, und gab es für diejenigen, denen das Leben an einem Punkte unmöglich gemacht war, immer an anderen Anschluß, Schutz und Unterstützung; andrerseits, weil sie an den einzelnen Orten entweder im Ghetto oder sonst meistens sich völlig benachbart lebten, genossen sie auch der Vorteile und Kräfte, die der kompakte, vakuumslose Zusammenschluß für die Verteidigung entwickelt. Haben nun die Energien den Teilstrich erreicht, von dem an sie auch zu Angriffen, zum Gewinnen von Vorteilen und Macht vorschreiten können, so dreht sich das Verhältnis um: auf dieser Stufe wird eine konzentrierte Minorität nicht so viel ausrichten können als eine von vielen Punkten her kooperierende. Während deshalb in jenem Stadium der geringeren und deshalb wesentlich auf Verteidigung angewiesenen Kräfte das Ghetto entschieden für die Juden vorteilhaft und kraftsteigernd war, erscheint es bei gewachsener Sicherheit und Energie der Judenschaft als außerordentlich beeinträchtigend, und ihre Verstreuung durch die Gesamtbevölkerung hat ihre kollektive Macht aufs wirksamste gesteigert. Dies ist einer der nicht allzu seltenen Fälle, in denen die absolute Steigerung eines Quantums die Relationen innerhalb seiner direkt umkehrt. – Sieht man nun nicht die Minorität als das in Hinsicht seiner Struktur variable Element an, sondern fragt bei gegebener räumlicher Zerstreutheit oder Kompaktheit dieser nach der Verfassung der umgebenden Gesamtheiten, so ergibt sich die folgende notwendige Tendenz. Ein kleineres Sondergebilde innerhalb einer umfassenden, von einer Zentralmacht zusammengehaltenen Gruppe wird bei räumlicher Kompaktheit eine individualisierende, die Autonomie der Teile einräumende Regierungsform begünstigen. Denn wo ein derartiger Teil seine Interessen nicht selbst besorgen, sein Leben nicht nach eigenen Normen leben kann, hat er überhaupt keine technische Möglichkeit, sich vor der Vergewaltigung durch die Gesamtheit zu schützen. Ein parlamentarisches Regime etwa, das das Eigenleben der Teile durchweg bloßen Mehrheitsbeschlüssen unterwirft, wird eine solche Minderheit einfach majorisieren. Lebt diese aber zerstreut, so daß von selbständiger Entwickelung, unmittelbarer Macht, eigenen Einrichtungen für sie nicht die Rede sein kann, so wird die Autonomie lokaler Abschnitte des Ganzen für sie wertlos sein, weil sie doch in keinem eine Majorität erreicht. Sie wird vielmehr zentralistisch gesinnt sein, weil die Rücksicht, von der sie bei der Zersplitterung ihrer Energien noch etwas hoffen kann, noch am ehesten von einer einheitlichen, ja vielleicht absolutistischen Zentralgewalt zu erwarten ist; zu positivem Einfluß wird sie bei einer so diffusen Struktur nur durch einzelne hervorragende Persönlichkeiten, die sie produziert, gelangen, und auch für diese Machtform wird die größte Chance gerade angesichts eines möglichst mächtigen und möglichst personalen Herrschertums bestehen. Die lokale Distanz der Mitglieder weist sie auf eine Zentralgewalt hin, ihre Kompaktheit führt sie von dieser ab.

Der Erfolg dieser räumlichen Situation ist ein ganz anderer, wenn sie nicht eine Abteilung, sondern eine Gesamtgruppe betrifft. Eine Gemeinschaft, deren sämtliche Elemente verstreut wohnen, wird, wenn nicht andere Ursachen stark einwirken, nicht so leicht zentralistische Neigungen haben. Als die schweizer bäuerlichen Landesgemeinden im Mittelalter sich zu staatlichen Gemeinwesen bildeten, wiederholten sie dabei im wesentlichen die Grundzüge der Städteverfassungen. Allein die Genossenschaft der Landleute ging nicht wie die städtische fast ganz in den von ihr bestellten Organen auf, sondern die Urversammlung des Volkes blieb selbst das wichtigste Organ für Rechtsprechung und Lenkung aller öffentlichen Angelegenheiten. Hier ist wohl ein gewisses Mißtrauen wirksam, weil die dauernde Kontrolle der Zentralorgane bei großen Entfernungen untunlich ist, und, ganz prinzipiell, die geringere Lebhaftigkeit der sozialen Wechselwirkungen, mit denen der kompakten städtischen Bevölkerung verglichen. Für diese sind objektive Gebilde erforderlich als feste Punkte in den Flutungen und Reibungen, die das Stadtleben sowohl durch die fortwährenden Berührungen wie durch die starken, aber kontinuierlich abgestuften gesellschaftlichen Differenzierungen seiner Elemente erzeugt. Diese Folgen der lokalen Bedingungen werden auch auf demokratischer Grundlage der Stadtbevölkerung eine gewisse Straffheit der Zentralisierung nahebringen.

Die wirklich direkte Demokratie aber bedarf der räumlich

engen Begrenzung ihres Kreises, wie es das klassische Dokument des Federalist verkündet: *The natural limit of a democracy is that distance from the central point which will but just permit the most remote citizens to assemble as often as their public functions demand*; und das griechische Altertum mußte es als eine Verbannung empfinden, wenn man so weit von dem Ort der politischen Versammlungen entfernt wohnte, daß man nicht regelmäßig daran teilnehmen konnte. In diesem Interesse an unmittelbarer Autonomie begegnen sich Demokratie und Aristokratie, wenn ihre Raumbedingungen dieselben sind. Die spartanische Geschichte zeigt diese Bedingtheit in sehr interessanter Kombination. Man wußte dort sehr wohl, daß das zerstreute Wohnen auf dem platten Lande den Aristokratismus begünstigte; denn auch die Demokratien nehmen unter diesen lokalen Bedingungen wegen ihrer Selbstgenügsamkeit und ihrer Unabhängigkeit von dominierenden Zentralmächten eine Art aristokratischen Charakters an, wie die Geschichte der germanischen Stämme sehr vielfach zeigt. Als die Spartaner deshalb in Mantinea die Demokratie stürzen wollten, lösten sie die Stadt in eine Anzahl Flecken auf. Sie selbst aber, in dem Konflikt zwischen dem agrarischen Charakter ihres Staates, bei dem das räumliche Auseinander immer fühlbar bleibt, und der insofern ja auch ihrem Aristokratismus durchaus angemessen war – und der energischen Zentralisation, die ihr Militarismus forderte, fanden den Ausweg, ihre Landwirtschaft von Hörigen betreiben zu lassen, während sie selbst ziemlich eng in Sparta zusammensaßen. In einer gewissen äußeren Ähnlichkeit damit verlief das Schicksal des französischen Adels im *ancien régime*. Er war in seiner agrarisch-extensiven Lebensweise in hohem Maße autonom gewesen, bis das immer zentralisierter werdende Regiment mit seiner anschaulichen Aufgipfelung zu dem Hofleben Ludwigs XIV. einerseits seine rechtliche und administrative Selbständigkeit untergrub und ihn andererseits durchgehends nach Paris zog. Die Korrelation ist also im Gegensatz zu der der oppositionellen Minoritäten diese: der lokalen Gedrängtheit der Gruppe entsprechen zentralistische Tendenzen, der lokalen Zerstreutheit umgekehrt autonomistische. Und da diese Beziehung bei vollem Gegensatz der sozialen Lebenstendenz, sowohl bei demokratischer wie aristokratischer auftritt, so folgt, daß der räumliche Faktor der Nähe oder Distanz die soziologische Gruppenform entscheidend oder wenigstens mitentscheidend bestimmt.

E. Alle bisher betrachteten soziologischen Formungen zeichneten gewissermaßen das ruhende Nebeneinander des Raumes nach: die Begrenzung und die Distanz, die Fixiertheit und die Nachbarschaft sind wie Fortsetzungen der räumlichen Konfigurationen in das Gefüge der Menschheit hinein, die sich in den Raum teilt. Diese letztere Tatsache knüpft ganz neue Folgen an die Möglichkeit, daß die Menschen sich von Ort zu Ort *bewegen*. Die räumlichen Bedingtheiten ihrer Existenz geraten dadurch in Fluß, und wie die Menschheit überhaupt nur durch ihre Beweglichkeit die Existenz, die wir kennen, gewinnt, so ergeben sich aus dem Ortswechsel im engeren Sinne, aus dem Wandern, unzählige besondere Folgen für ihre Wechselwirkungen, aus denen einige hier skizziert werden mögen. Die grundlegende Einteilung dieser Erscheinungen vom soziologischen Gesichtspunkt aus ist: welche Formen der Vergesellschaftung stellen sich bei einer wandernden Gruppe im Unterschied gegen eine räumlich fixierte ein? und: welche Formen ergeben sich, wenn zwar nicht eine Gruppe als ganze, aber gewisse Elemente ihrer wandern, für die Gruppe selbst und für die wandernden Personen?

1. Die Hauptgestaltungen des ersten Typus sind der Nomadismus und diejenigen Bewegungen, die man als Völkerwanderungen bezeichnet; indem für jenen das Wandern zur Substanz des Lebens gehört, was sich am besten an der Endlosigkeit, der Kreisförmigkeit der Rückkehr auf immer dieselben Stätten markiert, bei den Völkerwanderungen aber das Wandern mehr als ein Zwischenzustand zwischen zwei andersartigen Lebensformen – seien es die der Fixiertheit, sei es, daß die frühere von beiden die nomadische ist – empfunden wird. Soweit die soziologische Betrachtung nur nach der Wirkung des Wanderns als solchem fragt, braucht sie beide Arten nicht zu trennen. Denn jene Wirkung auf die Gesellschaftsform ist typischerweise in beiden Fällen die gleiche: Niederhalten oder

Aufhebung der inneren Differenzierung der Gruppe, daher Mangel eigentlicher politischer Organisation, der sich aber oft mit despotischer Einherrschaft durchaus verträgt. Für die letztere Konstellation ist vor allem an die Beziehung patriarchalischer Verhältnisse zum Nomadentum zu erinnern. Wo für Jagdvölker die Notwendigkeit steigt, sich zu zerstreuen und zu wandern, entfernt der Mann sein Weib aus der Nachbarschaft ihrer Familie, beraubt sie damit des Rückhaltes an dieser und bekommt sie entschiedener in seine Gewalt, so daß man bei den nordamerikanischen Indianern die Wanderung der Familien direkt für den Übergang der weiblichen zur männlichen Verwandtschaftsorganisation verantwortlich gemacht hat. Dazu kommt, daß bei den eigentlichen Nomaden an die Stelle der Jagd die Viehzucht getreten ist, und daß diese wie jene allenthalben das Geschäft der Männer ist. Durch diese männliche Leitung des wichtigsten oder ausschließlichen Nahrungserwerbes bildet sich bei den Nomaden der Despotismus des Mannes heraus. Familiärer und staatlicher Despotismus aber stehen nicht nur allgemein im Verhältnis gegenseitiger Erzeugung, sondern das Nomadentum muß den letzteren noch um so entschiedener begünstigen, als hier der einzelne keinen Rückhalt am Boden hat. Derselbe Umstand, der die Nomaden überall zu Subjekten wie Objekten des Räubertums macht: die Mobilität des Besitzes – macht das Leben überhaupt zu etwas so Labilem und Wurzellosem, daß der Widerstand gegen mächtige, zusammenfassende Persönlichkeiten sicher nicht so stark ist, als wo die Existenz jedes einzelnen auf seiner Scholle konsolidiert ist; insbesondere, da hier die Chance des Ausweichenkönnens nicht in Frage kommt, die, wie gleich nachher hervorzuheben ist, für die wandernden Handwerksgesellen eine so eigenartige Waffe gegen staatliche Zentralisierungstendenzen war. Wozu noch kommt, daß jene despotischen Zusammenfassungen meistens zu kriegerischen Zwecken geschehen werden, zu denen der abenteuernde und wilde Nomade immer mehr disponiert sein wird, als der Ackerbauer. Zwar fehlt, wie gesagt, nomadischen Gruppen in der Regel die strenge und feste Organisation, die sonst die Technik kriegerischer Despotien bildet. Und zu dieser ist wegen der weiten

Zerstreuung und gegenseitigen Unabhängigkeit der einzelnen nomadischen Familien gar keine Disposition vorhanden, weil jede feinere und umfassendere Organisation Arbeitsteilungen voraussetzt, diese aber eine enge räumliche oder dynamische Berührung der Elemente. Allein die despotische Zusammenfassung bei jenen Massenwanderungen nomadischer Völker, die die europäische Geschichte nicht weniger als die Chinas, Persiens und Indiens durchfurcht haben, war ersichtlich keine organisierte Synthese, sondern ihre Wucht beruhte gerade auf der mechanischen Aggregation ganz ununterschiedener Elemente, die sich mit dem gleichmäßigen und zwischenraumlosen Druck eines Schlammstromes ergoß. Die Tiefebenen und Steppen, die einerseits zum nomadischen Leben anreizen, andererseits die Quellgebiete großer Stammeswanderungen sind, Osteuropa, Nord- und Innerasien, die amerikanischen Tiefländer, zeigen deshalb am wenigsten ausgebildete Rassentypen, und dies ethnographische Nivellement dürfte nicht weniger die Folge als die Ursache eines soziologischen sein. Zwischen der Bewegung im Raum und der Differenziertheit sozialer und persönlicher Daseinsinhalte besteht ein tief gegründetes Verhältnis. Beide bilden nur verschiedene Befriedigungen der *einen* Seite seelischer Gegensatztendenzen, deren andere auf Ruhe, Gleichmäßigkeit, substanzielle Einheit des Lebensgefühles und -bildes geht: die Kämpfe und Kompromisse, die Mischungen und wechselnden Vorherrschaften beider lassen sich als Schema benutzen, um alle Inhalte der Menschengeschichte darin einzutragen. Das Maß, in dem wir der Anregung durch unterschiedene, wechselnde Eindrücke bedürfen, kann auf beide Weisen erfüllt werden; entweder durch den Wechsel der Eindrücke, Ansprüche und Abenteuer des Wanderlebens oder durch die Differenziertheit stabiler Verhältnisse, die nicht nur der Seele, wenn sie umherblickt, alle jene Wechsel gleichsam in der Form der Immanenz, des Nebeneinanders gesellschaftlicher Faktoren zeigt, sondern auch an dem Bewußtsein ihrer Unterschiedenheit gegen jede andere – und einer anderen Unterschiedenheit gegen jede einzelne – ihr Unterschiedsbedürfnis sättigt. Daraus wird einerseits verständlich, wie die außerordentliche Steigerung dieses letzteren bei den modernen Menschen gleichzeitig nach beiden Formen greift, wie sie aber in anderen Fällen gerade für einander vikarieren können, so daß im Raum stabile Gesellschaften sich innerlich stark differenzieren, wandernde dagegen die für ihre Nervenverfassung nötigen Differenzgefühle von vornherein gedeckt haben und für die gleichzeitige Lebenstendenz des entgegengesetzten Vorzeichens eine soziale Nivellierung brauchen.

Die Technik des Wanderns macht sich zum Träger dieses prinzipiellen Verhältnisses. Die Mitglieder einer wandernden Gesellschaft sind besonders eng auf einander angewiesen, die gemeinsamen Interessen haben im Unterschied gegen die seßhaften Gruppen mehr die Form der Momentaneität und überdecken deshalb mit der spezifischen Energie des Gegenwärtigen, die so oft über das sachlich Wesentlichere triumphiert, die individuellen Differenzen in dem doppelten Sinne dieses Wortes: als qualitative oder soziale Mannigfaltigkeit und als Streit und Entzweiung der einzelnen. Bei Nomadenstämmen stehen sich die Impulse der räumlichen Expansion und Kontraktion sehr schroff gegenüber, die Ernährungsbedingungen führen die einzelnen möglichst weit auseinander (und das räumliche Auseinander muß auch auf ein seelisch-qualitatives hinwirken), während das Schutzbedürfnis sie doch immer wieder zusammendrängt und die Differenzierung hintanhält.* Livingstone erzählt von den Abteilungen afrikanischer Clane, die sich sonst ersichtlich nicht sehr verbunden fühlen, daß sie bei Wanderungen des ganzen Stammes sehr zu einander halten und sich gegenseitig unterstützen. Aus dem Mittelalter wird vielfach berichtet, daß zusammen wandernde Kaufleute völlig kommunistische Ordnungen unter sich eingeführt hätten, wovon es nur eine Fortsetzung ist, daß die im Ausland sich bildenden Kaufmannsgilden oder Hansen oft, und zwar bezeichnenderweise gerade am Anfang ihrer Entwickelung, völlige

* Das unausgeglichene Nebeneinander dieser beiden Notwendigkeiten, die in keinem höheren, beide beherrschenden Gesichtspunkte eine Harmonie, Organisierung, Ergänzungsform finden, ist vielleicht der Grund für die geringe und schwierige Entwickelung der Stämme auf der Stufe des Nomadentums.

Lebensgemeinschaften eingehen. Neben dem nivellierenden Moment der Wanderschaft wird wohl auch in solchen Fällen das despotische nicht gefehlt haben. Wenigstens wird von den Zügen wandernder Kaufleute, die in der römischen Kaiserzeit von Palmyra aus das Euphratgebiet durchwanderten, hervorgehoben, daß ihre Obmänner die vornehmsten Männer von ganz altem Adel gewesen seien, denen dann die Karawanenteilnehmer oft Ehrensäulen setzen. Es ist also anzunehmen, daß deren Gewalt auf der Reise eine diskretionäre war, gerade wie es unter sehr analogen Verhältnissen die des Schiffskapitäns während der Fahrt ist. Gerade weil das Wandern an und für sich individualisiert und isoliert, weil es den Menschen auf sich selbst stellt, treibt es ihn zu engem, jenseits der sonstigen Unterschiede stehendem Zusammenschluß. Indem es den Individuen die Stützen der Heimat, zugleich aber deren feste Abstufungen nimmt, legt es ihnen gerade nahe, die Schicksale der Wandernden, Vereinsamung und Haltlosigkeit, durch möglichsten Zusammenschluß zu einer mehr als individuellen Einheit zu ergänzen.

Dieser soziologische Grundzug des Wanderns verrät sich als der formal immer gleiche in Erscheinungen, die inhaltlich ganz ohne Zusammenhang mit den bisher berührten sind. Die Reisebekanntschaft, solange sie wirklich nur eine solche ist und nicht einen von ihrer Anknüpfungsart unabhängigen Charakter annimmt, entwickelt oft eine Intimität und Offenherzigkeit, für die eigentlich kein innerer Grund zu finden ist. Hierzu scheinen mir drei Momente zusammenzuwirken: die Gelöstheit von dem gewohnten Milieu, die Gemeinsamkeit der momentanen Eindrücke und Begegnisse, das Bewußtsein des demnächstigen und definitiven Wiederauseinandergehens. Das mittlere dieser Momente ist in seinem Hinwirken auf eine Vereinheitlichung und eine Art geistigen Kommunismus, solange eben die Identität des Erlebens dauert und das Bewußtsein beherrscht, ohne weiteres klar; die beiden anderen aber sind nur diffizilerer soziologischer Betrachtung zugänglich. Gelegentlich des ersten muß man sich klar machen, wie wenige Menschen rein von innen her und durch sichere Instinkte wissen, wo denn eigentlich die unverrückbare Grenze ihres seeli-

schen Privatbesitzes liegt, welche Reserven ihr individuelles
Sein fordert, um sich unverletzt zu erhalten. Erst durch An-
stöße und Zurückweisungen, durch Enttäuschungen und Anpassungen pflegen wir allmählich zu erfahren, was von uns wir
anderen offenbaren dürfen, ohne es auf verlegene Situationen,
Gefühle von Indiskretion gegen uns selbst und direkte Schä-
digungen ankommen zu lassen. Daß die seelische Sphäre des
Individuums überhaupt nicht gegen die der anderen von vornherein so sicher abgegrenzt ist, wie die seines Körpers; daß
diese Grenze, auch nachdem sie die Schwankungen ihrer ersten Bildung überwunden hat, ihre Relativität nie absolut
überwindet – das tritt leicht hervor, wenn wir die gewohnten
Beziehungen hinter uns lassen, in denen wir durch allmählich
erwachsene Rechte und Pflichten, durch Verstehen anderer
und Verstandenwerden, durch Erprobung unserer Kräfte und
unserer Gefühlsreaktionen einen leidlich festen Bezirk für uns
abgesteckt haben; so daß wir hier sicher wissen, was wir zu
sagen und was zu verschweigen haben, und durch welche
Maße von beiden wir das rechte Bild unserer Persönlichkeit in
anderen erzeugen und erhalten. Da nun dieses relative, durch
das Verhältnis zu unserer Umgebung fixierte Äußerungsmaß
sich für viele Menschen wie zu einem absoluten, an sich richtigen verfestigt, so verlieren diese in ganz neuen Umgebungen,
einem ganz fremden Menschen gegenüber, in der Regel jeden
Maßstab für ihr Sich-Geben. Sie geraten einerseits unter Sug-
gestionen, denen sie bei ihrer aktuellen Entwurzelung gar
nicht widerstehen können, andererseits in innere Unsicherhei-
ten, in denen sie der einmal angeregten Intimität oder Konfession nicht mehr Halt gebieten können, sondern diese, als wäre
sie auf eine schiefe Ebene geraten, bis ans Ende rollen lassen.
Dazu kommt nun das dritte Moment: daß wir unsere gewohnten Reserven um so leichter demjenigen gegenüber fallen lassen, mit dem wir nach dieser einmaligen gegenseitigen oder
einseitigen Offenbarung nichts mehr zu tun haben. Alle Vergesellschaftungen werden im Charakter ihrer Form und ihres
Inhaltes aufs entschiedenste durch die Vorstellung der Zeitdauer beeinflußt, für die man sie bestimmt glaubt. Dies gehört
zu den soziologischen Erkenntnissen, deren Wahrheit für die

allergröbsten Fälle zwar unübersehbar auf der Hand liegt, für die feineren aber um so häufiger übersehen ist. Daß das qualitative Wesen einer Verbindung von Mann und Weib in der lebenslänglichen Ehe ein anderes ist als in einem flüchtigen Verhältnis, daß der Berufssoldat eine andere Beziehung zu dem Heere hat als ein ein- oder zweijährig dienender, ist zwar für jedermann selbstverständlich; aber der Schluß: daß diese makroskopischen Wirkungen der Zeitquantität auch bei geringerer Kraßheit der Maße *pro rata* und gleichsam mikroskopisch eintreten müßten, scheint nirgends geltend gemacht zu sein. Ob ein Kontrakt auf ein oder auf zehn Jahre abgeschlossen ist; ob ein geselliges Zusammensein auf ein paar Abendstunden oder wie etwa bei einer Landpartie auf einen ganzen Tag berechnet ist; ob man an der Table d'hôte eines Hotels, das jeden Tag die Gäste wechselt, oder an der einer Pension, die für längeren Aufenthalt bestimmt ist, zusammenkommt – das ist bei sonst ganz gleichem Material, Gesinnung, Personencharakter des Zusammen für die Färbung seines Verlaufes durchaus wesentlich. Nach welcher Richtung hin es wirkt, ist freilich der Zeitquantität an sich nicht anzusehen, sondern hängt von der Gesamtheit der Umstände ab: die größere Zeitdauer wird manchmal zu einer *négligeance*, gleichsam zu einem Hängenlassen des zusammenhaltenden Bandes führen, weil man seiner sicher ist und nicht nötig findet, die doch unwiderrufliche Bindung noch durch neue Anstrengungen zu stärken; manchmal wieder wird das Bewußtsein eben dieser Unauflösbarkeit uns zu gegenseitiger Anpassung und mehr oder weniger resignierter Nachgiebigkeit bewegen, um den einmal übernommenen Zwang wenigstens möglichst erträglich zu machen; die Kürze der Zeit wird gelegentlich zu derselben Intensität der Ausnutzung des Verhältnisses führen, wie die Länge derselben bei anderen Naturen, die ein nur äußerliches oder »halbes« Verhältnis zwar auf kurze Zeit, aber nicht auf die Dauer ertragen können. Dieser Hinweis auf die Wirkung, die der Gedanke an die Dauer einer Beziehung auf jeden einzelnen Moment ihrer ausübt, soll hier nur das soziologische Wesen der kurzfristigen Begegnung einem weiten und prinzipiellen Zusammenhang zugehörig zeigen. Die Reisebekanntschaft verlockt oft von dem Gefühl aus, daß sie zu nichts verpflichtet, und daß man einem Menschen gegenüber, von dem man sich in wenigen Stunden für immer trennt, eigentlich anonym ist, zu ganz merkwürdigen Konfidenzen, zu haltloser Nachgiebigkeit gegen den Äußerungstrieb, den uns nur die Erfahrung seiner Konsequenzen in den gewöhnlichen langsichtigen Beziehungen einzudämmen gelehrt hat; so hat man auch die erotischen Chancen des Soldatenstandes darauf geschoben, daß er nicht die Seßhaftigkeit der meisten anderen Stände besitzt, daß die Beziehung zu dem Soldaten für die Frau die Färbung eines flüchtigen Traumes besitzt, der nicht nur zu nichts engagiert, sondern gerade durch seine Kürze zu der äußersten Intensität seiner Ausnutzung und der Hingabe an ihn verlockt; so hat man auch die Erfolge der Bettelmönche mit daraus erklärt, daß man ihnen, die das Recht hatten, überall Beichte zu hören, und die heute kamen und morgen gingen, oft ungenierter beichtete als dem eigenen Pfarrer, der das Beichtkind dauernd unter Augen behielt. Es scheinen hier wie so oft die Extreme eine gewisse gleichmäßige Bedeutung, die der mittleren Sphäre entgegengesetzt ist, zu besitzen: man offenbart sich dem Nächsten und dem Fremdesten, während die dazwischen stehenden Schichten den Ort der eigentlichen Reserve bilden. So ist auch in diesen weit abstehenden Erscheinungen der formale Grundzusammenhang erkennbar, die eigentümliche Gelöstheit des Menschen als wandernden und dem Wandernden gegenüber, eben dadurch eine Hingabe über die sonstigen Schranken der Individualisiertheit hinaus: das, was ich oben als Annäherung an geistigen Kommunismus bezeichnete; in unzähligen, schwer erkennbaren Umformungen lebt dies soziologische Motiv, das innerhalb der wandernden Gruppe auf ein Nivellement, eine entpersonalisierende Einheitlichkeit hindrängt.

2. Ganz gesondert davon ist zu betrachten, wie das Wandern eines Teiles auf die Form der ganzen, sonst sedentären Gruppe wirkt. Aus der Vielheit einschlägiger Erscheinungen erwähne ich hier nur zwei, von denen die eine jene Wirkung nach der Seite der Vereinheitlichung der Gruppe, die andere sie gerade nach der Seite ihres Dualismus hin verfolgen soll. Um in einer räumlich weit ausgedehnten Gruppe die voneinander

entfernten Elemente dynamisch zusammenzuhalten, bilden hoch entwickelte Epochen ein System mannigfaltiger Mittel aus, vor allem alles Gleichmäßige der objektiven Kultur, das von dem Bewußtsein, es sei eben hier dasselbe, was es an jedem Punkt des gleichen Kreises ist, begleitet wird: die Gleichheit der Sprache, des Rechtes, der allgemeinen Lebensweise, des Stiles von Gebäuden und Geräten; ferner die funktionellen Einungen: die zentralisierte und zugleich überall sich hinerstreckende Verwaltung des Staates und der Kirche, die mehr auswählenden, aber doch über alle lokalen Trennungen hinübergreifenden Verbände der Unternehmer wie der Industriearbeiter, die geschäftlichen Verbindungen von Grossisten und Detaillisten, die mehr ideellen, aber doch sehr wirksamen der Studiengenossen, der Kriegervereine, der Schullehrer, der Universitätsprofessoren, der Sammler jeder Art. Kurz, ein Gewirr von Fäden mit absoluten oder partiellen Zentren, das alle Teile eines hoch kultivierten Staates zusammenhält – freilich mit sehr verschieden verteilter Energie, da weder die substanzielle Kultur nach Maß und Art hinreichend gleichmäßig ist, noch die funktionellen Verbindungen alle Elemente mit demselben Interesse und derselben Kraft ihrem Zentrum zuwenden. Immerhin, soweit diese Vereinheitlichungen wirken, bedürfen sie nur zu geringen Teilen und gleichsam accidentell der Bewegung von Personen durch große Raumstrecken; es gelingt dem modernen Leben, das Bewußtsein der gesellschaftlichen Einheit einerseits durch jene sachlichen Gleichmäßigkeiten und das Wissen um die gemeinsamen Berührungspunkte, andererseits durch die ein für allemal fixierten Institutionen, drittens endlich durch schriftliche Verständigung herbeizuführen. Solange es aber an dieser objektiven Organisation und Technik fehlt, hat ein anderes, später zurücktretendes Mittel der Vereinheitlichung überragende Bedeutung: das Wandern, das freilich wegen seines rein personalen Charakters niemals die Breite des Raumgebietes wie jene Mittel decken und niemals einen gleichen Umfang inhaltlich zentralisieren kann. Der Kaufmann und der Gelehrte, der Beamte und der Handwerker, der Mönch und der Künstler, die Spitzen wie die verkommensten Elemente der Gesellschaft waren im Mittelalter und zu Beginn der Neuzeit vielfach mobiler als jetzt. Was wir durch Briefe und Bücher, durch Girokonto und Niederlagen, durch mechanische Reproduktion des gleichen Modells und durch Photographie an Bewußtsein der Zusammengehörigkeit gewinnen, mußte damals durch das Reisen von Personen bewirkt werden, das ebenso mangelhaft im Erfolg wie verschwenderisch in der Ausführung war; denn wo es sich um bloß sachliche Übermittelungen handelt, ist das Reisen einer Person eine äußerste Unbehülflichkeit und Undifferenziertheit, weil die Person eben all' das Äußere und Innere ihrer Persönlichkeit, das mit dem gerade vorliegenden Sachgehalt nichts zu tun hat, als Tara mitschleppen muß. Und wenn hiermit auch das Nebenprodukt mancher personalen und Gemütsbeziehung gewonnen wurde, so diente doch gerade dies nicht dem jetzt fraglichen Zwecke: die Einheit der Gruppe fühlbar und wirksam zu machen. Sachlichen Beziehungen, die das Persönliche ganz außerhalb ihrer lassen und deshalb von jedem Element zu unbegrenzt vielen anderen führen können, gelingt es viel gründlicher, eine über die einzelnen sich hinwegspannende Einheit bewußt zu machen; gerade das Gemütsverhältnis schließt nicht nur inhaltlich oft alle anderen aus, sondern es erschöpft sich so in seiner unmittelbaren Enge, daß sein Ertrag für das Einheitsbewußtsein des Kreises, dem beide angehören, minimal ist. Es ist für diesen subjektiven Charakter der Verbindungen und zugleich doch auch für ihre Wichtigkeit bezeichnend, daß im Mittelalter die Unterhaltung der Wege und Brücken als *religiöse* Pflicht galt. Daß so viele jetzt objektiv vermittelte Beziehungen in früheren Zeiten nur durch das Wandern von Persönlichkeiten zu stande kamen, erscheint mir als ein Grund für die relative Schwäche des Einheitsbewußtseins in den ausgedehnten Gruppen der Vorzeit.

Immerhin waren die Wanderungen vielfach überhaupt der einzige, oft wenigstens einer der vergleichsweise stärksten Träger jener Zentralisierung, besonders im politischen Sinne. Einesteils in der Form einer einmaligen Rundreise nahm der König die einzelnen Teile des Reiches persönlich in seinen Besitz, wie es von den alten Franken berichtet wird, und wie es die früheren Könige von Schweden taten; andernteils so, daß

der König entweder periodisch oder dauernd im Reiche um-
herreiste – jenes bei den ältesten russischen Herrschern, die
jährlich alle Städte bereisten, dieses bei den deutschen Kaisern
des alten Reiches. Die russische Gewohnheit soll dem Zusammenhalten des Reiches gedient haben, die deutsche, die aus
dem Mangel einer Reichshauptstadt hervorging, war eben dadurch zwar das Zeichen einer bedenklichen Dezentralisation,
aber unter diesen Umständen noch das Beste, was sich für den
Zusammenschluß der verschiedenen Reichsteile in der Person
des Königs tun ließ. Gerade eine der Veranlassungen dieses
Umherreisens der deutschen Fürsten: daß die Naturalabgaben
an sie mangels von Transportmitteln an Ort und Stelle verzehrt
werden mußten – gerade dies knüpfte eine Art ganz persönlicher Beziehung zwischen jedem Bezirk und dem König.
Dem analogen Zweck diente in England die Einrichtung der
Itinerant Justices durch Heinrich II. Bei den Unvollkommenheiten der Zentralisation und Kommunikation war die Verwaltung der Grafschaften durch Landvögte von vornherein erheblichen Mißbräuchen ausgesetzt gewesen. Die umherreisenden
Richter erst brachten die höchste Staatsinstanz überallhin, sie
erst bezogen alle Teile des Reiches – durch die Distanz, die sie
als Fremde gegen jeden derselben hatten, und durch die inhaltliche Gleichmäßigkeit ihrer Rechtsprechungen – in die jenseits
der einzelnen gelegene und im König zentralisierte Einheit von
Recht und Verwaltung ein. Solange noch die fernwirkenden,
überlokalen Mittel fehlen, auch die lokal-seßhaften Behörden
mit dieser Einheit zu durchdringen, so lange gibt das Umher-
reisen der Beamten die wirksamste Möglichkeit, das Außereinander der Räumlichkeiten in die ideelle politische Einheit
hinein zu zentralisieren. In dieser Richtung liegt eben auch der
sinnliche Eindruck von Personen, von denen man weiß, daß sie
von jenem Mittelpunkt des Ganzen kommen und wieder zu
ihm zurückkehren. Solche Unmittelbarkeit und Anschaulichkeit enthält einen Vorteil der von beweglichen Elementen
getragenen Organisation vor den durch abstraktere Mittel zusammengehaltenen, der die größere Zufälligkeit und Vereinzelung jener gelegentlich ausgleicht. Eine halb sozialistische englische Organisation, die *English Land-Restoration League* be-

dient sich zu ihrer Propaganda unter den ländlichen Arbeitern roter Wagen (*red van*), in denen ihr Redner wohnt, und die von Ort zu Ort fahrend den jeweiligen Mittelpunkt der Versammlungen und Agitationen bilden. Ein solcher Wagen ist bei all' seiner Beweglichkeit durch sein charakteristisches, überall bekanntes Aussehen doch ein psychologisch stationäres Element, durch sein Kommen und Gehen bringt er den zerstreuten Parteigenossen ihr Verbunden-Sein durch den Raum hin zu stärkerem Bewußtsein, als es vielleicht unter sonst gleichen Umständen einer fixierten Parteifiliale gelänge; so daß schon andere Parteien diese Wagenpropaganda nachmachen sollen. Neben der staatlichen und der Parteieinheit kann das Wanderprinzip auch der religiösen dienen. Die englischen Christen gingen erst spät an die Stiftung von Pfarrkirchen. Mindestens noch bis tief in das 7. Jahrhundert hinein zogen Bischöfe mit ihren Gehülfen in der Diözese umher, um die kirchlichen Handlungen zu vollziehen; und so sicher die religiöse Einheit *der einzelnen Kommune* durch den Kirchenbau eine unvergleichliche Festigkeit und Anschaulichkeit erhielt, so konnte dies doch eher auf ein partikularistisches Abschließen der Gemeinde hinwirken, während die Einheit des ganzen Sprengels, ja die der Kirche überhaupt, durch das Wandern ihrer Träger zu viel stärkerem Bewußtsein gekommen sein muß. Noch jetzt betreiben die Baptisten in Nordamerika ihre Werbung von Anhängern in abgelegeneren Gegenden vermittelst besonderer Wagen, *gospel-cars*, die als Kapellen eingerichtet sein sollen. Für die Propaganda muß diese Mobilisierung des Gottesdienstes besonders günstig sein, weil es den verstreuten Anhängern anschaulich macht, daß sie sich nicht auf isolierten, verlorenen Posten befinden, sondern einem einheitlichen Ganzen zugehören, das durch fortwährend funktionierende Verbindungen zusammengehalten wird. Und schließlich ist es noch das ethische Verhalten der Gruppe zu ihren wandernden Elementen, was diese gelegentlich zu Punkten der Begegnung und Vereinheitlichung machen muß. Indem sich im Mittelalter die Unentbehrlichkeit des Wanderns für den ganzen ökonomischen und geistigen Verkehr mit seinen Gefahren und Schwierigkeiten kombinierte, außerdem die Armen, die so wie so

Gegenstand der allgemeinen Fürsorge waren, fast fortwährend wanderten – konnte es geschehen, daß die Kirche die Wanderer den täglichen Gebeten der Frommen empfahl, in einem Atem mit den Kranken und den Gefangenen. Und ähnlich bestimmt der Koran: der fünfte Teil der Beute gehöre Gott und seinen Gesandten und den Waisen und den Bettlern und den Wanderern. Die unmittelbare Fürsorge für den Wanderer hat sich später gemäß einer allgemeinen historischen Entwickelungsnorm differenziert in die objektive Erleichterung des Wanderns durch Wege, Sicherungen, Institutionen verschiedener Art, und in das subjektive Auf-sich-selbst-Stehen und Sich-selbst-überlassen-Sein der Individuen. Jene allgemeine religiöse Verpflichtung gegen den Wanderer war der ethische Reflex der fortwährenden soziologischen Wechselwirkung und funktionellen Einheit, die die Wanderer hervorbrachten.

Neben dieser vereinheitlichenden Wirkung des Wanderns auf die fixierte Gruppe, die durch das Hin- und Herziehen einzelner Elemente ihr räumliches Außereinander funktionell zu überwinden strebt, steht eine andere, die gerade den antagonistischen Kräften der Gruppe dient. Diese ergibt sich, wenn ein Teil einer Gruppe prinzipiell seßhaft, ein anderer durch seine Mobilität bezeichnet ist, und dieser Unterschied des formalen räumlichen Verhaltens nun zum Träger, Werkzeug, Steigerungsmoment einer sonst schon bestehenden latenten oder offenen Gegnerschaft wird. Der entschiedenste Typus ist hier der Vagabund und der Abenteurer, deren fortwährendes Umherschweifen die Unruhe, den Rubato-Charakter ihrer inneren Lebensrhythmik auf den Raum projiziert. Der Unterschied der von ursprünglicher Anlage her seßhaften und vagierenden Naturen gibt schon für sich allein dem Bau und der Entwickelung der Gesellschaften unendliche Variationsmöglichkeiten. Jedes von diesen beiden Naturellen fühlt in dem anderen seinen natürlichen und unversöhnlichen Feind. Denn wo es nicht etwa durch eine feine Differenzierung der Berufe glückt, dem geborenen Vagabunden eine seiner Anlage adäquate Tätigkeit zu verschaffen – was höchst selten gelingt, da schon die doch unerläßliche Regelmäßigkeit der Zeit nach innerlich der Fixiertheit im Raume allzu verwandt ist – da wird er als Parasit der seßhaften Elemente der Gesellschaft existieren. Jene aber verfolgen nicht nur den Vagabunden, weil sie ihn hassen, sondern sie hassen ihn auch, weil sie ihn um ihrer Selbsterhaltung willen verfolgen müssen. Und eben dasselbe, was den Vagabunden in diese exponierte und angegriffene Stellung bringt, sein Trieb zu fortwährendem Ortswechsel, die Fähigkeit und Lust des »Sich-unsichtbar-Machens«, ist doch zugleich sein Schutz gegen jene Verfolgungen und Ächtungen, es ist zugleich seine Angriffs- wie seine Verteidigungswaffe. Wie sein Verhältnis zum Raume der adäquate Ausdruck seiner subjektiven Innerlichkeit und ihrer Oszillationen ist, so ist es der gleiche für die Beziehungen zu seiner sozialen Gruppe.

Es handelt sich hier ausschließlich um singuläre Elemente, die durch ihre Rastlosigkeit und Mobilität gezwungen, aber auch befähigt sind, den Kampf eigentlich gegen die gesamte Gesellschaft aufzunehmen. Sehr selten wenigstens, verglichen mit der Durchflechtung des sozialen Ganzen mit Vagabundennaturen, sind Vereinigungen solcher, bei denen es sich also, im soziologischen Unterschied gegen die Nomaden, nicht um wandernde Gemeinschaften, sondern um Gemeinschaften von Wandernden handelt. Das ganze Lebensprinzip des Abenteurers widerstrebt dem, da eine Organisation irgend eine Art von Fixierung schwer vermeiden kann. Immerhin gibt es Ansätze dazu, die man als fließende Vergesellschaftungen bezeichnen könnte, die aber ersichtlich immer nur einen geringen Teil des inneren und äußeren Lebens ihrer Mitglieder in sich einbeziehen und regulieren können. Eine solche heimatlose Genossenschaft war das fahrende Volk des Mittelalters; es bedurfte des ganzen Genossenschaftsgeistes jener Zeit, damit diese fahrenden Leute sich eine Art innerer Ordnung schüfen; indem diese sich doch bis zur Einrichtung einer »Meisterschaft« und anderer Würden erhob, milderte sich wenigstens die formale Schärfe des Gegensatzes gegen die übrige Gesellschaft. Dies geschieht nun noch entschiedener bei einem anderen Typus der Ortsbewegung als Trägers eines sozialen Antagonismus: wo nämlich zwei Teilgruppen durch jene in lebhaftere Gegnerschaft gesetzt werden. Hier ist das Gesellenwandern, insbesondere des Mittelalters, das beste Beispiel. Die Organisationen, auf die sich die Gesellenschaften bei ihren Ansprüchen den Städten und den Meistern gegenüber stützten, hatten die Wanderschaft zur Voraussetzung. Oder anders angesehen: beides stand in unlösbarer Wechselwirkung. Das Wandern wäre technisch gar nicht möglich gewesen ohne eine Einrichtung, die dem zugewanderten Gesellen einen ersten Stützpunkt gewährte; und unvermeidlich mußten gerade seine Standesgenossen dafür sorgen, die selbst anderswo in die gleiche Lage gekommen waren oder kommen werden. Indem gerade die Gesellenschaften die Arbeitsvermittelung an sich zogen, war der Geselle eigentlich nirgends in Deutschland (und entsprechend in den anderen Ländern) fremd, ein Netzwerk von Nachrichtenvermittelung unter den Gesellen sorgte verhältnismäßig schnell für die Ausgleichung von Nachfrage und Angebot der Arbeit an den einzelnen Punkten, und so war es zunächst dieser sehr handgreifliche Nutzen, der aus dem Gesellenwandern durch das ganze Reich erstreckte Gesellenverbände erwachsen ließ. Das Wandern bewirkte, daß die Gesellenzünfte in einem regeren gegenseitigen Verkehr standen als die Zünfte der Meister mit der Unverrückbarkeit ihres Wohnsitzes, daß eine Einheit von Recht und Sitte unter ihnen erwuchs, die dem einzelnen oder den kleineren Abteilungen einen außerordentlich starken Rückhalt in ihren Kämpfen um Lohn, Lebenshaltung, Ehre und soziale Stellung gewährte. Außer durch die sozialisierende Wirkung des Wanderns seiner Elemente wurde die Kampfstellung des Gesellenstandes noch ganz direkt durch seine Beweglichkeit verstärkt; denn diese ermöglichte ihm, Arbeitseinstellungen und Boykottierungen in einer Weise durchzuführen, der die Meister unmittelbar gar nicht begegnen konnten. Das vermochten diese ersichtlich erst dann, wenn sie die Nachteile ihrer Bodenständigkeit durch Bündnisse ausglichen, welche das gesamte, für die Wanderungen der Gesellen in Frage kommende Gebiet umfaßten. So hören wir von Verbindungen von Städten und Zünften zu solidarischem Zusammenhalten gegen die Gesellen, Verbindungen, die je eine geographisch abgeschlossene Zone, wie sie ein reguläres Wanderungsgebiet für Gesellen ausmachte, zu betreffen pflegten. Es bekämpften sich hiermit also zwei verschiedene Formen, denselben Raum zu dominieren: der Mobilität, durch die die Gruppe ihre einzelnen Elemente zu Offensive und Defensive ohne weiteres hin- und herschiebt, jedesmal an die Punkte des geringsten Widerstandes und des höchsten Nutzertrages, stand die ideelle Beherrschung desselben Raumes durch die Verabredungen der anderen, durch ihn hin verteilten Gruppe gegenüber. Durch diese sollten die inneren Differenzen dieser Gruppe, aus denen die Beweglichkeit der anderen ihre Vorteile schöpfte, beseitigt werden; erst nach hergestellter Gleichmäßigkeit des Verhaltens und der Stärke für alle Elemente der Meistergruppe war die Chance aus der Mobilität der Gegengruppe illusorisch geworden. Entsprechend konnte auch der Staat des 17. und 18. Jahrhunderts viel eher mit den Meisterzünften, die sozusagen still halten mußten, fertig werden als mit den Gesellenverbänden, da die Gesellen aus jedem Territorium ausweichen und den Zuzug verhindern, damit also die Betriebe schwer schädigen konnten. Auch die Staaten richteten deshalb gegen die Gesellenverbände erst etwas aus, als im 18. Jahrhundert in einem großen Teile des Reichsgebietes *gleichzeitig* gegen sie vorgegangen wurde.

Der Charakter von Vergesellschaftungen wird in hohem Maße dadurch formal bestimmt, wie oft ihre Mitglieder zusammenkommen. Zwischen den Meistern und den Gesellen ist diese Kategorie hier so eigentümlich verteilt, daß die einen durch ihre Seßhaftigkeit sich zwar häufig, und überhaupt so oft es erforderlich ist, begegnen, aber eben nur innerhalb des lokal begrenzten Kreises, während die anderen sich zwar weniger komplett, seltener und zufälliger begegnen, aber dafür in dem weiten, sehr viele Zunftbezirke einschließenden Umkreise. Während also z. B. der kontraktbrüchige Geselle im Mittelalter allgemein hart bestraft wurde, war den Berliner Webergesellen 1331 eingeräumt, daß jeder sofortige Bezahlung und Entlassung verlangen durfte, *wenn er die Stadt zu verlassen gedachte*. Ein Beispiel des gegenteiligen Zusammenhanges ist es, daß das vielfache Wandern und Umherziehen der Arbeiter stets einen gewissen Teil derselben verhindert, sich an einer

Lohnbewegung zu beteiligen und sie damit den seßhaften Unternehmern gegenüber in Nachteil setzt; bei den Arbeiterkategorien, die überhaupt ihrem Berufe nach mobilisiert sind, wie Sachsengänger und Seeleute, steigert sich der Nachteil der Unstetigkeit oft bis zur Rechtlosigkeit, weil sie etwa bei Entschädigungsprozessen gegen den Unternehmer ihre Zeugen gar nicht mehr zusammenbringen und während des langwierigen Gerichtsverfahrens zusammenhalten können. Es scheint überhaupt, als ob, je näher der Gegenwart, um so günstiger die Position des Seßhaften gegenüber dem auf Bewegung angewiesenen Gegner sei. Und dies ist durch die Erleichterung der Ortsveränderung begreiflich. Denn diese bewirkt, daß auch der prinzipiell Seßhafte doch jederzeit sich überallhin begeben kann, so daß er neben seiner Seßhaftigkeit mehr und mehr noch alle Vorteile der Mobilität genießt, während dem Unsteten, prinzipiell Beweglichen nicht im gleichen Maße die Vorteile der Seßhaftigkeit zugewachsen sind.

Über ästhetische Quantitäten

Der Glaube an die unbegrenzte Spannweite der Kunst hat verschiedene ästhetische Richtungen zum gleichen Irrtum verführt. Sowohl der abstrakte Idealismus wie der Realismus glauben, das Wesensprinzip der Kunst habe zu allen Inhalten des Seins das gleiche Verhältnis, d. h. sie könne grundsätzlich jeden Gegenstand in den Kreis ihrer Formen ziehen und mit gleicher Vollkommenheit ausstatten. Dieses ist das entgegengesetzte Extrem gegenüber jener Theorie, die *nur* Schönes, Charakteristisches als Gegenstand gelten lassen wollte.

Die Meinung, die Kunst könne wie ein Spiegel jedes Ding in der immer *gleichen* Umbildung wiedergeben, übersieht, daß die Kunst und ihre Mittel *historisch* erwachsen sind. (Dieser artistische Pantheismus ist ein Größenwahn, der die Relativität und endlose Entwicklungsfähigkeit alles Menschlichen verkennt.) Zum objektiven Sein kann die Kunst deshalb an verschiedenen Punkten nur ein verschiedenes Verhältnis haben. Ein hierfür charakteristischer Punkt soll hier aufgezeigt werden, indem ich die Verschiedenheit des ästhetischen Standpunktes in ihrer Abhängigkeit von dem verschieden großen Umfang des Kunstwerkes betrachte.

Die Dinge fordern von sich aus gewisse Größenmaße für ihre Offenbarung im Kunstwerke. Wenn diese Forderung, die aus den Dingen quillt, und jene, die vom rein artistischen Standpunkt erwächst, bald auseinander weichen, bald zusammenfallen, so ist so viel erwiesen, daß die künstlerische Gestaltung zur Wirklichkeit ein ganz zufälliges und schwankendes Verhältnis hat.

Die größten Diskrepanzen entstehen gegenüber der *nichtorganischen* Natur. So können z. B. Alpenbilder die Quantitätsbedeutung nicht erschöpfend wiedergeben, sie wirken leer und unzureichend. Selbst Segantini, der einzige große Alpenmaler, den es gegeben hat, hat die Berge immer in den Hintergrund gerückt oder stilisierte Formen gewählt, und auch sonst noch (durch Luft-, Beleuchtungs-Behandlung) von der Forderung jenes allein durch die Quantität erzielbaren Eindruckes ganz abgelenkt.

Bei allem organisch Gewachsenen finden wir, daß der Umfang immer so weit geht, als die inneren Kräfte ihn getragen haben. Da empfinden wir (durch wahrscheinlich unbewußte kompliziertere Erfahrungen und Einfühlungen) die inneren Kräfte des Wachstums, wir sind infolge dessen immer mit der Größe einverstanden, und dem Künstler ergeben sich ohne weiteres die Änderungen der Form, deren es bei Änderung der Quantität bedarf.

Bei Unorganischem dagegen drückt die Gestalt kein Inneres aus; die Formen sind durch äußere Einwirkungen gestaltet; es fehlt das innere Prinzip für die äußerlich gegebene Form, das uns bei der Umbildung leiten könnte. Da können wir uns nur an die gegebene Tatsache der *Größe* halten.

Wie kommt es weiter, daß auf den Nichtarchitekten kleine Modelle von Bauwerken fast gar keine ästhetische Wirkung haben oder wenigstens eine solche, die der Ausführung in den wirklichen Maßen gar nicht entspricht? Psychophysisch sind wir nicht imstande, die Schwereverhältnisse, das Lasten und Tragen, Ausbiegen und Hochstreben, kurz die dynamischen Vorgänge, in so kleinen Abmessungen in uns nachzubilden und nachzufühlen. Alle diese »Einfühlungen« entstehen uns erst oberhalb einer gewissen absoluten Größe der Objekte, welche wir füglich »Schwelle« der Nachempfindung nennen können. Unsere historisch gegebene Architektur hat offenbar jene Quantitätsmaße, welche unserer Seele ein solches Nachfühlen gestatten. Bei sehr viel kleineren oder sehr viel größeren können wir noch immer anschauen, intellektuell konstatieren, aber ästhetisch wirksam sind diese Verhältnisse nicht.

In diesem Zusammenhange wird klar, weshalb intellektualistische Ästhetik stets formalistisch sein muß. Denn wo es nicht ankommt auf das Nachfühlen, sondern auf rein intellektuelle Prozesse, da werden jene Bedingtheiten durch bloße Größenmaße ganz gleichgültig sein. Für die reine Vernunft ist Form Form und die gleiche Form müßte immer die gleiche Wirkung haben.

Für einen Gott, dessen Empfinden nicht von Reizschwellen begrenzt ist, wäre in solchen Fällen das Quantum ganz gleichgültig. Er würde an die quantitativen Verschiedenheiten nicht, wie wir es müssen, qualitative Verschiedenheiten der Reaktion knüpfen.

Diese Wandlung des ästhetischen Wertes zeigt einen neuen Typus bei Organischem, Nichtmenschlichem. Der ästhetische Widerstand gewisser Objekte richtet sich nicht nur gegen Verkleinerungen und Vergrößerungen, sondern manchmal gerade gegen die Darstellung in *natürlicher* Größe. Auf einem nicht allzu großen Bilde wirkt z. B. ein Pferd immer naturalistisch, d. h. aus der Sphäre des Kunstwerkes herausfallend. So sind überhaupt gewisse Objekte von vornherein vom Kunstwerk ausgeschlossen, weil sich die Dinge der Kunst im selben Maße entziehen, als das Interesse an ihrer *Wirklichkeit* associativ das Vorstellen beherrscht, wie etwa die Interessen des täglichen Lebens, sehr merkwürdige Erscheinungen und Vorfälle und dergleichen mehr.

Alle diese treiben die Kategorie des Seins als Frage, Wunsch, Wissen ins Bewußtsein und entfernen sich damit aus der bloß ideellen Sphäre der Kunst.

Diese Motivreihe kann noch von einer anderen Seite vermehrt werden. Ein Reiter auf dem Pferde ergibt in natürlicher Größe einen Widerspruch, denn die lebensgroße Darstellung wirkt realistisch; das innerlich gerechtfertigte Verhältnis beider scheint direkt umgekehrt. Eine Verkleinerung aber verschiebt das künstlerische Verhältnis der Teile zu Gunsten des geistig Höheren. Dies zeigt, daß die einzelnen Teile eines Kunstwerkes nicht nur durch ihre gegenseitigen Relationen wirken, sondern es ist eine bestimmte absolute Größe des Ganzen erforderlich, die jenen Relationen erst die rechte Bedeutung gibt. Der Accent mag immerhin auf der Form liegen, aber zu der Möglichkeit, entscheiden zu können, kommt sie erst, wenn sie an einem bestimmten Größenmaße sich zeigt.

Bei der Menschengestalt zeigt sich das ästhetische Wunder, daß sie durch fast alle möglichen Vergrößerungen und Verkleinerungen ihren ästhetischen Wert bewahrt. Der Grund hierfür ist: ihre ästhetischen Proportionen besitzen für uns, die wir mit ihnen solidarisch sind, solche Wichtigkeit und Deutlichkeit, sie haben solch unmittelbare, innere Notwendigkeit, daß sie Herr werden über alles andere. Ja, die menschliche Figur wird als Norm für Qualitäten und Proportionen alles übrigen empfunden: der Mensch ist das Maß aller Dinge, auch im Anschaulichen.

Wo es sich aber um ein Verhältnis von Menschen untereinander handelt, tritt das Quantitätsproblem wieder auf. So tritt z. B. beim Madonnenkind die körperliche Kleinheit in einen Widerspruch zu seiner beherrschenden, zentralen Rolle. Die kindliche Form ist überhaupt wegen ihrer minderen Differenziertheit wenig geeignet, geistig Bedeutsames auszudrücken. Diese Schwierigkeit ist völlig überwunden allein bei der Sixtinischen Madonna.

Grenzen für die Macht des Künstlers gibt es nicht. Damit ist aber nicht gesagt, daß diese quantitative Bedingtheit keine Bedeutung habe, sondern nur, daß sie ein Element ist, das von anderen Elementen zwar überwogen werden kann, aber nicht verschwindet. Im ganzen scheint es, als ob jedes künstlerisch verwertbare Element zwei Größenschwellen besitze: ein bestimmtes Quantum seiner Darstellung, innerhalb dessen sie überhaupt erst eine ästhetische Reaktion hervorruft, und eines, wo sie wieder erlischt. Auch auf anderen Gebieten des höheren Seelenlebens finden sich solche Schwellen, z. B. Schwelle des Rechtsbewußtseins (minima non curat praetor), des religiösen Bewußtseins.

Die ästhetischen Schwellen der Gegenstände, oberhalb und unterhalb welcher ihre ästhetische Verwendbarkeit liegt, rücken je nach dem Formvermögen des Künstlers zusammen oder auseinander. Mit wachsender Verfeinerung der ästhetischen Erkenntnis aber müssen die Schwellenwerte sich immer mehr einander nähern, bis das vollendete Wissen, wenn es einmal ein solches geben kann, für die künstlerische Komposition einen ganz bestimmten Maßstab für den vollen künstlerischen Eindruck gewinnt.

Die bisherigen Untersuchungen über alle diese Probleme sind bis jetzt nur zu der Feststellung gelangt, daß gewisse Modifikationen der Reaktion auf das bloße Quantum sich zurückführen lassen. Aber damit ist das Problem erst gestellt. Die psychologischen Mittelglieder fehlen noch.

Hierzu noch zwei prinzipielle Erwägungen: Die erste betrifft nicht das Quantum des Kunstwerks selbst, sondern das der *Gefühlserregung*, die von ihm ausgeht. Es ist sehr dilettantisch, die Bedeutsamkeit des Kunstwerks dem Quantum der Gefühle proportional zu setzen. Vielmehr muß das gefühlsmäßige Mitgerissenwerden nicht nur eine bestimmte Form in Bezug auf rhythmischen Wechsel innehalten, sondern auch das Quantum darf eine gewisse Schwelle nicht überschreiten, wenn nicht das Gefühl alles Künstlerische in uns überschwemmen soll.

So kann z. B. die Spannung, die ein Roman in uns erzeugt, das zu starke Interesse am rein Stofflichen, die künstlerische Wirkung zerstören. Eine gewisse Distanz und Reserve ist notwendig. Daß es sich hier um eine Quantitätsfrage handelt, ersieht man daraus, daß, wenn uns schon der Inhalt wohl bekannt ist, die künstlerische Formung doch bei jedesmaligem Lesen immer noch ein Spannungs- und Teilnahmegefühl erregt, das gegenüber dem obigen realistischen Gefühl nur wie ein zartes Abbild erscheint, – wie uns ja die Kunst sozusagen den Inhalt des Lebens ohne das Leben selbst bietet.

Auch die Gefühlsstärke scheint mir also eine untere und eine obere ästhetische Schwelle zu haben. Jenseits der einen Teilnahmslosigkeit, jenseits der anderen realistische Teilnahme. Diese Herabgesetztheit der Gefühlsquantität hat nicht nur den Sinn, dem ästhetischen Gefühle Platz zu machen, sondern diese »abstraktere« Gefühlsstärke, der von der Qualität der realen Gefühle nichts fehlt, *ist* selbst schon eine ästhetische Qualität. Denn, wo wir sonst ursprünglich bei Gefühlsintensitäten Herabsetzungen erfahren, pflegen wir ein Manko, ein Versagen zu empfinden; die Kunst allein weiß den ganzen Kosmos des Fühlens lückenlos zu bewahren.

Unsere zweite Erwägung gilt dem Quantitätswert im alleräußerlichsten Sinne.

Es scheint uns selbstverständlich, daß innerlich sehr bedeutsame Gegenstände eine größere Bildfläche brauchen, geringere Gegenstände eine kleinere. Dieses Verhältnis ist keineswegs selbstverständlich. Das Vermittelnde scheint mir zu sein, daß jede Bildgröße einen bestimmten Teil unseres Sehfeldes beansprucht. Wenn ein Bild das Sehfeld nicht ganz oder nahezu ganz ausfüllt, so wird unvermeidlich noch vieles andere mitgesehen.

Es ist ein richtiges Verhältnis des Sinnes des Inhaltes zu der Gesamtheit der momentanen Interessen erforderlich. Auch das sinnliche Bewußtsein soll nur von einem ästhetisch bedeutungsvollen Gegenstand ganz ausgefüllt werden; ein geringer darf das Sehfeld nicht ganz beanspruchen. Das würde jede Symbolik, die das Grundwesen aller Kunst ist, verletzen.

Als die letzte Formel der Kunst und ihrer Beglückung kann man aussprechen, daß sie Forderungen der Dinge, deren jede unabhängig von der anderen entwickelt ist, so daß die Wirklichkeit gleichsam nur die Wahl hat, welcher sie gehorcht, mit einer Gleichheit und Gleichmäßigkeit zu gehorchen weiß, als gäbe es nur eine einzige Gesetzmäßigkeit, wo die Wirklichkeit in Zufälligkeit und gleichgültige Fremdheit auseinander geht.

So sehen wir: aus den rein artistischen Bedingungen einerseits, aus unserer körperlich-seelischen Struktur andererseits entwickeln sich Anforderungen an die Quantität des Kunstwerkes. Aus der inneren Bedeutung der Dinge (Associationen, innerer Sinn) quellen andere, die aber mit jenen ersten übereinzustimmen durch keine prästabilierte Harmonie gehalten sind.

So zeigt uns die Kunst wenigstens im *Bilde* des Seins den einheitlichen Zusammenhang seiner Elemente, den die Wirklichkeit uns vorzuenthalten scheint, der aber unserem tiefsten Wissen nicht fremd sein kann, weil das *Bild* des Seins schließlich auch ein *Teil* des Seins ist.

Die ästhetische Quantität

Der enthusiastische Glaube an die Souveränität der Kunst und ihre unbegrenzte Spannweite hat ästhetische Richtungen, die einander aufs äußerste entgegengesetzt sind, doch zu einem gleichen Irrtum verführt. Der etwas abstrakte Idealismus, der in der Durchbildung und Zusammenfassung der räumlichen Form der Dinge das ausschließliche Kunstziel sieht, wie der Naturalismus, der die Dinge möglichst vollständig und mit unmittelbarer Lebendigkeit im Kunstwerk wiederholen will, – sie glauben beide, daß das Wesensprinzip der Kunst, die eigentümliche Tonart, in die sie das Sein transponiert, zu allen Inhalten dieses Seins das gleiche Verhältnis habe. Das heißt: es gäbe keinen Gegenstand, der sich ihr entzöge, sie könne grundsätzlich, soweit nicht zufällige Begleiterscheinungen es erschwerten, jegliches Ding in den Kreis ihrer Formungen ziehen und jegliches mit der gleichen, rein künstlerischen Bedeutsamkeit ausstatten. Gewiß ist dies eine unverlierbare Erweiterung und Vertiefung gegenüber dem eingerosteten Dogma, das nur »das Schöne« und »das Charakteristische« in die Kunst hineinlassen wollte – das heißt, Objekte, die uns in der *Wirklichkeit*, also nach ganz anderen Kriterien als denen des künstlerischen Bildens, wertvoll sind. Allein die Reaktion auf diese Enge schlug, wie gewöhnlich, in das entgegengesetzte Extrem aus. Die Meinung, daß der Rahmen der Kunst für das ganze Dasein Raum hätte, daß sie wie ein Spiegel jedes Bild in immer gleicher Umbildung wiedergäbe, übersieht, daß die Kunst und ihre Mittel historisch erwachsen sind, abhängig also von dem gegenwärtigen Stande der allgemeinen und künstlerischen Kultur, von zufälligen Anpassungen und technischen Entdeckungen, kurz, als etwas unvermeidlich Einseitiges, Sonderartiges, Rudimentäres, das zu der Einheit und gleichmäßigen Gesetzlichkeit der Natur nur ein zufälliges und an verschiedenen Punkten ganz verschiedenes Verhältnis haben kann. Jener artistische Pantheismus, für den jeder Gegenstand gleichmäßig der Kunst wertvoll und behandelbar ist, ist ein Größenwahn, der die Relativität und die endlose Entwickelungsnotwendigkeit aller Formen menschlichen Tuns zu der inneren Vollkommenheit und Notwendigkeit des objektiven Seins übersteigert: es gibt keine Gleichheit vor der Kunst, die der Gleichheit vor dem Naturgesetz entspräche.

Wo solche technisch-psychologischen Besonderheiten künstlerischer Formungen und Bedingungen die Kontinuität des Verhältnisses zwischen Natur und Kunst unterbrechen, liegen vielleicht für das Wesen der Kunst aufklärendere Punkte als da, wo sie als eine stetige Funktion der Wirklichkeit erscheinen möchte. Ein Punkt solcher Art soll hier aufgezeigt werden, indem ich die Verschiedenheiten des ästhetischen Eindruckes in ihrer Abhängigkeit von dem verschieden großen *Umfange* des Kunstwerkes betrachte. Denn die Dinge als Objekte der künstlerischen Darstellung – so werden wir sehen – fordern von sich aus gewisse Größenmaße, um ihren Sinn und ihre Bedeutsamkeit zu offenbaren; wenn diese Größenforderung mit der anderen, rein artistischen, die diese Formen innerhalb des Kunstwerkes und seiner Oekonomie stellen, bald zusammenfällt, bald weit von ihr abweicht, so ist insoweit erwiesen, daß die künstlerische Gestaltung, ihren inneren Gesetzen folgend, zu der Wirklichkeit ein ganz schwankendes und zufälliges Verhältnis hat.

Aus Gründen, auf die ich nachher komme, entstehen die größten Diskrepanzen dieser Art gegenüber der nicht organischen Natur. Daß es eigentlich keine künstlerisch ganz befriedigende Alpenlandschaft gibt, schiebe ich auf das Quantitätsmoment. Der anschauliche Reiz der Alpen wird wesentlich von ihrer ungeheueren Masse getragen, ihre Formbedeutung kommt erst in diesem Quantum zu einer ästhetischen Wirkung. Die Malerei kann aber vermittelst ihrer qualitativen Nuancierungen diese Quantitätsbedeutung bisher nicht zureichend wiedergeben; so wirken Alpenbilder in der Regel leer, zufällig, innerlich unberechtigt, weil in den begrenzten Größenmaßen, über die sie verfügen, sich der Formwert der Alpen nicht ausdrücken läßt. Der einzige große Alpenmaler, Segantini, hat die Berge in den Hintergrund gerückt oder stilisierte Formen gewählt oder durch Beleuchtung und Luft von der

Forderung eines nur durch die Quantität erzielbaren Eindrukkes ganz abgelenkt. So hat auch dieser größte die Schwierigkeit nicht gehoben, sondern sie nur anerkannt, indem er sie umgangen hat. Wo man das Problem durch ungewöhnlich großes Format zu lösen meinte, wie Calame in dem Monte Rosa (im Leipziger Museum), zeigt sich, daß die Form der Alpen viel zu leer ist, um im Kunstwerk mit seinem Anspruch auf konzentrierte Bedeutsamkeit der Form ertragen zu werden. Dazu kommt das folgende. Bei allem natürlich Gewachsenen empfinden wir, daß der Umfang genau so weit geht, wie die inneren Kräfte ihn getragen haben. Ein Baum hört von selbst auf, zu wachsen, wenn seine Wachstumsenergien, die innere Rechtfertigung seiner Größe, nachlassen. Wahrscheinlich durch komplizierte unbewußte Erfahrungen und Einfühlungen empfinden wir diese inneren Kräfte der Dinge sympathisch mit, und darum sind wir dem Organischen gegenüber einerseits immer mit dem Verhältnis von Größe und Form einverstanden, andererseits aber gelingt seine Umbildung in das Kunstwerk verhältnismäßig leicht, auch bei Aenderung des Umfanges; denn wo wir das innere Lebensprinzip eines Wesens erst einmal im Gefühl erfaßt haben, werden sich dem Künstler ohne weiteres diejenigen Aenderungen der Form ergeben, deren es bei Aenderung der Quantität bedarf, um jenen Lebenssinn des Ganzen im Eindruck ungeändert zu erhalten. Anders aber steht es unorganischen Formen, wie Gebirge es sind, gegenüber. Hier, wo die Gestalt kein von innen quellendes Leben ausdrückt, das uns bei der Umbildung leiten kann, können wir uns nur an die gegebene äußere Tatsache der Größe halten, von der abzuweichen ungerechtfertigt erscheint.

Indem wir in der Geistigkeit der Objekte eine Stufe höher steigen, begegnet das Quantitätsproblem: wie kommt es, daß kleine Modelle von Bauwerken fast gar keine ästhetische Wirkung üben, oder wenigstens eine solche, die der Wirkung des ihm völlig formgleichen Bauwerkes nicht entspricht? Wobei ich von Architekten absehe, deren geschulte Phantasie ihnen die volle Wirkung des ausgeführten Werkes dazu ergänzt, sodaß das Problem hier fortfällt. Als dessen Lösung aber erscheint mir, daß wir physio-psychologisch nicht im stande sind, die Schwereverhältnisse, das Lasten und Tragen, das Ausbiegen und Hochstreben, kurz das ganze vielgliedrige Spiel der dynamischen Vorgänge, das den wesentlichen ästhetischen Reiz der Baukunst ausmacht, – daß wir dieses nicht in so kleinen Abmessungen in uns nachbilden, nachfühlen können. Jede Architektur ist uns tot und sinnlos, die uns nicht *fühlen* macht, wie die Säule das Gebälk trägt, wie die Hälften des gothischen Spitzbogens oben ihre Kräfte zusammenschlagen lassen, wie das Gesims den Pfeiler belastet. Allein diese Einfühlungen entstehen immer erst oberhalb einer gewissen absoluten Größe ihrer Objekte. Unsere dazu wirksamen Organe sind zu grob, um die geringfügigen Druck- und Gegendruckrelationen des Halbmetermodells psychologisch zur Geltung zu bringen, diese erreichen die Schwelle der Nachempfindung nicht; denn Nachempfindung ist schließlich Empfindung und muß deshalb wie jede solche eine Bewußtseinsschwelle haben. Unsere Architektur hat offenbar genau diejenigen Quantitätsmaße, die uns nach unserer physisch-psychischen Struktur ein Maximum von Nachempfindung jener Dynamik gestatten. Sehr viel kleinere oder sehr viel größere – die also die *obere* Nachempfindungsschwelle überschreiten – können wir freilich noch anschauen und intellektuell konstatieren, daß sie die gleichen Formverhältnisse haben wie das ästhetisch Wirksame, – aber ästhetisch wirksam sind sie nicht mehr. Für einen Gott, dessen Empfinden nicht von Reizschwellen begrenzt ist, wäre in solchen Fällen das Quantum, in dem die Form sich darbietet, ganz gleichgültig, er würde an deren quantitative Verschiedenheiten nicht, wie wir es müssen, qualitative Verschiedenheiten seiner ästhetischen Reaktion knüpfen.

Diese Wandlung des ästhetischen Wertes durch den bloßen Umfangswechsel ungeänderter Formen zeigt einen neuen Typus von Motivierungen an einem Beispiel aus dem organischen, untermenschlichen Leben. Der ästhetische Widerstand gewisser Objekte richtet sich nicht nur gegen Vergrößerungen und Verkleinerungen, sondern grade gegen die Darstellung in natürlicher Größe. Pferde, zum Beispiel, sind in natürlicher Größe eigentlich nur auf Riesenbildern möglich, wo die Dimensionen des Ganzen sie wenigstens relativ herunterdrükken. Auf einem nicht ungewöhnlich großen Bild wirkt ein lebensgroßes Pferd ganz naturalistisch, aus der Sphäre des Kunstwerkes herausfallend. Dies wird, wie mir scheint, von einem besonderen der Motive begründet, die gewisse Objekte von vornherein vom Kunstwerden ausschließen. Da die Kunst jenseits der Wirklichkeit lebt und durch dieses Jenseits ihren ganzen Sinn und ihre Sonderrechte besitzt, so werden sich die Dinge in demselben Maße ihr entziehen, in dem das Interesse an ihrer Wirklichkeit assoziativ die Vorstellung beherrscht: das gilt von Interessen des täglichen Lebens, die wir fortwährend als vorhanden spüren, von merkwürdigen Erscheinungen und Zufällen, denen gegenüber man sich unvermeidlich fragt, ob es so etwas denn auch in Wirklichkeit gäbe, von historischen Ereignissen als solchen, in deren Vorstellung der Gedanke an ihre geschichtliche Wirklichkeit unvermeidlich dominiert, von dem ganzen Gebiet illegitimer Reize und unterirdischer Uneingeständlichkeiten der Seele. Alle diese treiben die Kategorie des Seins, als Frage, Wunsch, Wissen, in das Bewußtsein und entfernen sich damit aus der bloß ideellen Sphäre, die die Kunst umschreibt. Objekte wie Pferde sind offenbar mit dem praktischen Leben, das heißt mit demjenigen, das uns nur als Wirklichkeit und sonst garnicht interessiert, zu unmittelbar verflochten, als daß die Umbildung in die Kunstform psychologisch ganz über sie Herr werden könnte. Eher kann dies vermittels der Verkleinerung geschehen – nicht weil hier das Maß an und für sich wichtig wäre, sondern damit nicht die natürliche Größe mit ihren unvermeidlichen Wirklichkeitsassoziationen wirksam werde, und weil durch irgend eine Abänderung dieser die formende Macht des Geistes über die Wirklichkeit anschaulich wird. Diese Motivreihe wird noch von anderer Seite her vermehrt, sobald ein Reiter auf dem Pferde sitzt. Hier entsteht bei natürlicher Größe ein peinlicher Widerspruch der inneren Bedeutung von Tier und Mensch gegen ihre quantitative. So wenig die naive Formel, daß die innerliche Bedeutsamkeit ihr anschauliches Symbol an äußerer Größe fände, gegenüber der Komplikation der Erscheinungen irgendwie zureicht, so ist sie doch nicht schlechthin unanwendbar; die Größe des Pferdes und die Größe des Menschen drehen, wo durch den lebensgroßen Maßstab beides realistisch erscheint, das innerlich gerechtfertigte Verhältnis beider direkt um. Dies ändert sich unmittelbar mit einer Verkleinerung des Maßstabes. Denn bei dieser behält der Mensch doch seine volle Bedeutung, weil sie geistig und deshalb in dem kleineren Maßstab nicht weniger prägnant ausdrückbar ist, während die Bedeutung des Pferdes viel mehr an seine physische Größe und das, was diese ausdrückt, gebunden ist. Die Verkleinerung verschiebt also, bei absoluter Identität der Form, das künstlerische Verhältnis der Teile vollkommen. Dies scheint mir eines der bezeichnendsten Beispiele dafür, wie sehr die Elemente eines Kunstwerkes nicht nur durch ihre Relationen zueinander in das rechte Gleichgewicht kommen, sondern durch eine bestimmte absolute Größe des Ganzen, die jene Relationen erst ihre richtige Bedeutung gewinnen läßt. Es gehört zu den ästhetischen Wundern der Menschengestalt, daß sie durch fast unbegrenzte Vergrößerung oder Verkleinerung hindurch ihren ästhetischen Wert bewahren kann. Der Grund ist wohl, daß die Proportionen der menschlichen Gestalt für uns, deren Lebensgefühl mit ihnen solidarisch verbunden ist, eine überzeugende innere Notwendigkeit haben, die bei jedem Quantum ihres Sichdarbietens ungeändert bleibt. Dazu kommt, daß die menschliche Figur, in welcher Umgebung sie auch angeschaut werde, als die Norm empfunden wird, die über die Quanten und Proportionen ihrer Umgebung entscheidet. Sie selbst ist also innerhalb eines gegebenen Anschauungsbildes weder groß noch klein, da sie vielmehr dasjenige ist, woran sich Größe oder Kleinheit aller anderen Elemente erst mißt. Es scheint, daß auch im Anschaulichen der Mensch das Maß aller Dinge sei.

Wo es sich um das Verhältnis von Menschen untereinander handelt, taucht das Größenproblem freilich von neuem auf. So empfindet man manchmal bei Madonnen mit dem Kinde, daß die körperliche Kleinheit des Kindes in einem Widerspruch zu seiner centralen und beherrschenden Rolle in dem Sinne des Ganzen steht. Die kindliche Körperform ist wegen ihrer Undifferenziertheit von vornherein wenig geeignet, persönlich-geistige Superiorität auszudrücken, und seine quantitative Geringfügigkeit erscheint als ganz ungeeigneter Träger einer qualitativen Bedeutsamkeit. Diese Schwierigkeit völlig überwunden zu haben, ist eine unleugbar einzigartige Leistung der Sixtinischen Madonna. Denn *prinzipiell* gibt es freilich keine Grenze für die Macht des Künstlers, durch Modifikationen von Formen, Farbe und tausend Imponderabilien jede beliebige artistische und inhaltliche Bedeutsamkeit in jedem beliebigen Anschauungsquantum auszudrücken.

Im ganzen scheint es, als ob jede Form und überhaupt jedes künstlerisch verwertbare Element zwei ästhetische Schwellenwerte besäße, ein bestimmtes Quantum seiner Darstellung, oberhalb dessen es erst eine ästhetische Reaktion hervorruft, und oft auch eine obere Größenschwelle, nach deren Ueberschreiten der ästhetische Effekt wieder erlischt. Derartige Schwellenerscheinungen charakterisieren alle höheren Lebensgebiete. So gibt es eine Schwelle des Rechtsbewußtseins; nicht jede Tat, die moralisch und logisch unrecht ist, setzt unser Rechtsbewußtsein in Bewegung, zum Beispiel der Diebstahl einer Stecknadel. Das religiöse Bewußtsein läßt sich nicht durch jede minimale Schwierigkeit und Unversöhntheit des täglichen Lebens aufregen, wohl aber durch die formal und inhaltlich genau gleichen Ereignisse, sobald sie in mächtigen und überragenden Dimensionen auftreten. Das ökonomische Bewußtsein hat eine sehr deutliche Schwelle; die meisten Menschen machen mit relativer Leichtigkeit eine Reihe kleiner Ausgaben hintereinander, deren einzelne sie »nicht merken«, deren Summe aber, als einmalige Ausgabe ihnen zugemutet, ihr ökonomisches Bewußtsein sehr lebhaft aufrütteln würde. So haben manche Widersprüche und Unzulänglichkeiten von Personen und Situationen eine komische Wirkung, solange sie in geringfügigen oder flüchtigen Dimensionen auftreten; sobald sie aber, inhaltlich ungeändert bleibend, in großen Maßen und als dauernde Bestimmtheiten des Lebens erscheinen, überschreiten sie die tragische Schwelle und werden zu unversöhnlichen Beängstigungen und Zerstörungen. Die ästhetischen Schwellen der Gegenstände, oberhalb und unterhalb deren ihre künstlerische Verwertbarkeit liegt, rücken natürlich, je nach dem Formvermögen des Künstlers, zusammen oder auseinander. Andererseits müssen für den Standpunkt der Theorie mit wachsender Verfeinerung der ästhetischen Erkenntnis die Schwellenwerte sich einander immer mehr nähern, bis das vollendete Wissen der gegebenen künstlerischen Komposition gegenüber unzweideutig begreifen würde, daß sie ihre maximale ästhetische Wirkung nur innerhalb dieses einen bestimmten Größenmaßes tun kann.

Die bisherigen Untersuchungen über dieses Problem sind nicht viel weiter als bis zu der Feststellung gekommen, daß gewisse Modifikationen des ästhetischen Eindruckes auf das bloße Quantum, in dem die Formen sich darbieten, zurückzuführen wären. Allein damit scheint mir das Problem eigentlich nur gestellt, aber nicht gelöst. Nun müssen die psychologischen Mittelglieder erst aufgesucht werden, die diese Abhängigkeit vermitteln. Ich will dem Versuche, auf einzelne dieser Art hinzudeuten, noch zwei prinzipielle Gedanken hinzufügen. Der eine betrifft nicht das Quantum des Kunstwerkes selbst, sondern das der Gefühlserregungen, die von ihm ausgehen. Es ist ein sehr dilettantischer Standpunkt, die Bedeutsamkeit des Kunstwerkes dem Quantum der Gefühle proportional zu setzen, zu denen es uns aufregt. Vielmehr, das gefühlsmäßige Mitschwingen und Mitgerissenwerden, das Eintauchen in Lust und Tragik, das leidenschaftliche Oszillieren des subjektivsten Wesensgrundes muß nicht nur, um des ästhetischen Maximums willen, eine bestimmte Form innehalten in Bezug auf Tempo, rhythmischen Wechsel, Crescendo und Decrescendo, sondern auch das Quantum dieser Vorgänge darf eine gewisse Schwelle nicht überschreiten, wenn nicht statt des ästhetischen Wertes eine bloße ungeformte Gefühlserregung in uns dominieren und alles eigentlich Künstlerische überschwemmen soll. Am deutlichsten ist dies in der Literatur – obgleich keineswegs ausschließlich in ihr sichtbar. Die »Spannung«, die etwa ein Roman erregt, übertäubt oft genug den Genuß, ja die Beurteilung seiner künstlerischen Qualitäten; die Teilnahme des Gefühls an dem Inhalt der Vorgänge, die Stärke des inneren Miterlebens zerstört das ästhetische Bewußtsein, das immer eine Distanz und Reserve gegenüber dem Inhalt der Dinge fordert. Daß es sich aber dabei um eine Quantitätsfrage handelt, sieht man daraus: auch wenn der Inhalt des Kunstwerkes vollkommen bekannt ist, erzeugt die gelungene künstlerische Formung doch bei jedesmaliger Reproduktion noch ein Spannungs- und Teilnahmegefühl; allein jenem primären, realistischen gegenüber ist es schwach und wie aus der Ferne, selbst nur wie ein zarteres Abbild der unmittelbaren Erregungen, da es die Reaktion des Gefühls nicht mehr auf den realistisch empfundenen *Inhalt* des Kunstwerkes, sondern auf dessen Umformung in die Sphäre der Unwirklichkeit hinein darstellt; wie denn die Kunst uns sozusagen die Inhalte des Lebens ohne das Leben selbst bietet. Wo einer Erscheinung, einem Menschen oder einer Landschaft, einer Stimmung oder einem Schicksal der ganze Reichtum und die ganze Nuanciertheit der Gefühlsreaktionen antwortet, aber genau nur so stark, daß das bloße *Bild* dieser Dinge, in seinem Bildcharakter ungestört, Wärme und Leben erhält, da sind wir im Bezirk der Kunst. Die Gefühlsstärke hat eine untere und eine obere ästhetische Schwelle: jenseits der einen liegt die Teilnahmlosigkeit, jenseits der anderen die dem Inhalt, als Wirklichkeit empfunden, entsprechende Teilnahme, die dem Interesse an der künstlerischen Gestaltung als solcher keinen Platz läßt. Aber diese Herabgesetztheit der Gefühlsquantität hat nicht nur den negativen Sinn, dem ästhetischen Gefühl Raum zu geben, sondern diese besondere, ich möchte sagen, abstraktere Gefühlsstärke, der von der Qualität der konkreten Lebensgefühle nichts fehlt, ist selbst schon eine ästhetische Qualität. Wo sonst ursprüngliche Gefühlsintensitäten Herabsetzung erfahren, pflegen wir eine Lücke, ein Rudimentärwerden, ein Manko zu empfinden. Die Kunst allein weiß den ganzen Kosmos des Fühlens lückenlos zu bewahren, nur sein Maß so herabsetzend, daß wir begreifen, nicht dem Sein, sondern nur seinen Inhalten, nicht den Dingen, sondern nur dem Sinn ihrer Formen gegenüberzustehen.

Neben diesen innerlichsten Problemen aller Kunst stehe endlich eine Vermittelung des Quantitätswertes im alleräußerlichsten. Es scheint uns selbstverständlich, daß innerlich sehr bedeutsame Erscheinungen und Vorgänge eine erhebliche Bildgröße fordern, die an unwesentlichere und geistig weniger erfüllte zu wenden durchaus verfehlt wäre. Dies eigentlich schematische Verhältnis zwischen innerlich-sachlicher Bedeutung und räumlichem Umfang ist keineswegs ganz einfach begreiflich. Das Vermittelnde scheint mir zu sein, daß jede Bildgröße einen ganz bestimmten Teil unseres Sehfeldes beansprucht. Wenn ein Bild das Sehfeld nicht ganz oder nahezu ausfüllt, wenigstens den Bezirk des schärfsten Sehens, so wird unvermeidlich noch vieles, was in demselben Raum und bei derselben Blickrichtung noch in den Sehbezirk fällt, mitgesehen und verursacht eine psychologische Ablenkung und Herabsetzung der ausschließlichen Konzentration auf dieses Objekt – wie es mit einem bedeutenden, von reichen Assoziationen umgebenen Bildinhalt durchaus unverträglich, einem unerheblichen gegenüber aber sogar erfordert ist. Die Konkordanz zwischen Aeußerem und Innerem, die in jedem Kunstwerk das eine immer zum Symbol des anderen werden läßt, verlangt von dem Gegenstand, der durch seine unsinnliche Bedeutung, Weite und Tiefe das Bewußtsein erfüllt, daß er auch das sinnliche Bewußtsein ausfülle. Andererseits darf ein inhaltlich oder formal unbedeutsamer Gegenstand das Sehfeld nicht für sich allein beanspruchen, darf nicht alles andere daraus verdrängen, weil dies nicht weniger jene Symbolik, die das Grundwesen aller Kunst ist, zerstören würde.

Man kann als die letzte Formel aller Kunst und ihrer Beglückungen vielleicht dies aussprechen, daß sie Forderungen an die Dinge, deren jede unabhängig von der anderen entwickelt ist, sodaß die Wirklichkeit oft nur gleichsam die Wahl hat, welcher sie gehorchen will, – daß sie diesen mit einer Einheit und Gleichmäßigkeit zu genügen weiß, als gäbe es da nur eine einzige notwendige Bestimmtheit und Gesetzlichkeit der Dinge, wo die Wirklichkeit in reine Zufälligkeit, gleichgültige Fremdheit oder Widerstreit der Normen und Ansprüche auseinanderbricht. So verlangen wir vom Porträt, daß es den Sinn und Reiz der äußeren Erscheinung entwickele: in der Klarheit der Raumform, der ausgeglichenen Verteilung der Farbflekken, dem Spiele zwischen der Schwere und ihrer Aufhebung, zwischen Licht und Schatten, – und nun soll diese Deutung der Erscheinung nach rein artistisch-anschaulichen Forderungen zugleich die *Seele* der Persönlichkeit, ihr Unanschaulich-

Innerliches restlos offenbaren! Was im Leben fremd auseinanderzuliegen pflegt: die bloß anschauliche Bedeutung der Erscheinung und ihre Rolle als Deuterin der Seele, zeigt das vollendete Kunstwerk in selbstverständlicher, ungebrochener Einheit, als umfaßte ein geheimes höheres Gesetz die Eigengesetzlichkeiten dieser Reihen – wie der klangliche Reiz des Verses und die Bedeutung seines Inhaltes jene Einheit eingehen, die der eigentliche Sinn und Geheimnis der Lyrik ist. Und so haben der Reiz des Zufalls und der der Notwendigkeit, die Unvergleichbarkeit des Individuums und die Gattungsmäßigkeit des Typus ihren logischen Gegensatz und ihre reale Getrenntheit im Kunstwerk überwunden, nicht in einem nachträglichen Verschmelzen, sondern wie in einem Jenseits des Gegensatzes überhaupt, als lebte das Kunstwerk in jener ursprünglichen Einheit, die sich noch nicht zu den Widersprüchen und Fremdheiten der geschichtlichen Wirklichkeit entwickelt hat. Und die gleiche Formel wird wohl auch das ästhetische Problem der Quantität des Kunstwerkes aussprechen. Aus den rein artistischen, der Anschaulichkeit der Dinge geltenden Bedingungen einerseits, aus unserer körperlich-seelischen Struktur andererseits entwickeln sich Anforderungen an die Quantität des Kunstwerkes; aus der inneren Bedeutung der Dinge, aus ihrem seelischen Sinn, aus nicht abzuweisenden Assoziationen ihres Inhaltes quellen andere, die aber mit jenen übereinzustimmen durch keine vorher bestimmte Harmonie gehalten sind. Wenn nun diese teils widersprechenden, teils nur zufällig zusammenstimmenden Ansprüche im Kunstwerk mit *einer* Lösung wie selbstverständlich und notwendig befriedigt sind, so ist auch dies ein Pulsschlag des Glückes der Kunst: daß sie uns wenigstens im *Bilde* des Daseins den einheitlichen Zusammenhang seiner Elemente gewährt, den die Wirklichkeit uns vorzuenthalten scheint, der aber ihrem tiefsten Grunde nun deshalb nicht fremd sein kann, weil schließlich das Bild des Daseins ein Stück des Daseins selbst ist.

Über räumliche Projektionen
socialer Formen

Wenn man von den Beziehungen zwischen Raumgestaltungen und socialen Vorgängen spricht, so pflegt es sich um die Wirkungen zu handeln, die von der Weite oder Enge des Gebietes, der Zerrissenheit oder Arrondierung der Grenzen, dem Flächen- oder Gebirgscharakter des Territoriums auf die Form und das Leben der gesellschaftlichen Gruppe ausgehen. Der Gegenstand der nachfolgenden Untersuchungen ist, umgekehrt, die Einwirkung, die die räumlichen Bestimmtheiten einer Gruppe durch ihre socialen Gestaltungen und Energien erfahren.

A. Der Übergang aus einer ursprünglichen auf Blut- und Stammesverwandtschaft beruhenden Organisation der Gruppe zu einer mechanischeren, rationellen, mehr politischen – wird oft dadurch bezeichnet, daß die Einteilung der Gruppe nach räumlichen Prinzipien erfolgt. Es ist vor allem die staatliche Einheit, die sich darin durchringt. Die Gefahr der Sippschaftsorganisation für den Staat liegt gerade in der Gleichgültigkeit ihres Prinzips gegen alle räumliche Beziehung. Der verwandtschaftliche Zusammenhang, so sehr er nur im Raum stattfindet, ist doch seinem Motiv nach völlig überräumlich und hat dadurch für die Staatseinheit, die immer territorial begründet ist, etwas Ungreifbares. Eine politische Organisation, die auf dem Sippschaftsprinzip errichtet ist, muß bei irgend erheblicherem Wachstum zerbröckeln, weil jede ihrer Unterabteilungen in sich einen zu festen, organischen, von dem gemeinsamen Boden allzu unabhängigen Zusammenhalt hat. Das Interesse der Staatseinheit fordert vielmehr, daß ihre Untergruppen, soweit sie politisch wirksam sind, nach einem indifferenteren Prinzip gebildet sind, das eben deshalb auch weniger exklusiv ist als das verwandtschaftliche. Denn damit sie sich in gleicher Höhe über allen ihren Elementen erhebe, müssen die Distanzen zwischen diesen, besonders soweit sie überpersonal sind, irgendwie begrenzt sein; die Absolutheit des gegenseitigen Ausschlusses, die dem Blutsverwandtschaftsprinzip eigen ist, verträgt sich nicht mit der Relativität in der Stellung aller Staatselemente zu einander, denen als einziges Absolutes eben der Staat gegenübersteht. Diesen Forderungen entspricht nun auf das vortrefflichste die Organisation des Staates nach örtlich abgegrenzten Bezirkseinheiten. Von diesen ist nicht der Widerstand gegen die Interessen der Allgemeinheit zu erwarten, der von den partikularistischen Selbsterhaltungstrieben verwandtschaftlich geeinter Gruppen ausgeht; sie machen es möglich oder notwendig, daß Elemente von genetisch und qualitativ verschiedenster Art, wenn sie sich nur lokal berühren, doch politisch vereinheitlicht sind. Kurz der Raum als Grundlage der Organisation besitzt diejenige Unparteilichkeit und Gleichmäßigkeit des Verhaltens, die ihn zum Korrelat der Staatsmacht mit ihrem ebenso zu bezeichnenden Verhalten zu ihren gesamten Subjekten geeignet macht. Das bedeutendste Beispiel ist die Reform des Kleisthenes; es gelang ihm, den partikularistischen Einfluß der Adelsgeschlechter zu brechen, indem er das gesamte attische Volk in örtlich abgegrenzte Phylen und Demen als Grundlagen der Selbstverwaltung einteilte. Ohne solche bewußte Absicht und deshalb nur in rudimentären Ansätzen zeigt dies Prinzip die israelitische Gesellschaft nach der Einwanderung in Kanaan. Während die ursprüngliche Verfassung trotz vieler ökonomischer, socialer und religiöser Gleichheiten doch eine aristokratische war, einzelne vornehme Stämme und führende Geschlechter die anderen deklassierten, wird jetzt die Ortsangehörigkeit auf Kosten der Geschlechtszugehörigkeit bedeutsam. Aus den einzelnen Geschlechtern, die sich in je einem Dorf niedergelassen hatten, und geschlechtsfremden, aber ortsangehörigen Elementen, besonders den vorgefundenen kanaanäischen, bilden sich lokale Einheiten, neben den Geschlechtsältesten treten Stadtälteste auf. Und parallel mit diesem Aufwachsen des Lokalprinzips deuten eine Reihe von Erscheinungen an, wie der Diffusionscharakter des Hirtenlebens einer zentralisierenden Tendenz nachgibt: größere Städte entstehen, umgeben von Flecken und Dörfern, die in jenen ihren Mittelpunkt und ihre Zuflucht sehen; in den Ältestenkollegien ist nun nicht mehr der Ruhm des Geschlechts, sondern der Vermögensbesitz entscheidend, was immer, insbesondere wenn der Geldbesitz zu überwiegen beginnt, auf eine politische Vereinheitlichung hinweist, weil Geschäftsverkehr und Geldbesitz eine ausgebreitete Macht nur in einem einigermaßen einheitlich geordneten Gemeinwesen gewinnen können; endlich, das Königtum tritt auf, das zwar zunächst nicht tief in die socialen Zustände eingreift, aber immerhin Steuer- und Kriegswesen zentralisiert und, für unseren Zusammenhang bezeichnend, das Land in Gouvernements aufteilte, die mit der alten Stammeseinteilung nicht zusammenfallen. In ganz anderer Einkleidung macht noch dasselbe Motiv sich an einem Entwicklungsstadium der englischen Hundreds geltend. Diese waren bekanntlich eine uralte germanische Einrichtung des Heerbannes, mit physiologischen Einheiten verglichen zwar formelhaft, aber immerhin von großer psychologischer Enge und Zusammengehörigkeitsgefühl, die sich, wie mir scheint, erst veräußerlichten und schematisierten, als der Begriff von den Menschen auf den Bezirk überging, der nach der Ansiedelung einhundert Heerespflichtige zu stellen hatte. Diese Tendenz erreichte ihren Abschluß auf dem Höhepunkte der angelsächsischen Monarchie mit ihren zentralisierenden Bestrebungen: nun sind die Hundreds ein geographisch abgegrenzter Unterbezirk der Shire! Der monarchisch-zentralistische, einheitlich-organisatorische Charakter der christlichen Kirche zeigt sich gegenüber dem partikularistischen des Heidentums auch in dieser Form: die christlichen Heiligen, die allenthalben die Funktionen der alten Sippengötter übernehmen, beschirmen nicht mehr die verwandtschaftliche, sondern die örtliche Gemeinde! – Der oben angedeutete Vorgang: der Anschluß von Bewohnern des platten Landes an Städte – disponiert überhaupt zur Entwicklung der fraglichen Form. Denn während das Landleben aristokratische Sonderexistenzen und damit die Organisation nach Familienzusammenhängen begünstigt, ist die Stadt rationalistischer, mechanischen Lebensformen geneigter. Diese Krystallisierung um eine Stadt legt also einerseits statt des physiologischen Motivs der Organisation das schematisch-lokalisierende nahe, andrerseits ist sie ersichtlich zentralistischer Natur und erleichtert die Zusammenfassung der socialen Kräfte zu einheitlichen Aktionen. Die Schweizer haben sich zu Beginn der Neuzeit den Übergang von der Geschlechterverfassung zur Kirchspielverfassung durch die Anlehnung an tüchtige Städte sehr erleichtert, während die Dithmarscher bei vielfacher Gleichheit der Verhältnisse diesen Übergang nur sehr unvollkommen fanden und wahrscheinlich über diese Rückständigkeit ihrer Verfassung um die Mitte des 16. Jahrhunderts ihre Freiheit verloren. Wie in der Organisation nach Prinzipien der Zahl, so spricht sich auch in der ihr innerlich verwandten nach Prinzipien des Raumes eine Mechanisierung der socialen Elemente aus, im Gegensatz zu den Verwandtschaftsverfassungen, bei denen die Einzelgruppierungen etwas von der autonomen Einheit des Lebewesens haben; aber jener Charakter der Teile ist die Bedingung für ihre Zusammenfassung in einem ausgedehnten Ganzen und für die Technik der Herrschaft, die dessen höhere Einheit über seine Elemente ausübt.

Es ist aber nicht nur die politische, sondern auch die wirtschaftliche Organisation, deren Vervollkommnung vielfach auf Einteilungen nach Raumprinzipien geht, so sehr diese in anderen Fällen die niedere Stufe gegenüber den qualitativen und dynamischen darstellen. Die Differenzierung der Produktion im Raum tritt in zwei typischen Formen auf. Zuerst als Ablösung des Wandergewerbes. Nicht nur die Kaufleute wanderten seit den ältesten Zeiten, sondern später auch die Waffenschmiede und Goldschmiede, in Deutschland dann auch die Maurer, die den ursprünglich hier fremden Steinbau verstanden; vor Erfindung der Photographie wanderten noch im 19. Jahrhundert vielfach die Porträtmaler in ähnlicher Weise von Stadt zu Stadt. Auf dieser Stufe bilden also die Nachfragen, denen ein spezialisierter Handwerker von einem festen Wohnplatz aus genügen kann, noch kein zeitliches Kontinuum, sondern er muß sich dieselben unabhängig von ihren Raumpunkten zusammensuchen, um seine Arbeitskraft hinreichend auszunutzen. Mit der Zusammendrängung der Bevölkerung oder dem Wachsen ihrer Bedürfnisse tritt an Stelle dieser nur qualitativen, gegen die Raumbestimmtheit notgedrungen indifferenten Arbeitsteilung die lokalisierte: der Handwerker, Künstler, Kaufmann sitzt in seinem Atelier oder Laden und beherrscht von da aus eine Abnehmersphäre von bestimmtem Radius, möglichst so, daß die Produzenten eines gewissen Gebietes sich nicht ins Gehege kommen. Oder die lokale Differenzierung geschieht z. B. schon im alten Indien so, daß die Vertreter des gleichen Handwerks sich in einem bestimmten Stadtteil oder in Handwerkerdörfern zusammensiedeln. Gegenüber dem unorganisch-zufälligen Charakter des Wandergewerbes dient hier die Differenzierung nach Raumgesichtspunkten dem rationell-organischen Zusammenhang der Wirtschaft, und zwar sowohl auf ihren primitiven wie ihren ausgebildeten Stufen. Nur auf den letzteren findet sich die zweite wirtschaftliche Form der lokalen Differenzierung, die planmäßige Verteilung der Absatzgebiete, wie sie etwa ein großes Kartell unter sich vornimmt. Das Besondere hierbei ist, daß der Sitz der Kartellgenossen zu ihren jeweiligen Absatzgebieten keine notwendige örtliche Beziehung hat. Z. B. könnten bei internationalen Kartellen Zoll- oder Valutaverhältnisse sehr wohl veranlassen, daß ein bestimmter Markt gar nicht dem nächstliegenden, sondern einem ganz weit abwohnenden Produzenten zugeteilt wird. Hiermit hat die lokale Einteilung den Gipfel der Rationalisierung erreicht. Denn indem der Wohnplatz der Subjekte selbst relativ gleichgültig, jedenfalls nicht über die Konfiguration allein entscheidend ist, wird diese nun durch den höchsten und endgültigen Punkt der ganzen Zweck- und Mittelreihe bestimmt, durch den schließlichen Absatz an den Konsumenten. Wo so alle Vorbedingungen der teleologischen Reihe, ohne eine eigene Bestimmung mitwirken zu lassen, gegen ihr Definitivum völlig nachgiebig geworden sind, ist das Gebilde eben völlig rationalisiert, von der Einheit des Zweckgedankens logisch durchdrungen. Und indem die auf diesem Wege gewonnene Organisation eine lokale, nach Raumgebieten des Absatzes bestimmte ist, erscheint diese räumliche Differenzierung – die eben im Unterschied gegen jede andere in den qualitativ-funktionellen Charakter der Objekte gar nicht eingreift – trotz ihres ganz äußerlichen Wesens doch als ein Höhepunkt rationeller Struktur.

B. Die Herrschaftsübung über Menschen dokumentiert ihre Eigenart oft in der besonderen Beziehung zu ihrem räumlichen Gebiete. Wir erblicken die Gebietshoheit als Folge und Ausdruck der Hoheit über Personen. Der Staat herrscht über sein Gebiet, weil er sämtliche Bewohner desselben beherrscht. Gewiß könnte man scheinbar erschöpfender sagen, daß im Gegenteil das letztere der Fall sei, weil das erstere gelte; denn da es gar keine ausnahmslosere Umfassung einer Menschenzahl gibt als die für den Raum derselben geltende – gerade wie die geometrischen Sätze, eben weil sie für den Raum gelten, für alle Gegenstände im Raum gelten müssen – so scheint die Hoheit über das Gebiet die erste und allein zulängliche Ursache der Hoheit über die Menschen in demselben zu sein. Aber dennoch ist diese Gebietshoheit eine bloße Abstraktion, eine nachträgliche Formulierung der Personenherrschaft, indem sie außer der Herrschaft über die jeweiligen Personen an ihren jeweiligen Orten besagt: an welchen Orten dieses Gebietes sich auch diese oder andere Personen befinden werden, sie werden immer in gleicher Weise untertan sein. Aus dieser Unendlichkeit sozusagen punktueller Möglichkeiten macht der Begriff der Gebietshoheit ein Kontinuum, er antezipiert mit der lückenlosen Form des Raumes, was als konkreter Inhalt immer nur hier und dort realisiert werden kann. Denn die Staatsfunktion kann immer nur Beherrschung von Personen sein, und die Herrschaft über das Gebiet in demselben Sinne wäre ein Nonsens. Diese ist begrifflich angesehen nur der Ausdruck und als juristische Tatsache die Folge der Ausnahmslosigkeit, mit der der Staat die wirklichen und möglichen Subjekte innerhalb seiner Grenzen beherrscht. Es hat natürlich genug historische Formationen gegeben, in denen eine staatliche oder individuelle Gewalt den Boden besitzt und daraus die Herrschaft über seine Bewohner herleitet: so in feudalen und patrimonialen Verhältnissen, in denen die Menschen nur Pertinenzen des Bodens sind, sodaß der privatrechtliche Verkauf des letzteren auch sie zu Untertanen des neuen Besitzers macht; so die russischen Gutsherrschaften, bei denen zu dem Gut als solchem so und so viele »Seelen« gehörten; dasselbe Motiv überträgt sich auf ein partielleres Gebiet, wo der Satz

»cuius regio, eius religio« gilt. Allein in Wirklichkeit folgt doch niemals die Herrschaft über Menschen dem Besitz des Gebietes in demselben Sinne, wie aus ihm die Verfügung über den Früchteertrag des Bodens folgt. Vielmehr der Zusammenhang zwischen beiden muß immer erst durch besondere Normen oder Machtübungen hergestellt werden, d. h. die Personenbeherrschung muß immer ein besonderer Zweck sein, eine ausdrückliche Absicht, keine selbstverständliche Kompetenz. Ist das aber der Fall, so ist die Hoheit über das Land als Gebiet jener Menschen unvermeidlich etwas Sekundäres, eine Technik oder ein zusammenfassender Ausdruck für die Personenherrschaft, um die allein es sich unmittelbar handelt, im Gegensatz zu der Verfügung über das Land um seiner Früchte oder sonstigen Ausnutzung willen. Im letzteren Falle ist der Besitz des Landes das unmittelbar Wesentliche, weil die Fruktifizierung dieser selbstverständlich folgt. Nur die Verwechslung dieser beiden Bedeutungen der Gebietsherrschaft kann verkennen lassen, daß hier die sociologische Formung, das bestimmte Untertänigkeitsverhältnis innerhalb einer Gruppe, den Raumbegriff bestimmt. Darum finden wir auch da, wo nicht wie im Feudalismus die privatrechtliche Bodennutzung im Vordergrund des Bewußtseins steht, sehr häufig den König keineswegs als König des Landes, sondern nur seiner Bewohner bezeichnet, z. B. im älteren semitischen Königtum.

Aber nicht nur die allgemeine Tatsache der Herrschaft, sondern auch ihre speziellen Formungen münden in einen räumlichen Ausdruck. Infolge der funktionellen Zentralisiertheit, die das Wesen des römischen Staates so gut wie später das des französischen und englischen bildete, konnte das römische Weltreich bis an sein Ende als von der Stadt abhängiges Gebiet und konnten in Frankreich und England Paris und London als die festen Sitze jener zentralisierenden Macht gelten. Den konsequentesten Ausdruck im Räumlichen gewinnt diese sociologische Form in dem tibetanischen Kirchenstaat: die Hauptstadt Lhassa hat genau in ihrem Mittelpunkt ein großes Kloster, auf das sämtliche Landstraßen zuführen, und in dem die Regierung ihren Sitz hat. Andrerseits nun: der germanische Staat konnte, als nach den Karolingern die Umbildung in einen föderativen Reichsverband entschieden war, überhaupt kein dinglich-räumliches Zentrum mehr haben, sondern nur ein labiles und persönliches. Der Mangel einer festen Hauptstadt und das fortwährende Umherziehen des Königs war die logische lokale Folge jener politischen Struktur. Der formale Charakter dieses Zusammenhanges wird noch stärker betont, wenn eine Änderung der staatlichen Verhältnisse, bloß weil sie eben eine Änderung ist, die Verlegung der Hauptstadt zur Folge hat; der alte Zustand ist mit der Hauptstadt so eng associiert, sei es verwaltungstechnisch, sei es bloß psychologisch, daß der neue zweckmäßigerweise eine Verlegung derselben verlangt, und zwar insofern gleichgültig wohin, nur anderswo als an dem alten Orte muß sie sein. So wurde mehrfach in den skandinavischen Reichen die Hauptstadt verlegt, als das Christentum eingeführt wurde, so hat insbesondere im Orient die Thronbesteigung eines neuen Herrschers oft einen Wechsel der Hauptstadt zur Folge gehabt: die räumliche Projektion der funktionellen Änderung. Gerade im kleinsten Maßstabe ist dies am bezeichnendsten, weil sehr geringe räumliche Verschiebungen sachlich nicht das Geringste ausmachen, sondern nur die Tatsache der Veränderung überhaupt markieren. So häufig bei afrikanischen Stämmen: die Häuptlingswohnung ist dort oft die einzige einigermaßen stadtähnliche Siedelung, und um die Abhängigkeit dieses Gebildes von der Person des Fürsten recht fühlbar zu machen, wird sie, wenn der Herrscher wechselt, um einige Kilometer verlegt. In solchen Fällen erscheint die Stadt des Herrschers wie ein Gewand, das seine Person umgibt, und gleich diesem, nur in derselben Richtung weitergehend, als eine Erweiterung der Persönlichkeit selbst, als ein Ausstrahlen seiner Bedeutung, deren Schicksalen also die jener Lokalität folgen müssen. Daß diese Lokalisierung der Herrschermacht eine relative ist, d. h. ihren Sinn an ihrem Verhältnis zu dem Wohnplatz der Untertanen hat, drückt sich recht gut in einer etwas paradoxen Erscheinung aus, die von den Betschuanen berichtet wird: wenn die Familien mit ihrem Häuptling unzufrieden sind, so verjagen sie ihn nicht, sondern verlassen ihrerseits das Dorf, sodaß es vorkommt, daß der Häuptling sich eines Morgens ganz allein im Dorf findet – eine negative Form der lokalen Gestaltung, die aus dem Herrschaftsverhältnis hervorgeht. In der Art, wie der Raum zusammengefaßt oder verteilt wird, wie die Raumpunkte sich fixieren oder sich verschieben, gerinnen gleichsam die sociologischen Beziehungsformen der Herrschaft zu anschaulichen Gestaltungen.

C. Daß sich gesellschaftliche Vereinheitlichungen in bestimmte räumliche Gebilde umsetzen, findet sein alltägliches Beispiel darin, daß die Familie und der Klub, das Regiment und die Universität, die Gewerkschaft und die religiöse Gemeinde ihre festen Lokalitäten, ihr »Haus« haben. Alle Vereinigungen, die ein eigenes Haus besitzen, so weltweit unterschieden ihre Inhalte sein mögen, zeigen damit einen gemeinsamen sociologischen Charakterunterschied gegen die gewissermaßen freischwebenden Verbindungen, wie Freundschaften oder Unterstützungsvereine, Genossenschaften zu vorübergehenden oder zu illegalen Zwecken, politische Parteien und alle jene in die Praxis selten übergreifenden Vergesellschaftungen, die im bloßen Bewußtsein gemeinsamer Überzeugungen und paralleler Bestrebungen bestehen. Einen dritten Charaktertypus der gleichen sociologischen Kategorie machen diejenigen größeren Gebilde aus, die zwar nicht als solche fest domizilierte sind, deren einzelne Elemente aber je ein Haus besitzen: so die Gesamtarmee aus den Cadres, deren jedes eine Kaserne hat, so die Kirche als Vereinigung aller Gleichgläubigen, die in Kirchengemeinden zerfallen, so die Familien im weiteren Sinne gegenüber ihren einzelnen Hausständen, und unzähliges andere. Gewiß ist dies nur eine unter den vielen Bestimmungen, in denen sich der Aggregatzustand einer Vergesellschaftung ausdrückt, und die ihn rückwirkend tragen helfen. Allein es ist wichtig, sich klar zu machen, nicht nur daß der zentrale Zusammenhalt sich an so vielen peripherischen Punkten ausspricht, sondern daß die Wichtigkeit jenes und dieser oft kontinuierlich in einander übergeht: die wirkliche Struktur einer Vergesellschaftung wird keineswegs durch ihr sociologisches Hauptmotiv allein bestimmt, sondern durch eine sehr große Anzahl von Verbindungsfäden und Verknotungen derselben, von Verfestigungen und Flüchtigkeiten, die alle in Bezug auf das sociologisch Entscheidende: die Bildung einer Einheit aus einer Vielheit – nur graduelle Unterschiede der Wirksamkeit aufweisen.

Das »Haus« der Gemeinschaft ist nun nicht in dem Sinne des bloßen Besitzes gemeint, wie sie auch ein zweites oder ein Stück Land als juristische Person besitzen kann; sondern als die Lokalität, die als Wohn- oder Versammlungsstätte der räumliche Ausdruck ihrer sociologischen Energien ist. In diesem Sinne *hat* sie nicht eigentlich das Haus, denn als ökonomischer Wertgegenstand kommt es hier nicht in Betracht, sondern sie *ist* es, das Haus stellt den Gesellschaftsgedanken dar, indem es ihn lokalisiert. Der Sprachgebrauch deutet das an, wenn er eine Familie ein Haus nennt, wenn die »Kirche« gleichmäßig den Sinn des Gebäudes und der ideellen Vereinigung hat, wenn die Universität, der Klub usw. dieselbe Doppeldeutigkeit zeigen. Mit dem Wort Sippe hängt das altindische sabha zusammen, das ursprünglich die Versammlung der Dorfgemeinde bedeutet, dann aber das Gemeindehaus, in dem diese Versammlungen stattfanden. Am entschiedensten tritt der solidarische Zusammenhang zwischen der Vereinigung selbst und ihrem Hause an den Gemeinschaften der unverheirateten Männer hervor, die eine der frühesten klassenmäßigen Organisationen darzustellen scheinen und sich jetzt noch in Mikronesien und Melanesien sowie bei einigen Indianern und Eskimos finden. Es ist eine Lebensgemeinschaft vor der familiären, die zwar individuelle Tätigkeiten der einzelnen nicht ausschließt, aber ihrem Essen und Schlafen, ihren Spielen und Liebesabenteuern eine gemeinsame Stätte gibt und die Männer, die eben nur in ihrem Unverheiratetsein ihren Berührungspunkt haben, zu einer socialen Einheit zusammenschließt – wozu höhere Verhältnisse kaum eine Analogie besitzen. Von dieser Vergemeinsamung ist offenbar das Haus, das »Männerhaus«, die unumgängliche Verkörperung, diese Art der Klassenbildung kann überhaupt nicht stattfinden, wenn sie nicht an einem gemeinsamen Hause ihren Anhalt, ihren Krystallisationspunkt und sichtbaren Ausdruck gewinnt. Obgleich in dieser Hinsicht der Vergleich früherer und entwickelterer Zeiten unüberwindlichen Schwierigkeiten begegnet, so scheint es mir, als ob die ersteren mit ihrer naiv-sinnlichen, dem Abstrakten fremden Art ein vergleichsweise regeres Bedürfnis gehabt hätten, die Zusammengehörigkeit derartiger Gemeinsamkeiten und ihren Abschluß gegen die umgebenden Gebilde durch die Geschlossenheit eines Hauses anschaulich zu machen. Das gemeinsame Haus ist die Darstellung und sinnliche Vereinheitlichung jener äußerlich-lokalen Berührung, ohne die primitive Epochen sich überhaupt kein innerliches Zusammensein denken können. Der gemeinsame Begräbnisplatz liegt in derselben formalen Richtung. Während das Interesse an diesem jetzt höchstens die engste Familie einschließt, haben die mittelalterlichen Gesellenverbände stets die Vorstände der Kirche, mit der sie in Verbindung standen, um einen gemeinsamen Begräbnisplatz gebeten, und schließlich gehört die Kultstätte, wo der Mensch sich dauernd mit seinem Gott zusammenfindet, unter dieselbe Rubrik. Der Tempel ist doch nicht nur der Sammelplatz der Gläubigen und insofern Ergebnis und Träger ihrer Zusammengehörigkeit; sondern er ist auch die Sicherung und Projizierung der Tatsache, daß die Gottheit mit ihren Gläubigen eine örtliche Gemeinschaft hat. Darum hat man auch mit Recht hervorgehoben, daß der Kultus von Pfählen und Steinen, die Menschen hergerichtet haben, zwar unpoetischer und scheinbar roher ist als die Verehrung einer Quelle oder eines Baumes, daß aber in Wirklichkeit das erstere eine vertraulichere Nähe zwischen dem Gott und dem Gläubigen einschließt. Denn in dem Naturobjekt wohnt der Gott sozusagen von sich aus und ohne Rücksicht auf den Menschen, der sich ihm erst nachträglich und zufällig nähert; wenn er aber einwilligt, in dem Werke von der Hand eines Menschen zu wohnen, so ist damit eine ganz neue Beziehung beider geknüpft, das Menschliche und das Göttliche hat eine gemeinsame Stätte gefunden, die eben beider Faktoren bedarf, das sociologische Verhältnis des Gottes und seiner Verehrer hat sich in einem räumlichen Gebilde investiert.

Eben diese sociologische Einheit, die überhaupt zu ihrer Lokalisierung an fixierten Plätzen und Gebilden führt, scheint durch bloß graduelle Steigerung ihrer Kraft und Enge die Bestimmungen darüber zu veranlassen, daß der an jener Einheit

Teilhabende nun auch diese Örtlichkeit nicht verlassen dürfe. In Wirklichkeit ist es umgekehrt: gerade weil die Gruppe ihre Einheit und deren innere Macht über jedes Mitglied noch nicht hinreichend gefestigt fühlt, greift sie zur äußerlichen Fesselung. Mindestens kann die Bindung an die Lokalität ebenso wie ihr Gegenteil zwei ganz entgegengesetzten sociologischen Kraftmaßen entspringen: die Liberalität, mit der der moderne Staat seine Bürger ziehen läßt, sei es, um sich ihm ganz zu entfremden, sei es, um auch in der Ferne noch die Zugehörigkeitsrechte zu genießen, beweist die Höhe und Stärke, mit der sich sein Fürsichsein jenseits seiner einzelnen Elemente gestellt hat; umgekehrt ist die lokale Diffusion der Familie gegenüber ihrer dauernden Zentrierung im Heimathause doch das Symptom für die allmähliche Schwächung des Familienprinzips. Bei den Zwangsmaßregeln nun, die den Zusammenhalt der Gruppe durch die Bindung der einzelnen an die umschriebene Lokalität, den äußeren Träger der Gruppeneinheit, erreichen wollen, ist das Wesentliche, daß man dem keine Rechte geben will, der sie nicht selbst an Ort und Stelle ausübt. Das ist ein ganz allgemeiner Zug früher, insbesondere vorgeldwirtschaftlicher Verhältnisse: denn hier fehlt noch die sociologische Abstraktionsfähigkeit, die den Ausgleich von Rechten und Pflichten von der Raumnähe unabhängig macht, und von der die Geldwirtschaft ebenso Wirkung wie Ursache ist. Ich führe nur zwei bezeichnende Beispiele an. Die Charte von St. Quentin, die Philipp August 1195 dieser Kommune verlieh, zeigt auffallend viele städtische Freiheiten, unbedingtes Verordnungs- und Besteuerungsrecht der Kommune, einheimisches Gericht usw. Aber ausdrücklich sind die Bürger zum regelmäßigen Aufenthalt in der Stadt verpflichtet und dürfen nur zu bestimmt angegebenen Jahreszeiten außerhalb derselben verweilen. Solange die Frankfurter Zünfte vom Rate im wesentlichen unabhängig gewesen waren, bedurfte es zur Zunftzugehörigkeit nicht des Bürgerrechts. Ja, wer die Stadt verließ, konnte doch sein Zunftrecht behalten. Erst seit 1377, als die Zünfte dem Rate unterworfen waren, durfte keiner in die Zunft aufgenommen werden, der nicht zuvor Bürger geworden wäre, und wer das Bürgerrecht aufgab, verlor zugleich seine Mitgliedschaft in der Zunft. Der erstere Fall ist deshalb charakteristisch, weil er die Freiheit der Kommune sehr scharf gegen die Freiheit ihrer Individuen abhebt. Während das Ganze schon Selbstbestimmungsrecht und innere Bewegungsfreiheit erhielt, wußte man den Bestand dieses Ganzen nicht anders als durch die Fesselung der Elemente an seine Lokalität zu sichern. Das zweite Beispiel zeigt die Macht der Lokalität als Verkörperung der Gruppeneinheit noch stärker. Die Zunftverbindung, von einem bloß sachlichen Motive zusammengehalten, ist gegen die kommunale Einheit und deshalb gegen die Frage nach dem Aufenthaltsorte ihrer Individuen relativ gleichgültig. Sobald aber der mehr formal-funktionelle, nicht auf einen bestimmten Einzelinhalt festgelegte Socialcharakter der Stadt über jene Herr wird, krystallisiert er sofort zu der Forderung lokaler Bindung. Der technisch-inhaltliche Gesichtspunkt der Zunft ist an sich überlokal und gibt deshalb in dem Maße seiner Herrschaft den Individuen größere Freiheit der Bewegung als der rein sociologische des Stadtregimentes; dieser wird nicht so leicht wie jener zu einer abstrakten Einheit, sondern verlangt die räumlich-konkrete, die er durch den Ortszwang realisiert. Von hier aus ist es eine Übergangserscheinung, wenn das Stadtrecht von Brabant 1192 zwar von den Bürgern verlangt, daß sie dem Herzog und der Stadt Treue schwören, ihnen aber gestattet, nach einem Aufenthalt von Jahr und Tag ungehindert fortzuziehen. Durch diese ausdrückliche Hervorhebung wird, wenn auch die tatsächlichen Verhältnisse nicht anders liegen als bei dem vorigen Typus, doch ein neuer Gesichtspunkt wirksam: das Individuum schulde für Rechte, Ehre oder Schutz, die es durch die Zugehörigkeit zu der Gemeinschaft genießt, eine Gegenleistung, die in diesem Fall durch eine bestimmte Dauer des Aufenthalts abgetragen wird. Hiermit tritt das Ganze als solches seinen Elementen mit Verpflichtungen und Gewährungen, wie zwischen zwei Parteien, gegenüber, die Stadt als Einheit gewinnt ein Fürsichsein, und in demselben Maße wird die Distanz gegen die Individuen größer und die physisch-lokale Bindung entbehrlicher, an der allein das frühere Stadium seine sociologische Einheit verwirklichte. Und dieser räumliche Ausdruck des Verhältnisses zwischen dem Individuum und seiner Gruppe bleibt seinem Sinne nach der gleiche, wenn andere Lebensbedingungen der Gruppe als ganzer ihn in die genau entgegengesetzte Erscheinung kleiden. Bei nomadischen Völkern, bei manchen Arabern, bei den Rekabäern, die den Israeliten nahe standen, war es gesetzlich verboten, Felder zu besitzen oder ein Haus zu bauen. Hier würde eben die örtliche Interessenfixierung des Individuums seine Lösung von dem Zusammenhang mit seinem umherschweifenden Stamme einleiten. Die Lebensform räumlicher Ungebundenheit drückt hier also die sociologische Einheit ebenso aus, wie das Gegenteil davon es bei lokaler Festgelegtheit derselben tut.

D. Endlich gewinnt der leere Raum als leerer eine Bedeutung, in der sich bestimmte sociologische Beziehungen negativer wie positiver Art audrücken. Es handelt sich dabei also nicht um die Folgen eines gegebenen Raumintervalls für die Wechselwirkungen derer, zwischen denen es besteht; sondern um derartige räumliche Bestimmtheiten als Folgen anderweitiger gesellschaftlicher Bedingungen. In frühen Zeiten haben Völker oft das Bedürfnis, daß ihre Grenze nicht unmittelbar auch die eines anderen Volkes sei, sondern daß an sie zunächst ein wüster Landstrich sich anschließe. Unter Augustus suchte man die Reichsgrenze auch dadurch zu sichern, daß man z. B. den Landstrich zwischen dem Rhein und dem Limes entvölkerte: Stämme wie die Usipier und Tenkterer mußten teils auf das linke Ufer übersiedeln, teils sich tiefer in das Land hineinziehen. Während der wüste Strich hier noch Reichsgebiet war, sollte von Nero an auch jenseits der römischen Grenzen zunächst unbewohntes Land liegen. So hatten schon früher die Sueven eine Wüste um ihr Gebiet geschaffen, so lag zwischen Dänen und Deutschen das Isarnholt, zwischen Slaven und Deutschen der Sachsenwald usw. Auch indianische Stämme hielten darauf, daß zwischen je zweien ein weiter, niemandem gehöriger Landstrich läge. Das Schutzbedürfnis der einzelnen Gruppen ist natürlich die Veranlassung hiervon, und kaum in irgend einer anderen Beziehung wird der Raum so als reine Distanz, als qualitätlose Ausdehnung ausgenutzt. In der Regel treibt eine Schwäche oder Unbehülflichkeit zu dieser Maßnahme, genau wie sie gelegentlich den einzelnen in die Einsamkeit treibt. Das sociologisch Bezeichnende ist, daß die so gewonnene Defensive mit dem ganz entsprechenden Verzicht auf Offensive bezahlt wird und die Idee des Ganzen sich in der Redensart ausdrückt: tu' mir nichts, ich tu' dir auch nichts! Dieses Schema herrscht nicht nur zwischen Personen, die sich überhaupt nichts angehen, sondern bestimmt auch als durchaus positive und bewußte Maxime unzählige Verhältnisse solcher Menschen, die vielerlei mit einander teilen, bei denen gerade Anreize und Ansätze zu vielerlei Reibungen vorhanden sind. Im äußeren Effekt ordnet sich dies der anderen allgemeinen Maxime ein: wie du mir, so ich dir – während es innerlich genau entgegengesetzten Wesens ist. Das letztere Prinzip, obgleich nach ihm das Verhalten der redenden Partei sich nach dem der anderen richten will, zeigt noch aggressiven Charakter, mindestens Gerüstetheit für jede Eventualität. Jenes erstere dagegen, obgleich es die Initiative ergreift, beweist gerade das Gegenteil der Offensive und Gerüstetheit, indem es durch eigenes Waffenniederlegen den andern, wie auch seine Stimmung sei, zu eben demselben veranlassen will. Unter den vielfachen Fällen, in denen die Maxime: tu' mir nichts, ich tu' dir auch nichts – das Benehmen bestimmt, gibt es keinen reineren und anschaulicheren als den des wüsten Gebietes, das eine Gruppe um ihre Grenze legt; hier hat sich das Prinzip völlig in die Raumform hinein verkörpert.

Das Prinzip, das dem der Grenzwüste entgegengesetzt ist, vertritt auch die entgegengesetzte Gesinnung: quaeque terrae vacuae, so drückt es Tacitus aus, eas publicas esse; das ist ebenso gelegentlich von den Germanen wie neuerdings von den amerikanischen Ansiedlern den Indianern gegenüber behauptet worden. Es zeigt offenbar einen fundamentalen Unterschied in den Beziehungsformen zweier Gruppen, ob der leere Raum zwischen ihnen keinem gehören soll oder potentiell beiden, indem jeder, der es will, die Hand darauf legen kann und damit freilich oft den Streit entfesseln wird, den der andere Modus gerade vermeiden will. Diese Unterschiedsform ist von typischer Bedeutung. Daß ein Objekt von vornherein keiner von verschiedenen Parteien gehört, kann sich konsequenterweise sowohl zu rechtlicher Fixierung entwickeln, sodaß sich keine an ihm vergreifen darf, als auch dazu, daß es jede darf bzw. daß die zuerst zugreifende besitzberechtigt sein soll. Diese Differenz bezeichnet schon ganz feine persönliche Beziehungen. Zwischen zwei Menschen besteht oft ein Gebiet oder Gegenstand theoretischen oder gefühlsmäßigen Interesses, den sie wie auf eine stillschweigende Verabredung hin nicht berühren, sei es weil diese Berührung schmerzlich wäre, sei es, weil sie einen Konflikt davon befürchten. Dies entspringt keineswegs immer aus bloßer Zartheit der Empfindung, sondern auch aus Feigheit und Schwäche. Die Personen lassen hier gleichsam ein Gebiet zwischen sich leer und wüst, während ein kräftiges Zugreifen, das den ersten Choc nicht scheut, dasselbe zu Fruchtbarkeiten und neuen Verknüpfungen entwickeln könnte. Deshalb liegt eine ganz andere Nuance vor, wo dies letztere beiderseitig gefühlt und deshalb dem ersten Beschreiten des vermiedenen Gebietes ein Vorsprung, eine Anerkennung, eine begünstigtere Fruktifizierung desselben als Lohn des Mutigen folgt. Im Spiel von Kindern ist das gleichfalls zu beobachten: daß irgend ein Gegenstand für alle Tabu ist, daß Wetteifer oder Kooperation sich auf ihn nicht erstrecken darf, sozusagen ein öffentliches Nichteigentum, im Gegensatz zu denjenigen, die als öffentliches Eigentum gelten, und deren sich der erste, der will, oder dem es gelingt, bemächtigen kann. Wirtschaftende Persönlichkeiten lassen manchmal gewisse Möglichkeiten unverwirklicht – in der Ausnutzung der Arbeiter, der Ausdehnung der Geschäftszweige, der Anlockung der Abnehmer – weil sie einen allzu heftigen Zusammenstoß, dem sie ihre Kräfte nicht gewachsen fühlen, davon befürchten; während stärkere Konkurrenz, diesen Schutz durch Resignation preisgebend, alle irgend bereit liegenden Kräfte und Chancen ihres Gebietes aktualisiert und alles bisher Unausgenutzte für ein öffentliches Eigentum in dem Sinne ansieht, daß jeder, der zuerst kommt, davon soviel nehmen oder soviel daraus machen darf, wie er imstande ist. Endlich auf dem Gebiet des Handelns überhaupt, insoweit es unter der Kategorie des Sittlichen angesehen wird. Da eine sociale Organisation niemals über hinreichende Gesetze und

Kräfte verfügt, das sittlich erwünschte Verhalten ihrer Mitglieder durchgehends zu erzwingen, ist sie darauf angewiesen, daß diese sich freiwillig die Ausnutzung der Lücken ihrer Gesetze versagen. Den anständigen Menschen umgibt eine Sphäre von gegen andere geübten Reserven, von Resignationen auf egoistische Handlungen, die der Gewissenlose ohne weiteres ausübt, weil sie überhaupt nur durch innere sittliche Impulse untersagt werden können. Daher eben die häufige Wehrlosigkeit des moralischen Menschen; er will eben nicht mit denselben Waffen und um dieselben Preise kämpfen wie der Schurke, der alle bereit liegenden Vorteile ergreift, sobald er es ohne äußeres Risiko kann. So besteht zwischen gewissenhaften Menschen sozusagen ein ideelles Vakuum, in das der Unsittliche eindringt, und von dem er profitiert. Das inhaltliche wie sociologische Wesen ganzer gesellschaftlicher Kreise bestimmt sich danach, inwieweit jener Verzicht auf egoistische Chancen sich zwischen die einzelnen schiebt, jeden gegen Angriffe eines jeden sichernd, oder ob das allgemeine Verhalten sich nach dem Wahlspruch: was nicht verboten ist, ist erlaubt – richtet. Unter der unendlichen Verschiedenheit all dieser Erscheinungen wird so eine formale Gleichheit im Unterschied der Verhaltungsarten fühlbar. Jener Gegensatz zwischen dem Prinzip der Grenzwüste und dem, daß das von niemandem besessene Terrain für jeden okkupierbar wäre, wird so seiner Grundidee nach des zufälligen und äußerlichen Charakters entkleidet; es zeigt sich als die anschauliche Verkörperung, als das am Raum realisierte Beispiel eines typischen funktionellen Gegenseitigkeitsverhältnisses zwischen Individuen oder Gruppen.

Einen ganz anderen Sinn gewinnt die Neutralität des unbewohnten Raumes, indem sie ihn zu positiven Diensten befähigt: seine Funktion, die bisher eine trennende war, kann auch eine verbindende werden. Begegnungen von Personen, die auf dem Gebiet der einen oder dem der anderen untunlich wären, können manchmal doch auf neutralem Gebiet stattfinden, und die Dauerform eines solchen wird besonders in primitiven Epochen ein unbewohnter, niemandem gehöriger Landstrich sein. Denn wo Bewohner sind, ist deren Unparteilichkeit und damit die Sicherheit jeder der zusammenkommenden Parteien nie dauernd gewährleistet, und vor allem kann eine geistige Verfassung, die noch ganz am Sinnlich-Konkreten haftet, sich die Neutralität eines Territoriums wohl nicht besser vorstellen, als daß eben niemand darauf wohnt; zu der Neutralität als allgemeiner, ganz positiver Verhaltungsweise ist von hier, wo sie ein bloßes Manko bezeichnet, ein weiter Weg, und deshalb wird sie zunächst auf Raumteilen haften, die zwar ganz bestimmte Möglichkeiten von Beziehungen geben, aber doch von sich aus völlig indifferent sind. Von allen Potenzen des Lebens ist der Raum am meisten die zur Anschauung gewordene Unparteilichkeit; alle anderen Inhalte und Formen unseres Milieus haben durch ihre spezifischen Eigenschaften irgendwie andere Bedeutungen und Chancen für die eine als für die andere Person oder Partei, und nur der Raum eröffnet sich jeglichem Dasein ohne irgend ein Präjudiz. Und dieser Neutralität des Raumes überhaupt nähert sich für die praktischen Verwertungen am meisten das unbewohnte, niemandem gehörige Terrain, das eben sozusagen bloß Raum und weiter nichts ist. So ist dieses der gegebene Ort für den wirtschaftlichen Tauschverkehr primitiver Gruppen, die eigentlich in stetem allenfalls latentem Kriegszustande und Mißtrauen gegen einander leben. Der Wirtschaftsverkehr als Austausch objektiver Werte ist ja von vornherein ein Prinzip der Neutralität und der Stellung jenseits sonstiger Parteiung; selbst bei indianischen Stämmen, die auf Kriegsfuß stehen, darf der Händler ungehemmt von einem zum andern kursieren. Die neutrale Zone, die man sich nicht anders denn als die unokkupierte vorstellen konnte, findet sich deshalb als Korrelat des neutralen Warenaustausches allenthalben, wird z. B. im frühesten England ausdrücklich hervorgehoben. Hier ist zwar die Rede von the *boundary* place between two or more marks, dies sei anerkannt worden als a neutral territory where men might meet, zum Tauschverkehr, if not on friendly terms, at least without hostility. Eigentlich also handelt es sich hier um die Grenzlinie, an der die Begegnung stattfindet, sodaß keine der Parteien ihr eigenes Gebiet zu verlassen braucht; allein wie, wenn wir von der »Gegenwart« sprechen, wir nicht die genaue Gegenwart meinen, sondern sie diesseits und jenseits dieses bloßen

Punktes aus einem Stückchen Vergangenheit und einem Stückchen Zukunft zusammensetzen – so dürfte der Grenzstrich für die Praxis wohl allenthalben als eine schmälere oder breitere Zone aufgetreten sein oder sich zu einer solchen gedehnt haben, sodaß jede Partei, wenn sie die Grenze der eigenen Mark überschritt, darum noch nicht die der Gegenpartei betrat. Damit ordnet sich der neutrale Raum in einen bedeutsamen sociologischen Typus ein. Wo auch immer zwei Parteien sich im Konflikt befinden, wird es für dessen Entwicklung wichtig sein, wenn jede der Parteien der anderen entgegenkommen kann, ohne auf ihr Gebiet einzutreten, und zwar in dem doppelten Sinne des feindlichen Angriffs wie des Sichergebens. Ist eine solche Möglichkeit des Begegnens gegeben, ohne daß im übrigen einer von beiden seinen Standpunkt zu verlassen braucht, so ist damit jene Objektivation und Differenzierung eingeleitet, die das Streitobjekt im Bewußtsein der Parteien von denjenigen Interessen trennt, die jenseits jenes liegen, bezüglich deren eine Verständigung oder Gemeinsamkeit möglich ist, und die rohere oder impulsivere Geistesverfassungen in jene Feindseligkeit mit hineinreißen. Dahin gehören z. B. ganz allgemein auf der Stufe hoher innerer Kultur die persönlichen Seiten der Individuen bei prinzipiellen Antagonismen und die prinzipiellen Interessen bei persönlicher Feindschaft. Dahin gehören insbesondere die Sphären der Geselligkeit, der Kirche, des Staatslebens, der Kunst und der Wissenschaft, soweit in ihnen Burgfriede herrscht, und zwar anhebend von ihrem Umkreis im geistigen Sinn bis zu den Lokalitäten, die ihnen geweiht sind. Eine unabsehbare Zahl von Beispielen zeigt uns Gebiete, auf denen Verkehr, Entgegenkommen, sachliche Berührung zwischen gegensätzlichen Parteien möglich ist, derart, daß hier der Gegensatz nicht zu Worte kommt, ohne daß er doch aufgegeben zu werden braucht, daß man sich zwar aus den Grenzen, die uns sonst vom Gegner scheiden, hinausbegibt, aber ohne in die seinen überzutreten, sondern sich vielmehr jenseits dieser Scheidung hält. Indem der leere, unokkupierte Grenzbezirk zwischen zwei Stämmen als neutrale Zone für den Tausch- oder sonstigen Verkehr funktioniert, ist er das einfachste, in seinem reinen Negationscharakter anschaulichste solcher Gebilde, die jener eigentümlich differenzierten Verhältnisform antagonistischer Elemente zum Mittel dienen, und in denen sie sich verkörpert; sodaß sich schließlich selbst der leere Raum als Träger und Ausdruck sociologischer Wechselwirkung enthüllt.

Soziologie der Konkurrenz

Aus Entzweiung und Kampf ist unserer Art so viel Leiden und Elend erwachsen, daß das Ideal des *pax hominibus* aufwachsen konnte, als die Vollendung des menschlichen Seins. Denn fast unvermeidlich gilt unsere Wertung eines Lebenselementes seinem Gesamtbegriff, und nur schwer erkennt sie die völlige Entgegengesetztheit der Bedeutungen an, die einem und demselben je nach seinem Maß, seiner Ausnutzung, seinen Mitwirksamkeiten zu teil wird. Denn das Friedensideal verleugnen nicht nur die des Kampfes frohen Naturen, die in diesem einen definitiven, durch sich selbst gerechtfertigten Wert fühlen; nicht nur der Psychologe, der im Kampf die Äußerung ununterdrückbarer Triebe, ein nicht auszuscheidendes Element des seelischen Lebens, mit all seinen Höhen und Schönheiten erkennt; sondern auch der Soziologe, für den eine Gruppe, die schlechthin zentripetal und harmonisch, bloß »Vereinigung« wäre, nicht nur empirisch unwirklich ist, sondern auch keinen eigentlichen Lebensprozeß aufweist; die Gesellschaft der Heiligen, die Dante in der Rose des Paradieses erblickt, mag sich so verhalten, aber sie ist auch jeder Veränderung und Entwickelung enthoben, während schon die heilige Versammlung der Kirchenväter in Raffaels *Disputa* sich, wenn nicht als wirklicher Streit, so doch als eine erhebliche Verschiedenheit von Stimmungen und Denkrichtungen darstellt, aus der die ganze Lebendigkeit und der wirkliche, organische Zusammenhang jenes Zusammenseins quillt. Wie der Kosmos »Liebe und Haß«, attraktive und repulsive Kräfte braucht, um eine Form zu haben, so braucht auch die Gesellschaft irgend ein quantitatives Verhältnis von Harmonie und Disharmonie, Assoziation und Konkurrenz, Gunst und Mißgunst, um zu einer bestimmten Gestaltung zu gelangen. Diese Entzweiungen sind keineswegs bloße soziologische Passiva, negative Instanzen, sodaß die definitive, wirkliche Gesellschaft nur durch die andern und positiven sozialen Kräfte zustande käme, und zwar immer nur so weit, wie jene es nicht

verhindern. Diese gewöhnliche Auffassung ist ganz oberflächlich. Die Gesellschaft, wie sie gegeben ist, ist das Resultat beider Kategorieen von Wechselwirkungen, die insofern beide
völlig positiv auftreten. In Wirklichkeit braucht, was zwischen
Individuen, in bestimmter Richtung laufend und isoliert betrachtet, etwas Negatives und Abträgliches ist, innerhalb der
Totalität der Beziehung keineswegs ebenso zu wirken; denn
hier gibt es mit anderen, von ihm nicht berührten Wechselwirkungen zusammen ein ganz neues Bild, in dem das Negative
und Dualistische nach Abzug dessen, was es etwa an singulären Beziehungen zerstört hat, seine durchaus positive Rolle
spielt. Es würde keineswegs immer ein reicheres und volleres
Gemeinschaftsleben ergeben, wenn die repulsiven und, im einzelnen betrachtet, auch destruktiven Energieen in ihm ver-
schwänden – wie es ein qualitativ ungeändertes und reicheres
Vermögen ergibt, wenn seine Passiva wegfielen – sondern ein
ebenso verändertes und oft ebenso unrealisierbares Bild wie
nach Wegfall der Kräfte der Kooperation und Zuneigung, der
Hülfeleistung und Interessenharmonie. Wie sich der Kampf in
das gesellschaftliche Leben verwebt, wie er als eine besondere
Art der Wechselwirkung die Einheitlichkeit der Gesellschaft
beeinflußt, die nichts als eine Summe von Wechselwirkungen
ist – das wollen diese Betrachtungen für eine eigentümliche
Form des Kampfes, für die Konkurrenz, deutlich machen.

Für das soziologische Wesen der Konkurrenz ist es zunächst bestimmend, daß der Kampf ein indirekter ist. Wer den
Gegner unmittelbar beschädigt oder aus dem Wege räumt,
konkurriert insofern nicht mehr mit ihm. Der Sprachgebrauch
verwendet vielmehr im allgemeinen das Wort nur für solche
Kämpfe, die in den parallelen Bemühungen beider Parteien um
einen und denselben Kampfpreis bestehen. Die Unterschiede
derselben gegen andere Kampfarten lassen sich näher etwa so
bezeichnen. Die Form des Konkurrenzkampfes ist vor allem
nicht Offensive und Defensive – deshalb nicht, weil der
Kampfpreis sich nicht in der Hand eines der Gegner befindet.
Wer mit einem andern kämpft, um ihm sein Geld oder sein
Weib oder seinen Ruhm abzugewinnen, verfährt in ganz anderen Formen, mit einer ganz anderen Technik, als wer mit ei-

nem anderen darum *konkurriert*, wer das Geld des Publikums in seine Tasche leiten, wer die Gunst einer Frau gewinnen, wer durch Taten oder Worte sich den größeren Namen machen solle. Während in vielen anderen Kampfarten deshalb die Besiegung des Gegners nicht nur den Siegespreis unmittelbar einträgt, sondern der Siegespreis selbst ist, treten bei der Konkurrenz zwei andere Kombinationen auf: wo die Besiegung des Konkurrenten die zeitlich erste Notwendigkeit ist, da bedeutet diese Besiegung an sich eben noch gar nichts, sondern das Ziel der ganzen Aktion wird erst durch das Sich-Darbieten eines von jenem Kampf an sich ganz unabhängigen Wertes erreicht. Der Kaufmann, der seinen Konkurrenten erfolgreich beim Publikum der Unsolidität verdächtigt hat, hat damit noch nichts gewonnen, wenn die Bedürfnisse des Publikums etwa plötzlich von der Warensorte, die er anbietet, abgelenkt werden; der Liebhaber, der seinen Nebenbuhler verscheucht oder unmöglich gemacht hat, ist damit noch keinen Schritt weiter, wenn die Dame nun auch ihm ihre Neigung vorenthält; einer Konfession, die um den Gewinn eines Proselyten streitet, braucht dieser noch lange nicht darum anzuhängen, daß sie die konkurrierende durch den Nachweis ihrer Unzulänglichkeit aus dem Felde geschlagen hat – wenn ihr nicht aus dem Gemüte jenes Bedürfnisse, die sie positiv befriedigen kann, entgegenkommen. Der Konkurrenzkampf erhält bei diesem Typus seine Färbung dadurch, daß die Entscheidung des Kampfes für sich noch nicht den Zweck des Kampfes realisiert, wie überall da, wo Zorn oder Rache, Strafe oder der ideale Wert des Sieges als solchen den Kampf motiviert. Noch mehr vielleicht unterscheidet sich der zweite Typus der Konkurrenz von anderen Kämpfen. Bei diesem besteht der Kampf überhaupt nur darin, daß jeder der Bewerber für sich auf das Ziel zustrebt, ohne eine Kraft auf den Gegner zu verwenden. Der Wettläufer, der nur durch seine Schnelligkeit, der Kaufmann, der nur durch den Preis seiner Ware, der Proselytenmacher, der nur durch die innere Überzeugungskraft seiner Lehre wirken will, exemplifizieren diese merkwürdige Art des Kampfes, die an Heftigkeit und leidenschaftlichem Aufgebot aller Kräfte jeder anderen gleichkommt, zu dieser äußersten

Leistung auch nur durch das wechselwirkende Bewußtsein von der Leistung des Gegners gesteigert wird, und doch, äußerlich angesehen, so verfährt, als ob kein Gegner, sondern nur das Ziel auf der Welt wäre. So verschlingt sich in dieser Form aufs wunderbarste die Subjektivität des Endzieles mit der Objektivität des Endergebnisses, eine überindividuelle Einheit sachlicher oder sozialer Natur schließt die Parteien und ihren Kampf ein, man kämpft mit dem Gegner, ohne sich gegen ihn zu wenden, sozusagen ohne ihn zu berühren; so führt uns die subjektive antagonistische Triebfeder zur Verwirklichung objektiver Werte, und der Sieg des Kampfes ist nicht eigentlich der Erfolg eines Kampfes, sondern eben der Wertverwirklichungen, die jenseits des Kampfes stehen.

Darin liegt nun der ungeheure Wert der Konkurrenz für den sozialen Kreis, falls die Konkurrenten von einem solchen umfaßt sind. Während die anderen Kampftypen: bei denen entweder der Kampfpreis ursprünglich sich in den Händen der einen Partei befindet, oder wo die subjektive Feindseligkeit und nicht der Gewinn eines Preises das Kampfmotiv bildet – während diese Typen die Werte und Kräfte der Kämpfer sich gegenseitig verzehren lassen, und als Resultat für die Gesamtheit oft nur verbleibt, was die einfache Subtraktion der schwächeren Kraft von der stärkeren übrig läßt, wirkt umgekehrt die Konkurrenz, wo sie sich von der Beimischung der anderen Kampfformen frei hält, durch ihre unvergleichliche Kombination meistens wertsteigernd: da sie, vom Standpunkt der Gruppe aus gesehen, subjektive Motive als Mittel darbietet, um objektive soziale Werte zu erzeugen und, vom Standpunkt der Partei, die Produktion des objektiv Wertvollen als Mittel benutzt, um subjektive Befriedigungen zu gewinnen.

Dies ist ein sehr reiner Fall des häufigen Typus: daß für die Gattung, für die Gruppe, kurz für das umfassende Gebilde Mittel ist, was für das Individuum Endzweck ist, und umgekehrt. Zu höchst gilt dies in weitem Umfang für das Verhältnis des Menschen zu der metaphysischen Totalität, zu seinem Gott. Wo die Idee eines göttlichen Weltplanes aufwächst, da sind die Endzwecke des Einzelwesens nichts als Stufen und Mittel, die das absolute Endziel aller irdischen Bewegungen, wie es in dem göttlichen Geiste gesetzt ist, verwirklichen helfen; für das Subjekt aber, in der Unbedingtheit seines Ich-Interesses, ist nicht nur die empirische, sondern auch jene transzendente Wirklichkeit nur ein Mittel für seinen Zweck: sein Wohlergehen auf Erden oder sein Heil im Jenseits, das Glück ruhiger, erlöster Vollkommenheit oder ekstatischer Gotterfülltheit sucht es durch den Gott, der ihm dies alles vermittle; wie Gott als das absolute Sein auf dem Umwege über den Menschen zu sich selbst kommt, so der Mensch zu sich selbst auf dem Umwege über Gott. Für das Verhältnis zwischen dem Individuum und seiner Gattung im biologischen Sinn ist dies längst bemerkt; der erotische Genuß, für jenes ein sich selbst rechtfertigender Endzweck, ist für die Gattung nur ein Mittel, durch das sie sich ihre Fortsetzung über jeden momentanen Bestand hinaus sichere; diese Erhaltung der Gattung, die mindestens gleichnisweise als ihr Zweck gilt, ist für das Individuum oft genug nur das Mittel, sich selbst in seinen Kindern fortzusetzen, seinem Besitz, seinen Eigenschaften, seiner Vitalität eine Art Unsterblichkeit zu verschaffen. In den sozialen Beziehungen kommt das, was man als Harmonie der Interessen zwischen der Gesellschaft und dem Einzelnen bezeichnet, eben darauf hinaus. Das Tun des Einzelnen wird normiert und vorgespannt, um die rechtlichen und sittlichen, die politischen und kulturellen Verfassungen der Menschen zu tragen und zu entwickeln; was aber im ganzen nur dadurch gelingt, daß die eigenen eudämonistischen und sittlichen, materiellen und abstrakten Interessen des Individuums sich jener überindividuellen Werte als Mittel bemächtigen; so ist etwa die Wissenschaft ein Inhalt der objektiven Kultur und als solcher ein selbstgenugsamer Endzweck der gesellschaftlichen Entwickelung, der sich durch das Mittel des individuellen Erkenntnistriebes verwirklicht; für das Individuum aber ist die ganze vorliegende Wissenschaft samt dem von ihm selbst erarbeiteten Teile ihrer ein bloßes Mittel für die Befriedigung seines persönlichen Erkenntnistriebes. Nun sind allerdings diese Verhältnisse keineswegs immer von so harmonischer Symmetrie; sie beherbergen vielmehr oft genug den Widerspruch, daß zwar sowohl das Ganze wie der Teil sich als

Endzweck und demnach den anderen als Mittel behandeln, keines von beiden aber diese Rolle als Mittel akzeptieren will. Daraus ergeben sich Reibungen, die an jedem Punkt des Lebens fühlbar sind und die Zwecke des Ganzen wie der Teile nur unter gewissen Abzügen sich verwirklichen lassen. Das gegenseitige Sich-Aufreiben der Kräfte, das dem positiven Ergebnis nicht zu Gute kommt, und die Unbelohntheit und Ungenütztheit der als schwächer erwiesenen bilden derartige Abzüge innerhalb der Konkurrenz, die sonst jene Symmetrie einander entgegenlaufender Zweckreihen so deutlich zeigt.

Allein die inhaltliche Förderung, die der Konkurrenz durch ihre eigentümlich vermittelte Wechselwirkungsform gelingt, ist hier nicht so wichtig wie die soziologische. Indem der Zielpunkt, um den innerhalb einer Gesellschaft die Konkurrenz von Parteien stattfindet, doch wohl durchgängig die Gunst eines oder vieler dritter Personen ist – drängt sie jede der beiden Parteien, zwischen denen sie stattfindet, mit außerordentlicher Enge an jene dritten heran. Man pflegt von der Konkurrenz ihre vergiftenden, zersprengenden, zerstörenden Wirkungen hervorzuheben und im übrigen nur jene inhaltlichen Werte als ihre Produkte zuzugeben. Daneben aber steht doch diese ungeheure vergesellschaftende Wirkung: sie zwingt den Bewerber, der einen Mitbewerber neben sich hat und häufig erst hierdurch ein eigentlicher Bewerber wird, dem Umworbenen entgegen- und nahezukommen, sich ihm zu verbinden, seine Schwächen und Stärken zu erkunden und sich ihnen anzupassen, alle Brücken aufzusuchen oder zu schlagen, die sein Sein und seine Leistungen mit jenem verbinden könnten. Freilich geschieht dies oft um den Preis der persönlichen Würde und des sachlichen Wertes der Leistung; vor allem bewirkt die Konkurrenz zwischen den Produzenten der höchsten geistigen Leistungen, daß diejenigen, die zur Leitung der Masse bestimmt sind, sich ihr unterordnen: um überhaupt nur zur wirksamen Ausübung ihrer Funktion als Lehrer oder Parteiführer, als Künstler oder Journalist zu gelangen, bedarf es des Gehorsams gegen die Instinkte oder Launen der Masse, sobald diese auf Grund der Konkurrenz die Auswahl unter den Bewerbern hat. Dadurch wird freilich *inhaltlich* eine Umkehrung der Rangordnung und der sozialen Lebenswerte geschaffen, aber das vermindert nicht die formale Bedeutung der Konkurrenz für die Synthesis der Gesellschaft. Ihr gelingt unzählige Male, was sonst nur der Liebe gelingt: das Ausspähen der innersten Wünsche eines anderen, bevor sie ihm noch selbst bewußt geworden sind. Die antagonistische Spannung gegen den Konkurrenten schärft bei dem Kaufmann die Feinfühligkeit für die Neigungen des Publikums bis zu einem fast hellseherischen Instinkt für die bevorstehenden Wandlungen seines Geschmacks, seiner Moden, seiner Interessen; und doch nicht nur bei dem Kaufmann, sondern auch bei dem Zeitungsschreiber, dem Künstler, dem Buchhändler, dem Parlamentarier. Die moderne Konkurrenz, die man als den Kampf aller gegen alle kennzeichnet, ist doch zugleich der Kampf aller um alle. Niemand wird die Tragik davon in Abrede stellen, daß die Elemente der Gesellschaft gegen einander, statt mit einander arbeiten, daß unzählige Kräfte in dem Kampf gegen den Konkurrenten verschwendet werden, die zu positiver Arbeit verwendbar wären, daß endlich auch die positive und wertvolle Leistung ungenutzt und unbelohnt ins Nichts fällt, sobald eine wertvollere oder wenigstens anziehendere mit ihr konkurriert. Aber alle diese Passiva der Konkurrenz in der sozialen Bilanz stehen doch nur *neben* der ungeheuren synthetischen Kraft der Tatsache, daß die Konkurrenz in der Gesellschaft doch Konkurrenz um den Menschen ist, ein Ringen um Beifall und Aufwendung, um Einräumungen und Hingebungen jeder Art, ein Ringen der wenigen um die vielen wie der vielen um die wenigen; kurz, ein Verweben von tausend soziologischen Fäden durch die Konzentrierung des Bewußtseins auf das Wollen und Fühlen und Denken der Mitmenschen, durch die Adaptierung der Anbietenden an die Nachfragenden, durch die raffiniert vervielfältigten Möglichkeiten, Verbindung und Gunst zu gewinnen. Seit die enge und naive Solidarität primitiver sozialer Verfassungen der Dezentralisation gewichen ist, die der unmittelbare Erfolg der quantitativen Erweiterung der Kreise sein mußte, scheint das Sich-Bemühen des Menschen um den Menschen, das Sich-Anpassen des einen an den andern eben nur um den Preis der Konkurrenz möglich, also des gleichzeitigen Kampfes gegen einen Nebenmann um den dritten – gegen welch' letzteren man übrigens vielleicht in irgend einer anderen Beziehung um jenen konkurriert. Jene Interessen, die den Kreis schließlich von Glied zu Glied zusammenhalten, scheinen bei der Weite und Individualisierung der Gesellschaft nur lebendig zu sein, wenn die Not und die Hitze des Konkurrenzkampfes sich dem Subjekte aufdrängt. Auch zeigt sich die sozialisierende Kraft der Konkurrenz keineswegs nur in diesen gröberen, sozusagen öffentlichen Fällen. In unzähligen Kombinationen des Familienlebens wie der Erotik, der gesellschaftlichen Plauderei wie der auf Überzeugung gerichteten Disputation, der Freundschaft wie der Eitelkeitsbefriedigungen begegnet uns die Konkurrenz zweier um den dritten, oft freilich nur in Andeutungen, gleich fallen gelassenen Ansätzen, als Seiten oder Teilerscheinungen eines Totalvorganges. Überall aber, wo sie auftritt, entspricht dem Antagonismus der Konkurrenten ein Darbieten oder Verlocken, ein Versprechen oder Sich-Anschließen, das jeden von beiden mit dem dritten in eine Beziehung bringt; diese ist zwar zunächst eine einseitige, gewinnt aber bei dem Sieger oft eine Intensität, zu der es ohne die eigentümliche, nur durch die Konkurrenz ermöglichte, fortwährende Vergleichung der eigenen Leistung mit einer andern und ohne die Erregung durch die Chancen der Konkurrenz nicht gekommen wäre. Je mehr der Liberalismus außer in die wirtschaftlichen und die politischen auch in die familiären und geselligen, die kirchlichen und freundschaftlichen, die Rangordnungs- und allgemeinen Verkehrsverhältnisse eingedrungen ist, das heißt also: je weniger diese vorbestimmt und durch allgemeine historische Normen geregelt, je mehr sie dem labilen, von Fall zu Fall sich herstellenden Gleichgewicht oder Verschiebungen der Kräfte überlassen sind – desto mehr wird ihre Gestaltung von fortwährenden Konkurrenzen abhängen; und der Ausgang dieser wiederum in den meisten Fällen von dem Interesse, der Liebe, den Hoffnungen, die die Konkurrenten in verschiedenem Maße in dem oder den dritten, den Mittelpunkten der konkurrierenden Bewegungen, zu erregen wissen. Das wertvollste Objekt für den Menschen ist der Mensch, unmittelbar wie mittelbar. Letzteres, weil in ihm die Energieen der untermenschlichen Natur aufgespeichert sind, wie in dem Tiere, das wir verzehren oder für uns arbeiten lassen, die des Pflanzenreiches, und wie in diesem die von Sonne und Erdboden, Luft und Wasser. Der Mensch ist das kondensierteste und in der Ausnutzung ergiebigste Gebilde und in dem Maße, in dem die Sklaverei, d. h. das mechanische Sich-seiner-Bemächtigen aufhört, wächst die Notwendigkeit, ihn seelisch zu gewinnen. Der Kampf *mit* dem Menschen, der ein Kampf um ihn und seine Versklavung war, wandelt sich deshalb in die kompliziertere Erscheinung der Konkurrenz, in der freilich auch ein Mensch mit dem andern, aber um einen dritten kämpft. Und der Gewinn dieses dritten, tausendfach nur durch die soziologischen Mittel der Überredung oder Überzeugung, der Über- oder Unterbietung, der Suggestion oder Drohung, kurz, durch den seelischen Konnex zu erreichen, bedeutet auch in seinem Erfolge ebenso oft nur einen solchen, nur die Stiftung einer Verbindung, von der momentanen des Kaufes im Ladengeschäft bis zur Ehe. Mit der kulturellen Steigerung der Intensität und Kondensierung der Lebensinhalte muß der Kampf um dieses kondensierteste aller Güter, die menschliche Seele, immer größeren Raum einnehmen und damit die zusammenführenden Wechselwirkungen, die seine Mittel wie seine Ziele sind, ebenso vermehren wie vertiefen.

Hierin liegt schon angedeutet, wie sehr die soziologische Struktur der Kreise sich nach dem Maße und den Arten der Konkurrenz, die sie zulassen, unterscheidet. Zunächst tritt die Differenz auf: ob der Interesseninhalt des Kreises von sich aus ihm eine neue Form aufnötigt, die die Konkurrenz verbietet oder einschränkt – oder ob er, an sich der Konkurrenz wohl zugänglich, nur durch die besondere historische Formung seines Inhaltes, durch allgemeine oder jenseits der fraglichen Interessen stehende Prinzipien an ihr behindert wird. Das erstere ist unter zwei Voraussetzungen möglich. Tritt Konkurrenz dann ein, wenn ein nicht für alle Bewerber ausreichendes oder überhaupt zugängliches Gut nur dem Sieger eines Wettbewerbes unter ihnen zufällt – so ist sie ersichtlich ausgeschlossen, wo entweder die Elemente eines Kreises überhaupt nicht auf ein Gut zustreben, das ihnen gleichmäßig erwünscht wäre – oder wo dieses zwar der Fall ist, das Gut aber für alle gleichmäßig ausreicht. Für jenes spricht die Vermutung überall da, wo die Vergesellschaftung nicht von einem gemeinsamen *terminus ad quem*, sondern einem gemeinsamen *terminus a quo*, einer einheitlichen Wurzel, ausgeht. So vor allem die Familie. In ihr mögen freilich gelegentliche Konkurrenzen vorkommen: die Kinder können um die Liebe oder um die Erbschaft der Eltern, oder auch die Eltern unter sich um die Liebe der Kinder konkurrieren. Diese sind aber durch personale Zufälligkeiten bestimmt – nicht anders als wenn etwa zwei Brüder kaufmännische Konkurrenten sind – und ohne Beziehung zu dem *Prinzip* der Familie. Dieses Prinzip ist vielmehr das eines organischen Lebens; der Organismus aber ist Selbstzweck, er weist als solcher nicht über sich hinaus auf ein ihm äußeres Ziel, um dessen Gewinn seine Elemente zu konkurrieren hätten. Die rein personale, aus der Antipathie der Naturen entspringende Feindseligkeit ist freilich dem Friedensprinzip, ohne das die Familie auf die Dauer nicht bestehen kann, entgegengesetzt genug, allein gerade die Enge des Miteinanderlebens, die soziale und ökonomische Zusammengefaßtheit, die einigermaßen gewalttätige Präsumtion der Einheit – alles dies bewirkt gerade besonders leicht Reibungen, Gespanntheiten, Oppositionen; ja der Familienkonflikt ist eine Streitform *sui generis*. Seine Ursache, seine Zuspitzung, seine Ausbreitung auf die Unbeteiligten, die Form des Kampfes wie die der Versöhnung ist durch seinen Verlauf auf der Basis einer organischen, durch tausend innere und äußere Bindungen erwachsenen Einheit völlig eigenartig, mit keinem sonstigen Konflikt vergleichbar. Aber die Konkurrenz fehlt in diesem Komplex von Symptomen, weil der Familienkonflikt sich unmittelbar von Person zu Person spinnt und die Indirektheit der Richtung auf ein objektives Ziel, die der Konkurrenz eigen ist, wohl zufällig hinzutritt, aber nicht aus seinen spezifischen Energieen entspringt. Den anderen soziologischen Typus des Konkurrenzausschlusses exemplifiziert die religiöse Gemeinde. Hier richten sich allerdings parallele Bestrebungen aller auf ein für alle gleiches Ziel, allein zu einer Konkurrenz kommt es nicht, weil die Erreichung dieses Zieles durch den einen nicht den andern von ihm ausschließt. Zum mindesten nach der christlichen Vorstellung ist in Gottes Hause Platz für alle. Wenn die Gnadenwahl diesen Platz dennoch einigen vorenthält und ihn anderen gewährt, so ist damit gerade die Nutzlosigkeit jeder Konkurrenz ausgesprochen. Dies ist vielmehr eine eigentümliche Form und Schicksal parallel laufender Bewerbungen, das man als passive Konkurrenz bezeichnen könnte; die Lotterie und das Hazardspiel sind reine Erscheinungen eben derselben. Es ist zwar ein Wettbewerb um einen Preis, aber es fehlt das Wesentliche der Konkurrenz: die Differenz der individuellen Energieen als Grund des Gewinnes. Der Erfolg ist zwar an irgend eine Vorleistung, aber seine Verschiedenheit nicht an die Verschiedenheit dieser geknüpft. Dies ergibt unter den Individuen des durch eine derartige Chance vergemeinsamten Kreises eine durchaus eigenartige Beziehung, der eigentlichen Konkurrenz gegenüber eine ganz neue Mischung von Gleichheit und Ungleichheit der Bedingungen. Wo eine Anzahl von Menschen den genau gleichen Einsatz leisten und unter den genau gleichen Chancen des Erfolges stehen, aber wissen, daß eine von ihnen nicht beeinflußbare Macht diesen Erfolg ganz versagt oder ganz gewährt, da wird einerseits eine Gleichgültigkeit unter ihnen herrschen, ganz anders als bei der Konkurrenz, bei der der Erfolg von dem Vergleiche der Leistungen abhängt; andrerseits wirkt das Bewußtsein, auf Grund der Leistungsqualität den Preis zu verdienen oder einzubüßen, beruhigend, objektivierend auf das Gefühl für den andern, während hier, wo dies fehlt, Neid und Erbitterung ihren eigentlichen Platz haben. Den Auserwählten in einer Gnadenwahl, den Gewinner im *Trente-et-quarante* wird der Unterlegene nicht hassen, sondern beneiden; wegen der gegenseitigen Unabhängigkeit der Leistung haben beide eine größere Distanz und apriorische Gleichgültigkeit gegen einander als die Konkurrenten eines wirtschaftlichen oder Sportkampfes; und bei einem solchen wird gerade die Verdientheit des Mißerfolges leicht den charakteristischen Haß erzeugen, der in der Projizierung des eigenen Unzulänglichkeitsgefühles auf denjenigen besteht, der uns zu ihm verhilft.

Das – übrigens immer sehr lockere – Verhältnis jener Kreise also, insoweit eine Gnadenwahl göttlicher oder schicksalsmäßiger oder menschlicher Instanzen ihre Gemeinsamkeit ausmacht, ist eine spezifische Verschlingung von Gleichgültigkeit und latentem Neide, der nach der Entscheidung, zugleich mit den entsprechenden Gefühlen der Sieger, aktuell wird. So sehr dies also von den wechselwirkenden Gefühlen der Konkurrenz abweicht, so ist doch wahrscheinlich auch in jeder echten Konkurrenz ein geringerer oder stärkerer Beisatz dieses Verhältnisses durch gemeinsame Chancen, irgend ein Appell an ein Etwas in der Macht über den Parteien, das sich von sich aus und nicht von den Leistungen dieser aus entscheidet. Das sehr wechselnde Maß dieses fatalistischen Beisatzes ergibt eine ganz besondere Graduierung der Konkurrenzverhältnisse bis zu dem Typus der Gnadenwahl, in dem er allein herrschend geworden und das aktive und Differenzierungsmoment, das die Konkurrenz als solche bezeichnet, völlig ausgeschieden ist.

Als eine zweite scheinbare Konkurrenz in der religiösen Gruppe tritt die eifersüchtige Leidenschaft hervor, es andern in der Gewinnung der höchsten Güter zuvorzutun, die die Leistungen vielfach steigern mag, die Gebotserfüllungen und verdienstlichen Werke, die Devotionen und die Askese, die Gebete und Spenden. Allein hierbei fehlt das weitere Charakteristikum der Konkurrenz: daß der Gewinn, weil er dem einen zufällt, dem andern versagt bleiben muß. Hier liegt ein soziologisch beachtenswerter Unterschied vor, den man als den zwischen Wettbewerb und Wetteifer bezeichnen mag. Bei jedem Wettbewerb, selbst um die idealen Güter der Ehre und Liebe, wird die Bedeutung der Leistung durch das Verhältnis bestimmt, das sie zu der Leistung des Nebenmannes hat; die Leistung des Siegers würde, genau dieselbe bleibend, doch einen völlig anderen sachlichen Ertrag für ihn ergeben, wenn die des Konkurrenten größer statt kleiner als sie wäre. Diese Abhängigkeit des absoluten Erfolges von dem relativen (anders ausgedrückt: des sachlichen von dem personalen) motiviert die ganze Konkurrenzbewegung, fehlt aber gänzlich innerhalb jenes religiösen Wetteifers. Denn hier trägt das Tun des Einzelnen seine Frucht ganz unmittelbar, der absoluten Gerechtigkeit der höchsten Instanz würde es unwürdig sein, den Lohn des individuellen Tuns irgendwie davon abhängen zu lassen, ob das Verdienst irgend welcher anderen Individuen ein höheres oder ein niedereres ist; es wird vielmehr jedem nur nach *seinen* Werken, wie sie sich an den transzendenten Normen messen, vergolten, während der Wettbewerb jedem eigentlich nach den Werken des Nebenmannes – nach der Relation zwischen jenem und diesen – vergilt. Es fällt also bei dem Typus des religiösen Wetteifers der Sachverhalt, der die Konkurrenz sachlich motiviert, hinweg, und der Wunsch, es dem anderen auch hier zuvorzutun, wo das Übertreffen als solches keinen andern Ertrag bringt, als er der Leistung so wie so zufällt – ist nur der Schatten der Konkurrenz, der den gleichen äußeren Umriß wie sie selbst, aber ohne ihren Inhalt, darbietet. Insofern das Ziel, dem die Mitglieder eines Kreises als solche zustreben, die religiöse, d. h. unbeschränkte und von ihrer Relation unter einander unabhängige Möglichkeit des Gewährens besitzt, wird der Kreis keine Konkurrenz ausbilden. Dies ist demnach auch der Fall bei allen Vereinigungen, die schlechthin auf Rezeptivität gestellt sind und individuell unterschiedenen Aktivitäten überhaupt keinen Raum geben: also wissenschaftliche oder literarische Vereine, die nur Vorträge veranstalten, Reisegesellschaften, Vereinigungen zu bloß epikureischen Zwecken.

Entsprangen in all diesen Fällen also aus den besonderen Zweckinhalten der Gruppe soziologische Formungen, die die Konkurrenz ausschlossen, so können nun weiterhin Gründe, die jenseits der inhaltlichen Interessen und ihres Charakters stehen, dem Gruppenleben den Verzicht, sei es auf die Konkurrenz überhaupt, sei es auf bestimmte ihrer Mittel, auferlegen. Das erstere findet in dem Maße statt, in dem das sozialistische Prinzip der einheitlichen Organisation aller Arbeit und das mehr oder weniger kommunistische der Gleichheit der Arbeitserträge zur Herrschaft gelangen. Die Konkurrenz ruht, formal betrachtet, auf dem Prinzip des Individualismus; allein sobald sie innerhalb einer Gruppe stattfindet, ist ihr Verhältnis zu dem Sozialprinzip: der Unterordnung alles Individuellen unter das einheitliche Interesse der Gesamtheit – nicht ohne weiteres klar. Der einzelne Konkurrent ist sich freilich Selbstzweck, er setzt seine Kräfte für den Sieg *seiner* Interessen ein. Allein da der Kampf der Konkurrenz vermittelst objektiver Leistungen geführt wird und ein für dritte irgendwie wertvolles Resultat zu ergeben pflegt, so kann das rein soziale Interesse, dieses Resultat als Endziel konstituierend, das für die Konkurrenten selbst nur Nebenprodukt ist – die Konkurrenz nicht nur zulassen, sondern direkt hervorrufen. Sie ist also keineswegs, wie man leicht meint, solidarisch mit dem individualistischen Prinzip verbunden, für das der Einzelne: sein Glück, seine Leistung, seine Vollkommenheit, den absoluten Sinn und Zweck alles geschichtlichen Lebens bildet. In bezug auf die Frage nach dem Endzweck hat sie vielmehr die Indifferenz jeder bloßen Technik. Sie findet also ihren Gegensatz und ihre Negierung nicht an dem Prinzip des allein herrschenden Sozialinteresses, sondern nur an einer andern *Technik*, die dieses sich bildet, und die man als Sozialismus im engeren Sinn bezeichnet. Im allgemeinen nämlich ist die Wertung des Ganzen gegenüber den Einzelschicksalen, die Tendenz der Einrichtungen oder wenigstens der Gedanken auf das allen Gemeinsame und alle Einschließende, dem jedes Individuelle zu dienen hätte – diese ist mit der Richtung auf *Organisierung* aller Einzelarbeiten verbunden; d. h. man sucht diese Arbeiten von einem einheitlichen, vernunftmäßigen Plane aus zu leiten, der jede Reibung zwischen den Elementen, jeden Kraftverbrauch durch Wettkampf, jeden Zufall bloß persönlicher Initiative ausschließt; der Erfolg für das Ganze wird also nicht durch das antagonistische Sich-Messen spontan eingesetzter Kräfte erreicht, sondern durch die Direktive von einem Zentrum aus, die von vornherein alle zu einem Ineinandergreifen und Sich-Ergänzen organisiert, wie es am vollkommensten an der Beamtenschaft eines Staates oder dem Personal einer Fabrik erreicht ist. Diese sozialistische Form der Produktion ist nichts als eine Technik, um die materialen Zwecke des Glücks und der Kultur, der Gerechtigkeit und der Vervollkommnung zu erreichen – und muß deshalb der freien Konkurrenz überall da weichen, wo diese als das praktisch geeignetere Mittel erscheint. Es handelt sich dabei keineswegs nur um politische

Parteizugehörigkeit; sondern die Frage, ob die Befriedigung eines Bedürfnisses, die Schaffung eines Wertes, der Konkurrenz individueller Kräfte oder ihrer rationellen Organisierung, ihrem Gegeneinander oder ihrem Miteinander überlassen werden soll – diese Frage will in tausend partiellen oder rudimentären Formen beantwortet werden, bei Verstaatlichungen und Kartellierungen, bei Preiskonkurrenzen und Kinderspielen; sie meldet sich bei dem Problem, ob Wissenschaft und Religion den tieferen Lebenswert erzeugen, wenn sie in ein harmonisches System geordnet sind, oder gerade wenn jede von beiden die Lösungen, die die andre gewährt, zu überbieten sucht und diese Konkurrenz beide zu höchster Steigerung zwingt; sie wird für die Entscheidungen der Schauspielregie wichtig: ob es für den Gesamteffekt richtiger ist, jeden Schauspieler seine volle Individualität entfalten und durch den Wettstreit der selbständigen Beeiferungen das Ganze steigern und beleben zu lassen, oder ob von vornherein das künstlerische Gesamtbild die Individualitäten zu gefügigem Sich-Anpassen herabsetzen solle; sie spiegelt sich innerhalb des Individuums, wenn wir einmal den Konflikt ethischer und ästhetischer Impulse, intellektueller und instinktiver Beschlüsse als die Bedingung derjenigen Entscheidungen fühlen, die unser eigentliches Sein am wahrsten und lebendigsten ausdrücken, und ein andres Mal diesen entgegengesetzten Einzelkräften nur so weit das Wort verstatten, wie sie sich in ein einheitliches, von *einer* Tendenz geführtes Lebenssystem einordnen. Man wird den Sozialismus in seinem gewöhnlichen Sinne als ökonomisch-politische Tendenz nicht völlig verstehen, wenn man ihn nicht als die vervollständigte und rein herausgelöste Gestaltung einer Lebenstechnik erkennt, die und deren Gegensatz sich in Ansätzen und unkenntlicheren Verwirklichungen über das ganze Problemgebiet des Schaltens mit einer Vielfältigkeit erstreckt. Obgleich nun mit der Einsicht in den bloß technischen Charakter dieser Ordnungen die sozialistische Ordnung ihren Anspruch als sich selbst rechtfertigendes Ziel und letzte Wertinstanz aufgeben muß und mit der individualistischen Konkurrenz, soweit auch sie ein Mittel für überindividuelle Zwecke ist, in rechnerische Abwägung treten müßte, so ist doch nicht zu leugnen, daß solche Abrechnung sich unsern intellektuellen Mitteln häufig versagt und die Entscheidung von den Grundinstinkten der einzelnen Naturen abhängt. Aus diesen entspringt freilich, rein abstrakt betrachtet, nur das Setzen der Endziele, während die Mittel durch objektiv-theoretische Einsicht bestimmt werden; in der Praxis aber ist die Einsicht nicht nur so unvollkommen, daß die subjektiven Impulse an ihrer Stelle die Wahl vollziehen müssen, sondern auch oft so unkräftig, daß sie der Überredungskraft dieser nicht widersteht. So wird sehr oft jenseits aller verstandesmäßigen Rechtfertigung die unmittelbare Anziehungskraft der einheitlich organisierten, innerlich ausgeglichenen, alle Reibung ausschließenden Gruppenform, wie sie sich jetzt zum Sozialismus sublimiert hat, den Sieg über die Rhapsodik, die Kraftverschwendung, die Vielspältigkeit und Zufälligkeit der *Konkurrenzform* der Produktion davontragen; insoweit die Individuen sich dieser Stimmung nähern, werden sie die Konkurrenz selbst auch auf den Gebieten ausschließen, deren Inhalt sich ihr nicht widersetzen würde.

Ähnlich verhält es sich, wo nicht die organische Einheit des Ganzen, sondern die mechanische Gleichheit der Teile in Frage steht. Den reinsten Fall des Typus bildet die Zunftverfassung, soweit sie auf dem Prinzip ruht, daß jeder Meister »die gleiche Nahrung« haben sollte. Das Wesen der Konkurrenz ist es, daß die Gleichheit jedes Elementes mit dem andern fortwährend nach oben oder nach unten verschoben wird. Von zwei konkurrierenden Produzenten zieht eben jeder der Halbierung des Gewinnes, die ihm bei genauer Gleichheit des Angebotes sicher ist, die unsichere Chance der Differenzierung vor: indem er anderes oder anders anbietet, kann er allerdings vielleicht viel weniger haben als die Hälfte der Konsumenten, vielleicht aber auch viel mehr. Das Prinzip der Chance, das durch die Konkurrenz realisiert wird, widerspricht derart dem Prinzip der Gleichheit, daß die Zunft die Konkurrenz durch alle Mittel niederhielt: durch die Verbote, mehr als eine Verkaufsstelle und mehr als eine sehr beschränkte Zahl von Gehülfen zu halten, anderes als das eigene Fabrikat zu verkaufen, andere Quantität, Qualitäten und

Preise zu bieten, als die Zunft festgesetzt hatte. Wie wenig die Bedingungen der Sache diese Einschränkungen forderten, haben ihre sehr bald dennoch eintretenden Sprengungen gezeigt; es war eben das einerseits abstrakte, andrerseits personale Prinzip der Gleichheit des Gewinnes, was der Produktion die Konkurrenzform verbot. Es bedarf hierfür keiner weiteren Beispiele. Die Alternative, die unzählige Provinzen und Einzelfälle des menschlichen Verhaltens bestimmt: ob man um einen Wert kämpfen oder ihn gütlich teilen will – tritt hier an der besonderen Kampfform der Konkurrenz hervor; da hier die Parteien nicht unmittelbar mit einander ringen, sondern um den Erfolg ihrer Leistungen bei einer dritten Instanz, so besteht das Teilen des Wertes in der freiwilligen Gleichheit dieser Leistungen. Der Entschluß auch zu dieser hängt keineswegs nur von dem Wahrscheinlichkeitskalkül ab, der bald die zwischen dem Alles und dem Nichts pendelnde Chance der Konkurrenz, bald die sichere, aber beschränktere der Leistungsgleichheit als die größere zeigen wird; vielmehr wird die Stimmung der sozialen Epochen oder das Temperament der Individuen oft genug ganz jenseits aller Rechnung des Verstandes sich für das eine oder für das andre entscheiden, und schon aus diesem gefühlsmäßigen und also generellen Charakter der Entscheidung heraus den Verzicht auf die Konkurrenz auch dorthin erstrecken können, wo die Sache selbst ihn keineswegs bedingt.

Andre Modifikationen sozialer Wechselwirkung zeigen sich, sobald der Verzicht nicht die Konkurrenz als solche, sondern, unter Weiterbestand ihrer, nur gewisse ihrer Mittel betrifft. Es handelt sich hier um Stadien der Entwickelung, in der die absolute Konkurrenz des animalischen Kampfes ums Dasein in die relative übergeht; d. h. in der allmählich alle diejenigen Reibungen und Kraftparalysierungen ausgeschaltet werden, deren es für die Zwecke der Konkurrenz nicht bedarf. Nicht nur der Ertrag, sondern auch die Intensität der Konkurrenz bleibt dabei unberührt; die letztere soll nur wirklich auf den *Ertrag* hin geformt und ihrer Verirrung in Kanäle vorgebaut werden, in denen sie die Kräfte *beider* Parteien und damit sowohl den subjektiven wie den objektiven Nutzeffekt herabsetzt. Dies ergibt zwei Formen, die man als die interindividuelle und die überindividuelle Beschränkung der Konkurrenzmittel bezeichnen kann. Die eine findet statt, wo eine Anzahl von Konkurrenten freiwillig dahin übereinkommen, auf bestimmte Praktiken, mit denen der eine den andern übertrumpfen könnte, zu verzichten: der Verzicht des einen ist hier nur so lange gültig, wie der andere sich an den gleichen bindet; so die Ausmachung der Sortimentsbuchhändler eines Ortes, auf die Ladenpreise nicht mehr als 10 oder 5 Prozent oder gar keinen Rabatt zu gewähren; oder eine Vereinbarung der Ladenbesitzer, die Geschäfte um 9 oder um 8 Uhr zu schließen, u. ä. Hier entscheidet ersichtlich nur egoistische Utilität; der eine verzichtet auf die angedeuteten Mittel des Kundengewinnes, weil er weiß, daß der andre sie ihm sogleich nachmachen würde, und das Plus an Gewinn, das sie so zu teilen hätten, dem Plus an Spesen, das sie gleichfalls zu teilen hätten, nicht gleichkäme. Worauf hier verzichtet wird, ist also nicht eigentlich die Konkurrenz – die immer irgend welche Ungleichheit fordert – sondern gerade solche Punkte, in denen keine Konkurrenz möglich ist, weil in ihnen sofort und unvermeidlich Gleichheit aller Konkurrenten entsteht. Dieser Formtypus, obgleich bisher nicht allzu häufig realisiert, ist dennoch von größter Bedeutung, weil er eine Vereinigung der Konkurrenten auf dem Gebiet der Konkurrenz selbst, aber ohne diese irgendwie zu verringern, als möglich zeigt; durch die Aufzeigung eines Koinzidenzpunktes der Interessen wird deren Antagonismus um so intensiver auf die Punkte geführt, an denen er sich rein ausleben kann, und diese interindividuelle Beschränkung der Mittel kann ins Unbestimmbare weitergehen, um die Konkurrenz von allem zu entlasten, was nicht wirklich Konkurrenz ist, weil es sich gegenseitig ohne Effekt aufrechnet. Da nun die Mittel der Konkurrenz größtenteils in Vorteilen, die einem dritten geboten werden, bestehen, so wird in eben dem Maße dieser dritte die Kosten der Verständigung über den Verzicht auf jene zu tragen haben, innerhalb der Wirtschaft also der Konsument; ja es ist damit direkt der Weg zur Kartellierung eingeschlagen. Hat man erst einmal eingesehen, daß man sich von den Praktiken der Konkurrenz so und so viele ohne Schaden sparen kann, wenn nur der Konkurrent das Gleiche tut, so kann dies neben der schon hervorgehobenen Folge einer immer zugespitzteren und reineren Konkurrenz gerade die entgegengesetzte haben: daß man die Vereinbarung bis zur Aufhebung der Konkurrenz überhaupt treibt, bis zu einer Organisierung der Betriebe, die nicht mehr um den Markt kämpfen, sondern ihn nach einem gemeinsamen Plan versorgen. Dieser Konkurrenzverzicht hat einen ganz anderen soziologischen Sinn als der an der Zunft hervorgehobene: da diese die Individuen in Selbständigkeit beließ, forderte ihre Gleichheit die Herabsetzung auch des Leistungsfähigsten auf dasjenige Niveau, auf dem auch der Schwächste mit ihm konkurrieren konnte; dies wird die unvermeidliche Form sein, in der selbständige Elemente eine mechanische Gleichheit erreichen können. Bei der Kartellierung aber ist von vorn herein gar nicht die Lage der Subjekte, sondern die objektive Zweckmäßigkeit des Betriebes der Ausgangspunkt. In ihr gipfelt sich nun diejenige Einschränkung der Konkurrenzmittel auf, die die den Zwecken der Konkurrenz nicht dienenden entfernt und nun auch den noch bleibenden den Konkurrenzcharakter nimmt, weil die vollständige Beherrschung des Marktes und dadurch gewonnene Abhängigkeit des Konsumenten die Konkurrenz als solche überflüssig macht.

Endlich geschieht die Einschränkung der Konkurrenzmittel, die den Weiterbestand der Konkurrenz selbst unberührt läßt, durch Instanzen, welche ganz jenseits der Konkurrenten und ihrer Interessensphäre stehen: durch Recht und Moral. Das Recht versagt der Konkurrenz im allgemeinen nur diejenigen Mittel, die auch in den sonstigen Beziehungen von Menschen untereinander verpönt sind: Gewalttat und Sachbeschädigung, Betrug und Verleumdung, Drohung und Fälschung. Im übrigen ist die Konkurrenz derjenige Kampf, dessen Formen und Folgen viel weniger Gegenstände rechtlicher Verbote sind als die anderer. Wenn man die ökonomische, soziale, familiäre, ja physische Existenz jemandes durch unmittelbaren Angriff derart zerstören würde, wie es durch Konkurrenz geschehen kann – indem nur eine Fabrik neben der seinigen errichtet, eine Amtsbewerbung neben der seinigen angebracht, eine Preisschrift neben der seinigen eingereicht wird – so würde sogleich das Strafgesetz eingreifen. Weshalb die durch die Konkurrenz dem Ruin ausgesetzten Güter nicht vor ihr geschützt werden, scheint freilich ganz klar. Zunächst, weil den Konkurrenten jeder Dolus fehlt. Keiner von ihnen will etwas anderes als mit seiner Leistung den Preis davontragen, und daß der andere darüber zu Grunde geht, ist ein Nebenerfolg, der dem Sieger völlig irrelevant, ja vielleicht bedauerlich ist. Und ferner, weil der Konkurrenz das Moment der eigentlichen Vergewaltigung fehlt, Niederlage wie Sieg vielmehr nur der zutreffende und gerechte Ausdruck für die beiderseitigen Kraftmaße ist: der Sieger hat sich den genau gleichen Chancen ausgesetzt wie der Besiegte, und dieser hat seinen Ruin ausschließlich seiner eigenen Unzulänglichkeit zuzuschreiben. Allein, was das erstere betrifft, so fehlt der gegen die Person des Geschädigten gerichtete Dolus ebenso bei einer großen Zahl der strafrechtlichen Delikte, eigentlich bei allen, die nicht aus Rache, Bosheit oder Grausamkeit hervorgegangen sind: der Bankrotteur, der Vermögensstücke beiseite schafft, will auch nur für sich ein gewisses Gut retten, und daß dadurch die Ansprüche seiner Gläubiger geschädigt werden, mag eine ihm selbst bedauerliche *conditio sine qua non* sein; wer bei Nacht mit Gejohle durch die Straßen zieht, wird wegen Störung der öffentlichen Ruhe bestraft, auch wenn er nur seiner übermütigen Stimmung Ausdruck geben wollte und der Gedanke, daß er andern damit die Nachtruhe raubt, ihm gar nicht gekommen ist. Zum mindesten also würde demjenigen, der durch seine eigene Bewerbung einen andern Menschen ruiniert, die fahrlässige Veranlassung hiervon zur Last fallen. Und die Exkulpierung durch die Gleichartigkeit der Bedingungen, die Freiwilligkeit der ganzen Aktion und die Gerechtigkeit, mit der der Erfolg der Konkurrenz den eingesetzten Kräften folgt – diese wäre gegen die Bestrafung fast aller Arten von Zweikämpfen ebenso gut anzuführen. Wenn in einer von beiden Seiten freiwillig und unter gleichen Bedingungen begonnenen Rauferei der eine Teil schwer verletzt wird, so ist die Bestrafung des andern insoweit durchaus nicht logisch konsequenter, als die eines Kaufmannes wäre, der mit loyalen Mitteln seinen Konkurrenten zu Grunde gerichtet hat. Daß diese nicht erfolgt, hat teils rechtstechnische Gründe, hauptsächlich aber wohl den sozial-utilitarischen: daß die Gesellschaft nicht auf die Vorteile verzichten mag, die die Konkurrenz der Individuen ihr bringt, und die weit den Abzug überwiegen, den sie durch die gelegentliche Vernichtung von Individuen im Konkurrenzkampfe erleidet. Dies ist der selbstverständliche Vorbehalt bei dem Rechtsgrundsatz des *code civil*, auf dem sich die ganze juristische Behandlung der *concurrence déloyale* aufbaut: *tout fait quelconque de l'homme qui cause à autrui un dommage oblige celui par la faute duquel il est arrivé à le réparer.* Die Gesellschaft würde nicht zugeben, daß ein einzelner einen andern einzelnen unmittelbar und nur zu seinem eigenen Vorteil in der eben charakterisierten Weise beschädigte; aber sie duldet es, weil diese Schädigung auf dem Umwege über eine objektive Leistung geschieht, die für eine unbestimmbare Zahl von Individuen wertvoll ist – gerade wie unser Staat auch das Offiziersduell nicht zugeben würde, wenn hier wirklich nur das persönliche Interesse eines einzelnen die Vernichtung eines andern forderte, und nicht die innere Kohärenz des Offizierkorps aus diesem Ehrbegriff eine Kraft zöge, deren Vorteil für den Staat das Opfer des einzelnen aufwiegt.

Die Gesetzgebung Frankreichs und Deutschlands ist nun allerdings seit einiger Zeit dazu übergegangen, die Konkurrenzmittel im Interesse der Konkurrenten selbst einzuschränken. Die Grundabsicht ist dabei, den einzelnen Handeltreibenden vor solchen Vorsprüngen seiner Konkurrenten zu schützen, welche derselbe durch moralisch unzulässige Mittel gewinnen könnte. Es werden also z. B. alle Reklamen untersagt, die durch unwahre Angaben den Käufer zu dem irrigen Glauben verführen sollen, daß dieser Kaufmann ihm vorteilhaftere Bedingungen als irgend ein anderer böte – und zwar selbst dann, wenn eine tatsächliche Übertuerung des Publikums dabei nicht stattfindet. Es wird ferner verboten, dem Käufer durch die Aufmachung der Ware die Illusion einer Quantität zu erregen, die sonst für den gleichen Preis nicht erhältlich ist – auch wenn die tatsächlich verkaufte Quantität durchaus die übliche und dem Preise angemessene ist. Ein dritter Typus: eine bekannte Firma mit großem Kundenkreis kann es nun verhindern, daß irgend jemand gleichen Namens ein gleichartiges Fabrikat wie das ihre unter seinem Namen auf den Markt bringt, wenn bei den Kunden dadurch der Glaube, es seien die Fabrikate jener Firma, erweckt werden kann – gleichviel ob die gebotene Ware schlechter oder besser als die ursprünglich so benannte ist.

Was uns an diesen Bestimmungen hier interessiert, ist der scheinbar ganz neue Gesichtspunkt, den Konkurrenten, der unsaubere Mittel der Kundengewinnung verschmäht, gegen denjenigen, der sie benutzen möchte, zu schützen; während sonst alle Einschränkungen geschäftlicher Praktiken die Übervorteilung des *Publikums* verhindern sollen, ist diese kein Motiv der fraglichen Gesetze, und ihr Ausbleiben verhindert deren Anwendung in keiner Weise. Sieht man indessen genau zu, so sind diese Verbote nichts anderes als Explikationen des längst bestehenden Betrugsparagraphen; die Art dieser Explikation ist nicht nur von juristischem, sondern auch von formal-soziologischem Interesse. Das deutsche Strafgesetz bestraft es als Betrug, wenn jemand, um sich einen Vermögensvorteil zu verschaffen, »das Vermögen eines andern dadurch beschädigt, daß er durch Vorspiegelung falscher Tatsachen einen Irrtum erregt.« Dies wird nun unbefangen so verstanden, als ob der Irrtum *in derselben Person* erregt werden müßte, deren Vermögen beschädigt werden soll. Der Wortlaut des Gesetzes enthält aber von dieser Identität nichts; und indem er es deshalb auch als Betrug zu verfolgen gestattet, wenn man das Vermögen eines A dadurch beschädigt, daß man einen Irrtum in einem B erregt – schließt er jene Fälle des unlauteren Wettbewerbes vollkommen ein. Denn diese besagen, daß in dem Publikum ein Irrtum erregt wird – ohne daß es einen Vermögensnachteil erleidet – und dadurch der ehrliche Konkurrent in seinem Vermögen beschädigt wird – ohne daß *ihm* falsche Tatsachen vorgespiegelt würden. Wer dem Käufer vorlügt, daß er Todesfalls wegen ausverkaufe, schädigt diesen vielleicht damit gar nicht, wenn er dabei etwa die gleichen soliden Preise berechnet wie sein Konkurrent; aber er schädigt diesen, indem er ihm so vielleicht Kunden entzieht, die ihm ohne jene lügenhafte Verlockung treu geblieben wären. Das Gesetz ist also durchaus keine Einschränkung der Konkurrenzmittel als solcher, kein spezifischer Schutz der Konkurrenten gegen einander. Das Verhalten der Gesellschaft der Konkurrenz gegenüber wird nicht dadurch bezeichnet, daß sie jetzt diese Einschränkung ihrer Mittel verfügt, sondern umgekehrt dadurch, daß sie sie so lange unterließ, obgleich sie nichts ist als eine logisch von je erforderte Anwendung des geltenden Strafgesetzes. – Dazu kommt noch folgendes. Wenn die Motive zu diesen Gesetzen allenthalben betonen, daß sie dem redlichen Wettbewerb keinerlei Beschränkungen auferlegen, sondern nur den gegen Treu und Glauben verstoßenden hindern sollen, so kann man dies für unsere jetzigen Zusammenhänge schärfer so ausdrücken, daß sie aus der Konkurrenz dasjenige, was eben nicht Konkurrenz im sozialen Sinne ist, eliminieren. Denn diese letztere ist doch ein durch objektive Leistungen, die dritten Personen zu Gute kommen, ausgefochtener Kampf. Jene objektiven sozialen Entscheidungsgründe aber werden durchkreuzt und verschoben, sobald Mittel der Reklame, Anlockung, Erschleichung angewendet werden, die keinerlei sachlichen Ertrag haben, sondern eine Art *unmittelbareren*, rein egoistisch und nicht über den gesellschaftlich nützlichen Umweg geführten Kampfes darstellen. Was die Rechtsprechung als »ehrlichen« Wettbewerb bezeichnet, ist, genau angesehen, immer ein solcher, der jenem reinen Begriffe der Konkurrenz entspricht. Ausdrücklich schließt ein Kommentar des deutschen Gesetzes folgenden Fall von ihm aus: es setze jemand neben einen Kleiderhändler ein großartiges Konkurrenzgeschäft und verkaufe so lange zu Schleuderpreisen, die er in marktschreierischen Reklamen bekannt macht, bis er den kleinen Geschäftsmann vernichtet hat. Hier liegt die brutalste Vergewaltigung vor, und das Verhältnis der beiden Konkurrenten ist, individualistisch betrachtet, sicher kein andres als zwischen einem starken Räuber und seinem schwachen Opfer. Allein vom sozialen Standpunkt aus ist es lautere, d. h. ausschließlich durch das Objekt und den dritten hindurchgeleitete Konkurrenz – denn auch die Reklame, sobald sie nur

Wahres mitteilt, dient dem Publikum. Was sie aber etwa an irreleitenden Angaben enthielte, würde diesem, wenn auch vielleicht nicht schaden, so doch nicht nützen, und von *diesem* Punkt an kann deshalb der Schutz des Konkurrenten gegen Vergewaltigung eintreten, ja er muß es sogar, um die konkurrierenden Kräfte ganz unabgelenkt an der reinen, d. h. der sozial-utilitarischen Form der Konkurrenz festzuhalten. Also selbst die spezifischen Einschränkungen, die das Recht an den Konkurrenzmitteln vornimmt, enthüllen sich gerade als Einschränkung der Einschränkungen, die die Konkurrenz durch bloß subjektiv-individualistische Praktiken erfährt.

Um so eher sollte man glauben, daß das Recht hier, wie auch sonst häufig, durch die Moral ergänzt würde, die doch nicht an die sozialen Nützlichkeiten gebunden ist, sondern das Verhalten des Menschen unzählige Mal nach Normen reguliert, die diesseits oder jenseits der Gesellschaftsinteressen liegen: nach den Impulsen eines unmittelbaren Gefühls, das nur nach dem Frieden mit sich selbst fragt und diesen oft grade in der Opposition gegen die Forderungen der Gesellschaft findet – wie nach metaphysischen und religiösen Ideen, die eben diese Forderungen manchmal einschließen, manchmal aber auch als beschränkt historische Zufälligkeiten gänzlich ablehnen. Aus beiden Quellen fließen Imperative des Verhaltens von Mensch zu Mensch, die nicht im hergebrachten Sinne sozial – wenn auch soziologisch – sind, und vermöge deren nun erst die gesamte menschliche Natur sich in der Idealform des Sollens wiederfindet. Daß asketische, altruistische, fatalistische Moralen die Konkurrenz samt ihren Mitteln möglichst reduzieren, bedarf keiner Ausführung. Die typische europäische Moral indes verhält sich gegen die Konkurrenz duldsamer als gegen viele andere Arten des Antagonismus. Dies hängt mit einer besonderen Kombination der Charakterzüge zusammen, die die Konkurrenz ausmachen. Wir scheuen uns einerseits als moralische Wesen um so weniger, unsre Kraft gegen einen Gegner anzuwenden, einer je weiterer Distanz wir uns zwischen unserer subjektiven Persönlichkeit und unserer in den Kampf eingesetzten entscheidenden Leistung bewußt sind. Wo unmittelbare persönliche Kräfte gegen einander ringen, fühlen wir uns eher zu Rücksichten und Reserven veranlaßt, dem Appell an das Mitleid können wir uns weniger entziehen; ja eine Art von Schamhaftigkeit hindert uns im unmittelbaren Antagonismus manchmal, unsre Energieen ganz vorhaltlos zu entfalten, alle unsre Karten aufzudecken, in einem Kampf, in dem Persönlichkeit gegen Persönlichkeit steht, das Ganze der unseren einzusetzen. Bei Kämpfen, die durch objektive Leistungen geführt werden, fallen diese ethisch-ästhetischen Retardierungen fort. Darum kann man mit Persönlichkeiten konkurrieren, mit denen man eine persönliche Kontroverse durchaus vermeiden würde. Durch die Wendung auf das Objekt bekommt die Konkurrenz jene Grausamkeit aller Objektivität, die nicht aus einer Lust am fremden Leide, sondern gerade darin besteht, daß die subjektiven Faktoren aus der Rechnung ausscheiden. Diese Gleichgültigkeit gegen das Subjektive, wie sie die Logik, das Recht, die Geldwirtschaft charakterisiert, läßt Persönlichkeiten, die absolut nicht grausam sind, doch alle Härten der Konkurrenz begehen – und zwar mit dem sicheren Gewissen, nichts Böses zu wollen. Während hier also das Zurücktreten der Persönlichkeit hinter die Objektivität des Verfahrens das sittliche Bewußtsein entlastet, wird eben dieselbe Wirkung auch durch den gerade entgegengesetzten Bestandteil der Konkurrenz erreicht, durch die genaue Proportionalität, mit der der Erfolg der Konkurrenz den eingesetzten eigenen Kräften der Subjekte entspricht. Von Ablenkungen abgesehen, die mit dem Wesen der Konkurrenz nichts zu tun haben, sondern aus ihrer Verwebung mit anderweitigen Schicksalen und Beziehungen stammen, ist das Ergebnis der Konkurrenz der unbestechliche Anzeiger des persönlichen Könnens, das sich in der Leistung objektiviert hat. Was uns durch die Gunst von Menschen oder Konjunkturen, des Zufalls oder eines als vorbestimmt empfundenen Schicksals auf Kosten anderer Menschen zugute kommt, das nutzen wir nicht mit so gutem Gewissen aus wie den Ertrag, der nur auf das eigenste Tun zurückgeht. Denn neben der verzichtenden Sittlichkeit steht die selbstbehauptende, deren beider gemeinsamer Gegner nur das ist, daß unser Verhältnis zu anderen an äußere Mächte, unabhängig vom Ich, ausgeliefert ist.

Wo schließlich, wie in der reinen Konkurrenz, dies Ich den Ausschlag gibt, entschädigt ein befriedigtes Gerechtigkeitsgefühl unsern Moralinstinkt für die Unbarmherzigkeiten des Wettbewerbes – und zwar nicht nur den Sieger, sondern unter Umständen auch den Besiegten.

Dies ist wohl einer der Punkte, an denen die Beziehung der Konkurrenz zu den entscheidenden Zügen des modernen Daseins hervortritt. Der Mensch und seine Aufgabe im Leben, die Individualität und der Sachgehalt ihres Wirkens erscheinen vor dem Beginn der Neuzeit solidarischer, verschmolzener, sozusagen in unbefangenerer gegenseitiger Hingabe als nachher. Die letzten Jahrhunderte haben einerseits den objektiven Interessen, der dinglichen Kultur eine Ausbildung von sonst unerhörter Macht und Selbständigkeit geschaffen, andrerseits die Subjektivität des Ich, das Sich-selbst-Gehören der individuellen Seele gegenüber allen sachlichen und sozialen Präjudizierungen ebenso unerhört vertieft. Dies scharf differenzierte Sach- und Selbstbewußtsein des modernen Menschen läßt die Kampfform der Konkurrenz wie für ihn geschaffen erscheinen. Hier ist die reine Objektivität des Verfahrens, die ihre Wirkung ausschließlich der Sache und ihren gesetzlichen Wirkungen verdankt, unter völliger Gleichgültigkeit gegen die dahinter stehende Persönlichkeit. Und doch ist hier auch die volle Selbstverantwortlichkeit der Person, die Abhängigkeit des Erfolges von der individuellen Kraft, und zwar gerade weil hier persönliches Können gegen persönliches Können von ganz unpersönlichen Mächten abgewogen wird. Die tiefsten Tendenzen des modernen Lebens, die sachliche und die personale, haben in der Konkurrenz einen ihrer Treffpunkte gefunden, in denen sie unmittelbar praktisch zusammengehören und so ihre Entgegengesetztheiten als einander ergänzende Glieder *einer* geistesgeschichtlichen Einheit erweisen.

Die Lehre Kants
von Pflicht und Glück

Die Lebensauffassung der Philosophen, die von der der großen Massen so vielfach abweicht, pflegt mit ihr doch einen Ausgangs- und einen Zielpunkt gemein zu haben – beides in dem Problem beschlossen, das Schiller als die Wahl »zwischen Sinnenglück und Seelenfrieden« formuliert. Alles, was das Leben an Aufforderungen zum Handeln, als Möglichkeiten der äußerlichsten wie der innerlichsten Entscheidungen an uns heranbringt, steht – so ist die allgemeine Meinung – vor der Alternative, entweder dem eigenen Glück des Handelnden oder der Erfüllung seiner sittlichen Pflicht zu dienen. An diesen beiden haben wir das ganze Material des handelnden Daseins, die Grundmotive, auf die schließlich alle anderen zurückführbar sind. Eben darum kommt es zu einer Befriedigung und inneren Versöhntheit des Lebens nur da, wo beiden Antrieben gleichmäßig genügt ist – nicht nur, weil die Unbefriedigtheit eines jeden für sich ausreichen würde, unser Gefühl von uns selbst unabsehbar herabzusetzen, sondern weil, darüber hinaus, die Disharmonie dieser letzten Instanzen unseres Daseins, die Verfehlung des einen, wenn man dem anderen genügen will, einen unversöhnlichen Riß durch das ganze Bild des Lebens ergeben muß. Alle Moralphilosophen, von Sokrates an, haben deshalb ihr ganzes Bemühen an den Nachweis gesetzt, daß zwischen der sittlichen Forderung und der des persönlichen Glückes ein eigentlicher Widerstreit überhaupt nicht bestehen könne. Wenn Sokrates lehrt: Niemand sei freiwillig böse, es sei nur ein theoretischer Irrtum, unsittlich zu sein, der Wissende sei auch immer sittlich – so kann diese wunderliche These sich nur auf die unbefangene Voraussetzung gründen, daß Tugend und Glückseligkeit zusammenfallen; denn wenn dies, und nur wenn dies der Fall ist, wenn in jeder Situation eine und dieselbe Handlung die Forderung der Pflicht und die des Eigeninteresses befriedigt – dann freilich kann nur Verblendung, nur mangelnde Kenntnis dieser Handlung uns an ihr vorbeiführen; das Sittliche nicht zu tun, ist freilich bloße Torheit, wenn es doch zugleich dem subjektiven, dem Glücksinteresse des Handelnden genügt.

Trotz des tausendfachen Auseinanderfallens von Tugend und Glück, das natürlich auch das griechische Leben zeigte, lag dennoch dem Griechen jener naive Glaube an ihre Einheit näher als uns. Die Tugend war ihm im wesentlichen die politische, die Wirksamkeit für das Wohl und die Macht seines Staates. Und diese griechischen Staaten waren klein genug, um den Anteil an Sicherheit, Ruhm, Reichtum, unmittelbar erkennen zu lassen, den die Förderung des Ganzen dem Einzelnen zurückgewährte. Je kleiner und einfacher gebaut ein Gemeinwesen ist, je solidarischer es deshalb mit seinen einzelnen Bestandteilen ist, desto eher wird alles, was der Gesamtheit zugute kommt, auch den Interessen des Individuums dienen. Das aber heißt nichts anderes, als daß das pflichtmäßige Handeln auch das glückfördernde ist. Die Erweiterung des gesellschaftlichen Kreises nun stellt den Einzelnen in eine immer größere und deshalb von dem Zentrum immer weiter abliegende Peripherie, sie zerspaltet die Interessengemeinschaft, die zwischen dem, was die Gesellschaft an Pflicht fordert, und dem, was sie an Glück gewährt, eine unmittelbare Einheit ermöglichte. Und das Problem dieser Disharmonie wird schwerer und beängstigender durch die Wendung in das Subjektivere, Persönlichere, Innerlichere, die die seelische Entwickelung seit dem Altertum genommen hat. Was unser Glück ist und was unsere Pflicht ist, wird immer weniger von äußeren Instanzen abhängig, immer weniger von allgemeinen Normen bestimmt. Um so unzulänglicher erscheint aber gerade deshalb die Kraft des Individuums, von sich aus die Harmonie beider zu erringen; der Glücksertrag, den die Verwebung unseres so individuellen Seins mit unseren Schicksalen und den äußeren Mächten ergibt, verhält sich um so zufälliger, ja gegensätzlicher zu dem Maß der Sittlichkeit, das wir aufbringen können.

Um so verpflichteter aber fühlt sich das philosophische Denken, es dabei nicht bewenden zu lassen; es wiederholt vielmehr in seiner Sphäre den mehr oder weniger gedankenlosen Optimismus, mit dem der durchschnittliche Mensch doch an

einer Harmonie jener Grundbedürfnisse des Daseins festhält –
sei es, daß für ihn »ehrlich am längsten währt«, sei es in dem
Glauben, daß sich jede Schuld irgendwie rächt, sei es, daß ein
jenseitiger Richter für die Ausgleichung von Verdienst und
Glück sorge. Nicht viel kritischer pflegt auch die Moralphilosophie zu behaupten, daß die Tugend der sicherste Weg zum
Glück sei, oder daß beides die Seiten einer und derselben inneren Wirklichkeit seien; oder daß, wie Spinoza sich ausdrückt,
die Glückseligkeit nicht der Lohn der Tugend, sondern die
Tugend selbst sei. Selbst pessimistische Lehren, die alles positive Glück für unerreichbar ausgeben, pflegen doch zu erklären, daß mit dem Gehorsam gegen ihre sittlichen Ideale wenigstens die Last des Lebens am erträglichsten, die Summe des
Leidens die kleinste wäre. Ja, man kann sagen, daß der Nachweis der innerlich notwendigen Zusammengehörigkeit von
Sittlichkeit und Glück das eine große Ziel aller Moralphilosophie ausgemacht habe. Aber mehr vielleicht als sonst irgendwo
– etwa mit Ausnahme der Beweise theologischer Dogmen –
fühlt man diesen Bemühungen an, daß hier keine von Vorurteil
freie Untersuchung geführt wird, sondern ein siegessicheres
Herzensbedürfnis das Ergebnis von vornherein festgelegt hat.
  Der ganzen Reihe dieser Versöhnungsversuche nun steht
Kant mit ganz einsamer Gegensätzlichkeit gegenüber: er verneint jegliche notwendige, erweisbare, innerliche Verbindung
zwischen Sittlichkeit und persönlichem Glück. Wir gelangen
nicht zur Tugend, indem wir das Glück suchen – und damit
richtet er jenen weitverbreiteten Glauben, daß die Tugend
nichts anderes sei, als das richtig verstandene Eigeninteresse,
als ob das dauernde, tiefe, das allein nicht zu teuer erkaufte
Glück nur um den Preis des sittlichen Verhaltens zu gewinnen
sei. Und ebensowenig liegt das Glück notwendig auf dem
Wege zur Tugend – und damit widerspricht er all den wohl-
wollenden einschläfernden Theorien, die jeder guten Tat ihren
Lohn, wenn nicht äußeren, so doch inneren, jeder bösen ihre
Strafe, wenn nicht materiale, so doch religiöse, sichern wollen.
Das Glück vielmehr, so meint er, hängt von äußeren Chancen
und ihrer geschickten Benutzung ab, und, wie wir in seinem
Sinne hinzufügen können, von den inneren Chancen des Tem-

249

peramentes und des Lebensgefühles. Glück und Leid sind zufällige Verhältnisse zwischen den Bedürfnissen des Subjekts und der Unberechenbarkeit seiner sozialen, physischen, seelischen Schicksale; sie gerade von dem sittlichen Verhalten des Menschen abhängig zu machen, ist weder logisch noch durch die Erfahrung gerechtfertigt. Es sind Elemente unseres Wesens, die miteinander so wenig prinzipiell verbunden sind, wie unsere Haarfarbe mit unserer musikalischen Begabung.

Um die ganze Größe dieser so einfach erscheinenden Behauptung zu fühlen, muß man sich das leidenschaftliche Interesse vor Augen halten, das sich für den Moralphilosophen, und für Kant vielleicht mehr als für alle anderen, an die Einheit und Versöhnung dieser Ideale knüpft. Sie sind ihm die Pole alles wirklich gelebten Lebens, die eigentlichen und letzten Themata, die das ethische Denken bewegen. An ihrer Einung hängt deshalb die Harmonie, die Abrundung, der innere Zusammenhang der Seele und ihrer Welt. Auf Kosten des teuersten Ideales also geschah es, daß er den Faden zwischen jenen beiden zerschnitt, an dem die ganze Moralphilosophie gesponnen hatte; erst wenn man die Höhe dieses Preises schätzen kann, wird man den ungeheueren Mut, die Überzeugungstiefe, die rücksichtslose – auch gegen sich selbst rücksichtslose – Wahrheitsliebe begreifen, die in seinen kühlen, sachlichen, abstrakten Sätzen von der Zusammenhangslosigkeit von Glück und Tugend pulsiert. Er, der selbst erklärte, Sittlichkeit sei nichts, als die Würdigkeit, glücklich zu sein, erkennt an, daß innerhalb der bestehenden Weltordnung diese Würdigkeit eine bloß platonische bleibe, daß sie den Wechsel nicht honoriere, den unsere innersten Bedürfnisse, die Harmonie von Tugend und Glück, die Gerechtigkeit von Lohn und Strafe fordernd, auf sie ziehen. Die tiefe Glückssehnsucht, im Mittelalter mystisch-religiös verpuppt, hatten die höchsten Kunstleistungen der Renaissance erfüllt: aber doch nur wie in einem Gleichnis und durch die Umbildung in das Ästhetische. Den modernen Menschen treibt sie als ein begrifflich bewußtes Verlangen, von dem man nicht weiß, ob es durch seine Versagtheiten oder durch seine gelegentlichen Erfüllungen zu umfassenderen und leidenschaftlicheren Forderungen aufgeregt wird. Niemand wußte dies besser als Kant: ja, mit einer nicht gerechtfertigten, beinahe grausamen Einseitigkeit, hat er alle Werte und Bedeutsamkeiten unseres subjektiven Willenslebens, die nicht direkt sittlicher Art sind, unbedingt in den einzigen Begriff des Glücksinteresses eingeordnet. Und mit der gleichen Energie und der gleichen Einseitigkeit reduziert er alles, was man als die objektiven Werte des Lebens bezeichnen kann, auf den einzigen Begriff Sittlichkeit. Indem er nun beide als einander wesensfremd erkennt, hat er durch die Welt der Ideale einen Riß gelegt, der mitten durch das menschliche Herz hindurchgeht. Damit ist das Leben von Grund auf in eine neue Position gebracht; die zwei Strömungen, die seinen ganzen inneren Lauf ausmachen: was es will und was es soll – gehen von verschiedenen Ausgangspunkten zu verschiedenen Zielen und keine unterirdische Quelle entläßt sie mit der Hoffnung, wiederum gemeinsam zu münden. So müssen wir uns mit einer unbarmherzigen Zweiheit abfinden, zugleich auf zwei Wegen gehen, von denen wir sonst geheim gehofft hatten, jeder von ihnen führe auf das Ziel, das der andere bezeichnet. Damit ist eine neue Reinheit des Denkens erreicht, in der sich eine unvergleichlich gewissenhafte Klarheit des Fühlens spiegelt. Freilich ist nun der Sittlichkeit die Stütze entzogen, die sie an der Hoffnung eines früher oder später eintretenden Lohnes besaß; dem Streben nach Glück die Rechtfertigung, die es aus seiner Verbindung mit der Moral zog. Es steht jetzt auf sich allein und muß von seinen eigenen Gnaden bestehen. Das Leben verlangt auf dieser Basis der Selbstherrlichkeit seiner wesentlichen Prinzipien ein ganz anderes Maß von Kraft und Mut, als da eines noch am anderen, wie in einem *circulus vitiosus*, einen trügerischen Halt fand. Die Verselbständigung der einzelnen Triebe, in der sich die Entwickelungshöhe der menschlichen Organisation überhaupt kundgibt, hat hiermit die tiefsten Wurzeln unsrer Existenz ergriffen, das Freiheitsbedürfnis des modernen Menschen ist gleichsam in die Elemente seines Wesens hinabgestiegen und hat jedem die Unabhängigkeit von dem anderen gesichert.

Aber es ist wirklich die gegenseitige *Unabhängigkeit* dieser Strömungen des tiefsten Lebens, die hier gelehrt wird. Es ist nicht etwa ein *Gegensatz* zwischen ihnen, der jenen unklaren oder gewaltsamen Optimismus in eine pessimistische Ordnung verkehrte, als ob es nun das notwendige Los des Edlen sei, auf Glück zu verzichten, als ob Glück nie anders als um den Preis der Unsittlichkeit zu erreichen sei, als ob die grundsätzliche Ordnung der irdischen Dinge auf den Triumph des Bösen ausgehe. Es gibt religiöse und zynische, melancholische und satanistische Weltbilder, die ein derartiges konträres Verhältnis zwischen den Werten des Glücks und denen der Sittlichkeit vertreten. Nichts aber liegt Kant ferner, als ein Pessimismus, der die Selbständigkeit jener Wesenstendenzen, soeben dem Optimismus unter Preisgabe der tiefsten Herzenswünsche abgerungen, von neuem in eine gegenseitige Verursachung, wenn auch mit umgekehrtem Vorzeichen, überführte. Wenn die Tugend keine Anweisung auf einen Glückserfolg gibt, so muß doch auch das Laster abwarten, ob die Verkettung der äußeren und die Entwickelung der inneren Schicksale ihm einen solchen gewähren. Die Souveränität des sittlichen Gebietes und die des Empfindungsgebietes wäre nicht weniger erschüttert, wenn die Sittlichkeit notwendig in Leiden und Entsagung auslaufen müßte, als wenn der gefährliche Reiz eines sicheren Glückserfolges ihr einen ihr selbst nicht entstrahlenden Schimmer liehe.

Der letzte Grund aber, der Kant zu dieser Scheidung trieb, war die Überzeugung, daß die Tatsache der sittlichen Pflicht uns in eine übersinnliche Ordnung hebt, oder vielmehr: daß sie eine mehr als sinnliche Energie als den Kern unseres Wesens erweist. Die unbezweifelte Fähigkeit des Menschen, entgegen allem Egoismus und allen persönlichen Neigungen, entgegen aller Selbsterhaltung und allen Instinkten dem Pflichtgebot zu gehorchen, läßt uns mit einem Teile unseres Wesens über das, was man »Natur« zu nennen pflegt, hinausreichen. Und eben diesen Teil, so gering er im Verhältnis zu unserer gesamten Existenz sei, so sehr er oft in einer bloßen unverwirklichten Forderung und Möglichkeit bestehen mag, empfinden wir doch als den wesentlichsten Wert unserer Existenz, ohne den alles andere Tun und Besitzen nichtig und für unser innerstes Selbstgefühl bedeutungslos ist. Ja die Sittlichkeit ist der Wert, der allein dem *freien* Menschen eigentümlich ist: denn es ist der einzige, den wir uns selbst geben können. Während alle anderen Güter und Bedeutsamkeiten des Lebens von der Gunst der Natur und der äußeren oder inneren Schicksale abhängen, liegt die Erfüllung der Pflicht ausschließlich in unserer Hand; hier und nur hier ist zugleich mit der Bindung an alles äußere Dasein auch alle Abschiebung der Verantwortlichkeit aufgehoben. Es gehört zu den Triumphen der menschlichen Wesensart, daß der höchste Wertpunkt in uns zugleich das Eigenste, Persönlichste, Zentralste unserer Existenz ist: wir sind nur da ganz wir selbst, wo wir zugleich am wertvollsten sind, und umgekehrt: unser Dasein gewinnt sein Wertmaximum nur unter der Bedingung, daß sein ganzes Handeln der Ausdruck seiner eigensten Innerlichkeit sei und völlig frei von allem, was nicht wir selbst sind. Es ist die unsterbliche Tat Kants, diesen keineswegs selbstverständlichen Zusammenhang zwischen dem Werte unseres Daseins und seiner für sich selbst verantwortlichen Freiheit aufgedeckt zu haben. Hier aber liegt das eigentliche Motiv, das die gegenseitige Unabhängigkeit von Sittlichkeit und Glück erfordert. Wäre unser sittliches Tun nur ein Umweg zum Glück, so zeigte sich damit der Punkt unserer Freiheit doch wieder in die Abhängigkeit von den Mächten des Daseins außer uns verflochten, ohne deren Gunst kein Glück vollkommen sein kann. Die Souveränität des Ich gegenüber allen Außenwerken des Lebens – der kostbarste Besitz des modernen Bewußtseins, das Minimum und zugleich Maximum seiner »Freiheit« – wäre vernichtet, wenn die Sittlichkeit nur ein Mittel zum Glück wäre; denn sie ist der Ort und Träger unserer Freiheit, ihr Sinn liegt in der Selbstverantwortlichkeit, weil sie allein aus der Quelle unseres Ich genährt wird; sie in eine Glückseligkeit münden zu lassen, die immer eine Passivität und Abhängigkeit des Gefühles bedeutet, hieße den einzigen Freiheitswert, den der Zwang der Dinge uns nicht rauben kann, in die Botmäßigkeit einer von unserem Willen unabhängigen Empfindung geben, die über uns kommt, wie Regen und Sonnenschein. Wie es das Bedürfnis nach der Selbständigkeit unserer wesentlichen Triebe war, das Kant die alten, trügerischen Verbindungen von Pflicht und

Glück zerschneiden ließ, so enthüllt sich nun die Unbarmher-
zigkeit dieser Trennung als die Bedingung jener Freiheit des
ganzen Menschen, die mit dem unbedingten und innerlichen
Werte seiner Existenz zusammenfällt.

Kant und die moderne Aesthetik

Unter den Geistern, in denen die Wendungen der Weltgeschichte begründet sind, ist vielleicht keiner, der sich gegen die Bezeichnung als Genie so energisch gewehrt hätte wie Kant. Seine bis zur Pedanterie exakte Wesensart, die ängstliche Strenge schulgerechten Denkens, läßt ihm die rasche Kühnheit und Freiheit des Genies als völlig unverträglich mit dem Geiste der Wissenschaft erscheinen, sodaß er jenen Titel einem Newton ausdrücklich abspricht – ersichtlich nicht obgleich, sondern weil er ihn für den größten aller Forscher hält. Und dies ist nicht nur eine Abweichung des sprachlichen Ausdruckes, die einer Verständigung in der Sache selbst weichen könnte, sondern es bezeichnet den tiefen Unterschied des Wertes, den Kant für uns besitzt, gegen den, den er sich selbst zuschrieb. Die eigentümliche Zusammengesetztheit seines Wesens, das den mutigsten Schwung eines völlig radikalen, ja revolutionären Denkens in eine philiströse Systematik verzopfte, gipfelt in der Tatsache, daß sein langatmigstes und verkünsteltstes Werk, das durch endlose Wiederholungen immer derselben Sätze und durch die Gewalttätigkeit seiner Konstruktionen den Leser fast zur Verzweiflung treiben kann, die Kritik der Urteilskraft, doch vielleicht die leuchtendsten Spuren seines Genies trägt. Denn es ist doch wohl das Wesen des Genies, zu wissen, was es nicht erfahren hat, und das auszusprechen, dessen Bedeutung es selbst nicht ermessen kann; und jenes Werk enthält Reflexionen über die letzten Fragen des ästhetischen Genusses, die das Beste des modernen ästhetischen Bewußtseins vorwegnehmen, und deren Erfahrungsgrundlage in seinem Leben fast nicht aufzufinden ist. Denn dieses Leben verfloß gänzlich in einer kleinen Stadt des 18. Jahrhunderts, in der aller anschauliche Schmuck des Daseins ein Minimum war, und die ihm niemals den Anblick eines großen Kunstwerkes gewährt haben kann; und in demselben Atem, in dem er die tiefsinnigsten Erleuchtungen über das Wesen des Schönen verkündet, preist er den bodenlosen Ungeschmack des Verses:

»Die Sonne quoll hervor, wie Ruh' aus Tugend quillt –«
als ein Muster poetischer Vollendung. In der Geschichte der
Philosophie, in der doch mehr als irgendwo sonst in der Welt
die Werte und die Unvollkommenheiten des Geistes sich verflechten, gibt es vielleicht keinen zweiten Punkt, an dem der
unbeirrbare Instinkt des Genies sich durch ein gleiches Maß
von Unkenntnis der Wirklichkeiten und von Verschnörkelun-
gen einer eigensinnigen Konstruktionssucht hindurchgefun-
den hat.

Die unvergleichliche Schärfe seines Denkens, die mit jener
schwer erträglichen Breite der Ausführung ein in seiner Art
einziges Ganzes ergibt, leuchtet sogleich aus der einführenden
Bestimmung hervor: Das Wohlgefallen an einem Gegenstande,
das wir das ästhetische nennen, ist von der *Existenz* dieses
Gegenstandes völlig unabhängig. Und dies mag folgenderma-
ßen gedeutet werden. An jedem Dinge unterscheidet der zer-
legende Verstand die Summe seiner Eigenschaften, durch die es
eben dies Bestimmte ist, von der Tatsache, daß dieser so qualifizierte Gegenstand in der Wirklichkeit existiert; denn wir
können von der letzteren Tatsache durchaus absehen und Unzähliges rein sachlich, rein seinem qualitativen Inhalt nach uns
vorstellen, ohne im geringsten danach zu fragen, ob der Gegenstand dieser Vorstellungen denn außerdem auch wirklich
ist. Wo diese Frage aber erhoben wird, wo Interesse und Genuß an einem Objekt von seiner Greifbarkeit und Erfahrbar-
keit abhängt, sind wir außerhalb des ästhetischen Gebietes.
Damit wir ein Haus bewohnen, einen Menschen umarmen,
uns von einem Baume beschatten lassen und uns des Einen wie
des Anderen erfreuen können, muß das Eine wie das Andere
fühlbar da sein. Wenn aber die bloße Anschauung dieses Hauses, dieses Menschen, dieses Baumes uns beglückt, gleichviel,
ob jene realen Beziehungen uns seiner Existenz vergewissern;
wenn dies Glück ungeändert weiterbesteht, auch wenn die Erscheinungen sich als eine *Fata morgana* enthüllen, die nur das
sinnliche Bild, nur jenen reinen Inhalt der Anschauung bewahrt, so hebt sich aus den vielerlei Möglichkeiten, die Welt zu
genießen, erst damit die eigentlich ästhetische heraus. Denn
erst damit ist die ganze Freiheit und Reinheit erklärt, die in

dem Gebiet des Schönen leuchtet; erst so ist unsere genießende Beziehung zu den Dingen wirklich auf ihre Anschauung beschränkt und auf die Distanz, in der wir sie genießen, ohne sie zu berühren. Die Schönheit wohnt in dem, was an den Dingen bloße Erscheinung ist, gleichgültig gegen die Realität, die im übrigen in diesen Erscheinungen enthalten oder nicht enthalten sein mag. Darum ist etwa die poetische Bedeutung eines Gedichtes so ganz unabhängig davon, ob seinem Inhalt eine Wirklichkeit entspricht oder nicht, darum ist nach dieser Richtung hin die Musik das vollendetste ästhetische Gebilde, weil in ihr die Freiheit von jedem Interesse an der Existenz bis zur Unmöglichkeit auch nur der Frage nach einer solchen gesteigert ist. In der hiermit bezeichneten Tatsache erblickt Kant den grundlegenden Unterschied des Schönen gegen alles bloß sinnlich Angenehme; denn dieses letztere ist auf die fühlbare Wirklichkeit der Dinge angewiesen, sie müssen unmittelbar auf uns wirken, damit wir mit sinnlichen Lustgefühlen auf sie reagieren. Nur das, was wirklich und gegenwärtig ist, ist uns sinnlich genießbar; aber das längst Verschwundene, dessen Bild nur noch in unserem Bewußtsein lebt, kann uns noch schön sein – denn auch so lange es gegenwärtig war, bestand der ästhetische Genuß nicht in seinem unmittelbaren Eindruck auf unsere Empfindungsfähigkeit, sondern in der viel tiefer gelegenen – an späterer Stelle zu deutenden – Reaktion, die unsere Seele an das bloße Bild des Dinges in ihr heftet. Das sinnlich Reizvolle ist uns wertvoll, weil wir es genießen; das Schöne umgekehrt genießen wir, weil es wertvoll ist. Aber diese letztere Stufenfolge ist nur möglich, wenn der Genuß eben nicht von der Existenz abhängt, sondern von den Eigenschaften oder Formen des Dinges, die wir als wertvoll beurteilen müssen, gleichviel, ob sie uns momentan gegenwärtig sind oder nicht, gleichviel, ob ihnen eine Existenz zukommt oder nicht, die ihnen qualitativ nichts hinzufügte.

Diese Gleichgültigkeit unseres ästhetischen Verhaltens gegen das reale Sein der Dinge benutzt Kant zwar nur, um den Unterschied der Schönheit gegen den Sinnenreiz aufzuweisen; sie dient aber nicht weniger zu deren Abgrenzung nach einer entgegengesetzten Seite hin. Die künstlerische Anschauungs-

weise hat kein Interesse an der Realität der Dinge jenseits ihrer
wahrnehmbaren Eigenschaften, weil diese Realität etwas Metaphysisches ist. Sie mag in dem von Kant hervorgehobenen
Sinne das eigentlich Empfindbare sein; in einem anderen aber
ist sie gerade das Nichtempfindbare. Denn wir empfinden unmittelbar nur die Farben oder die Töne, die Härte oder den
Geschmack der Dinge; dies aber sind Vorstellungen in uns, die
durch die Organisation unserer Sinnes- und Bewußtseinsor-
gane bestimmt sind und im Traum, in der Halluzination, in der
Sinnestäuschung in derselben Weise auftreten wie in den Zusammenhängen zuverlässiger Erfahrung. Daß hinter ihnen das
nicht Beschreibliche steht, was wir die Realität der Dinge nennen, ist nicht ebenso wahrnehmbar, es ist sozusagen eine Idee,
durch die wir den gegebenen Inhalten der Welt eine innere
Festigkeit, Substanzialität, Bedeutung leihen. Sie ist schlechthin unanschaulich, niemals erfahrbar, das Sein ist das eigentlich Metaphysische der Welt, ein letzter oder erster Begriff,
den wir nur wie durch ein Ueberspringen alles Unmittelbaren
und Bestimmten greifen können. Damit aber hat die Kunst
nichts zu tun, die vielmehr nur in den *Erscheinungen* des
Wirklichen lebt. Nach dieser Seite ist der Impressionismus, so
eng und einseitig seine vorliegenden Leistungen sind, doch das
durchaus konsequente Kunstprinzip. Innerhalb des sinnlichen
Bildes mag die Kunst tausend Zusammenhänge und Tiefen
zeigen, von denen die gewöhnliche Erfahrung nichts weiß, sie
mag mystische Unaussprechlichkeiten in der Seele lebendig
machen; objektiv aber halten ihre Gebilde sich an das anschaulich Gegebene, durch dessen Ueberschreitung sie sich auf andere Gebiete als das der reinen Kunst begeben. Man könnte
sagen, die Kunst wäre reiner empirisch als die Erfahrungswelt
selbst, da diese immer metaphysischer Voraussetzungen, Be-
gründungen, Zwischenglieder bedarf; so weiß sie nichts von
dem Sein, das nie einem unserer Sinne, sondern nur einem
unaussagbaren metaphysischen Fühlen zugänglich ist. Und vielleicht kann man nun das, was so für die Kunst gilt, auf das
Schöne überhaupt ausdehnen. Sobald dieses seine Bedeutung
über mehr als gleichsam die uns zugewandte Seite der Dinge
erstreckt – möge diese nun sinnlich sein oder nicht –, so ent-

lehnt es damit Werte anderer Herkunft, religiöse oder ethische, intellektuelle oder mystische. Gewiß können auch die tiefsten und geistigsten Dinge der Bedeutsamkeit ihres Inhaltes eine Schönheit zufügen; allein diese haftet an dem, was auch an ihnen die relative Oberfläche ist, was ihre »Form« im weitesten Sinne des Wortes ist. In jedem Falle hat das Schönheitsinteresse zu dem *Sein* der Dinge, das jenseits ihrer Form und der Summe ihrer Qualitäten liegt, keine Beziehung. Denn dieses Sein ist ein schlechthin Allgemeines und Formloses, überall dasselbe und jeglicher Sondergestaltung entbehrend, die allein eine Schönheit offenbaren kann.

Fragt man indes die Kantsche Grundbestimmung des Schönheitsgefühls als eines Wohlgefallens ohne Realitätsinteresse nach ihrer psychologischen Begründung, so scheint sie mir bei ihm wie bei seinen Nachfolgern darauf zurückzugehen, daß die Schönheit traditionellerweise nur an Eindrücken von Auge und Ohr haftet und den Tastsinn ausschließt. Dieser nämlich ist psychologisch der eigentliche Realitätssinn; nur was wir greifen können oder könnten, scheint uns die volle Wirklichkeit zu besitzen. Gewiß sind die Leinwand und der Marmor greifbar; aber so wenig wie an der Buchseite, die das Gedicht trägt, ist an ihnen das, was getastet wird, das Kunstwerk – dieses vielmehr liegt ausschließlich in den Formen, die dem Gesicht und keinem anderen Sinn zugänglich sind. Durch diese Ablösung der Sichtbarkeit oder Hörbarkeit von der sonst mit ihr stets verbundenen Tastbarkeit, die uns allein die empirische Wirklichkeit zu garantieren pflegt, erhält das bloß ästhetisch Wirksame jene Distanz von der Wirklichkeit; nach dieser zu fragen, haben wir tatsächlich innerhalb des ästhetischen Gebietes kein Interesse, weil dieses Gebiet von vornherein den Sinn ausschließt, der uns als die einzige Brücke zur Realität gilt.

Weshalb es für das bloße Tastgefühl keine eigentlich ästhetischen Sensationen gibt, ist nicht ohne weiteres zu sagen. Ich vermute, weil seine Empfindungen sehr zugespitzter, momentaner, leicht verlöschter Art sind; es kommt deshalb innerhalb seiner nicht zu jener Bildung größerer Reihen von Eindruckselementen, die erst eine *Form* ergeben. Der einzelne Eindruck ist immer ungeformt, bloßes Material, erst indem mehrere sich nach Verhältnissen von Höhe und Tiefe, von Zeit und Raum, von Spannung und Lösung zusammenfinden und eine seelische Einheit bilden, entsteht aus ihnen eine Gestaltung irgend welcher Art, eine Form, ohne die es kein Schönes und keine Kunst, sondern nur den Stoff zu beiden gibt. Die Eigenheit des Tastsinnes, aus der Vielheit seiner Ingressionen keine rasch überblickte, unmittelbar wirkende Einheit zu stande zu bringen, scheint ihm die Entwickelung zu ästhetischen Werten abzuschneiden, aus denen damit zugleich die Realität, deren psychologischer Träger jener zu sein pflegt, ausgeschieden ist.

Die Gleichgültigkeit unserer ästhetischen Urteile gegen das empirisch fühlbare Sein oder Nichtsein ihres Gegenstandes ist zunächst eine bloß negative Bestimmung. Kant wendet sie ins Positive, indem er aus ihr folgert, daß nur die Form der Dinge ihre Schönheit trage. Der Reiz etwa der Farben wie der der einzelnen Töne knüpfe sich an *Inhalte* des Empfindens, sei also von der realen Existenz der Gegenstände abhängig und könne deshalb wohl angenehm, sinnlich beglückend sein, aber in das Geschmacksurteil dürfe er sich nicht mischen, ohne dessen Reinheit zu trüben. Darum sei in allen bildenden Künsten die Zeichnung das Entscheidende, während die Farben den Gegenstand wohl für die Empfindung reizvoll, aber nicht ästhetisch schön machen könnten. Und wie den Reiz der Sinne, so wehrt diese Beschränkung auf die Form auch die Bedeutsamkeit der *Gedanken* von dem ästhetischen Urteil ab. Es möge sein, daß manches anschaulich Schöne seinen ästhetischen Wert für uns verliert, wenn es in Zweckverbindungen, die seiner Form widersprechen, eingefügt wird: gewisse an sich schöne Ornamente etwa sind doch an einem sakralen Gegenstande höchst unpassend, eine Gesichtsform, die an einem Narzissus schön ist, lehnen wir an einem Mars entschieden ab, architektonische Elemente können die schönsten Formen zeigen, aber sie sind höchst widrig, wenn sie innerhalb des Baues ihre dynamische Bestimmung nicht erfüllen. Allein diese Art Urteile beträfe eben nicht die reine Form der Dinge, sondern hinge von dem Sinn und den Zwecken ab, in welche diese letzteren ihrer realen Existenz nach verflochten werden; sie gehen nicht unseren Geschmack an, sondern unsere Kenntnisse vom Wesen gewisser Zusammenhänge, unsere sittlichen Interessen, unser Nachdenken. Deshalb lehnt ein reines Geschmacksurteil alle solche Kriterien ab, die außerhalb des unmittelbaren Eindruckes der Dinge liegen; es *beurteilt* die Dinge zwar im Gegensatz zur Sinnlichkeit, die sie nur genießt, aber es beurteilt auch nur *sie* und nicht ihre Bedeutungen für Zwecke und Werte, mögen es auch die höchsten sein, zu denen sie nur durch Heraustreten aus ihrem reinen formalen Angeschautwerden eine Beziehung gewinnen.

Es ist höchst merkwürdig, hier festzustellen, wie ein wahres, tief und scharf erfaßtes Prinzip durch die Enge seiner Anwendung zu ganz mißverständlichen Folgen führt; man braucht ihm nur die von Kant selbst ihm vorenthaltene Weite zu geben, um es vollkommen zu legitimieren. Daß die einzelne Farbe niemals das Prädikat der Schönheit verdiene, widerruft er freilich schon selbst. Um aber das Prinzip der bloßen Form zu retten, betont er, daß die Farben, wie entsprechend die Töne, Schwingungen des Aethers sein möchten, und daß sie so ein uns zwar unbewußtes Spiel von Eindrücken gewährten, an dessen regelmäßigen Formen unser ästhetisches Gefühl sich befriedigte. Mag diese etwas gequälte Hypothese irgendwie im einzelnen plausibel gemacht werden – was sehr zu bezweifeln ist –, so ist es jedenfalls ein völliger Irrtum, daß der eigentlich ästhetische Wert der Malerei nur in der Zeichnung als dem einzigen Träger der »Form« beruht; vielmehr haben in ihr die Farben, ganz abgesehen von der durch ihre Grenzen angegebenen Zeichnung und bloß als koloristische Flecke angesehen, formale Verhältnisse zueinander, die ein rein ästhetisches Urteil provozieren. Wie sich die Farben nach Verwandtschaft, Ergänzung, Gegensatz auf der Fläche verteilen, wie sich die Lokalfarben dem Ton des Ganzen einordnen, wie die verstreuten Flecken der gleichen Farbe in gegenseitige Beziehung treten und damit eine der das Ganze zusammenhaltenden Kräfte bilden; wie durch das Dominieren der einen und die abgestuften Unterordnungen der anderen eine übersichtliche Organisierung der Fläche erreicht wird – dies alles sind höchst wesentliche Bestandteile des Kunstwerkes als solchen, ganz jenseits unserer unmittelbaren sinnlichen Sympathie oder Antipathie für den einzelnen Farbeneindruck stehend und deshalb in demselben Sinn der Form des Bildes zugehörig wie seine Zeichnung. Der durchaus richtige Sinn der Kantschen Behauptung ist, daß das Kunstwerk eine Einheit aus Mannigfaltigem ist und sein Wesen deshalb in der Wechselwirkung seiner Teile hat. Indem jeder einzelne auf jeden anderen hinweist, jedes Element durch das Ganze und das Ganze durch jedes Element bestimmt und verständlich wird, entsteht jene innere Einheit und Selbstgenügsamkeit des Kunstwerkes, die es zu einer Welt für sich macht. Das aber bedeutet allerdings, daß das Kunstwerk Form ist; denn Form ist die Art, auf die Elemente sich aufeinander beziehen und sich zu irgend einer Einheit zusammenfassen; das schlechthin Einfache und Undifferenzierte ist formlos, ebenso wie das schlechthin Zusammenhanglose. Ein Kunstwerk entsteht, indem die fragmentarischen Inhalte des Daseins zu einer gegenseitigen Beziehung gebracht werden, in der sie ihren Sinn und ihre Notwendigkeit aneinander finden, sodaß eine Einheit und innere Befriedigtheit an ihnen aufleuchtet, die die Wirklichkeit nie gewährt. So ist allerdings die Kunst die äußerste und allein restlose Darstellung dessen, was man als die Formung der Dinge bezeichnet, und das nichts anderes ist als die Einheit des Mannigfaltigen. Und vielleicht liegt auch hier die Rechtfertigung für eine prinzipielle Beziehung zwischen dem Schönen und der Kunst, die Kant und mit ihm die ganze populäre Aesthetik unbefangen voraussetzt, die aber bei genauerem Hinsehen keineswegs zweifellos ist. Jenes unmittelbare Gefallen, jene freudige Erregtheit unseres ganzen Wesens, womit Schönheit uns ergreift, wird keineswegs von jedem Kunstwerk, auch nicht von jedem vollendeten, bewirkt. Dessen Fähigkeit vielmehr, den Sinn der Erscheinungen zu deuten, die Wirrnis des unmittelbaren Lebens zu klären, die Anschauungs- und Gefühlswerte des Daseins auf ihren einfachsten und zugleich tiefsten Ausdruck zu bringen, – alles dies hat von vornherein mit »Schönheit« nichts zu tun, die ihm vielmehr nur eine unter den vielen möglichen Qualitäten und Bedeutsamkeiten seiner Gegenstände und seiner selbst ist. Nun aber stiftet der Gedanke der Form in dem oben angedeuteten Sinne doch vielleicht eine Gemeinsamkeit zwischen ihnen. Vielleicht ist es das Wesen der Schönheit nicht weniger als das der Kunst, uns die Einheit der zufälligen Vielheiten des Daseins zu gewähren. Die Lust am Schönen besteht vielleicht in jenem hemmungslosen, harmonischen Ablauf von Vorstellungen, der uns die Zusammenfassung einer größten Zahl derselben in den kürzesten Zeitraum gestattet, sie bedeutet für uns das konzentrierte Leben, in dem die Lücken und hindernden Widersprüche seiner sonstigen Augenblicke hinwegfallen: ihm gegenüber empfinden wir die inneren Bewegungen, sonst nach allen Richtungen auseinander strebend, als Einheit. Diese Form, in der der Anblick der Schönheit das subjektive Leben fließen läßt, wiederholt die Kunst an der objektiven Gestaltung der Dinge; sie organisiert das Dasein, bis es die Zusammengefaßtheit, die innere Notwendigkeit, die Enthobenheit von den Belastungen des Zufalls zeigt, die wir der Schönheit gegenüber bloß subjektiv erleben; soweit das Kunstwerk diese Form in das subjektive Gefühl weiterschwingen läßt, kommt auch ihm Schönheit zu. Man muß die gegenseitige Unabhängigkeit von Kunst und Schönheit so scharf begriffen haben, wie Kant es nicht versucht hat und bei seiner völlig unzureichenden Kenntnis der vorhandenen Kunst auch nicht konnte, – um zu erkennen, daß die Genialität seines Gedankens der Form beide auf höherer Stufe wieder zusammenzuführen vermag.

Noch leichter ist jene andere freiwillige Selbstbeschränkung zu heben, mit der Kant die fein empfundene Abgrenzung der Schönheit gegen alle Forderungen des Intellekts und der Moral in einer scheinbar konsequenten, in Wirklichkeit inkonsequenten Weise steigert. Die Schönheit dürfe nicht von dem Begriffe dessen abhängig sein, was von dem Gegenstand nach natürlichen, historischen oder moralischen Normen gefordert würde; sie sei ein freies Spiel unserer Seele und als solches völlig souverän, ein Gegenstand gefalle uns oder gefalle uns nicht, ganz gleichgültig gegen alles, was er außerhalb dieses bloßen Gefallens sei oder sein solle. Die Folge davon ist, daß Kant, genau genommen, nur Blumen, Ornamente, Musik ohne Text, kurz nur Formen, die nichts Bestimmtes bedeuten, als eigentliche Schönheiten anerkennt.

Denn sobald man von einem Gegenstand eine Leistung jenseits seines bloßen Anschauungsbildes verlange und davon das ästhetische Urteil über ihn abhängig mache, mische sich eben etwas dem bloß ästhetischen Fühlen Fremdes in dasselbe; das sei aber zum Beispiel meistens bei der Beurteilung der Menschengestalt der Fall, indem – analog den obigen Beispielen – was als Venus schön ist, es noch nicht als Athene ist, oder indem überhaupt gewisse Forderungen an Kraft, Charakter, Ausdruck sittlichen Wesens die Bedingungen bilden, unter denen wir eine menschliche Gestalt als schön anerkennen. Daran ist nun so viel richtig, daß alle allgemeinen und speziellen Qualitäten des Menschen, die nicht unmittelbar anschaulich sind, an sich und ihrem eigenen Werte nach nichts mit der ästhetischen Schätzung seiner Erscheinung zu tun haben. Das verhindert aber nicht im geringsten, daß sie, in das Gesamtbild der Person einbezogen, mit allen anderen Elementen derselben zusammen die Formen rein ästhetischer Schönheit oder Nichtschönheit ergeben. Nur ihre selbständige, innere Bedeutung kommt hier nicht in Frage, so wenig, wie bei der Schönheit einer Nase ihre Atmungsfunktion in Betracht kommt. Daß uns ein Zug, der uns an einer Venus entzückt, an einer Athene unpassend erscheint und abstößt, geschieht nicht, weil er dem Begriff der Athene widerspräche, sondern weil er mit all den anderen tatsächlichen Zügen, die eine Athene darbietet, keine Harmonie oder Einheit der angeschauten Form ergibt. Stimmten etwa alle Züge zu diesem einen, so würde eben eine Gestalt entstehen, mit der wir ästhetisch völlig einverstanden sind; wir würden sie dann freilich Venus benennen, aber die Behauptung, es solle eine Athene sein, würde etwa als eine Wunderlichkeit und ein historisches Mißverständnis erscheinen, aber *ästhetischen* Widerspruch würde es nicht mehr wekken, sondern in dieser Hinsicht so gleichgültig sein, wie auch die richtige Bezeichnung als Venus es ist.

Am deutlichsten wird diese Erhebung inhaltlicher Bedeutsamkeiten und Zweckmäßigkeiten in die ästhetische Sphäre wohl im Drama. Hier finden unzählige Prozesse rein sachlicher und psychologischer Art statt, die nach den Erfahrungen der realen Welt, also nach Kriterien, die mit dem Kunstwerk als solchem nichts zu tun haben, als richtig und passend beurteilt werden müssen, wenn wir ästhetisch befriedigt sein wollen. Dies ist durchaus kein Herausfallen aus der ästhetischen Sphäre, es sind nur Tatsachen und Zusammenhänge, die auf anderen Daseinsgebieten erwachsen sind, als Material in sie aufgenommen worden; und nun muß das Kunstwerk, wenn es in sich völlige Formeinheit haben soll, mit den inneren Normen dieses Materials so harmonisch sein, wie das plastische Werk in seiner Formgebung dem Charakter seines Marmors oder seiner Bronze entsprechen muß; wobei jene Forderungen der Realität oder der Begriffe nicht um ihrer Eigenbedeutung, sondern um der Einheit des Kunstwerkes willen, das sie verwertet, erfüllt werden müssen, gerade wie der Charakter des plastischen Stoffes nicht als mineralogische oder physikalische Tatsache, sondern ausschließlich um seiner ästhetischen Bedeutung willen Berücksichtigung fordert. Kant hat also auch hier den Begriff der Form zu eng gefaßt, indem er die Reinheit des Geschmacksurteiles verloren glaubte, wenn es von nicht unmittelbar ästhetischen, begrifflichen und sachlichen Voraussetzungen abhinge. Er hat nicht gesehen, daß eben diese zu ästhetischen Bedingungen erhoben werden, daß sie ihre Bedeutsamkeit in die ästhetische Tonart transponieren können, und daß sie dann die Formeinheit des Schönen und des Kunstwerkes als ebenso berechtigte Elemente mitbilden helfen wie die von vornherein nur ästhetischen.

So sehr Kant also mit jenen Beschränkungen seines Prinzips diesem selbst unrecht tut, so hat er mit ihm doch das Grundgefühl der modernen rein artistischen Auffassung vorweggenommen: daß das Kunstwerk als solches seine Bedeutung nie und zu keinem Teil von dem entlehnen darf, was nicht Kunst ist. Wie wichtig und ergreifend auch sein Inhalt nach seiner ethischen oder historischen, religiösen oder sinnlichen, patriotischen oder personalen Seite sei – der Kunst, soweit wir sie ästhetisch beurteilen sollen, darf dies nicht zu gute kommen, unser Urteil bezieht sich ausschließlich auf die Formung dieses Stoffes, das Kunstwerk spielt sich ausschließlich auf dem Gebiet seiner jeweiligen optischen, akustischen, dramatischen Erscheinung ab, ohne von dem, was irgendwie jenseits dieser steht, Unterstützung oder Nuancierung zu empfangen. Diese Selbstherrlichkeit der Kunst – und, nach Kants Meinung, des Schönen – ordnet er nun, ohne ihr im geringsten Abbruch zu tun, einem allgemeineren Typus menschlicher Wertungen ein. Das Lustgefühl dem Schönen gegenüber stammt, wie hervorgehoben, nicht aus einer Zweckmäßigkeit des Gegenstandes für unsere Willensziele, auch nicht aus einer solchen für irgend ein objektives Geschehen. Dennoch muß eine Zweckmäßigkeit dabei im Spiele sein; denn durch den ästhetischen Genuß fühlen wir uns gestärkt, in unserem Lebensprozeß gehoben, wir wünschen, ihn festzuhalten, bei seinem Gegenstande zu verweilen, indem wir uns doch zugleich als frei empfinden. Dieselbe Art der Befriedigung, die uns der Anblick des ganz Zweckmäßigen bietet, kommt angesichts des Schönen über uns: das Gefühl, daß die Zufälligkeiten der Erscheinung von *einem* Sinne beherrscht sind, daß die bloße Tatsächlichkeit des Einzelnen von der Bedeutsamkeit eines Ganzen durchdrungen ist, daß das Fragmentarische und Auseinanderfallende des Daseins wenigstens an diesem einen Punkte eine seelenhafte Einheit gewonnen hat. Da nun aber das Schöne alle Beziehung auf einen bestimmten Zweck ablehnt, die es sogleich aus der bloß ästhetischen Sphäre herabziehen würde, so bezeichnet Kant sein Wesen als »Zweckmäßigkeit ohne Zweck«, das heißt, es hat die Form des Zweckmäßigen, ohne doch von einem angebbaren Einzelzweck bestimmt zu sein; es setzt durch seine bloße Anschauung unsere mannigfaltigen seelischen Energien in dasjenige Verhältnis von Spannung und Lösung, von Harmonie und Organisiertheit, das sonst in uns nur dem Anblick und Genuß der zweckmäßigen Dinge, des zweckerfüllten Lebens antwortet. Man hat mit einem gewissen Recht als die spezifische Eigenschaft des Menschen gegenüber dem Tier hervorgehoben, er sei das zwecksetzende Wesen. Unser Leben gewinnt seinen Sinn und Zusammenhalt, seine Leistung und seine Befriedigung, indem seine Inhalte sich zu Zwecken und Mitteln gestalten und aneinanderschließen. Was wir schön nennen, ist dasjenige, was in uns den subjektiven Reflex der Zweckmäßigkeit erzeugt, ohne daß wir sagen könnten, wann oder wozu es diene. Es gewährt uns damit gleichsam die typische Genugtuung des menschlichen Daseins in ihrer völligen Reinheit und Gelöstheit. Wir empfinden das Schöne seiner Form und Wesensart noch als zweckmäßig, aber nicht um eines angebbaren Einzelzweckes willen – wie, soweit dies ganz Einzige einen teilweisen Vergleich zuläßt, eine gewisse Verinnerlichung und feierliche Erregtheit etwa durch eine Musik oder ein Schicksal in uns aufkommen kann, die wir als Frömmigkeit bezeichnen müssen, auch wenn sie sich durchaus an kein transcendentes Wesen wendet – als eben dieselbe Frömmigkeit, die sonst als der Reflex des konkreten Verhältnisses zu einem derartigen Wesen entsteht.

Wenn wir gegenüber der Realität des Daseins, die sich an konkreten Einzelheiten erschöpft, an dem Schönen und der Kunst die Leichtigkeit und Freiheit des *Spieles* empfinden, so ist dies nun erklärt. Denn Spielen bedeutet doch, daß man die Funktionen, die sonst den Wirklichkeitsinhalt des Lebens tragen und an ihm gebildet sind, nun ohne diese Füllung, rein formal, ausübt. Das Wetten und Jagen, das Ringen und Erlisten, das Bauen und Zerstören, das die realen Ziele des Lebens fordern, geschieht im Spiele an bloß ideellen Inhalten, um bloß ideeller Ziele willen – oder genauer nicht einmal um dieser willen, sondern nur aus Lust an der Funktion, an dem subjektiven Tun, das mit keinem über dieses Tun selbst hinausgreifenden Inhalt beschwert ist. Das ist der eigentliche Sinn des Satzes aus der Aesthetik Schillers: Der Mensch ist nur da ganz Mensch, wo er spielt. Nur im Spiel, das heißt, wenn unser Tun nur in sich selbst kreist, sich nur an sich selbst befriedigt, sind wir absolut wir selbst, sind wir ganz »Mensch«, das heißt seelische Funktion, die nicht über sich weg zu einem in irgend einem Sinne konkreten Inhalt greift. Und dies ist die Kantsche Zweckmäßigkeit ohne Zweck. Denn die Schönheit ist nichts, was in dem objektiven Sein der Dinge läge, sondern sie ist eine subjektive Reaktion, die dieses in uns anregt, oder, wie Kant sich ausdrückt: »eine Gunst, womit wir die Natur aufnehmen, nicht eine solche, die sie uns erzeigt.« Sie ist die Aktivität, das »Ziel« unserer seelischen Vermögen, sonst ausgeübt, um die Wirklichkeit praktisch und theoretisch zu bemeistern, jetzt aber nur um seiner selbst willen vorgehend, in sich selbst schwingend und darum in jener reinen Harmonie und Freiheit verlaufend, die die Belastung mit den konkreten Vorstellungen und Zwecken ihr nicht gestattet.

Was Kant so mit der Intuition des Genies als die Wirklichkeit des ästhetischen Gefühls beschreibt oder vielleicht richtiger: als dessen ideale Vollendung, die seine Wirklichkeit nur annähernd erreicht, – liegt zugleich in der Richtungslinie der modernen entwickelungsgeschichtlichen Deutung. Die Höhe, in der die ästhetischen Werte über den Nöten und Zwecken des äußeren Lebens stehen, verhindert durchaus nicht, daß sie sich geschichtlich aus diesen entwickelt haben, so wenig, wie der geistige Adel der Menschenseele darunter leidet, daß der Mensch einst aus einer niederen Tierart hervorgegangen ist. Man hat lange bemerkt, daß, was wir schön nennen, die Form der aus praktischen Gründen nützlichen Dinge ist. Schopenhauer führt aus, daß die Formen der weiblichen Gestalt uns in dem Maße ästhetisch vollendet erscheinen, in dem wir sie unbewußt als für die Zwecke der Gattungserhaltung geeignet beurteilen. Was wir an einem Gesicht schön nennen, sind vielleicht diejenigen Züge, die nach uralter Geltungserfahrung mit sittlichen, sozial zweckmäßigen Eigenschaften verbunden sind – so oft auch zufällige Vererbungen das eine vom anderen trennen mögen. Ja der ästhetische Reiz jeder überhaupt sehr charakteristischen, das heißt ein Inneres unzweideutig verratenden Physiognomie mag daher stammen, daß die äußere Offenbarung der Wesensart eine zwar nicht immer für das Individuum, aber für seine soziale Umgebung höchst nützliche Qualität ist. Und ebenso mit untermenschlichen Formen: die architektonische Schönheit erscheint als die vollendete Proportion von Lasten und tragenden Kräften, von Druck und Spannung, kurz als die Struktur, die für den Bestand und die Zwecke des Werkes die zweckmäßigste ist. Alle räumlichen Gestaltungen erscheinen uns schön, die den Raum übersichtlich gliedern, also für die praktischen Zwecke die geeignetsten sind, alle physischen und seelischen Wirklichkeiten, die mit einem Minimum von Kraftaufwand ein Maximum von Zweckerfolg erreichen. Aber alle diese praktischen Zwecke sind vergessen, wo der ästhetische Wert sich erhebt; die Länge der

Vererbungen, die Vielheit und Selbstverständlichkeit der Erfahrungen haben sie längst unbewußt gemacht, diese haben ihrer Form nur die allgemeine Bedeutung hinterlassen, die sie einst durch ihre konkreteren Inhalte erworben hat, und die jetzt nur gefühlsmäßig geworden ist. Es ist die Bedeutung der Zweckmäßigkeit, aus der der Zweck entschwunden ist, jenes bloß innerliche, von aller Materie gelöste Nachschwingen längst untergesunkener Freuden oder Nützlichkeiten – das Kant in die erschöpfende Formel der Zweckmäßigkeit ohne Zweck zusammenfaßt. Und dies scheint mir kein verächtlicher Ursprung der ästhetischen Tatsächlichkeit; er verwebt sie in die ganze Breite des Lebens, läßt sie aus dessen Unerläßlichkeiten und den Bedingungen seines Wachstums sich entwickeln. Und nur dann würden sie an seine Niederungen und Ungeistigkeiten gefesselt bleiben, wenn ihr Reiz noch durch die einzelnen greifbaren Zwecke bedingt wäre. So aber, wo die bloße Form dieser, nur ihr typischer Sinn und Geist geblieben ist, stellen sie den feinsten Extrakt des Lebens dar; die Zweckmäßigkeit, in der die Zwecke sich verzehrt haben, ist jener »farbige Abglanz«, an dem wir das Leben haben, weil er sich über das Leben – aber doch aus dem Leben – erhoben hat.

Es gehört zu den eigentümlichsten Erfahrungen in der Geistesgeschichte, daß die hiermit umschriebene ästhetische Grundüberzeugung Kants ersichtlich garnicht aus seinem positiven Verhältnis zu den ästhetischen Objekten gewonnen ist, sondern nur indirekt, durch das wissenschaftlich verstandesmäßige Bedürfnis, den Begriff des Schönen mit völliger Genauigkeit gegen die des sinnlich Angenehmen, des Wahren, des sittlich Guten abzugrenzen. Die Tendenz seines ganzen Denkens war, die Gebiete des Daseins unter die seelischen Energien aufzuteilen, die sie aufnehmen oder hervorbringen; die Schärfe und Gerechtigkeit, mit der er so die innere Vielheit des Subjektes und damit die der objektiven Welt gliederte und jedem Teile das Seine gab, war die große Geste, mit der er in die philosophische Entwickelung eintrat. Das Schöne, das ihm gewiß zunächst nur ganz im allgemeinen als ein Gebiet eigener Gesetzgebung vorschwebte, mußte nach seinen *Grenzen* bestimmt werden. Sie ergaben sich dem Sinnlichen wie dem Sitt-

lichen gegenüber durch die Gleichgültigkeit gegen alle Realität. Alles sinnliche Interesse knüpft sich an das Empfindbare,
das wirklich ist, oder dessen Wirklichkeit wir wünschen; alles
sittliche Interesse an das, was wirklich sein *soll*, wenngleich es
vielleicht sehr unvollkommen verwirklicht wird. Das ästhetische Urteil aber knüpft sich an das bloße Bild der Dinge, an
ihre Erscheinung und Form, gleichviel, ob sie von greifbarer
Realität getragen wird oder nicht. Die Grenze gegen alle Er-
kenntnisurteile aber liegt im Gefühlscharakter alles Aestheti-
schen; der höchste Punkt, auf den hier die seelischen Bewegungen hingehen, der die Elemente des schönen Gegenstandes
oder des Kunstwerkes zu einer Einheit zusammenhält, ist
nicht mit Begriffen zu bezeichnen, während alle Erkenntnis
gerade auf der Zusammenfassung von Einzelheiten zu höheren, bewußten Begriffen ruht. Das Aeußerste, wozu das Denken sich erhebt, sind die metaphysischen Begriffe, denen keine
Anschauung entspricht, – das ästhetische Gefühl aber bezieht
sich auf Anschauungen, denen kein Begriff entspricht. Damit
ist aber nicht behauptet, daß das ästhetische Urteil willkürlich
oder grundlos sei; nur liegt sein Grund nicht in bestimmten
Begriffen, die unsere Seele bildet, sondern in jener ganz allgemeinen, innerlich harmonischen Stimmung, jener organischen, für alle ihre Zwecke günstigen Spannung und Rangierung ihrer Energien, die jenseits aller Einzelbestimmtheit lebt,
weil sie nur die reine, abgelöste Funktion aller inhaltlich bestimmten singulären Vorgänge ist. Aus dieser Konstellation
erklärt Kant die Eigentümlichkeit des Geschmacksurteils: daß
niemand einen anderen von der Richtigkeit des seinigen überzeugen kann, wie von der Richtigkeit einer theoretischen Behauptung, und daß doch jeder mit dem Urteil: dies und das ist
schön – etwas Gültiges, eigentlich von allen anderen Anzuer-
kennendes auszusprechen meint, im Unterschied gegen rein
sinnliches Gefallen, bei dem sich jeder mit der bloßen Subjektivität seines Gefühls zufrieden gibt. In der Tat: niemand kann
im Ernst darüber streiten, ob Austern gut schmecken, ob Mo-
schus ein angenehmer oder widriger Geruch ist; ob aber ein
Kunstwerk schön ist oder nicht, hat die leidenschaftlichsten
Kontroversen erregt, als gäbe es dafür einen Beweis und ver-

standesmäßige Ueberzeugung, die doch tausendfache Erfahrung als illusorisch zeigt. Was den modernen Menschen von neuem so stark zu den ästhetischen Werten zieht, ist dieses einzigartige Spiel zwischen dem objektiven und dem subjektiven Standpunkt, zwischen der Individualität des Geschmackes und dem Gefühle, daß er doch in einem Ueberindividuellen, Allgemeinen wurzele. Diesen Widerstreit löst allerdings die Kantsche Vorstellung: Das ästhetische Urteil beruhe zwar sozusagen auf Begriffen und Zweckmäßigkeiten, aber nicht auf *bestimmten*, sondern nur auf dem allgemeinen Zustand, gleichsam auf der Form der Seele, die sie bei der Bildung von Erkenntnissen und Zwecken annimmt, die aber hier nicht zu solchen vorschreitet, sondern in sich selbst beschlossen bleibt und sich nur als Gefühl kundgibt. Und dieses dunkle Bewußtsein, daß hier die grundlegenden Funktionen des Geistes für sich allein agieren, die allen Seelen gemeinsam sind, läßt uns glauben, daß wir in diesen Urteilen doch nicht alleinstehen *könnten*, daß doch eigentlich jeder andere das gleiche fällen müßte, wenn es nur gelänge, ihn das Objekt in der gleichen Weise sehen zu lassen. Wir haben hier einen ganz subjektiven Vorgang, ein Gefallen oder Mißfallen, das wegen seiner Erhebung über alle Zufälligkeit sinnlichen Vergnügens auf das allgemein Menschliche in uns zurückzugehen scheint; damit erhebt es den Anspruch auf Gültigkeit über das persönliche Subjekt hinaus, wie sie sonst nur innerhalb der Erkenntnis erreichbar ist. Alle Differenzen der ästhetischen Urteile auf gleicher geistiger Ausbildungsstufe könnten dann nur daher stammen, daß jenes reine Verhältnis und formale Spiel unserer seelischen Kräfte schon als vollendet empfunden wird, wo es dies tatsächlich noch nicht ist, daß es sich für den einen durch Eindrücke anregen läßt, die dem anderen dazu ganz unzureichend sind. – Man mag diese Kantsche Hypothese für befriedigend halten oder nicht: sie ist jedenfalls der erste und einer der tiefsten Versuche, die individuelle Subjektivität des modernen Menschen, auf die er nicht verzichten mag, mit der überindividuellen Gemeinsamkeit aller, deren er nicht weniger bedarf, innerhalb des ästhetischen Gebietes zu versöhnen. Die Anerkennung, daß es in so indiskutablen Tatsachen, wie die des ästhetischen Geschmackes sind, dennoch etwas Allgemeingültiges gibt, weil sie auf die ganz überindividuelle Harmonie unserer seelischen Kräfte zurückgehen, die nur auf individuelle oder irrige Veranlassung hin ihr Spiel beginnt, – ist der erste Eingriff des modernen Geistes in das ästhetische Gebiet. Denn die Probleme dieses Geistes durften sich in der Hauptsache wohl um jenes Eine gruppieren: wie die Freiheit und Mannigfaltigkeit der Individuen bestehen könne, ohne in Gesetzlosigkeit und Isolierung zu verfallen. Indem Kant die ästhetischen Urteile als eine der Formen erkennt, in denen dieses Problem lebt, indem gerade seine Lösung der ästhetischen Grundfrage die Spannung zwischen dem Individuellen und dem Allgemeinen in uns aufs schärfste fühlbar macht, hat er vielleicht mehr als durch den sachlichen Wert dieser Lösung dem erst nach beinahe hundert Jahren bewußt gewordenen Bedürfnis gedient, die ästhetischen Probleme in die letzten Fragen des Lebens zu verflechten, und hat die Ueberzeugung wachsen lassen, daß gerade in den neuen Schwierigkeiten dieser Verflechtung das Recht liegt, sie auch als Träger neuer Lösungen anzusehen.

Kant und der Individualismus[*]

Die prinzipiellen Lebensprobleme der Neuzeit bewegen sich im wesentlichen um den Begriff der Individualität: wie sich ihre Selbständigkeit gegenüber der Macht oder dem Rechte der Natur und der Gesellschaft gewährleisten läßt oder wie sie sich diesen beiden unterzuordnen hat, wird in allen denkbaren Kombinationen und Maßverhältnissen durchprobiert. Einer der umfassendsten Lösungsversuche dieses Problems ist die spezifische Leistung des 18. Jahrhunderts, das auch nach dieser Seite hin in Kant gipfelt; denn sein gesamtes Denken ist von dem Individualitätsbegriffe seines Jahrhunderts getragen und grade von dieser Einsicht aus erscheint die Gesamtform, in die die Kantische Philosophie das Leben bringt, als einer der großen Menschheitsgedanken, deren Auftreten in einer Einzelepoche nur wie das zeitliche Bewußtwerden eines überzeitlichen Besitzes unseres Geistes erscheint.

Das Ideal der Freiheit und Gleichheit, von dem das 18. Jahrhundert entflammt war und das uns heute zwei einander ausschließende Ansprüche zusammenzukitten scheint, drückt auf das zutreffendste die unvermeidliche Reaktion auf die herrschende Gesellschaftsverfassung aus. Es war eine Zeit, in der die individuellen Kräfte im unerträglichsten Gegensatz gegen ihre sozialen und historischen Bindungen und Formungen empfunden wurden. Als überständig und verrottet, als Sklavenfesseln, unter denen man nicht mehr atmen konnte, erschienen die Vorrechte der oberen Stände, wie die despotische Kontrolle von Handel und Wandel; die immer noch mächtigen Reste der Zunftverfassung wie der unduldsame Zwang des Kirchentums, die Fronpflichten der bäuerlichen Bevölkerung wie die politische Bevormundung im Staatsleben und die Einengungen der Stadtverfassungen. In der Bedrücktheit durch solche Institutionen, die jedes innere Recht verloren hatten,

* Aus einem Mitte Januar erscheinenden Buch: Kant. Sechzehn Vorlesungen, gehalten an der Berliner Universität. Leipzig, Duncker und Humblot. 8 Mark.

entstand das Ideal der bloßen Freiheit des Individuums; wenn nur jene Bindungen fielen, die die Kräfte der Persönlichkeit in ihr unnatürliche Bahnen zwangen, so würden alle inneren und äußern Werte, zu denen die Energien vorhanden, aber politisch, religiös, wirtschaftlich lahmgelegt waren, sich entfalten und die Gesellschaft aus der Epoche der historischen Unvernunft in die der natürlichen Vernünftigkeit überführen.

Hierbei aber ging nun eine höchst verhängnisvolle Täuschung vor sich. Jene ständischen, zünftigen, kirchlichen Bindungen hatten unzählige Ungleichheiten zwischen den Menschen geschaffen, deren Ungerechtigkeiten aufs schärfste empfunden wurden; und so schloß man, daß die Beseitigung jener Institutionen, weil mit ihr diese Ungleichmäßigkeiten fallen müßten, alle Ungleichheiten überhaupt aus der Welt schaffen würde. Man verwechselte die bestehenden sinnlosen Unterschiedenheiten mit der Ungleichheit überhaupt und hielt die Freiheit, die die ersteren vernichten sollte, für den Träger der allgemeinen und dauernden Gleichheit. Und dies traf nun mit dem Rationalismus des 18. Jahrhunderts zusammen, für den nicht der besondere, in seiner Eigenheit unvergleichliche Mensch der Gegenstand des Interesses war, sondern der allgemeine Mensch, der Mensch überhaupt. Wie die Literatur der Revolutionszeit fortwährend von dem Volke, dem Tyrannen, der Freiheit ganz im allgemeinen spricht, wie die »natürliche Religion« eine Vorsehung überhaupt, eine Gerechtigkeit überhaupt, eine göttliche Erziehung überhaupt hat, wie das »Naturrecht« auf der Fiktion isolierter und gleichartiger Individuen beruht, so ist es allenthalben das Abstraktum Mensch, dem alle Begeisterung gilt, der immer und überall der gleiche ist, weil von allem abgesehen ist, was die Menschen von einander unterscheidet. Das Grundmotiv ist, daß in jedem Individuum ein Kern enthalten ist, der das Wesentliche an ihm und der zugleich in allen Menschen derselbe ist. Und nun versteht man, daß Freiheit und Gleichheit so unbefangen als einheitliches Ideal empfunden wurden: wenn der Mensch nur in Freiheit gesetzt würde, so würde sein bloß menschliches Wesen, das die historischen Verbindungen und Verbildungen überdeckt und entstellt hätten, wieder als sein eigentliches Ich hervortreten, und dieses müßte also, weil es eben den allgemeinen Menschen in uns darstellte, bei allen das gleiche sein.

So hat sich hier ein ganz neuer Begriff der Individualität – als Wirklichkeit und als Forderung, beides nicht immer in reinlicher Sonderung – aufgearbeitet: der allgemeine Mensch, der doch zugleich Individuum ist. Der Mensch soll schlechthin auf sich stehen, für sich allein verantwortlich sein, im schärfsten Gegensatz gegen alle Normen, die den Menschen nur als Glied einer Einung, Element einer Kollektivität, Subjekt einer überindividuellen Allmacht kannten – aber dieser Mensch ist seinem Kerne und seinem Rechte nach immer nur einer und derselbe, der Fürst ist eben, wie Friedrich der Große schreibt, »ein Mensch, wie der geringste seiner Untertanen«. Es ist, als ob die Isolierung des Menschen gegen den Menschen, die die Freiheitsfunktion dieses Individualitätsbegriffs mit sich brachte, in der qualitativen Gleichsetzung der Individuen ihre Ausgleichung und Erträglichkeit gefunden hätte.

Von dieser Vorstellung der Individualität bildet der Begriff des Ich, der bei Kant als die Einheit unsres Denkens wie seines Gegenstandes auftritt, die philosophische Sublimierung. Daß unser Ich eine Einheit ist – das ist ihm der Grund davon, daß wir die an sich isolierten, zufälligen Sinneseindrücke zu einem Objekt zusammenschließen: die Einheit des Gegenstandes ist der Erfolg und das Gegenbild der Einheit des Subjekts. Dadurch wird das Ich der höchste Punkt, zu dem sich die Unabhängigkeit der Person von allem Historischen, von allen Bestimmungen und Bindungen außerhalb ihrer erheben kann. Indem das Ich alle bewußten Daseinsinhalte formt, kann es nicht selbst wieder von irgend welchen unter ihnen geformt werden. Aus allen seinen Verflechtungen mit der Natur, mit einem Du, mit der Gesellschaft, hat das Ich hier seine absolute Souveränität herausgewonnen, es steht so sehr auf sich selbst, daß sogar seine ganze Welt noch auf ihm stehen kann; das *laissez faire*, ersichtlich der konsequente ökonomische Ausdruck jenes Individualismus, ist zur Signatur des Wesentlichsten und Tiefsten in unserem geistigen Dasein geworden: dieses Ich müssen alle geschichtlichen Mächte schon gewähren lassen, da es überhaupt nichts über sich, ja, nichts neben sich hat und seinem Begriffe nach keinen anderen Weg gehen kann, als den seine eigene Wesensform ihm vorzeichnet. Nicht weniger gipfelt sich eine zweite Qualität jenes unhistorischen, durch keine individuelle Eigenheit bestimmten Menschen, der doch als das Entscheidende innerhalb jedes Individuums lebt, in diesem »reinen« Ich auf, oder richtiger: seine Qualitätlosigkeit. Das Fundamentalbewußtsein, in dem das Ich besteht, bedeutet überhaupt keine bestimmte Vorstellung, da es erst der Träger einer solchen ist, es ist als Bewußtsein nur ein ganz allgemeines Gefühl, daß ich überhaupt existiere. Diese Entleerung des bloßen Ich von allem individuellen und tatsächlich gegebenen Inhalt ist die geeignete Grundlage für die Gleichheit aller Ichs, denn nur durch sie läßt sich der »allgemeine Mensch« herstellen: jede bestimmte Qualität würde unvermeidlich die Allgemeinheit aufheben. Den Vorwurf, daß das atomistische Subjekt des Naturrechts, der Naturreligion, der Menschenrechte nichts Bestimmtes und also überhaupt nichts mehr sei, wandelt nun gerade seine Kantische Steigerung in Recht und Notwendigkeit: das Allgemein-Menschliche enthüllt sich als die wirkende Form, durch die alle Bestimmtheiten zu stande kommen. Dieses Ich ist der geniale Ausweg, durch den dem schlechthin Allgemeinen, das sich völlig zu verflüchtigen schien, doch eine Bedeutung, ja eine Notwendigkeit der Existenz zukommt, die einzige wirkliche Notwendigkeit, weil ihm gegenüber alles Einzelne und Bestimmte als etwas Zufälliges und von jener Abhängiges erscheint. Wie sich für die Vorstellung jener Zeit der historische, variable und qualitativ individualisierte Mensch zu dem Menschen überhaupt, zu dem reinen, immer gleichen, wesentlichen Menschen in uns verhält – dafür ist es der abstrakte Typus, wie sich der psychologische, subjektive, zufällige Mensch, den Kant als unser empirisches Ich bezeichnet, zu dem reinen Ich in uns verhält – eine Analogie, die nicht nur die Tatsächlichkeit, sondern auch den Wert beider Vergleichspaare einschließt. Wie in der damaligen praktisch-sozialen Idealbildung, ist hier erkenntnistheoretisch die Welt auf das Ich gestellt, aber auf das schlechthin allgemeingültige Ich.

Dieser Individualismus ist das Korrelat des mechanischverstandesmäßigen Weltbegriffs. Denn dieser hatte es zuerst axiomatisch festgelegt, daß die Welt für alle Menschen eine und dieselbe ist – was überall da zweifelhaft ist, wo die variabeln Instanzen des Gemütes, der Religiosität, des Willens den letzten Auffassungsgrund entscheiden. Der Idealismus drehte die Ordnung des Gedankens nur um: die Welt ist für alle, d. h. objektiv, dieselbe, weil alle Subjekte als weltauffassende gleich sind. Darum wäre für Kant die Idee, daß ein jeder seine besondere Wahrheit hat, ein Widerspruch und ein Greuel. Denn alle die Unterschiedenheiten der Wesen, die der modernen Welt diese Möglichkeit nahelegen, sind für ihn von dem reinen Ich getragen, in dessen Immergleichheit alle Mannigfaltigkeiten der empirischen Welt aufgehen, sobald es sich um die Bildung des Objektes, d. h. um Wahrheit handelt. Die besondere Form, in der das Persönlichkeitsgefühl im 18. Jahrhundert auftrat, duldete nicht, daß die Verschiedenheit der Personen ihre Produktion der Welt, ihr theoretisches Verhältnis zum Dasein individuell färbte. Denn nach dieser Form, so könnte man sie ausdrücken, sind wir nicht eigentlich Individualitäten, sondern wir haben nur Individualität: das letzte, entscheidende Sein in uns trägt zwar an seiner erscheinenden Oberfläche genug persönliche Unterschiedenheiten, aber diese reichen nicht in jenes selbst hinunter und deshalb auch nicht in das Sein hinauf, das eben durch jene äußerste synthetische Energie unsres Wesens, unser Ich, zum Objekte gebildet wird. Kant faßt einmal das rechtlich-sittliche Verhalten in eine Formel zusammen, die das Ideal der freien aber gleichberechtigten, weil gleichartigen Individualitäten unvergleichlich charakterisiert: jeder solle so viel Freiheit haben, wie mit der Freiheit jedes andren verträglich ist. In Dingen des Erkennens kann es deshalb keine »Freiheit« geben, auch nicht in dem Sinne, daß die Besonderheit der Individualität sich in eine Besonderheit des theoretischen Daseins fortsetze. Denn diese Freiheit würde sich nicht mit der Freiheit aller andren vertragen, sie würde für Kant, dem Wahrheit nur objektive, d. h. für alle gültige Wahrheit sein kann, einen Kampf aller gegen alle bedeuten; der Begriff der objektiven Erkenntnis schließt jeden Versuch des Subjekts aus, die Freiheit andrer zu vergewaltigen, weil sie dieses unmittelbar auffordert, den Anspruch an Allgemeingültigkeit zu realisieren, den der Ursprung dieser Erkenntnis aus dem Überindividuellen in uns mit sich bringt.

Unmittelbarer noch bestimmt diese Form des Individualismus die Kantische Moralphilosophie, für die alle Sittlichkeit einerseits mit der Freiheit zusammenfällt; andererseits damit, daß der Handelnde sein Tun ohne inneren Widerspruch als ein Gesetz für alle vorstellen könnte. Denn dieses Grundmotiv: daß die absolute Freiheit und Selbständigkeit des Willens ein Handeln produziere, das für alle anderen gleichmäßig Gesetz sein könne – ist eben nur die philosophische Wendung des Ideals der Freiheit und Gleichheit, der tiefsinnige Versuch, das mechanische Nebeneinander dieser beiden Forderungen in die organische Entwicklung *einer* Lebenstendenz überzuführen. Indem hier das normative Individuum hingestellt wird, das seine Freiheit nicht zu individueller Besonderung, sondern gerade zu gesetzmäßiger Vergleichmäßigung mit allen benutzt; indem Kant sogar unternimmt, dies letztere mit der Freiheit logisch notwendig zu verknüpfen – hat er das aus der historischen Situation des 18. Jahrhunderts entsprungene Lebensgefühl formuliert, in dem die Autonomie und Selbstverantwortlichkeit der einzelnen ihre Begründung ebenso wie ihre Folge in der Gleichheit ihres Wesenskernes fand; dieser Gleichheit bedurfte es einerseits als einer inneren Wirklichkeit, andererseits als eines herauszuarbeitenden Ideals, damit die Gedankenkreise des Naturrechts, der Naturreligion, der Politik der Revolution, zum Teil auch die der liberalen Ökonomie, nicht weniger aber, damit der kategorische Imperativ Kants möglich wurde.

An diesem Punkt zeigt nun freilich das ethische Lebensbild Kants denjenigen Mangel, den erst der moderne, vom 19. Jahrhundert aufgebrachte Begriff der Individualität ergänzen sollte. Das autonome Ich, in dem alle theoretischen und praktischen Fäden zusammenlaufen, ist wegen seiner apriorischen Gleichheit mit jedem andern Ich völlig farblos. Es hat zwar eine absolute formale Einheit jenseits seiner Einzeläußerungen, aber das, was man die charakterologische Einheit der Persönlichkeit nennen kann, findet in diesem Lebenssystem überhaupt keine Berücksichtigung: der besondere Ton und Rhythmus des Wesens, der jede Persönlichkeit zu etwas ganz Unvertauschbarem macht, die qualitative Unverkennbarkeit grade all ihres Tuns und Lassens. Indem man diese Besonderheit des Einzelnen nicht nur als Tatsache, sondern auch als Bedeutsamkeit und Wert anerkennt, entsteht ein ganz neues Ideal der Individualität, das aber den ausschlaggebenden Gedankenkreisen des 18. Jahrhunderts noch fern lag und ihnen durchaus widersprochen hätte. In praktischer Hinsicht kennt Kant einerseits nur die gleichsam punktuelle »Persönlichkeit«, die für sich nur dem Gut und Böse zugängig ist, einer ganz generellen und nur quantitative Unterschiede zeigenden Bestimmung, andererseits die einzelne Tat, die nur mechanisch mit anderen zum »empirischen Charakter« zusammengefaßt, tatsächlich aus dem Gesammtzusammenhang des inneren Lebens ganz gelöst ist, und an der sich der Individualismus der Persönlichkeit wiederholt; ihr einziger Wert liegt in dem Maß von Sittlichkeit, das sie als ganz isolierte darstellt, während ihre Bedeutung als Äußerung dieser bestimmten Persönlichkeit, ihr Sinn innerhalb des Bildes einer qualitativ bestimmten Seele, der auf der moralischen Skala nicht auszudrücken ist, gar nicht in Ansatz kommt; was schließlich nicht viel anders ist, als auf ökonomischem Gebiet, wenn ein Objekt ausschließlich auf seinen Geldwert angesehen wird, ohne Interesse für seinen spezifischen Inhalt, der ganz jenseits dieses rein generellen, für alle mannigfaltigsten Qualitäten gleichmäßig gültigen Maßstabes steht. Wie es für den Deismus nur einen abstrakten Gott, für das Naturrecht nur ein abstraktes Recht gab, so für Kant nur eine abstrakte Tugend und ein abstraktes Glück, die sich in uns treffen, wie sie ja schließlich auch sein Gott nur äußerlich an uns zusammenbringen kann. Nirgends fühlt man die innere Lebenseinheit des Ich, aus der das eine wie das andere quillt, beides sind rein für sich bestehende Welten, in deren zufälligem Schnittpunkt der Einzelne steht. Und dies ist begreiflich, weil ihm die Individualität, die an die Stelle jenes nur äußerlich einzigen Treffpunktes eine produktive Besonderheit von innen her setzt, außer Blickweite steht. Das Eigene am Menschen tritt eben dann erst hervor, wenn er seine eigene Tugend und

sein eigenes Glück besitzt, erst dann wird sein Unverwechsel-
bares als das Gemeinsame dieser einzelnen Einzigkeiten ihm
bewußt werden. Für Kant fällt zwischen dem formalen Ich,
dem die allgemeine »Menschheit in jedem Menschen« entspricht, und der einzelnen Tat die differenzierte, durch ihre
Eigenschaften besondere Persönlichkeit völlig aus. Ihm
kommt noch nicht in den Sinn, daß unsere Taten und Eigenschaften eine Bedeutung gerade darin haben könnten, daß sie
ihre Träger von anderen unterscheiden, daß dies eine andere,
und gleichfalls tiefe Selbstverantwortlichkeit einschlösse, daß
diese herrliche Mannigfaltigkeit des seelischen Daseins einen
Wert und Reichtum des Lebens jenseits der quantitativ gradu-
ierten Sittlichkeit gründe. Aber zwischen jenen Menschen, in
denen nur die Menschheit, der allgemeine Mensch, einen Wert
hatte, konnte es höchstens Unterschiede des Willens geben,
während die angedeutete qualitative Verschiedenheit vielmehr
das naturgegebene Sein betrifft und dessen Differenzen nicht
so tief in die letzten Werte der Personen hinabreichen durften,
ohne die wesentliche und gerechte Gleichheit aller zu zerstören. Man kann von den Menschen allenfalls ein gleiches Tun,
aber nicht ein gleiches Sein verlangen; deshalb mußte das
durch den Willen nicht oder nur indirekt beeinflußbare Sein
aus dem Wertinventar ausscheiden, indem es höchstens als die
in sich unterschiedlose Basis alles Menschlichen überhaupt
galt. Allenthalben neigen die Gläubigen der wesentlich gleichen Menschennatur zum Moralismus, denn an dieser Gleichheit des Seins haben sie die geeignete Voraussetzung für allgemeingültige und deshalb radikale Imperative.

Der Begriff der Individualität, den die geschichtliche Situation des 18. Jahrhunderts hervorgerufen hat, enthüllt sich so
als das Grundmotiv, das sich einerseits in die theoretische,
andrerseits in die praktische Philosophie Kants verzweigt.
Aber diese Deutung des menschlichen Daseins, die von der
Idee von Freiheit und Gleichheit getragen ist, ist nicht in dem
Sinne historisch, daß die Veränderung der Umstände sie einfach antiquierte. Ich glaube vielmehr, daß sie, ähnlich gewissen
Gedanken des Griechentums und des Christentums, als dau-
erndes Element der Lebensdeutung und der Idealbildung die

Zeit ihrer Alleinherrschaft überleben wird. Die neue Vorstellung vom Sinn der Individualität, die, von Goethe, von Schleiermacher, von der Romantik her, im 19. Jahrhundert aufgekommen ist, hat deshalb jene nicht schlechthin verdrängt, sondern sich als ergänzende oder konkurrierende neben sie gestellt. Die entscheidende Differenz liegt in dem Fortfall des Gleichheitsideales. Nachdem die prinzipielle Lösung des Individuums von den kollektiven, dogmatischen, bloß traditionellen Bindungen vollbracht war, geht sie nun dahin weiter, daß die so verselbständigten Individuen sich auch von einander unterscheiden wollen, steigt auf zu der sittlichen Forderung, daß jeder gleichsam ein Idealbild seiner selbst, das keinem anderen gleich ist, verwirkliche. Freilich hat sich hiermit auch die Freiheit gelegentlich modifiziert. Denn dieser neue Individualismus ist der Ausdruck der Arbeitsteilung, wie jener erste der der freien Konkurrenz ist. Je differenzierter und einzigartiger die Individuen sind, desto enger sind sie doch wiederum auf einander angewiesen. Damit wird eine Organisation der mannigfaltigen Einseitigkeiten nahegelegt, die ein Ganzes, dem Einzelnen erst seinen Platz anweisend, zum Herrn über ihn macht. Daher hat dieser Individualismus leicht antiliberale Neigungen und so ist er in allen seinen spezifischen Zügen das Gegenbild der Kantischen Auffassung; so aber, daß innerhalb seiner die ganz differenten Lebensbilder sich noch immer als Ergänzung des Kantischen darstellen. So bei Nietzsche, in dem der Individualismus des 19. Jahrhunderts am radikalsten und mit der entschiedensten Wendung gegen die praktisch-ethische Wertungsweise Kants auftritt. Nicht in Taten und Wirkungen offenbart sich für ihn die höhere Natur eines Menschen, sondern grade »in der Unmittelbarkeit, im Anderssein, in der Rangdistanz«. Aber bei ihm führt nun diese Individualisierung durchaus nicht zu dem Ideal einer Kooperation, er lehnt jede reale und innerliche Abhängigkeit von der Gesellschaft ebenso wie die ideale ab, die für Kant aus der Gleichheit der Menschennatur hervorgegangen war. Dennoch ist damit die Entwicklung der individuellen Freiheit, die in Kant einen ihrer Höhepunkte erreicht hat, nur eine Station weitergeführt. Kant hat durch den Begriff des überempirischen Ich eine der großen Lösungen der Persönlichkeit vollbracht, die das Lebensproblem der Neuzeit bilden: soweit jener Begriff gilt, ist der Mensch von der Befangenheit in der bloßen Natur erlöst; indem er dieser den empirischen Menschen preisgibt, gewinnt er für das Wesentliche und Absolute unsres Wesens die volle Unabhängigkeit von allem, womit die ursächlichen Verknüpfungen der Dinge uns sonst zu vergewaltigen schienen. Dadurch indes, daß der Sinn und Inhalt dieser Freiheit mit der Pflichterfüllung innerhalb der Gesellschaft identisch gesetzt wurde, verblieb das Ich in der Fesselung durch die Gesellschaft – eine Konsequenz, die bei Kant ideell und zum Teil naiv unbewußt bleibend, dann vom Historismus und Sozialismus aufgenommen wurde und hier nun das Individuum rettungslos in die materielle und sittliche Abhängigkeit von den sozialen Mächten verstrickte. Dem gegenüber hat nun Nietzsche die zweite Erlösung versucht. Ihm erscheint nicht das gesellschaftliche Dasein als der Sinn des individuellen, sondern umgekehrt, die ganze geschichtliche Gesellschaft nur als Mittel, die höchsten Werte der Persönlichkeit zu erzeugen. Statt der Zusammenhänge und des Füreinander innerhalb der Menschheit ist ihm die Souveränität ihrer höchsten Exemplare der definitive Sinn des Lebens unsrer Gattung. Mag dieser Versuch gelungen sein oder nicht, es ist damit, der Absicht nach, das Individuum für seine innerlichsten Werte von der zweiten großen Potenz, gegen die seine Selbsterhaltung sich wehrt, von der Gesellschaft losgebunden, wie es durch Kant von der andern, der Natur, geschehen war. So enthüllt sich diejenige Lehre, die als der schärfste Gegensatz der Kantischen auftrat, schließlich als die Fortsetzung eben derselben geistesgeschichtlichen Lebenstendenz, deren erste Aufgabe in Kant ihr prinzipielles Bewußtsein gewonnen hatte.

Ueber Geschichte der Philosophie
Aus einer einleitenden Vorlesung

Wahrheit und Irrtum verhalten sich in der Wissenschaft wie Gegenwart und Vergangenheit. Dadurch eben sind wissenschaftliche Lehren »vergangen«, daß sie als irrig erkannt sind; was weiter als Wahrheit gilt, ist nicht vergangen, sondern in das Inventar der Gegenwart aufgenommen – gleichviel ob auch dessen Stücke für eine spätere Gegenwart »vergangen« sein werden. Unvermeidlich scheint jeder Wissenschaft ihr Gegenwartsstadium die sachliche Wahrheit zu enthalten und alles davon abweichende Frühere »nur historisches Interesse« zu besitzen. Von dieser Entwicklungsnorm der Wissenschaften macht allein die Philosophie eine Ausnahme. Ihr eigentümlicher Wahrheitsbegriff verhindert gerade in Bezug auf ihre letzten und umfassendsten Probleme, daß ihre Vergangenheit in derselben Art überwunden sei, wie der Geozentrismus durch den Heliozentrismus überwunden ist. Denn er wird dadurch bestimmt, daß diese Probleme nicht objektiv lösbar sind. Eigentümlicherweise scheint die Vereinigung aller Denkenden, die die objektive Wahrheit mindestens prinzipiell ermöglicht oder fordert, nur über die Aeußerlichkeiten oder Einzelheiten der Welt erreichbar. Auf den Gesamtcharakter des Daseins, auf die Frage nach den Wurzeln des Werdens, nach dem Sinn des Lebens scheinen nur individuelle Schichten der Seele zu reagieren, die sich allgemeiner Verständigung und objektiver Wahrheit versagen. Der Philosoph ist aber nun ein solcher, dessen Seele nicht, wie die der meisten Menschen, nur auf diese oder jene Einzelheiten, sondern auf das Gesamtdasein als auf eine Einheit bewußt antwortet; und dessen Antwort dennoch eine gewisse, theoretisch noch nicht recht beschreibliche Art von Ueberindividualität besitzt, die nicht Allgemeingiltigkeit ist, sondern der von Kunstwerken vergleichbar, die diese neben einem höchst subjektiven Wesen zeigen können. Indem eine Philosophie diese Reaktion ausdrückt, ist ihre Wahrheit nicht eigentlich ein Nachzeichnen des Objekts, sondern des Subjekts. Als Aussage über objektive Wirklichkeiten unterliegt sie jenem geschichtlichen Prozeß, der den früheren Irrtum durch die je gegenwärtige Wahrheit ablöst. Als Weltanschauung aber, d. h. als Ausdruck für das Sein einer Seele in ihrem Verhältnisse zum Weltganzen, ist ihre Wahrheit nach innen gewandt, ruht in der Treue, mit der jene seelische Tatsächlichkeit sich in ihr verkörpert, und ihre Bedeutung in der Größe und Tiefe dieser Seele selbst. Ist das Kunstwerk »ein Stück Welt, gesehen durch ein Temperament«, so ist Philosophie das Ganze der Welt, gesehen durch ein Temperament, ein *état d'âme*, wie man es von der Landschaft gesagt hat.

Weil also Philosophien nicht in demselben Sinne wahr sind, wie Behauptungen anderer Wissenschaften, so können sie auch nicht in demselben Sinne falsch sein. Noch heute finden Geister in Sokrates und Plato, in Thomas von Aquino und Giordano Bruno, in Spinoza und Leibniz die Entscheidungen und Erlösungen für ihr Verhältnis zur Welt. Von einer höheren Ueberschau aus gesehen, liegen diese Leistungen der Vergangenheit mit denen der Gegenwart in einer Ebene. Aber gerade darum besteht Philosophie in ihrer Geschichte, die den zeitlosen Bezirk der möglichen philosophischen Verhaltungsweisen der Seele allmählich realisiert.

Und doch muß der Vorstellung begegnet werden, als sei die Geschichte der Philosophie das eigentliche Objekt für den Philosophen und als seien Philosophen nur »historisch« zu verstehen. Beides sind Ueberspannungen des Historismus, wie sie heute auf allen Gebieten begegnen, aber vielleicht nirgends so sehr wie hier ein Prunkmantel sind, in den die Impotenz sich kleidet. Der Geschichtsbegriff wird ebenso zum Götzen, wie der Naturbegriff es geworden ist, die Wirklichkeiten erschöpfen sich in der Form ihrer Zusammenordnung, Verlauf und Verknüpfung der individuellen und sozialen Triebkräfte erscheint als die Triebkraft selbst. Das geht so weit, daß man heute schon die Versenkung in die Sachprobleme der Philosophie als Verirrung bezeichnet, aus der nur die Hinwendung zur Geschichte erlösend und alle Rätsel lösend wirken könne. In Wirklichkeit ist doch aber alle geschichtliche Entwicklung in jedem ihrer aufwärtsschreitenden Momente gerade nur durch Emanzipation von der Geschichte möglich gewesen, durch die Unzufriedenheit mit dem historisch Gegebenen, durch den Mut, von vorn anzufangen, wenn auch mit allmählich verbesserten Denkmitteln. Derjenige also, der Philosophie *kennen* will, ist mangels eines Gegenwartsstadiums ihrer freilich auf ihre Geschichte angewiesen – man kann Philosophie nicht ihrem Sachgehalt nach lernen, wie man Physik lernen kann; wer aber *philosophieren* will, darf sich nicht an ihre Geschichte binden, weil er Grundproblemen gegenübersteht, die ihn kaum anders ansehen, wie sie schon Plato und Kant angesehen haben. So ist Philosophie das ganz eigenartige Kulturgebilde, das je nach dem rezeptiven oder produktiven Verhalten des Subjekts absolut historischen oder absolut unhistorischen Wesens ist.

Nicht weniger mißverständlich ist das andere Axiom des philosophischen Historismus: daß philosophische Lehren nur historisch verstanden werden könnten, nur aus ihren Vorgängern und geschichtlichen Zusammenhängen heraus. Dem gegenüber behaupte ich: auf diesem Weg geht man an dem wesentlichen Verständnis der Philosophien ebenso vorüber, wie wenn man Phidias und Michelangelo, Dante und Goethe nur historisch versteht; so glichen sie einem verschlossenen Gefäß, das von Hand zu Hand geht, ohne seinen Inhalt zu entfalten. All solches heißt, daß man zwar das Werden der Sache begreift, aber die Sache selbst nicht. Es verrückt den Augenpunkt, wenn man jeden Philosophen nur auf seine Stellung in einer geschichtlichen Reihe hin, d. h. in ausschließlicher Beleuchtung durch ein Vor-ihm und ein Nach-ihm betrachtet. In Bezug auf die Entwicklung sachlicher Erkenntnisse mag dies gelten; versteht man aber alle Behauptungen über die Dinge als die Form oder das Kleid, dahinter als das wesentliche, als das, was eigentlich ausgedrückt wird, die Seele des Philosophen steht, wie sie das Bild und Gefühl des Daseins in sich zustande bringt – so ist jeder große Philosoph, wie jeder große Künstler, ein Anfang und ein Ende, mögen seine technischen, geschichtlich bestimmten Mittel so primitiv sein, wie die von Heraklit und Giotto, oder so raffiniert, wie die Schellings und Whistlers. Sogar der Zusammenhang mit der allgemeinen Kultur ist bei der Philosophie wie bei der Kunst nicht ganz so wichtig wie bei andern geistigen Produkten, weil sie mehr als diese auf der Persönlichkeit ruhen, das Traditionselement ist in ihnen gegenüber dem schöpferischen *relativ* gering, dasjenige im Menschen, was durch alle historische und gesellschaftliche Beeinflussung schließlich nur *geformt*, in seinem Stil und seinem Ausdruck bestimmt wird, tritt hier als das Entscheidende hervor.

Es ist der individualistische Charakter der Philosophie, aus dem im letzten Grunde alle diese Bestimmungen folgen. Man mag der individualistischen Auffassung der Kultur sonst abgesagt haben: aber die Geschichte der Philosophie ist die Geschichte der großen Philosophen, ist Heroenkultus. Und dieser heroistische Charakter überträgt sich auf die Elemente innerhalb der Lehren: es kommt für die Philosophie ausschließlich auf die ganz wenigen ganz großen Gedanken innerhalb jedes Systems an. Wenn man in der Geschichte der Philosophie den Ton auf Philosophie legt, so ist ihr wesentliches Ziel, die einheitliche Wurzel der Systeme darzustellen – die das System manchmal selbst nicht ausspricht –, ihren Grundrhythmus und ihr entscheidendes Motiv, das an sich jenseits aller Einzelheiten liegt und diese erst aus sich wachsen läßt. Hiermit wird freilich eine gewisse Subjektivität der Auffassung unvermeidlich, die am besten von vornherein eingestanden wird – nicht als ein zu beseitigender Mangel, sondern als die Form, durch die erst der Rohstoff der gegebenen Philosophien zu dem neuen Gebilde: Geschichte der Philosophie – wird. Denn was für alle Geschichte gilt: daß sie nicht eine mechanische Abspiegelung der realen Begebenheiten ist, sondern eine Formung derselben um der Zwecke des Erkennens willen, eine Deutung nach apriorischen Forderungen – das wird doch auch für die Geschichte der Philosophie gelten. Auch sie kann als historische Wissenschaft keine bloße Reproduktion sein; auch die »historische Wahrheit« ist eine geistige Aktivität, die aus ihrem Gegenstande etwas macht, was er an sich noch nicht ist, und zwar nicht nur durch kompendiöses Zusammenfassen seiner Einzelheiten, sondern indem sie von sich aus Fragen an ihn stellt, indem sie, gerade wie die sonstige Historie tut, das Singuläre zu einem Sinne zusammenfaßt, der oft gar nicht im Bewußtsein ihres »Helden« lag, indem sie Bedeutungen und Werte ihres Stoffes aufgräbt, da diese Vergangenheiten zu einem, ihre Darstellung für *uns* lohnenden Bilde gestalten.

Jener personale Charakter jeder großen Philosophie verträgt es aber durchaus, daß auf alle Erzählung des sogenannten persönlichen Lebens der Philosophen verzichtet wird. Denn die biographischen Anekdoten betreffen ja gerade das Unpersönliche am Philosophen. Ob jemand arm oder reich, schön oder häßlich, Engländer oder Deutscher, verheiratet oder Junggeselle war – das ist etwas relativ Allgemeines, das teilt er mit unzähligen Andern. Die Quellen der Philosophie fließen doch tiefer, als daß sie aus diesen Strömungen an der Oberfläche des Lebens herzuleiten wären, aus irgend welchen »Umständen«, d. h. aus dem, »was nur um das Leben herumsteht, ohne sich mit seinen innersten Bewegtheiten und dem Fatum seines Charakters zu decken«.* Das Persönliche am Philosophen, soweit es uns hier interessieren darf, liegt allein in seiner Philosophie, denn diese allein ist sein Unvergleichbares, sein absolut Individuelles, mit keinem Geteiltes. Wenn wir aus dieser Leistung eine innerlichste Persönlichkeit erschließen und aus dieser wieder die Leistung verstehen, so mag dies ein Zirkel sein. Aber es ist einer von denen, die für unser Denken unvermeidlich sind; es ist nur die völlige Einheitlichkeit des Gebildes, die sich darin ausdrückt, daß von den Elementen, in die wir es zerfällen, jedes nur durch das andere verständlich wird. Die Persönlichkeit, auf die es uns hier ankommt, ist eben nur der Mensch *dieses* Werkes, der Träger *dieser* Ideen. Den Philosophen verstehen wir, indem wir seine Philosophie verstehen. Alle diese Abenteurer des Geistes, diese wunderlichen Heiligen und Unheiligen, haben freilich ihre tiefsten Intimitäten in der Form objektiver Weltbilder niedergelegt; und es liegt gerade eine Hauptattraktion aller bedeutenden Philosopheme in der Spannung zwischen der subjektiven Leidenschaft, mit der das Leben, das Verhältnis der Seele zum

* Vgl. meinen »Kant«. 16 Vorlesungen, gehalten an der Berliner Universität.

Grunde der Dinge, der Wert des Wirklichen und des Unwirklichen gefühlt wird – und der kühlen Begriffsmäßigkeit, der sublimierten Abstraktion, in der dieses Gefühl Form gewinnt und mit der es gerade für das Persönlichste in uns Allgemeingiltigkeit beansprucht. Es wird unsere Aufgabe sein, jene produktive Subjektivität, in der das Genie, ganz jenseits seiner sonstigen Existenz im bürgerlichen Sinne lebt, aus diesen Kristallisierungen und oft abstrusen Einkleidungen herauszuarbeiten, bis jede Philosophie als die Objektivierung eines bestimmten Typus Mensch verständlich wird, bis jede die in ihr investierte Seele sichtbar macht, deren Antwort auf den Gesamteindruck der Welt eben dieses Bild der Welt darstellt.

Bruchstücke aus einer Psychologie
der Frauen

> »Wer über die ›Schönen im Plural‹
> spricht, wird sich bescheiden müs-
> sen, im besten Falle eine bloße Ma-
> jorität als Totalität zu behandeln.«

1.

Indem die Frauen die Trägerinnen der Kultur des Hauses
wurden, erwuchs an ihnen das seelische Wesen, dessen Symbol
das Haus im Gegensatz zu den hinausführenden, nach allen
Seiten ausstrahlenden Berufen ist: Stetigkeit, Geschlossenheit,
Einheit, in der die Mannigfaltigkeit und Gegensätzlichkeit des
äußeren Lebens zur Ruhe kommt. Welche Rolle in der Arbeitsteilung zwischen Männern und Frauen jedem zukam, war
eigentlich von der Natur her nur für die Frauen bestimmt,
denn das Tragen und die Pflege der nächsten Generation nebst
allem, was sich zweckmäßigerweise damit verband, war eine
Erfüllung des Lebens, zu der der Mann gar kein ebenso einheitlich vorgezeichnetes Gegenstück besaß. Dieser Mangel eines naturgegebenen Tätigkeitsinhalts wies ihn auf schöpferische Freiheit, machte ihn zum Träger der Arbeitsteilung. So
mochte zwar der einzelne Mann in seiner Spezialität eng und
einseitig werden, aber das Geschlecht als Ganzes hat doch die
Vielfältigkeit, die Individualisiertheit des Kulturlebens geschaffen, der die Frau als dessen Einheits- und Sammelpunkt
gegenübersteht wie das Haus der Bewegtheit und Besonderung des Einzelberufes.

2.

Diese Geschlossenheit, die die Kulturrolle der Frau auf ihre
Innerlichkeit übertragen oder die von dieser aus jene geschaf-

fen hat – gibt ihr, wo sie sich rein darstellen kann, etwas von dem Charaker des Kunstwerks. Dessen Wesen ist doch die in sich befriedigte Einheit, die Selbstgenügsamkeit, die kein natürliches Gebilde erreicht. Denn jedes solches greift mit tausend Beziehungen in die Umwelt ein, tausend Fäden, ins Unendliche verlaufend, spinnen sich von und zu jedem Dinge, so daß die Sphäre keines sich endgültig begrenzt. Das Kunstwerk allein ist ein Ganzes, wie das Weltganze eines ist, sein Rahmen scheidet es undurchbrechlich von aller vielfältigen Zerstreutheit der Dinge. Solche Einheit stellt die Frau dem Manne gegenüber dar, der in die zersplitterte Vielheit des unabsehbaren Lebens verflochten ist. Es ist nicht nur die äußere Sitte, die ihr die heftig ausholenden Bewegungen, die aggressiven Worte, das rücksichtslose Aus-sich-Heraustreten von jeher verbietet. Daß diese Zusammengehaltenheit, dieses Vermeiden aller weit ausladenden Äußerungen die Form ihrer Sitte wurde, das eben ist der Ausdruck für die Geschlossenheit ihres Daseins, oder beides ist in eine Wechselwirkung verwebt.

3.

Eine gleiche vielleicht lebt zwischen dieser Einheitlichkeit ihres Wesens und der Forderung, die Frau solange wie möglich in der »Unschuld« im theoretischen Sinne zu erhalten, d. h. in dem Nicht-Wissen um die Dinge, deren Wirklichkeit die »Unschuld« im praktischen Sinne zerstört. Vielleicht ist diese Wunderlichkeit ein wilder Sproß des richtigen Instinkts für die seelische Einheit der Frau, infolge deren das Wissen und das Tun enger verbunden sind als bei dem differenzierten Manne, dessen Verstand und dessen Gefühl viel getrennter Buch und Rechnung führen. Die seelischen Energien der Frau sind viel enger um einen Einheitspunkt gesammelt, darum viel eher in ihrer Gesamtheit von einer Erregung her in Schwingung zu setzen. Die verletzliche Zartheit, die schon das Mitwissen als Mitschuld empfindet, das theoretische Kennen des Unsauberen als eine persönliche Befleckung – karikiert sich in der Geschichte der Frauen freilich oft genug in eine lächerliche Prüderie; aber damit übertreibt sich doch nur jener tiefste Zug alles weiblichen Wesens, die innige Zusammengehörigkeit aller Provinzen der Seele, die an die Inhalte der einen unvermeidlich eine Reaktion jeder anderen knüpft. Solange man sich psychologisch mit den Frauen beschäftigt, hat man ihnen Mangel an Objektivität vorgeworfen. Aber wenn sie wirklich – extrem gesprochen – jedes Ding mit Gefühlen und Interessen, mit Stimmungen und Impulsen verflechten und so die Unparteiischkeit des Urteils trüben, so offenbart sich doch auch hierin nur die enge Verkettung, die alles Seelische in ihnen findet. Vielleicht können sie wirklich den Sachgehalt der Dinge nicht aus dem Licht und Schatten herausheben, die die Seele von allen Seiten her auf ihn wirft – aber das ist einfach ein »Fehler« nur für den Hochmut der Schulmeister. Es ist vielmehr das tiefbegründete Verhältnis, wie es Seelen, deren Peripherie noch mit ihrem Mittelpunkt verschmolzen ist, zur Welt gewinnen, solche, bei denen das ganze Innere antwortet oder mitschwingt, wenn auch nur ein Ton angeschlagen wird. Das mag man Subjektivität nennen, gegenüber der differenzierten Seelenart des Mannes, die die Innerlichkeiten gegeneinander zu isolieren weiß und so die reine Sachlichkeit der Dinge den Strömungen des persönlichen Lebens abringt. Aber gegenüber seelischen Wirklichkeiten, ohne die das Leben unserer Gattung, seiner tiefsten Gegensatzreize entbehrend, in unausdenkbarer Weise verändert wäre – kann man sich nicht auf den Stuhl des Richters setzen und zwei Wesensformen als tiefere und höhere rangieren, von denen jede eine in sich vollendete Welt ist, und aus deren Miteinander und Gegeneinander erst die Geschichte der Menschheit entsprungen ist.

4.

Dieser Kernpunkt aller Psychologie der Frauen: daß sie die einheitlicheren und ganzeren Wesen sind, das heißt diejenigen, bei denen die Elemente des inneren Daseins enger miteinander

verknüpft sind – die seelische Spiegelung ihres schwer aus-
drückbaren, innigeren Eingewachsenseins in die dunkle Einheit aller Natur – läßt begreifen, daß sie die treueren Wesen
sind, anhebend von ihrer Anhänglichkeit an alte Besitzstücke,
eigene und die geliebter Menschen, an »Erinnerungen« greifbarer wie innerlichster Art. Denn die Struktur ihrer Seele läßt
an jedem Ding die einst damit verbundenen Werte und Gedanken und Gefühle schwer trennbar haften, die Energie ihrer
inneren Einheit hält zusammen, was sich je in ihr getroffen
hat. Der Mann ist pietätloser, weil er die Dinge mehr in ihrer
herausgelösten Sachlichkeit ansieht, das einzelne genießt in
seiner Seele nicht mehr den Vorteil, von alledem, was es einstmals war und womit es sich einstmals berührte, getragen und
verklärt zu sein. Differenziertheit macht untreu, denn wo unsere Wesensteile gegeneinander selbständig sind, ergreift die
Entwicklung bald das eine, bald das andere Interesse, bringt
den inneren Menschen in wechselnde Formen, gibt der Gegenwart die volle Freiheit, sich aus sich selbst zu entscheiden.
Darum ist, mit der Frau verglichen, der Mann in aller Hinsicht
untreuer, weil ihm jene Einheitlichkeit abgeht, die die Seele in
dem Bann dessen, was je in ihr gelebt hat, festhält, wodurch er
denn freilich Möglichkeiten der Entwicklung und einen
Reichtum an Wegerichtungen gewinnt, die der Treue versagt
sind.

5.

Differenzierung aber bedeutet ein Doppeltes: einmal, daß
die seelischen Elemente gegeneinander verselbständigt sind,
keines ohne sachliches Recht in den Ablauf des andern eingreift, dann aber, daß der Mensch als ganzer zu einer Besonderheit und Unvergleichbarkeit entwickelt sei. Ist dies nun der
Typus männlicher Geistesart, die sich in Wechselwirkung mit
den ökonomischen Tätigkeiten der Männer entfaltet hat, so
begreift man auch von dieser Seite her, daß die Frauen den
Männern treuer sind als diese jenen. Denn weil der Mensch das

am andern zu lieben pflegt, was seiner eigenen Art entgegengesetzt ist und sie ergänzt, lieben sie das Individuum, die einzigartige Formung des Menschlichen in diesem Exemplar, und
diese ist eben nicht ersetzlich; weil sie nicht das Allgemeine am
Manne lieben, kann nicht so leicht ein anderer die Empfindungen in ihnen auslösen, die dem ersten gelungen sind. Der
Mann aber erwidert das nur auf den Stufen der höchsten Entwicklung, unterhalb dieser empfindet er die Einheit der Frau
als Einheit der Frauen; ihre tiefe Eingesenktheit in den Ur-
grund des Seins gibt ihnen, den Männern gegenüber, eine gewisse Gleichheit und Verwandtschaft, die erst bei der äußersten Kultur zurücktritt, und macht jede gewissermaßen zur
Vertreterin des Gattungstypus. Für alle tieferstehenden Männer – und die Fragen der Geschlechtlichkeit sind selbst noch
für viele höchststehende der Erdenrest, mit dem sie an den
unentwickelten Stadien unserer Art haften – ist die Frau im
wesentlichen das Gattungswesen, und darum kann eher die
eine für die andere vikariieren. So ist es keineswegs allein die
äußere Macht der Männer, die, fast den ganzen Lauf der Geschichte hindurch, den Frauen Treue auferlegt, sich selbst aber
von der gleichen Verpflichtung freispricht; vielmehr daß die
Macht in diesem Sinne benutzt wurde, ist nur der brutale Ausdruck für jene tiefste Wesensverschiedenheit der Geschlechter.

6.

Das Wundervollste, die feinste Blüte, zu der es gerade nur
die Wurzel des weiblichen Wesens bringen konnte, ist dies:
daß in der typisch vollendeten Frau sehr vieles ganz Gattungsmäßige, eigentlich Unpersönliche und Unindividuelle zu etwas völlig Persönlichem wird, so innerlich erzeugt, so empfunden, als träte es hier zum erstenmal aus dem Einzigkeitspunkt der Persönlichkeit heraus in die Welt. Gewiß gibt es
nichts Generelleres als erotische Beziehungen, und während
der Mann sie auch unzählige Male so fühlt und behandelt,
scheinen sie für die Frau das spezifisch persönliche Schicksal

zu sein, nicht ein Gattungsereignis, das sich an ihr abspielt, sondern ihre innerlich eigenste Produktivität. Weil sie in höherem Maße Gattungswesen ist, versteht und erlebt sie das Gattungsmäßige von innen her, nicht nur als eine Erbschaft unserer Art. Nicht anders in ihrem Verhältnis zu dem Kinde, vor und nach seiner Geburt, diesem typischsten aller Verhältnisse, das so tief in das Untermenschliche hinabreicht. Für die Frau aber ereignet es sich in der Wurzelschicht der Seele, dieses völlig Unpersönliche, das sie zum bloßen Durchgangspunkt in der Entwicklung der Gattung macht, wächst aus dem Zentrum, in dem alle Energien ihres Wesens sich zu ihrer Persönlichkeit zusammengefunden haben. Und endlich: die Sitte, die nichts ist als die Lebensform des sozialen Kreises, das Verhalten, das dieser um seiner Selbsterhaltung willen zum Gesetz geprägt hat, scheint aus dem eigensten Instinkt ihrer Natur zu quellen. Sie »strebt nach Sitte«, die die Bewegung des Mannes oft hindert; dem Wesen der Frau aber liegt sie an wie eine Haut, die Freiheit, die für den Mann tausendfach außerhalb der Sitte liegt, findet sie in ihr; denn Freiheit heißt doch wohl, daß das Gesetz unseres Tuns der Ausdruck unserer eigenen Natur ist. Das ganz Unpersönliche der Sitte, unter das die Mannigfaltigkeit des Individuellen sich zu beugen hat, ist hier der organische Trieb des eigensten Wesens geworden.

Und damit zeigt sich die Frau von neuem dem Kunstwerk verwandt; denn was ist dieses anderes, als daß ein persönlich innerstes Leben sich zu einer Form entfaltet, die über alles Persönliche hinaus die Gültigkeit eines Allgemeinen besitzt? Daß seine Notwendigkeit, den mannigfaltigsten Individuen gleichmäßig nachfühlbar und zwingend, das freieste Ausströmen einer Seele ist, die nur auf sich selbst hört? Indem der Frau das Überpersönliche zum unmittelbar persönlichen Empfinden und Schaffen wird, löst sie in der Form des Erlebens den Widerstreit zwischen Gesetz und Freiheit, in dem der Mann, über die Einheit ihres Wesens hinausgegangen, so oft sich zerreibt und für den er nur in der Form der Kunst den Schein und Schimmer einer Lösung zu schaffen weiß.

Die Gegensätze des Lebens
und die Religion

Coincidentia oppositorum – das Zusammenfallen der Gegensätze, die Einheit des Entzweiten heißt Gott bei Nicolaus Cusanus, dem tiefsten Philosophen des 15. Jahrhunderts, der ein Vorläufer des Kopernikus war und des modernen Individualitätssinnes, indem er die Unersetzlichkeit jedes Dinges lehrte und daß jedes in all seiner Unvergleichlichkeit doch an seiner Stelle das Universum darstelle. Aber was die Welt so zu unendlicher Mannigfachheit entfaltet hat, liegt als Einheit in Gott beschlossen – eine Unbeweisbarkeit freilich für den Verstand, aber des Beweises auch nicht bedürftig, weil es nur die Spiegelung eines gefühlsmäßigen Verhältnisses der Seele zum Dasein ist. Das ist der Sinn aller Mystik, daß hinter der gegebenen Vielheit der Erscheinungen die Einheit ihres Seins empfunden werde – diese Einheit, die uns niemals gegeben ist und die wir deshalb nur unmittelbar in uns selbst, weil ja auch wir selbst sie sind, ergreifen können. Alle Mystik ist ein Verschmelzen des Ich mit der Gottheit, weil es keine andere Brücke als unsere eigene Seele gibt, die unerträgliche Vielheit und Fremdheit der Dinge in eine Einheit überzuführen.

Aber diese Vereinheitlichung des Weltbildes, dessen Fragmenten und Gegensätzen wir so einen Allumfasser und gemeinsamen Quellpunkt leihen, ist doch vielleicht erst die sekundäre Leistung der Religion, so sehr sie historisch die früheste sein mag; wesentlicher, insbesondere für den modernen Menschen, ist ihre Leistung für die Gegensätze des inneren Lebens. Wie in jener theistischen oder pantheistischen Mystik das Auseinander der Weltelemente sein Ineinander und seine Versöhnung in Gott findet, so gelangen die Gegenstrebungen und Unverträglichkeiten innerhalb der Seele zu ihrem Frieden, zur Aufhebung ihrer Widersprüche, im religiösen Verhalten – in dem, was die Religion subjektiv für die Seele ist, spiegelt sie wider, was ihr Gegenstand für das objektive Weltbild leistet.

Wie es ein kindlicher Aberglaube ist, Gott in irgendwelchen

Einzelheiten der Welt erkennen zu wollen, wie vielmehr, weit über all diese hinweg nur in dem Zusammenhang des Ganzen eine überweltliche Macht geahnt werden mag, so ist alle Religiosität einseitig und von den Zufälligkeiten des individuellen Schicksals abhängig, die sich auf einem einzelnen Gefühl aufbaut, auf Demut oder Erhebung, Hoffnung oder Zerknirschung, Verzweiflung oder Liebe, Leidenschaft oder Beruhigtheit. Vielmehr, so sehr eines von diesen schließlich die Führung übernehmen mag, so ist doch der Sinn der Religiosität, für all diese Gegensatzpaare gleichmäßigen Raum zu geben. Nicht so, als würden sie von einer sonst schon bestehenden Religiosität entzündet oder aufgenommen, sondern das eben ist Religiosität, daß solche Gefühle, sonst einzeln von den Gegensätzlichkeiten der Welt und unseres Schicksals hervorgerufen, jetzt wie die Wellen *eines* Stromes zusammenfließen, daß ihre Gegensätze die geheime Einheit eines tieferen Sinnes verraten, als wären sie nur die Funktionen verschiedener Glieder, die das einheitliche Leben eines Organismus tragen. Der Gegenstand der Religion wird, gleichsam seinem inneren Orte nach, dadurch festgelegt, daß diese aus allen Schichten der Seele herkommenden Strahlen sich in ihm schneiden. So gewinnt jedes körperliche Objekt für uns seine Wirklichkeit, indem es die Empfindungen verschiedener Sinne auf sich vereint – ein Gespenst, das nur sichtbar, aber nicht tastbar wäre, würden wir kein Objekt nennen: mindestens potentiell muß ein solches für *verschiedene* Sinne konstatierbar sein, und für je mehr es das ist, um so objektiver, sicherer, fixierter ist es. So müssen viele und verschiedene Interessen des Lebens zusammenkommen, so muß gerade die Vielheit ihrer Richtungen wirksam werden, um gleichsam die Lage des religiösen Gegenstandes zu fixieren, sie kreuzen sich nicht in ihm, der vorher da wäre, sondern dadurch, daß sie sich in ihm kreuzen, entsteht er – und muß freilich in das Jenseits fallen, da kein Punkt des empirischen Lebens diese Fülle und Divergenz der inneren Richtungslinien auf sich zu vereinigen wüßte.

Weil für die ganze Vielheit des Innenlebens die religiöse Stimmung die Einheit ist, wie Gott für das Dasein überhaupt, so ist sie für den wirklich religiösen Menschen auch nicht die

Weihe irgend bestimmter Augenblicke, wie man den Tag des Festes mit Rosen kränzt, die der Abend verwelkt. Sie ist vielmehr, wenigstens der Möglichkeit nach, allen Augenblicken seines Lebens gegenwärtig. Denn er empfindet sie als dessen Fundament, aus dem all seine Säfte strömen – was doch wohl nur eine Spiegelung und Rückverlegung der Tatsache ist, daß die mannigfaltigsten inneren Strömungen, aus den entgegengesetzten Quellen fließend, sich auf dem religiösen Gebiet treffen. Es ist, als ob Liebe und Entfremdung, Demut und Genuß, Entzückung und Reue, Verzweiflung und Vertrauen innerhalb der empirischen Verhältnisse in lauter Fragmenten, wirr und beziehungslos nebeneinander lägen: aber indem man sie sozusagen über die Ebene des Irdischen hinausverlängert, schneiden sie sich alle in einem Punkte: die eigentümliche Erregung, die wir die religiöse nennen, nimmt sie alle in sich auf oder vielmehr, entsteht in ihrer Zusammenwirksamkeit. Und wie wir von einer Leidenschaft, die sich an den unverbrauchten Kräften unseres Inneren nährt, leicht glauben, daß sie erst ihrerseits diese Kräfte erzeugt hätte, so stellt sich für den religiösen Menschen jenes Verhältnis so dar, als wäre die religiöse Stimmung die Quelle all jener Affekte; während sie in Wirklichkeit umgekehrt die ihm eigentümliche Form ist, in der alle Gegensätze der Seele ihre Konvergenz auf einen Punkt gewinnen.

Daß es so überhaupt der Spannung und Gegenbewegung der Gefühle bedarf, um die Einheit des religiösen Gegenstandes und des Verhaltens zu ihm eindringlich zu machen – indem auch hier gleichsam der Widerstand erfordert ist, damit die Kraft sich äußere und fühlbar werde – offenbart sich wohl am stärksten innerhalb der Gefühlsprovinz der Liebe. Einen mittleren Zustand zwischen Haben und Nichthaben nennt Plato die Liebe. Aber sie steht doch nicht nur jenseits des äußerlichen Gegensatzes von Haben und Nichthaben, als ein dritter Zustand, der seine unvergleichbar eigne Färbung auch in jenen entschiedneren, in denen die Liebe nach außen auftritt, als ihre tiefste Seele geltend macht: sondern auch eine wirkliche Mischung von beiden ist sie, ein gleichzeitiges Haben und Nichthaben, ein unendlich sicherer Besitz, der dennoch täglich und

mit unermüdlicher Anstrengung erworben werden muß –
nicht nur erhalten! Denn in ihm, als Besitz, liegt die innere
Notwendigkeit der Vermehrung, die sich zu der Empfindung
verfestigt, daß selbst das schrankenloseste Sichgehören der
Liebe noch ein Allerletztes, Geheimstes zu gewinnen übrig
läßt, als hätte sie ein unerreichbares Ziel – mag man es die
Aufhebung der Ichheit oder wie sonst nennen, – dem sie sich
nur ins Unendliche nähern kann. Das eigentümliche Gegenüber, in dem Gott zu dem religiösen Menschen steht, treibt
diese Doppelheit zu ihren entschiedensten Formen. Gott ist
ihm der gewisseste aller Besitze, sicher wie das eigene Ich.
Denn ebenso, wie wir dieses oft als das einzige Reale fühlen,
demgegenüber die ganze Welt »nur Vorstellung« ist, ein
traumhaft unwirkliches Schattengebilde – so sind dem Frommen alle irdischen Wirklichkeiten ein Nichts, zerplatzende
Blasen, schwankende Schatten gegenüber dem Einen, das fest
und gewiß ist, so daß aller Besitz – »Leib, – Gut, Ehre, Kind
und Weib« – dafür geopfert wird, da es ja doch kein Besitz ist,
sondern ein Traum und Schemen. Aber dieser unerschütterlich
sichere Besitz des Gläubigen liegt doch wiederum in einem
unendlichen Jenseits-Seiner. Wie der an Gott schon glauben
muß, der betet: Herr, lehre mich glauben – so muß der den
Gott schon haben, der ihn täglich neu, tiefer und voller gewinnen will. Diesem äußersten religiösen Stadium, das den logischen Widerspruch der äußersten Sehnsucht nach dem Besitz
und des äußersten Genusses am Besitz in *eine* seelische Wirklichkeit verschlingt – nähert sich jede Liebe schon darum, weil
schon in ihrem Sehnsuchtsstadium eine Vorwegnahme des ersehnten Genusses lebt; denn dies ist das Gegenbild jenes anderen: daß auch im Genuß eine Sehnsucht lebt, die er nie ganz
erfüllen kann. Darum ist es schon zutreffend, wenn man Gott
als »die Liebe« schlechthin bezeichnet hat. Denn damit wird er
ganz zum Gebilde der seelischen Kräfte, in denen er für uns
lebt. In dem Gefühl für ihn hat die Spannung zwischen Haben
und Nichthaben ihr Höchstes erreicht; denn beides, in der
Liebe zu endlichen Wesen selbst endlich oder nur in dumpfen
Ahnungen und Unbewußtheiten auf ein mehr als Endliches
hinweisend, ist nach ihm hin wirklich ins Unendliche ausge-

spannt. Mit gleich starken Fäden knüpft das Gefühl des Habens wie das des Nichthabens die fromme Seele an ihren Gott, oder vielmehr, ihr Gott entsteht ihr dort, wo diese einander entgegenlaufenden Fäden, ins Unendliche verlängert, sich begegnen.

Mit einer noch weiteren Gebärde gleichsam greifen die religiösen Mächte in uns über noch tiefere Gegensätze des innersten Lebens hinweg, indem sie versöhnen, was nicht nur mit einander kämpft – dies erscheint fast als die leichtere Aufgabe –, sondern was fremd und ohne rechten gegenseitigen Angriffspunkt nebeneinander liegt. Was in unserer Seele sozusagen der Schwerkraft folgt, die trüben und dumpfen Wirklichkeiten ihrer Natur – das steht zu dem Anspruch der Ideale und Normen, die dieses von selbst nach unten strebende Leben nach oben leiten möchten, keineswegs in dem unmittelbaren und durchgehenden Kampf, mit dem sich der oberflächliche Moralismus beschäftigt. Das vielmehr ist das furchtbarste an dem Gegensatz zwischen dem »Gesetz« und dem, was Paulus »das Fleisch« nennt, daß seine Seiten eigentlich in ganz verschiedenen Ebenen liegen. Das Dunkle, Sündige, das Selbstische, das Sinnliche in uns und das andere, was wie die Flamme nach oben strebt, das über dem Natürlichen geboren ist – das scheint sich oft überhaupt nicht zu berühren, als ob eine neutrale Zone dazwischen läge, wie das wüste Gebiet, das man früher zwischen zwei Staatengrenzen legte. Viele Situationen des Innenlebens sind nur so auszudrücken, daß irgend eine leere, indifferente Unüberschreitbarkeit zwischen dem Reich des Hellen, des Idealen und dem Reich des Schweren und Dumpfen in uns liegt und den direkten Kampf beider hindert. Es ist eine der tiefsten und freilich nur mit unvollkommenen Gleichnissen auszudrückenden Erfahrungen, daß unser Bestes sehr häufig gar keinen rechten Ansatzpunkt zur Weiterwirksamkeit in uns findet, gar nicht die Handhabe, um das Böse, das als bloße Tatsache daliegt und nicht einmal positiv kämpft, mit der Wurzel auszureißen. Vielleicht ist dies der letzte Sinn davon, daß der Geist willig ist, aber das Fleisch schwach. Das heißt, dies Fleisch bietet von sich aus keinen Angriffspunkt für das Höhere, um gehoben, durchgeistigt, in das Ideale hinaufgeläutert zu werden. Es scheint, als habe Paulus sehr tief empfunden, daß dieser Gegensatz nicht einfacher Kampf ist, sondern ein Auseinanderliegen, das den Sieg des einen über das andere so oft völlig ausschließt.

So bedarf es eines dritten, das über beide hinausgreift und den Gegensatz zwischen ihnen austrägt, den sie von sich aus nicht durchkämpfen können. Indem der ganze Mensch sich mit Gott versöhnt, sind auch seine Wesensteile, das Gesetz und das Fleisch, miteinander versöhnt. Alle die Ausdrücke, die eine gewisse materialistische Roheit in die Religion zu bringen scheinen, wie die Auferstehung des Fleisches und ähnliches sind doch wohl nur ungeschickte Verkleidungen des Gefühles, daß Gott ebenso ein Gott der Realität ist, wie der Idealität. Darum durchfließt die Religiosität auch jenes Dunkle, Lastende, Sinnenmäßige des Menschen und zwar in der Askese nicht weniger als in der Verzückung; wodurch übrigens wiederum klar wird, wie irrig die Reduktion der Religion auf bloße Moral ist, die auf einfache Überwindung oder Verneinung der niederen Wesensteile zu Gunsten der höheren ausgeht. So einseitig ist die Religion keineswegs. Wenn sie in den primitiven Opferkulten nicht weniger als im Christentum auf »Versöhnung« geht, so geht diese als seelische Tatsache, ganz abgesehen von ihrer metaphysischen Bedeutung, auf die Versöhnung der Wesensteile des Menschen miteinander: sie hat durch die umfassende Erregung, die sie der Seele mitteilt, vielfach ihre dumpfen, passiven Schichten erst schmelzbar gemacht, erst bildsam für ihre höheren, geistigen und sittlichen Kräfte, die die bloße Moral zu jenen in ein starres Gegenüber stellt.

Und wieder einen anderen Typus von Gegensätzen, die in der Religion – oder: zur Religion zusammenwirken, kann man als die Armut und den Reichtum des Lebens bezeichnen. Daß die Not, äußere wie innere, die Götter geschaffen hat, daß Not beten lehrt, ist doch wohl in einem tieferen Sinne wahr, als die gewöhnlich ironische Betonung dieser Wahrheit vermuten läßt. Gewiß sind viele nur »zu Kreuze gekrochen«, wenn alle anderen Ressourcen des Lebens versagt haben. Aber keineswegs immer handelt es sich hier um ein unmittelbares Ergänzen unserer Entbehrungen, um ein Haben-Wollen. Sondern oft bringt die Not nur die Seele gleichsam in eine bestimmte Form, in der sie für religiöse Empfindungen besonders zugänglich ist: daß wir ein Blatt im Winde sind, preisgegeben unwiderstehlichen Mächten des Daseins, wird uns, so sehr das Glück uns des gleichen belehren könnte, tatsächlich doch nur im Leiden völlig eindrucksvoll. Was Schicksal ist, wissen wir eigentlich erst in der Not des Lebens – wie man gesagt hat, daß nur der unglücklich Liebende wüßte, was Liebe sei. Und dies macht Raum in uns für das spezifisch religiöse Gefühl, einem Unendlichen gegenüberzustehen. Bei dem religiös angelegten Menschen führt gerade die Fülle des persönlichen Leidens über das Persönliche hinaus – als durchbräche das Leiden das enge Gefäß des Ich und eröffnete ihm den Zugang zum Unendlichen. Gewiß ist es kindisch, Gott gegen einzelne und äußere Nöte zu Hilfe zu rufen; aber wenn diese Not als im Innersten des Menschen angelegt, als das notwendige Verhältnis seines Wesens zu seinen Idealen und zur Wirklichkeit gefühlt wird, dann bedeutet der Schrei nach Gott nicht die Not des individuellen Subjekts, sondern die der Kreatur, des Daseins überhaupt, die Forderung eines Rechts auf Überweltlichkeit, er läßt seinen Ausgangspunkt, die zufällige eigene Not, hinter sich und wird nur von dem Zielpunkt bestimmt, nach dem unser Wesen sich streckt.

Aber eben diesem wächst doch auch der Reichtum unseres Lebens entgegen. Religion quillt doch auch aus dem Überschwang der Seele, die für ihr Glück nicht in sich selbst Platz hat, sondern es gleichsam aus sich herauswerfen muß ins Unendliche, um es von da zurückzuerhalten – als müßte irgend eine absolute Macht außerhalb der Seele sein, von der allein dieses ihr selbst unbegreifliche Gefühl kommen könnte. Hier ist Religion nicht Ergänzung eines Mangels, sondern Überseligkeit des Lebensgefühls, das Zuviel des Menschen, sein Überschreiten seiner selbst, nicht daß er für sich zu klein, sondern daß er zu groß ist. Gerade dieses Überquellen des Lebens, dieses Verabsolutieren der eigenen Kraft und Lebensfülle, ist ganz ebenso ein Ursprung der Religion, ist ganz ebenso einer der Inhalte, die sich in die Form der Religion ergießen, wie umgekehrt die Not und Verarmung des Lebens, die vielleicht von derselben Seele erfahren ist.

Und nun ein Letztes. Die Religion steht im Leben, als eines seiner Elemente, in die sie sich einordnen und zu denen allen sie ein Gegenseitigkeitsverhältnis gewinnen muß, damit die Einheit und Ganzheit des Lebens sich ergebe. Andererseits aber steht sie dem, was wir sonst als unser ganzes empirisches Leben empfinden, als äquivalente Macht gegenüber, die von sich aus das ganze ausdrückt und aufwiegt. So ist sie ein Glied und zugleich ein ganzer Organismus, ein Teil des Daseins und zugleich das Dasein selbst auf einer höheren, verinnerlichten Stufe. Innerhalb des Lebens steht sie zu all seinen Inhalten in den mannigfaltigsten und gegensätzlichsten Beziehungen, zugleich aber erhebt sie sich über das Leben und damit, in ihren höchsten Momenten, über sich selbst und in die Versöhnung all der Konflikte, in die sie sich als Element des Lebens selbst begeben hatte. Vielleicht liegt es näher, diese eigentümliche Versöhnungsform umgekehrt auszudrücken. Der Mensch braucht Religion, um die Entzweiung zwischen seinen Bedürfnissen und ihrer Befriedigung, zwischen seinem Sollen und seinem Tun, zwischen seinem Idealbild der Welt und der Wirklichkeit zu versöhnen. Allein in dieser versöhnenden Höhe bleibt die Religion nicht stehen, sondern sie steigt selbst auf den Kampfplatz herunter, sie wird Partei, während sie doch zugleich Richter ist. Aber über den so entstehenden Konflikt erhebt sie sich von neuem, als ihre eigene höhere Instanz, sie versöhnt in sich den Dualismus, den sie selbst heraufbeschworen und ist so in jedem Augenblicke Einheit und erst werdende Einheit, sie versöhnt die Gegensätze, die sie außerhalb ihrer findet und zugleich den weiteren, der sich fortwährend zwischen ihr selbst und der Ganzheit des sonstigen Lebens auftut.

Dies ist ersichtlich ein unendlicher Prozeß. Auf der Höhe der vollkommenen Einheit des Lebens mit sich selbst und des Lebens mit der Religion kann der Mensch nicht verharren. Sondern immer von neuem steigt wie aus den Schluchten der Seele der Nebel auf und verdichtet sich zu den Gestalten, die von neuem, wenn auch wie vor einem höheren Gerichte, den

Kampf unter sich und gegen das religiöse Leben unternehmen. Und wiederum bedarf es eines höheren Aufschwunges, eines vertiefteren Verhältnisses zum Absoluten, um über den Zwist Herr zu werden, der sich zwischen der eben gewonnenen Einheit und ihren von neuem über sie hinausgewachsenen Elementen oder versöhnenden Kräften erhebt. Aber gerade wenn Religion als diese unendliche Aufgabe, dieser grenzenlos über jedes Stadium hinauswachsende Entwickelungsprozeß begriffen wird, kann der moderne Mensch sich ihr von neuem nähern. Denn dessen Wesen ist doch wohl nicht nur, statt die Gegensätze des Alls in Gott sich versöhnen zu lassen, vielmehr für die Gegensätze des eigenen Lebens von der Religion, dem subjektiven Verhältnis zu Gott, Versöhnung zu fordern; sondern die versöhnende Instanz selbst darf nicht in unberührter Ruhe jenseits alles Gegensatzes verharren und erstarren. Indem die rastlose Entwickelung durch den immer neu sich gebärenden Gegensatz hindurch schließlich dasjenige Gebilde ergreift, dessen ganzer Sinn die Versöhnung aller Gegensätze ist, ist der Rhythmus des modernen Lebens über das letzte Widerstreben Herr geworden; und hat mit restloser Deutlichkeit der Zukunft die Aufgabe gestellt, innerhalb dieser endlosen Gegensätzlichkeit und Bewegtheit die Erlösung und Versöhnung zu finden, die bisher nur die Flucht aus ihr zu gewähren schien.

Das Abendmahl Leonardo da Vincis

I.

An den Künstlern höchsten Ranges vollzieht das Greisentum manchmal eine Entwicklung, die ihr Reinstes und Wesentlichstes scheinbar gerade durch den natürlichen Verfall des Alters hervortreten läßt: indem die Kraft der Formgebung, der Reiz der sinnlichen Gestaltung, die unbefangene Hingabe an die gegebene Welt herabsinken, bleiben nur die ganz großen Linien, das Tiefste und Eigenste der Produktivität sozusagen übrig. So Goethe im zweiten Teil des Faust, so Beethoven in den letzten Quartetten. Während an den Durchschnitts- und Zufallsmenschen das Alter sinnlos herumnagt, ihr Wesentliches wie ihr Wertloses, wie es gerade kommt, vernichtend, ist es das Privileg einiger großer Menschen, daß die Natur, auch wo sie zerstört, es an ihnen wie nach höherem Plane tut und die Vernichtung zum Mittel macht, ihr Ewiges aus ihrer Oberfläche und dem, was nicht ihr reines Eigen ist, zu lösen.

Angesichts der spärlichen Reste, die jahrhundertelange Zerstörungen jeder Art an Leonardos Abendmahl im Refektorium von S. Maria delle Grazie in Mailand übrig gelassen haben, scheint sich jenes Schicksal großer Künstler auf das große Kunstwerk übertragen zu haben. Denn was von ihm geblieben ist, wirkt so schlechthin einzig mit so ungeteilter Kraft aus den Tiefen aller Kunst hervorbrechend, als wären all die abgefallenen Farbenteilchen von einer Oberfläche weggeblättert, den wesentlichen Kern dahinter nicht berührend, ja, ihn immer sichtbarer machend; und als würde noch in dem Augenblick, bevor einmal sein letzter Schimmer verschwindet, in diesem die ganze Macht und innere Unvergänglichkeit, wie hinter zerbrochener äußerer Schale, aufleuchten.

Die künstlerischen Aufgaben, die Leonardo sich hier gestellt hat, sind durch dieses Bild zum Gemeinbesitz aller folgenden Entwicklung der Malerei geworden: bei mangelnder Kenntnis der vorangegangenen könnte deshalb die unerhörte Größe der Leistung, die völlige Neuheit der durch sie geschaffenen Welt sich verbergen – wenn nicht die hier zuerst aufkommenden Probleme hier zugleich vollendeter als je nachher gelöst wären. Es ist nicht nur ein erster Anfang, sondern ein letztes Ende. Vor allem: zum ersten Male ist eine Situation gezeigt, die, eine große Anzahl von Personen gleichzeitig ergreifend, jede von ihnen zum stärksten, vollendetsten Ausdruck ihres besonderen Wesens bringt. Gewiß haben schon Giotto und Duccio die gemeinsame Erregung einer Menge zum Ausdruck gebracht. Allein die Menschen bleiben bei ihnen sozusagen anonym, selbstlose Träger eines Affekts, bloße Beispiele eines Allgemeinbegriffs von Stimmung oder Leidenschaft. Im Abendmahl Leonardos treibt die Erregung, was ihr vorher nie gelang, das tiefste, als einzigartig empfundene Persönliche in die Erscheinung. Wie etwas Selbstverständliches erscheint hier das Wunderbare: ein äußeres Ereignis – das Wort des Heilands: »Einer unter euch ist, der mich verraten wird« – kommt über eine Anzahl völlig verschiedener Menschen und veranlaßt jeden einzelnen von ihnen zur vollsten Entwicklung und Offenbarung seiner individuellen Eigenart. Der Vorgang und die Teilnehmer sind so zueinander geordnet, daß jener sozusagen an den Einzigkeitspunkt in jedem der letzteren rührt. Zum ersten Male ist hier in einem Gruppenbild jene volle innere Freiheit der Persönlichkeiten errungen, mit der die Renaissance die Befangenheit des mittelalterlichen Menschen überwunden und der Neuzeit ihr Stichwort gegeben hat, die Freiheit, für welche die ganze Welt und ihr Geschehen nur ein Mittel und eine Anregung ist, durch die das Ich zu sich selbst kommt. Die Spannung, die sonst zwischen dem beharrenden Charakter des Menschen und der momentanen, durch äußere Mächte veranlaßten Erregung besteht, zeigt sich hier wie in einer höheren Einheit gelöst; diese Erregung wird zum Kanal, durch den das eigentliche Sein der Individuen hemmungslos nach außen flutet, durch die die körperliche Erscheinung zur restlosen Offenbarung unermeßlich verschiedener Temperamente, seelischer Werte, tiefster Seinsgründe wird. Es ist doch überhaupt Sinn und Glück der Kunst, daß sie Erscheinungsreihen, die in der Wirklichkeit gleichgültig, zufällig, feindlich nebeneinanderlaufen, als tief verbunden enthüllt, in einer Harmonie einbegriffen, eine als das Symbol der anderen: der Sinn des Gedichts und die Hörbarkeit seiner Worte, deren klanglicher Rhythmus mit jenem Schritt hält, im Gegensatz zu der Zufälligkeit ihrer Begegnung in der unkünstlerischen Äußerung; die blinde Notwendigkeit in den Dingen und Ereignissen und die spielende Freiheit, mit der der Künstler sie so noch einmal erzeugt, als wäre der Grund in ihm, aus dem heraus er schafft, eben derselbe, aus dem der Natur ihre völlig anders formulierte Gesetzlichkeit kommt; der sinnliche Reiz der geklärten Raumform, der verteilten Farbflecken, der Licht- und Schattenspiele, mit dem das Porträt sich schmücken muß, während es doch zugleich den Ansprüchen aus ganz anderen Ordnungen der Dinge gehorcht: der Ähnlichkeit mit dem Modell mit all seinen Zufälligkeiten und dem Ausdruck der Seele, die hinter aller Erscheinung überhaupt steht. Das Abendmahl hat diesen Harmonien, mit denen die Kunst die Zufälligkeit des Lebens überwindet, eine neue hinzugefügt: ein ungeheures Schicksal, mit jenen Worten Christi von einem Punkte ausgehend und in ihn zurückkehrend, zwingt die Jünger nicht mehr in eine Gleichheit des Affektes und Ausdrucks, sondern wirkt auf jeden, als wäre sie gerade auf seine Persönlichkeit eingestellt, als gewänne dasjenige, worin jeder Erlebende völlig einzig ist, erst durch diese Gemeinsamkeit des Erlebens seine rückstandlose Entwicklung und Offenbarung.

Darum gibt es in diesem Bilde – vielleicht als in dem einzigen von gleicher Figurenzahl – keine Nebenpersonen. Wo das ganze und tiefste Wesen eines Menschen sich darbietet, kann er nicht mehr zur Nebenfigur werden, deren Sinn es immer ist, daß sie nur mit einem Stück ihrer Existenz in das Kunstwerk hineinreicht, während die Hauptfiguren die Summe ihres Daseins in dessen Grenzen zusammenfassen.

Das Lebensproblem der modernen Gesellschaft: wie aus individuell absolut verschiedenen und dabei gleichberechtigten Persönlichkeiten eine organische Geschlossenheit und Einheit werden könnte – ist hier in der Vorwegnahme durch die Kunst, »im Bilde«, gelöst.

III.

Es ist wohl kaum darauf aufmerksam gemacht worden, daß das Abendmahl in ganz verschiedenen Zeitmomenten vor sich geht. Die Ausdrucksbewegungen der verschiedenen Gruppen stellen den Erfolg und das Weiterklingen des entscheidenden Eindrucks jenes Wortes Christi, in mannigfaltigen Zeitabständen von seinem Eintreten dar. Für die Gruppe ganz rechts muß das erregende Wort schon ein paar Minuten zuvor gesprochen sein, es ist ein Augenblick aus einer schon begonnenen Diskussion; für manche Jünger hat schon eine Art Reflexion begonnen, der allererste Eindruck muß vorbei sein; Judas aber zeigt die erste, momentane Überraschung, die schon in der nächsten Minute in eine andere Geste übergehen müßte; für die stehende Figur rechts wäre etwa ein Zeitpunkt zwischen der Momentreaktion des Judas und der schon relativ ruhigeren bei andern Jüngern der psychologisch wahrscheinliche. Es antwortet hier nicht nur jede dieser Seelen auf die tiefste Erschütterung ihres Lebens in der Art, die die ganze Formel ihres Seins vor uns ausbreitet, sondern es ist auch der Moment im Ablauf der Erschütterung gewählt, in dem diese Ausbreitung am vollsten und klarsten geschehen kann. Und dies konnte nicht bei allen der allererste Moment sein. »Die ersten Gedanken« – sagt Lessing einmal – »sind jedermanns Gedanken«: das heißt, die unmittelbare, reflexartige Reaktion müßte bei allen ungefähr gleich ausgesehen haben, die Seele braucht einige Zeit, damit der ersten Überwältigung gegenüber ihre besondere Gefühlsweise sich aufarbeitete, und ungleiche Seelen brauchen dazu ungleiche Zeiten. Die Einheit der Zeit wird zerbrochen, um die Einheit der seelischen Steigerungen bis auf den Höhepunkt ihrer ästhetischen Wirkung zu erreichen.

Damit hat Leonardo das Wesensprinzip der Kunst über eine Existenzform souverän gemacht, die ihr die härteste Eigengesetzlichkeit entgegenzusetzen scheint. Die Kunst drückt die Inhalte der Wirklichkeit in einer völlig anderen Sprache aus, als die Wirklichkeit selbst es tut. Daß in aller bildenden Kunst die schwingende Bewegung des Lebens in Starrheit übergeht, in der Plastik die Vielheit der natürlichen Farben in eine Einheit, in der Malerei die Greifbarkeit des Dreidimensionalen in bloße Flächenerscheinung – dies sind nur die allerunableugbarsten Besonderungen zwischen Wirklichkeit und Kunst. Aber man sieht allmählich ein, daß auch der Raum, den das Bild darstellt, keineswegs eine Kopie des realen Raumes ist, sondern ein ideales, von den Bedürfnissen der Kunst aus gestaltetes Gebilde. So ist im Abendmahl ein ganz neuer Zeitbegriff geschaffen: eine Zeit, die nicht ein gleichgültiges Gefäß für jedes beliebige Zugleich oder Nacheinander ist, sondern die das Bedeutsame und inhaltlich sich Fordernde zusammenführt, gleichviel, wie es sich in der realen Zeit anordnet. Der Zwang, den diese ausübt, wenn wir das Leben seiner Wirklichkeit nach aufnehmen, ist gebrochen, sobald es von den Forderungen der Kunst ergriffen wird. Hier ist der Abstand überwunden, in dem die Wirklichkeitsreihen das von den künstlerischen Notwendigkeiten aus Zusammengehörige halten. Die erzählenden Bilder des Quattrocento hatten sich noch der Form der realen Zeit gefügt, selbst da, wo sie naiverweise verschiedene Stadien einer Ereignisreihe in einen Rahmen zusammenbrachten; die Bilder des Trecento hatten allerdings eine »Zeitlosigkeit« gewonnen, aber um den Preis, auf jenen Reichtum des Lebens zu verzichten, der sich nur in der Zeitform darstellen kann. Leonardo aber hat das zeitliche Geschehen selbst zum Mittel einer zeitlosen, d. h. alle Bedingtheit ablehnenden, nur die rein innere Bedeutung des Gegenstandes vortragenden Kunstwirklichkeit gemacht.

Indem das Abendmahl sich in ganz verschiedenen Augenblicken der realen Zeit ereignet, hat die Gestaltungskraft der Kunst ihre Autonomie auch an der Zeitform des Daseins erwiesen, der gegenüber Machtlosigkeit und Hinnehmen des Gegebenen unser unabänderliches Los zu sein schienen.

Ein Problem der Religionsphilosophie

Für den modernen, atheistisch aufgewachsenen Menschen ist Religion vielleicht die rätselhafteste, ja unheimlichste Tatsache der Geistesgeschichte. Er ist überzeugt, daß wir in der erfahrbaren Welt stecken, wie in unserer Haut, und daß es sinnlos und widerspruchsvoll ist, durch irgend ein Mittel des Wissens oder Glaubens oder Fühlens zu dem zu gelangen, was nun einmal jenseits dieser Welt liegt. Für ihn führt kein Spalt durch die Grenzen des Diesseits hindurch, und darüber hinaussehen oder hinausempfinden zu wollen, ist kein hoffnungsvolleres Unternehmen, als wenn man über die eigene Hand hinausgreifen wollte. Aber was ihm so als reine Phantastik und Willkür erscheint, sieht er von unzähligen der größten Menschen fraglos und mit tiefster Überzeugtheit geglaubt; was sich ihm als klar erkannter Widersinn, bare Unmöglichkeit des Erkennens, in welcher Form immer, ergibt, muß er sich entschließen, Personen zuzutrauen, deren Geisteskraft und Tiefe er als der seinigen weit überlegen anerkennt. Dies hat etwas unsäglich Beängstigendes und Irritierendes: als ob ihm ein Sinn fehlte, so daß er mit vollkommener Sicherheit eine Leere und Unmöglichkeit der Erfüllung an einer Stelle behaupten mußte, wo andere die diesen Sinn besitzen, ohne weiteres eine Wirklichkeit erblicken.

Für diese Geistesverfassung der Religion gegenüber ist es durchaus kein Ausweg, in jeder Religion einen »berechtigten Kern« anzuerkennen, um den sich die dogmatischen Einzelheiten wie eine unwesentliche Schale gelegt hätten. Vielmehr, jeder ihrer Lehrinhalte, insoweit er eben das Transzendente zugängig macht, wird von jener Undenkbarkeit, jener Unmöglichkeit des »um die Ecke-Sehens« gleichmäßig durchdrungen. Vor dem ersten Streich, der vom Standpunkt unseres Befangenseins in dem gegebenen Dasein aus gegen irgend einen Punkt des Dogmas geführt wird, stürzt dieses ganz und gar zusammen, und innerhalb seiner ist kein Element zu entdecken, das andern gegenüber ein prinzipielles Wahrheitsrecht besäße. Vor der logischen Konsequenz unserer Beschränkung auf die Welt kann sich das Dogma durch keine Scheidung unter seinen Bestandteilen retten.

Was vielmehr unter allen Umständen an der Religion bleibt und worin jenes, an sich selbst irregewordene kritische Bewußtsein den festen Punkt in ihr findet – das liegt nirgends in ihrem Lehrgehalt, sondern gleichsam unterhalb des letzteren. Es sind die seelischen Kräfte und Bedürfnisse, die sich an der Religion ausleben und befriedigen, die freilich nur an dem jeweiligen Dogmenkomplex in die Erscheinung treten, aber jede noch so vernichtende Kritik dieses Komplexes ebenso überleben, wie ein Baum das immer wiederholte Abnehmen seiner Früchte. Was die Religionen hervorbringt, kann nicht selbst schon Religion, im Sinne bestimmter Glaubensvorstellungen, sein, ist vielmehr ein viel allgemeinerer Trieb und innere Bewegung, die tief in das Sein des Menschen eingebettet ist. Und während jene dogmatischen Behauptungen der Entscheidung: wahr oder falsch – unterliegen und erliegen, steht das Sein, die Tatsächlichkeit solcher Triebe und Bedürfnisse, ganz jenseits dieser Frage. Das Ewige an der Religion sind diese Sehnsüchte, die noch nicht Religion sind, die aber in ihr produktiv werden und Ruhe gewinnen – Ruhe freilich nur für das Individuum, während das geschichtliche Leben die religiösen Inhalte rastlos gebiert und vernichtet, und die scheinbar dauerndsten selbst fortwährenden, stärkeren oder leiseren Umbildungen aussetzt. Vielleicht ist dies der letzte Grund, aus dem die beunruhigenden Schwierigkeiten der Religion fließen: daß sie aus Ansprüchen und Antrieben der Seele hervorgeht, die mit Sachvorstellungen und verstandesmäßigen Kriterien nicht das Geringste zu tun haben, aber sich unvermeidlich in Behauptungen über die diesseitige und jenseitige Welt umsetzen und damit ebenso unvermeidlich in Widersprüche mit den intellektuellen Maßstäben geraten, die von ganz andersartigen Ursprüngen herkommen. Jene Bedürfnisse: nach der Ergänzung des fragmentarischen Daseins, nach der Versöhnung der Widersprüche im Menschen und zwischen den Menschen, nach einem festen Punkt in allem Schwankenden um uns herum, nach der Gerechtigkeit und nach den Grausamkeiten des Lebens, nach der Einheit in und über seiner verworrenen Mannigfaltigkeit, nach einem absoluten Gegenstande unsrer Demut wie unsres Glücksdranges – alles dies nährt die transzendenten Vorstellungen: der Hunger des Menschen ist ihre Speise. Der Gläubige sieht garnicht auf ihre theoretische Möglichkeit oder Unmöglichkeit hin, sondern fühlt ausschließlich, daß seine Sehnsucht in seinem Glauben ihre Ausmündung und Erfüllung gefunden hat. Daß all die so entstehenden Dogmen wahr sind, ist sozusagen erst ein sekundäres Interesse: das Wesentliche ist, daß sie überhaupt gedacht, empfunden werden und ihre Wahrheit ist nur der unmittelbare oder vervollständigende Ausdruck für die Intensität der inneren, verlangenden Bewegung, die auf sie führte – ungefähr wie eine starke subjektive Sinnesempfindung uns zwingt, an die Existenz eines Gegenstandes, der ihr entspreche, zu glauben, auch wenn wir logisch an dieser zweifeln müßten.

Auf dieser Basis werden die Inhalte der Religion von den Bedürfnissen aus, die zu ihr getrieben haben, durchleuchtet und unter ihrer Voraussetzung will ich darzustellen versuchen, welche religionsphilosophische Bedeutung dem Begriff der Persönlichkeit Gottes zukommt. Gegen keine andre religiöse Vorstellung hat sich die Aufklärung mit solcher Leidenschaft gewendet, in keiner andern eine solche Vermenschlichung des Göttlichen erblickt. Allein eine weniger oberflächliche Betrachtung erkennt doch vielleicht an ihr ein Recht, das sie aus der Verbindung mit ganz tiefen Bedürfnissen des Gefühles und der Weltanschauung zieht. Was Persönlichkeit ist, wird, soweit ich sehe, durch zwei Bestimmungen festgelegt. Einmal durch die Geschlossenheit der Eigenschaften, Kräfte, Vorgänge, die das innere Leben bilden. Alles unpersönliche Dasein ist ein bloßes Nebeneinander von Einzelheiten, und erst im körperlichen Organismus verwachsen diese zu einer Art Einheit, in der jeder Teil durch jeden andern, freilich in fortwährender Mitwirkung äußerer Bedingungen, bestimmt wird. Die Seele erst verwebt alle ihre Energien in eine unbedingtere Wechselwirkung, bestimmt ihre Gegenwart durch ihre gesamte Vergangenheit, durchdringt jeden Einzelinhalt mit dem Bewußtsein, daß er der Teil eines Ganzen ist, und daß dieses Ganze einen Sinn und eine zentrale Bedeutung noch jenseits all dieses einzelnen besitze. Deshalb hat man in Zeiten großer intellektueller Bildung und sehr zersplitterter Interessen so häufig die Vorstellung, es gäbe keine rechten Persönlichkeiten mehr: unter der großen Fülle von Vorstellungen und Bestrebungen ist eben jene Einheit, die an der Wechselwirkung, an dem Inbeziehungtreten der einzelnen Teile lebt, unendlich schwer herzustellen. Aber von dieser zeitgeschichtlichen Zuspitzung des Problems abgesehen, ist es überhaupt das Wesen des Menschen, daß jener reine Begriff der Persönlichkeit sich an ihm nicht restlos erfüllt, daß er nicht vollkommene Einheit in sich sein kann. Das folgt daraus, daß er ein Glied der Welt ist und nicht eine ganze Welt für sich. Vielmehr, sein Leben entwickelt sich in einer fortwährenden Endosmose und Exosmose der Welt gegenüber. Er nimmt immerzu Elemente in sich auf, die nicht in ihm erzeugt sind, von denen er nicht selbst Ursache ist, die also in dem Augenblicke ihres Eintretens nicht das Resultat rein innerer Wechselwirkung sind, und ebenso gibt er fortwährend an die Welt Wirkungen ab, welche nicht in ihn zurückkehren. So ist er gleichsam für die Bewegungen der Welt nur eine Zentralstation, die außerordentlich vieles in sich aufnimmt und es eine Zeitlang in sich wechselwirkend beherbergt, dann aber jeden Inhalt wieder aus sich heraustut; dauernd ist der Mensch nicht Einheit, dauernd kann er seine seelischen Inhalte nicht in eine sich selbst genügende, in sich geschlossene Wechselwirkung bringen. Also ist der Mensch nur eine unvollkommene Persönlichkeit oder, anders ausgedrückt, er ist nur ein unvollständiger Organismus. Denn das ist doch das Wesen des Organismus, daß seine Teile in dieser Gegenseitigkeit stehen, daß jeder Teil um des Ganzen willen und das Ganze um jedes Teiles willen dazusein scheint. Was wir Persönlichkeit nennen, ist nur die geistige Aufgipfelung der körperlichen Organisation. Aber wie ich sagte, unser Körper wie unsere Seele nähert sich der völligen Organisiertheit erst ins Unendliche. Wir kennen nur einen einzigen vollständigen Organismus, nur eine einzige wirkliche Einheit, und das ist die Gesamtheit des Seins. Denn diese hat nichts außer sich, von dem sie Wirkungen empfangen könnte, und sie hat nichts außer sich, wohin sie Wirkungen ausstrahlen könnte, weil wir ja von dem Ganzen sprechen. Kein einzelner Teil des Ganzen, und wäre es der höchst organisierte, der persönlichste Mensch, ist wirkliche Einheit in sich, hat diese unbedingte Wechselwirkung aller Teile, die das Ganze des Seins hat.

Mit der Persönlichkeit Gottes nun drücken wir, mit dem Begriffe Ernst machend, nichts anderes aus, als diesen Charakter des Gesamtseins. Wir fühlen, daß, was uns vom Dasein zugängig ist, ein herausgebrochenes Stück seiner ist: dieses fragmentarische Sein ist eine innere Eigenschaft unseres Lebens und unserer Erfahrungen, ihre positive Färbung, die nicht erst durch Vergleich mit Vollkommnerem entstanden ist, sondern umgekehrt, aus ihm erst quillt die Sehnsucht nach dem Ganzen, wirklich Abgeschlossenen der Existenz, die Sehnsucht, die uns auf die Idee der einheitlichen Welt, als auf ihre einzig mögliche Erfüllung führt. Was uns versagt ist, weil wir nur ein Teil des Daseins sind: die völlige Selbstgenügsamkeit und rein innerlich spielende Wechselwirksamkeit aller Elemente – was an uns eben erst die vollständige Persönlichkeit wäre – das besitzt das Sein als Ganzes. Diese Form oder Eigenschaft seiner hebt sich sozusagen als ein besonderes Wesen aus ihm heraus, als der persönliche Gott, gerade wie man in beschränkteren religiösen Gesichtskreisen Gott als die Liebe selbst oder als die Gerechtigkeit selbst bezeichnet, indem man gewisse irdisch-fragmentarische Werte, nach deren Vollendung man begehrt, zu einem Wesen steigert, das ganz in ihnen und ihrer Absolutheit bestände. Aber gegenüber diesen etwas kleinmenschlichen Gebilden hat die absolute Persönlichkeit Gottes, als das vollendete Gegenbild unserer nur relativen, eine viel tiefere sachliche Begründung, weil das Sein überhaupt, das in seiner Ganzheit und Einheit der allein würdige Körper unserer transzendenten Ahnungen ist, in Wirklichkeit diesen Persönlichkeits-Charakter besitzt. Daß wir Gott als Persönlichkeit bezeichnen, ist keineswegs, wie die flache Aufklärung es darstellt, eine kindliche Übertragung menschlicher Beschränktheit, ein Gestalten Gottes nach unserem Bilde, sondern gerade das Gegenteil davon: die Ergänzung unser, hervorgegangen aus dem Gefühl, daß wir die

Form der Persönlichkeit, die doch der Sitz unserer eigensten und tiefsten Werte ist, nicht vollkommen verwirklichen, daß unser Verflochtensein in das Ganze, dessen Element wir sind, dies hindert, und daß deshalb nur in diesem Ganzen, dem einzig in sich Vollendeten, alle Beziehungen in sich und keine außer sich besitzenden, unsere Sehnsucht aus dem Fragmentarischen heraus münden kann. Und wie wir schon unsere eigene unvollkommene Einheit zu dem Ich verdichten, das sie in rätselhafter Weise trägt, so kristallisiert die wirkliche Einheit des Weltseins zu einer restlosen Ichform, zu der absoluten Persönlichkeit. Wenn man etwa sagt: der Gott als Persönlichkeit ist nur die Persönlichkeit als Gott – so ist das wohl wahr; nur daß dies nicht die kleine Persönlichkeit des Menschen ist, sondern gerade die große der Welt, die das jener versagte Ideal der Persönlichkeitsbestimmungen verwirklicht und damit der religiösen Empfindung entgegenkommt. Indem diese Empfindung sozusagen der Form des Alls gilt, jenseits seiner von ihr zusammengehaltenen Einzelheiten, ist ihr Gegenstand der Gott, zu dem dieser Sinn des Ganzen zusammenwächst.

Die Form des geistigen Daseins, die wir Persönlichkeit nennen, stellt das Zentrum des Lebens in ein sonst nirgends wiederholtes Verhältnis zu dessen Einzelheiten. Einmal nämlich steigt jeder besondere Inhalt der Seele aus jenem Mittelpunkt auf, in dem Ich werden sie alle zusammengehalten, von ihm in so unverkennbarer Weise gefärbt, wie man an dem Stimmklang der Worte, in aller ihrer Mannigfaltigkeit, den Redenden unzweideutig erkennt. In jedem seiner momentanen Inhalte geht das Ich für den Augenblick auf, lebt gänzlich in ihm, und die Summe dieser einzelnen Lebensmomente schließt die Linie seines Daseins. Dann aber wieder fühlt das Ich sich von jedem singulären Gedanken und Gefühl, von jeder seiner Kräfte und Schwächen doch noch abgehoben, fühlt sich als eine Einheit, die in jener Summe nicht aufgeht, ein Jenseits seiner benennbaren Erfüllungen, vergleichbar etwa dem Staat, der sein ideales und doch zugleich konkretes Leben jenseits der Existenz seiner einzelnen Bürger führt, oder der Kirche, die noch etwas anderes und mehr ist als die Summe der Gläubigen. Dieses eigentlich sich Widersprechende zu vereinen: daß ein Wesen in seinen Hervorbringungen lebt, sich ganz in sie hingibt und von ihrer Gesamtheit ausgedrückt wird und zugleich ein ihnen gegenüber selbständiges Dasein hat, ein Zentrum für sich ist, das von solcher Ausgedehntheit und Vielheit nicht aufgebraucht wird – dies zu vereinen, ist der Sinn der Persönlichkeit. Nicht so, als gäbe es Persönlichkeit, die, irgendwie sonst schon bestimmt, auch noch diese Doppelrolle spielte, sondern in ihr erschöpft sich der Begriff der Persönlichkeit, ein Wesen, das dieses schlechthin Unvergleichbare leistet, nennen wir Persönlichkeit. Faßt man nun zusammen, was der Begriff Gottes überhaupt in seinem Verhältnis zur Welt bedeuten kann, so erfüllt er die hiermit umschriebene Form. Wie in polytheistischen Religionen der Stromgott ganz im Strom lebt, die Nymphe ganz im Baum, so ist in der reinen Form des Monotheismus Gott der Träger aller Existenz, sein Wille lebt in dem gesamten Weltprozeß, und auch, indem das menschliche Dasein sich zu ihm emporstreckt, ist er eben der Gott dieses Daseins, der es erfüllt und der an jedem Punkt, im verschlossenen Kämmerlein und angesichts des »bestirnten Himmels über mir« ganz zu ergreifen ist. Allein jenseits dieser Beziehung zur Welt, als deren Schöpfer und Erhalter er gedacht wird – und sehr tiefsinnig hat man früher die Erhaltung als fortwährende Schöpfung vorgestellt – steht er als selbstgenügsame Existenz, der Welt unbedürftig, eine in sich geschlossene Einheit, die von keinem einzelnen ihrer Produkte und ebensowenig von deren Summe erschöpft wird. Wie wir die Persönlichkeit unseres seelischen Lebens sind, von ihm umschrieben, und doch ein selbständig Einheitliches gegenüber seiner von uns selbst hervorgebrachten Vielheit und Divergenz, so wiederholt Gott diese, in logische Begriffe nicht aufgehende Form der Existenz in seinem Verhältnis zur Welt. Er ist nicht als eine Persönlichkeit gegeben, an der sich ein solches Verhältnis offenbarte; sondern indem der Gläubige Gott in dieser Doppelheit fühlt: als die Kraft in allen Kräften, den fortwirkenden Schöpfer in allem Geschaffenen und zugleich als unberührt von allem Einzelnen, die Einheit *jenseits* aller Mannigfaltigkeit – erfüllt er im Vollendeten und Unendlichen die Form, die wir an uns als Persönlichkeit bezeichnen. Man mag die Steigerung unserer Vorstellungen zum Transzendenten grundsätzlich ablehnen; aber als Vermenschlichung des Absoluten kann man dies nicht bezeichnen. Sondern es ist, eher umgekehrt, die Unterordnung des menschlichen Ich unter den ganz allgemeinen Begriff einer Existenzart, von der jenes nur ein einzelnes, eingeschränktes Beispiel, der geglaubte Gott aber die absolute, dem Weltganzen gegenüber sich vollziehende Erfüllung bietet.

Dieser Gedanke berührt schon die zweite Bestimmung der Persönlichkeit, mit der sie sich erst vollendet: sie ist doch nicht nur Einheit ihrer Elemente und Geschlossenheit in sich – sondern zugleich Abhebung in und gegen sich selbst. Die Seele kann sich selbst gegenübertreten wie einem dritten, kann ihr eignes Objekt werden, kann sich selbst lieben oder hassen, schätzen oder verachten, sich beobachten oder vor sich fliehen. Diese merkwürdige Tatsache, daß der Mensch sich in sich selbst gleichsam spaltet, indem er zu sich selbst ich sagt, also das Selbstbewußtsein, das immer eine innere Zweiheit voraussetzt – bildet mit jener inneren Einheit, mit der Gesammeltheit unseres Lebens auf einem einzigen Punkt erst den vollen Sinn der Persönlichkeit, als wären beides nur zwei Seiten einer in ihrer unmittelbaren Undifferenziertheit für uns geheimnisvollen Existenzform. Das betrachtende Ich, dieses Ich des Selbstbewußtseins, ist doch in dem ganzen Ich, dessen es sich bewußt ist, zugleich enthalten, es ist drinnen und draußen, es ist eine Spaltung, die sich erst an dem Einssein der Parteien auftut, ein Einssein, das sich erst an ihrer Spaltung zum Bewußtsein erhebt.

Ist dies nun die spezifisch menschliche Art, sich zu besitzen, so scheint die mit ihr solidarische Persönlichkeit durchaus nicht auf eine Gottesvorstellung anwendbar; denn jene innere Trennung von sich selbst scheint das Äußerste von Vermenschlichung zu bedeuten.* Allein, vielleicht führt doch auch hier

* Insbesondere, wenn sie in der von einem englischen Religionsphilosophen vorgetragenen Weise bewiesen wird: Da *wir* Selbstbewußtsein hätten, so müßte auch Gott es haben, da er nur mehr als unsern Besitz, nie aber irgend weniger haben könne. Daraus würde mit nicht geringerem Rechte zu folgern sein: Wir haben Zahnschmerzen, also muß Gott noch viel mehr Zahnschmerzen haben.

der Begriff Gottes von sich aus auf diese Form seines Seins. Persönlichkeit in ihrem allgemeinsten Sinne ist überall da, wo ein Teil eines Ganzen sich diesem Ganzen gegenüberstellt, in dem er doch zugleich enthalten ist. Darum sagt man, der Staat sei Persönlichkeit, weil seine Elemente ihm gegenüber eine Selbstständigkeit haben, während sie dabei doch in seine Einheit eingeschlossen sind; der Mensch ist es, weil sein ganzes Wesen sich in einem momentanen Bewußtsein spiegeln kann, weil er aus dem Ganzen seiner Seele einen betrachtenden Teil gleichsam aussondern kann, für den dieses Ganze zum Gegenstande wird, so daß er sich seiner selbst bewußt wird. Wie sich aber der Mensch vermöge dieser Teilung zu sich selbst verhält, so verhält er sich als Ganzer zu dem Universum; er ist der Teil, der sich dem Ganzen entgegensetzt, das Ganze als seine Vorstellung in sich aufnimmt und zugleich in ihm befangen ist, seine Gliedstellung im Universum nicht verlassen kann. Wenn wir, unser eignes Sein fühlend und anschauend, und ebendamit zur Persönlichkeit werdend, einen Teil von uns lösen, der doch im Ganzen verbleibt und ihn dem Ganzen gegenüberstellen, das doch den Teil einschließt, so wiederholen wir damit in beschränkten Maßen das Schicksal des Weltganzen, das uns einschließt und gegen das wir uns doch verselbständigen. Indem wir nun diese Bedeutung und Form der Existenz des Universums gleichsam von ihrem Stoffe lösen, nennen wir sie Gott: indem er als der Sinn und die gestaltende Kraft des Ganzen gedacht wird, ist er das, was an diesem Ganzen »Persönlichkeit« ist. Es ließe sich eine aus dem gleichen Stoff anders geformte Welt denken, eine, die keinem ihrer Elemente jene Doppelstellung gewährte, sei es, weil sie absolute Einheit, sei es, weil sie absolute Nicht-Einheit wäre: sie würde uns nicht veranlassen, ihren Gott als Persönlichkeit zu bezeichnen. Daß dies jetzt geschieht, ist durchaus kein Hineinzwängen des Absoluten in die enge Relativität unserer Existenz, sondern es geschieht umgekehrt dadurch, daß wir die letztere selbst als ein bloß zufälliges Beispiel einer allgemeinen Lebensform erkennen, deren absolute Verwirklichung das Universum und das Verhältnis seiner Teile in und zu ihm ist. Wenn man überhaupt über das Gegebene hinaus zu einem Transzendenten schreitet, so wird in diesem doch wohl das Leben und die Form des uns zugänglichen Weltdaseins in einem Einheitspunkt gesammelt sein. Im Gegensatz zum Pantheismus, für den Gott das Dasein als Ganzes bedeutet, ist er für den Monotheismus der Träger seines Sinnes und seiner Gestalt, das Wesen des Daseins jenseits des Daseins selbst. Er ist Persönlichkeit, nicht vom Menschen aus gesehen, sondern vom Universum aus, dessen Gestaltung, in einen Inbegriff kristallisiert, eben jene eigentümliche Trennung zwischen Teilen und Ganzem verrät, die sich innerhalb des Menschen wiederholt. Von hier aus kann man in Kürze sagen: Gott ist nicht der Mensch im großen, aber der Mensch ist Gott im kleinen.

Das freilich soll nicht geleugnet werden, daß es eine Sehnsucht des Menschen ist, die ihn zu dieser Vorstellung emporgetrieben hat, das Doppelbedürfnis, einem Höheren, Höchsten, Absoluten zuzugehören und zugleich selbständig zu sein, von jenem aufgenommen zu sein und es dann doch in sich aufzunehmen, als Vorstellung und Glaube, der es sich zum Objekt macht. Es ist einseitig, wenn Schleiermacher die Religion aus dem Abhängigkeitsgefühl erklärt; vielleicht ihre höchsten Formen entspringen aus dem Zusammen dieses Gefühles mit dem der Unabhängigkeit. Die Beziehung des Menschen zu seinem Gott ist nicht aus beiden »gemischt«, sondern ein ganz einheitliches, das diese beiden Seiten hat, sich in diese beiden auseinanderzweigt, um wieder aus ihnen zusammenzuwachsen. Und wie nun der Mensch, um Persönlichkeit zu sein, sich in sich selbst scheidet: in ein Bewußtseinselement, das das Ganze vorstellt, beobachtet, wertet, und dies Ganze selbst, das jenen selbständigen Teil dennoch in sich begreift, so ist die Persönlichkeit Gottes der Ausdruck für die Funktion, die er der Seele gegenüber üben muß, um jenes Doppelbedürfnis zu stillen. Er muß die Seele einschließen, die sich ihm hingibt, und während sie so ein Teil seiner ist und bleibt, tritt sie ihm doch gegenüber, um ihn zu glauben oder zu schauen, an ihm zu sündigen oder zu ihm zurückzukehren, mit ihm zu hadern oder ihn zu lieben. Daß Gott Persönlichkeit ist, bedeutet, daß wir uns zu ihm verhalten, wie sich die einzelne Vorstellung, mit der wir uns unser bewußt werden, zu dem Ganzen unserer

Seele verhält, und daß er mit dieser Form seiner selbst die Leidenschaften des In-Ihm-Seins und des Außer-Ihm-Seins durch ein ebenso einheitliches Wesen seiner stillt, wie diese Bedürfnisse selbst eines sind, das diese beiden Seiten hat.

Daß den Menschen seine Sehnsucht nach dem Vollendeten und Absoluten zu solchen Vorstellungen emportreibt, rechtfertigt also in keiner Weise den Schluß, daß diese nur die zum Unendlichen hinaufphantasierten menschlichen Endlichkeiten selbst seien. Sie sind vielmehr eine Formung und besondre Bedeutung des Seins, wie die Kunst, wie die Metaphysik, wie die praktische Idealbildung es sind. Hier wie dort ist die Frage nach der »Wirklichkeit« als Kriterium des Wertes falsch gestellt. Die Vorstellungswelt, die allein uns gegeben ist, projizieren wir auf die mannigfaltigsten Ebenen, bilden aus ihren mannigfaltigen Bedeutsamkeiten besondere Welten; und die Welt der »Wirklichkeit« ist auch nur eine von diesen. Bedürfnisse des Daseinskampfes und der Theorie treiben uns, unsere Vorstellungen, die Inhalte des Seins, in der Weise aufzufassen, auf die Bedeutung hin zu formen, die wir Wirklichkeit nennen. Die Kriterien, die für diese gelten, dürfen von den Welten, die anderen Bedürfnissen genügen, einfach abgelehnt werden; zu »Täuschungen« werden diese Welten erst, wenn sie sich jene Kriterien oktroyieren lassen. In den Inhalten des Seins liegen soviele Möglichkeiten des Sinnes und der Formung, daß ein subjektives Bedürfnis, das uns auf eine dieser führt, durchaus nicht von vornherein verurteilt ist, sich an einem bloßen Tanz um sich selbst, an einer Verkleidung der bloßen Sehnsucht in ihre Erfüllung, zu befriedigen. Gewiß gibt sich die Religion sozusagen nicht von selbst den Menschen, sondern der religiöse Trieb muß sie suchen, was er dann aber findet, braucht keineswegs nur er selbst in einer Gestalt, in der er sich selbst nicht wiedererkennt, zu sein – wie doch auch die künstlerische Schönheit, gleichfalls jenseits aller »Wirklichkeit« wohnend, mehr ist als das innere Bedürfnis, ohne das sie freilich nie dem Sein abgewonnen wäre.

Aesthetik des Porträts

Wenn die äußere Welt uns als bloße Anschauung gilt, als ein Bild für das Auge, das durch kein Denken mit einer Bedeutung jenseits seiner Oberfläche beschwert wird, so empfinden wir doch schon an den Verhältnissen dieser rein sinnlichen Elemente Harmonie oder Widerstreit, Ruhe oder Bewegtheit, Gleichgewicht oder heraushebende Betonung, typische Allgemeinheit oder Individualisiertheit. Der sinnliche Eindruck erzeugt Gefühle, die wir als derlei Beschaffenheiten der Dinge selbst ausdrücken, als Reize und Werte ihrer Form und Farbe, die keinerlei Zusatz oder Steigerung von all dem Tieferen und Geistigen entlehnen, das durch die Sinne nur vermittelt, aber nicht gegeben wird. Indem die Kunst nun *unmittelbar* nur sinnliche Bilder, nur Sichtbarkeiten zur Verfügung hat, wird ihre erste und direkte Bedeutsamkeit in jenen reizvollen oder verdeutlichenden, beruhigenden oder erregenden Qualitäten und Verhältnissen bestehen, die sie uns an und zwischen den Formen und Farben auf der Leinwand zum Bewußtsein bringt. Aus der Ganzheit des Menschen, in die die gewöhnliche Vorstellung sein Aeußeres und alles, was wir Seelisches an ihm kennen, ungeschieden einschließt, löst das Porträt seine Sichtbarkeit los: den Sinn seiner *Erscheinung* – nicht den Sinn hinter seiner Erscheinung – zur reinen Darstellung zu bringen, ist das erste Amt des Porträts. Denn diese bloße Oberfläche ist uns der Wirklichkeit gegenüber keineswegs deutlich. Für die Beziehungen der Menschen, selbst diejenigen, die von dem Reize der Erscheinung ausgegangen sind, ist das Seelische von so souveräner Bedeutung, daß das Vorstellen an dem Aeußeren überhaupt nicht Halt macht, sondern sogleich zu dem Seelischen vordringt, dessen Symbol jenes ist oder zu sein scheint. Das Bild, das wir von einem Menschen in Anwesenheit wie Erinnerung haben, besteht in einem Durcheinander und Ineinander sinnlicher und seelischer Eindrücke, aus dem die ersteren reinlich und bestimmt herauszulösen meistens weder Interesse noch Möglichkeit vorliegt. Nicht weniger hindern Bewegtheiten und Aktionen des Menschen, die Verflechtungen der Umwelt und die Zufälligkeit seiner Lagen, endlich die Interessen und wechselnden Standpunkte des Beobachters – alles dies hindert das Zustandekommen eines klaren und eindeutigen Bildes der *Erscheinung*. Das Porträt vollzieht aus der vielfältigen, schwankenden, von nichtanschaulichen Elementen durchzogenen Vorstellung eines Individuums die Abstraktion dessen, was wir wirklich *sehen*, das heißt sehen *könnten*, wenn unser Auge hinreichend selbständig wäre. Dies könnte nun freilich auch eine Photographie leisten. Allein, wie ich andeutete, nicht die Erscheinung, sondern ihr Sinn steht in Frage, das heißt das Recht, die Notwendigkeit, die Bedeutung jedes äußeren Zuges in seinem Verhältnis zu jedem anderen äußeren – nicht zu den seelischen *hinter* der Anschaulichkeit. Es gilt, durch Formung und Beleuchtung, durch Betonen oder Zurückstellen, durch Aufbau und Wahl des Augenpunktes den Charakter der Erscheinung rein als Erscheinung zu völliger Deutlichkeit, zur Höhe ihres Reizes, zum Gefühle ihrer Gesetzmäßigkeit zu bringen. Hier liegt eine der tiefsten Differenzen aller Kunst gegen unser sonstiges Weltbild. Wo wir sonst eine Erscheinung durch eine andere begreifen, nehmen wir verursachende Kräfte an, die von einem Element auf das andere übergehen, das Aussehen der Dinge erzeugt sich durch den Austausch von Energien, die als solche nicht sichtbar sind; wenn wir eine Erscheinung daraufhin, daß eine andere sich so und so verhält, für notwendig erklären, so sind es nicht ihre unmittelbaren Oberflächen, deren eine die andere erzeugt, sondern Bewegungen und Energien, die unterhalb derselben spielen und die Mannigfaltigkeit der Erscheinungen einheitlich verknüpfen. Innerhalb der Kunst aber gilt eine ganz neue Art von Notwendigkeit. Wenn wir ein Stück einer Arabeske sehen, so empfinden wir eine gewisse Fortsetzung desselben als notwendig, eine andere als zufällig, d. h. nicht aus der Beziehung auf jenes erste Anschauungselement hervorgegangen; wenn eine Farbe gegeben ist, so verlangen wir in bestimmten künstlerischen Zusammenhängen eine weitere, die von jener nicht mittelst einer natürlich-ursächlichen, sondern einer nur für die Anschauung geltenden Verknüpfung notwendig gemacht wird. So besteht zwischen den Zügen eines Gesichts ein strenger Zusammenhang, von dem uns der Künstler durch seine Art, es darzustellen, überzeugt. Mögen wir das Original kennen oder nicht: wir empfinden, daß dieser Mund notwendig ist, wenn diese Nase dasteht, daß diese Augen nur zwischen diesen Formen von Stirn und Wangen möglich sind. Es besteht so eine gegenseitige Rechtfertigung der Oberflächenelemente wie zwischen den einzelnen Kurven einer Arabeske, nur viel komplizierter, aus unendlich viel mehr hin- und hergehenden Beziehungen zusammengesetzt. Der unmittelbaren Wirklichkeit gegenüber sind wir oft nicht im stande, diese wechselseitig erzeugten Notwendigkeiten zu begreifen. Die natürliche, d. h. unter der Oberfläche wirkende Kausalität, die die eine Form unnachläßlich unter Voraussetzung der anderen erzeugt hat, ist eine ganz andere als die zwischen den Oberflächen herrschende; und um den Sinn *dieser* eindringlich zu machen, muß jene im Kunstwerk oft genug verschoben, gleichsam in ein Medium mit ganz neuem Brechungswinkel aufgefangen werden. Diese Vollendung des Sehens in sich selbst, diese Herausarbeitung des Sinnes, der Reize, der Gesetzlichkeit des bloß Anschaulichen, das allein das Material der Kunst ausmacht – ist, wie gesagt, noch davon unabhängig, daß diese Sichtbarkeiten etwas nicht Sichtbares, eine Seele ausdrücken; die Bedeutsamkeit der menschlichen Erscheinung, wie die Kunst sie allein ausdrücken kann, steht insoweit mit der der Arabeske auf einer Stufe.

Dennoch wird diese Deutung des Kunstwerkes niemanden befriedigen. Den immer erhobenen und oft erfüllten Anspruch an das Porträt, vermittelst des Körpers die Seele darzustellen, darf keine Theorie hinwegdekretieren. Vielmehr, soll sie genügen, so muß sie das Geheimnis irgendwie zu deuten wissen, daß die Formverhältnisse des Sichtbaren, deren reine Darstellung die ganze unmittelbare Leistung der Kunst ist, zugleich noch mehr sind, und sich an den Gesetzlichkeiten der Oberfläche nicht erschöpfen. Trotzdem muß die populäre Meinung irren, für die die Erscheinung des Menschen auch in der Kunst nur eine Buchstabenschrift ist, die ihren Sinn nicht in sich selbst, sondern in dem geistigen Inhalt hat, den sie vermittelt. Solcher Glaube kann nur der Prärogative entstammen, die die

Seele des Menschen für unser praktisches Interesse besitzt, und der gegenüber der Körper nur Träger und Werkzeug ist. Für die Kunst aber würde dies die Herabdrückung ihres eigensten Besitzes und Könnens in die Rolle eines bloßen Mittels bedeuten. Statt ein Unvergleichliches und Einziges zu leisten, würde sie zu einem Nebenzweig der Psychologie deklassiert sein. Eine sehr einfache Ueberlegung zeigt die Verschiedenheit der Rollen, die Körperliches und Geistiges im Porträt spielen. Die künstlerische Formung, Stilisierung, Vereinheitlichung ergreift nur die Aeußerlichkeit des Menschen, während seine Seele so, wie sie ist, die Züge zusammenhält, oder symbolisch aus ihnen erschlossen wird – im Gegensatz etwa zur literarischen Kunst, die das seelische Dasein oder Ereignis so behandelt, wie die Malerei die Erscheinung. Wenn die Seele des Modells uns auf anderem Wege, durch Schilderung oder persönliche Erfahrung, bekannt wäre, so würde sie vielleicht durchaus kein Interesse, zum mindesten kein künstlerisches, erwekken; nur als Seele dieses bestimmten *anschaulichen Körpers* ist sie im Porträt von Wert, niemals an und für sich, so wenig wie die »Idee« eines Historienbildes, die sich auch auf andere Weise übermitteln läßt. Dem bloß anekdotischen Interesse, das der Ungebildete an die »Idee«, an den »Vorgang« des Bildes knüpft, zu deren Darstellung ihre Anschaulichkeit ihm ein bloßes Mittel scheint, entspricht das Interesse an der »Seele« des Porträts. Diese Seele und der Stoff des Historienbildes sind zwar unentbehrliche Ausgangs- und Endpunkte des Kunstgebildes; aber den Akzent und die Aktivität der Kunst als solche enthalten sie nicht, da diese sie vielmehr hinnehmen muß, wie sie sie in der psychologischen oder historischen Ordnung der Dinge vorfindet, während, was sie zu schaffen, das heißt zu gestalten und umzugestalten vermag, ausschließlich die Erscheinung ist.

Mir scheint, daß die ganz neue Note, die die Kunst in das Leben bringt, gerade in der Umkehrung des berührten praktischen Verhältnisses zwischen Körper und Seele besteht. Den tatsächlichen Zusammenhang zwischen beiden, der eines zum Symbol des andern macht, benützt die Porträtkunst, um für ihr Material, die Erscheinung des Menschen, die Einheit, Formung, Deutlichkeit zu gewinnen, die immer ihr Endzweck ist. Im direkten Gegensatz zur Praxis des Lebens *interpretiert sie das Aeußere des Menschen durch sein Inneres.* Für die Herstellung des Zusammenhanges der Erscheinungselemente, der jeden Zug des Gesichts durch jeden anderen begreiflich und bedeutsam werden läßt, hat der Künstler kein besseres Hilfsmittel und Kriterium, als daß sie durch solche Zusammenwirksamkeit eine bestimmt charakterisierte Seele ausdrücken. Dies ist das ganz tiefe Glück, das allein die Kunst schenken kann: zu fühlen, daß das reinste, geschlossenste, durchsichtigste Bild unserer Erscheinung, rein als Erscheinung und nach den Gesetzen ästhetischer Anschaulichkeit betrachtet, zugleich dasjenige ist, das die Seele hinter der Erscheinung am eindeutigsten und eindrucksvollsten darstellt. Wenn die Einheit eines Gesichts bedeutet, daß die Form jedes Teiles durch die jedes anderen notwendig bestimmt ist – so ist diese Wechselwirkung der nebeneinander liegenden Elemente in der Einheit der Seele verdichtet, ungefähr wie der politische Zusammenhang der Bürger in der Einheit der Regierung oder wie der Zusammenschluß der Gläubigen in der Einheit ihrer Religion. Ob es gelungen ist, die *Anschaulichkeit* des Menschen zum in sich harmonischsten, kraftvollsten, notwendigsten Vortrag zu bringen, das ermißt sich an der Fähigkeit des Porträts, uns von der Seele dieses Menschen zu überzeugen.

Woher aber stammt dieser Parallelismus zweier in ihrem Wesen so selbständiger Ordnungen? Welches geheimnisvolle Band knüpft die Vollendung der reinen Anschaulichkeit menschlicher Erscheinung an die Vollendung eben derselben als Offenbarung des Unanschaulichen? Für den Künstler wie für den Genießenden kann und soll das Geheimnis bleiben; denn gerade daß scheinbar der Zusammenhang fehlt, läßt den Zusammenklang als ein um so höheres Glück empfinden, als begnadete uns die Kunst mit einer Harmonie von Weltelementen, die für den Verstand fremd auseinanderliegen müssen. Aber die Wissenschaft muß versuchen, in das Dunkel dieses Reizes hineinzuleuchten, durch wie viele Medien sich dazu auch ihr Licht erst brechen müßte, und wie schwach es deshalb, an seinem Zielpunkt angekommen, auch sei.

Wenn die Anschauungselemente von den realen Kräften, die zwischen ihren Substanzen spielen mögen, gelöst, rein als Sichtbarkeiten auf ihre Einheit, Gesetzlichkeiten, Organisierung angesehen werden, so gehen ersichtlich alle diese Beziehungen im *Beschauer* vor sich. Jedes Element bleibt, wie die Kurven eines Ornaments, für sich, und erst der Betrachter bezieht sie auf einander, empfindet ihre Orts- und Lichtunterschiede als Rangierung, fühlt die Notwendigkeit, die eines zur Voraussetzung des anderen macht, führt sie, wie zwischen ihnen hin und her gehend, zu einer Einheit zusammen, über die er nicht hinausverlangt und die er als *ihre* Geschlossenheit bezeichnet. Diese vereinheitlichende Leistung aber kann der Seele nur durch ihre eigene Einheit gelingen, durch ihre fundamentale und deshalb nicht weiter erklärbare Fähigkeit, in der Einheitlichkeit des Ich, des Selbstbewußtseins, ihre Inhalte in mannigfaltigen Stufen und Ordnungen mit einander zu verbinden. Obgleich die Seele allein dies vermag, so kann sie es doch nicht willkürlich an allen zufälligen Elementen. Diese müssen vielmehr gewisse Gleichheiten und Gegensätzlichkeiten, Stärke und Zurücktreten, Bewegtheiten und Ruhelagen aufweisen, um dadurch jene vereinheitlichende Energie der Seele zu wecken – obgleich die Einheit immer in der Seele verbleibt und die Dinge sie nur in Kraft treten lassen. Was uns als Steigerung der Anschaulichkeit, Durchsichtigkeit ihrer Verhältnisse, Gesetzlichkeit ihrer Anordnung erschien, ist schließlich als *Einheitlichkeit* der Erscheinung zusammenzufassen, und ist also nichts anderes als eben diejenige Bestimmtheit der letzteren, auf die hin das Einheitsvermögen in der betrachtenden Seele am vollständigsten und kräftigsten wirkt. Und dies scheint mir nun die Vermittlung zu sein, durch welche jene Formung der bloßen Erscheinung zugleich der stärkste und unzweideutigste Ausdruck einer Seele ist: die seelische Einheit, die sie im Beschauer lebendig macht, überträgt er in sie; in dem Maß, in dem unsere Seele an einem Stoff ihre eigene Aktivität fühlt, beseelt sie diesen Stoff selbst, schreibt ihm eben dieselbe innere Einheit und Lebendigkeit zu, die er in ihr aufgerufen hat.

Es handelt sich nicht darum, daß hinter dem Anblick des

Menschen überhaupt ein Inneres vermutet wird, das wir nicht sehen; denn diese Verbindung hat uns nicht die Kunst, sondern die Praxis des Lebens beigebracht. Auch nicht darum, welche seelische Eigenart überhaupt diesen bestimmten Zügen entspricht, denn das ist Sache der psychologischen Erfahrung. Sondern nur darum, daß jene äußerste Verdeutlichung und harmonische Formung, die der Künstler an der Erscheinung vollzieht, den Beschauer zu dem lebhaftesten Vereinheitlichungsprozeß anregt. Sie veranlaßt ihn dadurch, die Beseelung der Anschaulichkeit, die in irgend einem Maß auch sonst stattfindet, mit sonst unerreichter Energie und Bestimmtheit zu bewirken, die Synthese der Züge klarer als je sonst in sich zu vollziehen, und sie so als seelische Einheit in die äußere Erscheinung hineinzusehen. Einheit ist Seele; denn alles Körperliche liegt in unüberwindlichem Außereinander, erst in der Seele geht eine Verflechtung, Durchdringung, eine Innigkeit des Ineinander der Dinge vor sich, zu der die Außenwelt überhaupt keine Analogie besitzt. Darum bedeutet die Einheit der Züge – die wir am Kunstwerk Harmonie, Gesetzlichkeit, Notwendigkeit nennen – nichts anderes, als ihr Getragensein von einer Seele, erkannt oder vermittelt durch den Betrachtenden, der diese Vereinheitlichung oder Beseelung vollzieht, weil die Form des Kunstwerkes seine eigene Seele zu der konzentriertesten Belebung und Zusammenschluß der Anschauungselemente angeregt hat.

Damit klärt sich vielleicht eine Rätselhaftigkeit im Schaffen des Porträtkünstlers. Gegeben ist ihm die Erscheinung, oft ohne die Möglichkeit, von der seelischen Verfassung des Menschen etwas zu erfahren. Dennoch soll er von dem Bilde dieser letzteren aus die Züge gestalten, bis sie dasselbe völlig klar und sicher ausdrücken: die Erscheinung soll die Seele ergeben, die Seele aber die Erscheinung! Und so nun löst sich dieser Zirkel: die Seele, soweit das Aeußere ihr Symbol sein kann, ist eben nichts, als der einheitliche Zusammenhang der Züge: selbst das Auge, aus seiner Umgebung herausgenommen, würde gar keinen Ausdruck haben, und ebenso alle anderen Elemente des Gesichts. Diesen Zusammenhang im bloß Sichtbaren zu ergründen, ist also in Wirklichkeit das ganz einheitliche Tun, das man beliebig als die Darstellung der Seele vermittelst des Körpers oder des Körpers vermittelst der Seele bezeichnen kann. Es bedarf für den Künstler keines psychologischen Schlusses vom Aeußern auf das Innere, den die Praxis fortwährend fordert, denn sein Herrschaftsgebiet und seine Endabsicht liegt nicht im Innern, sondern im Aeußern: die künstlerische Durcharbeitung der Anschaulichkeiten, d. h. die Herausstellung ihres notwendigen Zusammenhanges, ihrer fühlbaren Einheit – *ist* nichts anderes, als das Anschaulichmachen der Seele, die für den Künstler nur der Brennpunkt sein kann, in dem alle Strahlen der Erscheinung sich treffen. *Daß* dies der Fall ist, daß der Zusammenhang der Züge, sobald er eine gewisse Enge und überzeugende Notwendigkeit erreicht hat, zum Zeichen einer Seele wird, daß diese gleichsam aus den Beziehungen der anschaulichen Elemente auskristallisiert – das ist für die künstlerische Gestaltung natürlich vom höchsten Wert: es gibt dem Künstler eine Garantie, daß seine Formung des Erscheinenden gelungen ist, eine Garantie, wie sie ersichtlich weder dem Ornament, noch der Landschaft, noch dem Stilleben zugängig ist. Keines dieser Objekte schließt Zufälligkeit und Willkür der Formung so grundsätzlich aus, bei keinem bedingt die Aenderung eines Zuges so unbedingt, wie bei einem menschlichen Gesicht eine Aenderung des Ganzen und jeder anderen Einzelheit. Daß die Kunst von je in der menschlichen Gestalt ihre höchste und eigentliche Aufgabe gesehen hat, entspringt sicher nicht nur daraus, daß die Welt der Kunst den anthropozentrischen Charakter der geistigen Welt überhaupt nachahmt, sondern aus dem Umstand, daß der spezifischen Forderung der Kunst: der Vereinheitlichung und Vergeistigung der Erscheinung, an keinem anderen Material so restlos und überzeugend genügt werden kann. Denn kein anderes hat diesen Prüfstein, daß die Erfüllung jener Forderung und nur sie mit einem Schlage den Blick in eine ganz andere Ordnung der Dinge eröffnet, daß sie zugleich mit sich selbst die Seele darzubieten weiß – wie von einer gewissen Stärke des elektrischen Stromes an plötzlich das Farbenspiel in der Geißlerschen Röhre aufleuchtet. Der seelische Ausdruck aber kommt zu der bloß anschaulichen Vollendung nicht ebenso erst *hinzu*, wie zu der Schönheit eines Ornamentes eine symbolische Bedeutung oder zu dem Reize einer Mariengestalt die Weihe religiöser Gefühle; sondern die Vollendung des Anschauungsbildes *ist* hier unmittelbar die Darstellung einer ihm einwohnenden Seele; was wir »Beseelung« der Bildererscheinung nennen, ist nichts anderes als jene Harmonisierung, jenes In-Beziehung-Setzen aller Teile des Aeußerlich-Anschaulichen. Die menschliche Erscheinung gewährt der Kunst die ganz einzige Gunst, daß sie nur nach der Seite der Sichtbarkeit vollendet zu werden braucht, um ein Mehr-als-Sichtbares zu sein.

Es liegt auf der Hand, daß das auf anderem, psychologischem Wege gewonnene Wissen um die Innerlichkeit seines Modells dem Künstler von der größten Wichtigkeit sein wird. So wenig solche Seelenkenntnis ihm die Durcharbeitung und Vereinheitlichung der Erscheinung ersparen kann, so doch manche Irrwege, indem sie ihn auf anderem Wege als dem jetzt ihm obliegenden, das rechte Ziel dieses vorwegschauen läßt. Hier aber bricht eine Schwierigkeit hervor, die alles Bisherige in Frage zu stellen scheint. Alles dieses ruhte auf der stillschweigenden Voraussetzung, daß die Erscheinung eines Individuums nicht nur überhaupt dahin zu bringen ist, eine Seele unzweideutig zu offenbaren, sondern daß diese auch ihrer Qualität, ihrem Charakter nach eben dieselbe ist, die dieses Individuum auch in seiner psychischen *Wirklichkeit* besitzt. Allein das ist keineswegs so ganz selbstverständlich. Die banale Erfahrungstatsache, daß sehr verwandte Seelen in äußerst verschiedenartigen Körpern wohnen, weltweit verschiedene aber in sehr ähnlichen, muß von vornherein Bedenken erregen. Woher stammt überhaupt die ganze Beziehung zwischen einer bestimmten Aeußerlichkeit und einer bestimmten Seelenart? Welches auch ihre inneren Gründe seien, für unser Bewußtsein kann sie nur aus den Erfahrungen hervorgehen, die uns die Elemente der körperlichen und der seelischen Reihe in regelmäßigen, charakteristischen Verbindungen zeigen. Allein die Variabilität innerhalb unserer Gattung, die so viele Züge unseres Wesens gegeneinander verselbständigt und sie in unendlicher Mannigfaltigkeit mit einander kombiniert, kann diese

Verbindung ohneweiters auseinanderreißen. So gut wie innerhalb einer Seele sich unzähligemal irgend ein Zug findet, dessen gerades Gegenteil sich in der Regel mit der sonstigen Gesamtbeschaffenheit derselben vereinigt zeigt; so gut wie innerhalb eines Gesichts disharmonische Züge, das heißt solche vorkommen, die typischerweise sich mit den übrigen nicht zusammenfinden, so gut kann eine Aeußerlichkeit überhaupt, die regelmäßig mit einer bestimmten seelischen Beschaffenheit verbunden ist, in einem individuellen Fall von dieser gelöst und mit einer anderen verknüpft sein, die ihrerseits für unsere Erfahrung auf eine völlig differente Seelenhaftigkeit Anweisung gibt. Wäre dies nicht der Fall, so wäre die Beurteilung der Menschen kein so schweres und tausendmal täuschendes Unternehmen. Das ist ja gerade der Reichtum menschlicher Naturen, daß jede die Erbschaften unzählig vieler Vorfahren in gar nicht berechenbaren Mischungen in sich vereinigt; gewiß wird die Spannweite und Heterogenität derselben eine Grenze haben, weil die Lebensfähigkeit eines Wesens an ein gewisses Zueinanderpassen seiner Bestandteile geknüpft ist. Aber jedenfalls weit unterhalb dieser Grenze bleiben die Fälle, die uns hier angehen: daß ein engelhaftes Aeußeres einen gemeinen Charakter birgt, daß ein schalkhaft humoristischer Geist sich mit schweren, melancholischen Zügen vereinigt, daß ein großgeschnittener bedeutender Kopf uns durch Kleinlichkeit und Beschränktheit des geistigen Wesens enttäuscht. Wie hat sich nun der Maler unter solchen Umständen zu verhalten? Wird er die gegebene Erscheinung umgestalten, bis sich die ihm anderweit bekannt gewordene Seele in ihr offenbart, wie sie es der typischen Erfahrung nach müßte? Wird er gleichsam in einem Winkel einen Zug anbringen, der verrät, was die anschauliche Wirklichkeit des Modells von sich aus niemals sagen würde? In der Beantwortung dieser Grundfrage kommen die entscheidenden Ueberzeugungen vom Wesen aller Porträtkunst zu Worte. Wenn alle »psychologische« Deutung in der Darstellung des Seelischen als solchen das alleinige künstlerische Ziel sieht und daraus noch den naiven Schluß zieht, daß die Seele des Modells, wie sie wirklich ist, um jeden Preis im Bilde zur Offenbarung kommen müßte – so scheint mir dieser psychologische Realismus völlig unkünstlerisch. Das Porträt, als ein anschauliches Bild von der Anschaulichkeit des Menschen, kann grundsätzlich nur diese letztere entwickeln, und zwar bis zu dem vollkommensten Ausdruck der Seelenhaftigkeit, den sie hergibt; aber diese Entwicklung kann doch nur in der eigenen Richtung der Erscheinung selbst erfolgen und nicht durch eine Abbiegung oder einen ihr heterogenen Zusatz zu Gunsten einer Seele, die nun einmal für unsere Erfahrung durch diese Erscheinung nicht symbolisiert wird. Damit ist natürlich nicht das Widersinnige behauptet, daß die der *Erscheinung* entsprechende Seele und die wirkliche des Menschen immer oder auch nur sehr häufig divergierten: vielmehr, es würde überhaupt zu einer Erfahrung über die Verbindung zwischen Innerem und Aeußerem nicht kommen, wenn nicht in den meisten Fällen die gleiche Außenseite auch die gleiche Seele bärge. Jener Fall der Divergenz beider und die aus ihm folgende Entscheidung für die *eine* Seite des Dualismus soll nur beleuchten, welches das prinzipiell entscheidende Motiv auch für den Fall ihres Zusammengehens ist. Der Künstler entwickelt die Züge eines Gesichts sozusagen zu einer ideellen Seele, von der es ganz gleichgiltig ist, ob sie mit derjenigen Seele, mit der diese Züge an dem realen Menschen assoziiert sind, übereinstimmt oder nicht, obgleich dies der Regel nach der Fall sein wird.

Innerhalb der Lyrik findet sich ein genaues Seitenstück zu diesem eigenartigen Verhältnis. Für die rein ästhetische Betrachtung ist das lyrische Gedicht wie jedes andere Kunstwerk sozusagen vom Himmel gefallen. All die historischen und psychologischen Bedingungen, die Absicht und Stimmung, aus denen heraus das Werk geschaffen ist, haben zu dem geschaffenen gar keine Beziehung mehr, außer insoweit sie sich als merkbare Eigenschaften desselben in ihm vorfinden. Die realen Vorgänge in der Seele des Schöpfers, aus denen eine vollendete Psychologie das Zustandekommen des Wesens erklären könnte, stehen prinzipiell ganz jenseits der Werte und Bedeutungen, die das fertige Werk für den Genießenden und den ästhetisch Urteilenden besitzt. Dennoch: in jedem lyrischen Gedicht lebt eine Seele, ihre Schicksale und Gefühle, ihre Versunkenheiten und Aufschwünge. Aber diese Seele ist sozusagen nur eine fiktive, die dem Kunstwerk Sinn und Halt gibt, sie lebt wirklich nur *in* diesem, nicht hinter ihm, nicht als die reale Seele der dichtenden Persönlichkeit: sie ist vielmehr erst eine Schöpfung dieser oder eine Umsetzung, die sie in der Sphäre der Kunst erlebt. Die Seele, deren Ausdruck die Verse sind, gehört demselben Bezirk an wie die Seele, die dem Porträt den Dienst der Vereinheitlichung und Sinngebung leistet. Die Eindeutigkeit und Eindrucksstärke der Seele und ihrer Stimmung ist das Maß, in dem die Elemente des Verskunstwerks zur Geschlossenheit und inneren Vollendung gelangt sind, wie die Seele des Porträts den gleichen Maßstab für das Kunstwerden der Züge hergibt. Dem oberflächlichen Empfinden scheint die Seele schon an und für sich dem Idealgebiet der Kunst nahezustehen und keiner besonderen Umbildung nach den Normen dieses zu bedürfen. Dennoch ist ihre psychologische Wirklichkeit ebenso ein bloßes Stück Natur, wie die unmittelbar gegebene Körperhaftigkeit. Der Naturalismus scheint mir aus seinem letzten Refugium, in dem er sich sozusagen unsichtbar macht, erst dann vertrieben, wenn die Seele innerhalb des Kunstwerks als ein besonderes und ideelles Gebilde erkannt ist, nur den artistischen Kategorien und Ansprüchen entspringend und entsprechend und unabhängig davon, daß sie den realen Seelen *hinter* dem Kunstwerk freilich meistens, aber nicht notwendig korrespondieren wird. Die *Bedeutung* ihres Daseins in der Kunst ist eben eine andere als in der Wirklichkeit. Der *Sinn* der Erscheinung gehört erst dann in das malerische Kunstwerk, wenn er sich als der Sinn der *Erscheinung* offenbart hat.

Das Ende des Streits

In dem Miteinander der Menschen verschlingt sich untrennbar das Füreinander mit dem Gegeneinander. Aller Kampf ist nur die Alleinherrschaft eines antagonistischen Moments, das auch dem Frieden nicht völlig, sondern nur bis zur Unkenntlichkeit fehlt. Weil wir in jedem Augenblick im Frieden und zugleich im Kampfe stehen und das Leben sie kontinuierlich durcheinandergleiten läßt, von leisen, gleich wieder abgebrochenen Ansätzen bis zu der scheinbaren Unwiderruflichkeit ihrer Aufgipfelungen – so steht der Kampf noch immer unter dem Zeichen der Beziehung, aus der er sich als ihre Verneinung erhoben hat, so ist der Friede von dem Kampf gefärbt, den er beendet hat. Aber nicht nur von seiner Dauer, seinem Gegenstande, seiner Heftigkeit, sondern auch von den besondern Nuancen seines Endes. Täusche ich mich nicht, so hat der Reichtum der Zwischenformen, mit denen der Streit sich in den Frieden hineinbildet, – und der seelischen Landschaft, die diese Entwicklungen umgibt – noch das Inventar nicht gefunden, von dem die folgenden Blätter einen Überschlag geben möchten.

Es gibt wohl keine Seele, der der formale Reiz des Kampfes und der des Friedens ganz versagt wäre und weil eben jeder von beiden in irgend einem Maße besteht, erwächst über ihrem Reize der neue des Wechsels zwischen beiden. Nur welchen Rhythmus dieses Wechsels die einzelne Natur fordert, welchen Teil seiner sie als Hebung und welchen als Senkung empfindet, ob sie ihn mit eigner Initiative hervorruft oder von den Entwicklungen des Schicksals erwartet – nur dies unterscheidet ihre Individualität. Das erste Motiv der Streitbeendigung: das Friedensbedürfnis – ist deshalb etwas viel Inhaltvolleres, als die bloße Ermüdung am Kampf, es ist jene Rhythmik, die uns jetzt nach dem Frieden verlangen läßt, als nach einem ganz konkreten Zustand, der keineswegs nur das Ausbleiben des Streits bedeutet. Nur muß man die Rhythmik nicht ganz mechanisch verstehen. Man hat freilich gesagt, daß intime Verhältnisse, wie Liebe und Freundschaft, gelegentlicher Zerwürfnisse bedürften, um sich an dem Gegensatz gegen die erlittne Entzweiung erst ihres ganzen Glückes wieder bewußt zu werden; oder um die Enge der Beziehung, die nun einmal für das Individuum etwas Zwanghaftes, Einschließendes hat, durch eine Entfernung zu unterbrechen, die ihren Druck unfühlbar macht. Es werden nicht die tiefsten Verhältnisse sein, die eines solchen Turnus bedürfen; er wird eher roheren Naturen eigen sein, die nach groben Unterschiedsreizen verlangen und deren Augenblicksleben das Umschlagen in die Gegensätzlichkeiten begünstigt: es ist der Typus des: Pack schlägt sich, Pack verträgt sich – der die Entzweiung um der Erhaltung des Verhältnisses willen fordert. Das ganz innige und verfeinerte Verhältnis wird ohne antagonistisches Intervall auskommen und wird seinen Gegensatzreiz an der umgebenden Welt finden, an den Dissonanzen und Feindseligkeiten des sonstigen Daseins, die für das Bewußtsein seines Burgfriedens den genügenden Hintergrund liefern.

Wird hier also auch kein Streit erfordert, der sich durch einen rhythmischen Wechsel beendete, so sei doch bemerkt, daß das Ausbleiben von Differenzen noch nicht unmittelbar die Enge und Kraft von Verhältnissen anzeigt. Daß in sehr intimen, den ganzen Lebensinhalt beherrschenden oder wenigstens berührenden Gemeinsamkeiten, wie etwa die Ehe ist, überhaupt keine Veranlassungen zu Konflikten aufträten, ist ganz ausgeschlossen; ihnen niemals nachzugeben, sondern ihnen schon von weitem vorzubauen, sie von vornherein durch gegenseitige Fügsamkeit abzuschneiden, ist keineswegs immer Sache der echtesten und tiefsten Zuneigung, kommt vielmehr grade bei Gesinnungen vor, die zwar liebevoll, sittlich, treu sind, denen aber die letzte, unbedingte Hingebung des Gefühls fehlt. Das Individuum, im Bewußtsein, diese nicht aufzubringen, ist um so ängstlicher bemüht, die Beziehung von jedem Schatten rein zu erhalten, durch die äußerste Freundlichkeit, Selbstbeherrschung, Rücksicht den andern für jenen Mangel zu entschädigen, besonders aber das eigne Gewissen über die leisere oder stärkere Unwahrhaftigkeit seines Verhaltens zu beruhigen, die auch der aufrichtigste, ja, leidenschaftlichste Wille nicht in Wahrheit verwandeln kann – weil es sich hier um Gefühle handelt, die dem Willen nicht zugängig sind, sondern wie Schicksalsmächte kommen oder ausbleiben. Die empfundene Unsicherheit in der Basis solcher Verhältnisse bewegt uns, bei dem Wunsche, sie um jeden Preis aufrecht zu erhalten, ob zu ganz übertriebenen Selbstlosigkeiten, zu einer gleichsam mechanischen Sicherung ihrer durch prinzipielles Vermeiden jeder Konfliktsmöglichkeit. Wo man der Unerschütterlichkeit und Vorbehaltlosigkeit des eignen Gefühls gewiß ist, bedarf es dieser unbedingten Friedfertigkeit gar nicht, man weiß, daß kein Chok bis zu dem Fundament des Verhältnisses dringen kann, auf dem man sich immer wieder zusammenfinden wird. Die stärkste Liebe kann am ehesten einen Stoß aushalten und die Befürchtung der geringeren, die Folgen eines solchen gar nicht absehen zu können, und daß man ihn deshalb unter jeder Bedingung vermeiden müsse, kommt ihr gar nicht in den Sinn. So läßt gerade das innerlich sicherste Verhältnis es viel eher einmal auf einen Zwist ankommen, während manches zwar gute und moralische, aber in geringeren Gefühlstiefen wurzelnde der Erscheinung nach viel harmonischer und konfliktloser verläuft.

Während in tiefgegründeten Verhältnissen das Ende des Streits dadurch erfolgt, daß ihre unablenkbare Grundströmung wieder an die Oberfläche gelangt und die Gegenbewegungen an dieser glättet, kommen ganz neue Nuancen auf, wo der Wegfall des Streitobjekts den Antagonismus beendet. Jeder Konflikt, der nicht absolut unpersönlicher Art ist, macht sich die verfügbaren Kräfte des Individuums dienstbar, er wirkt wie ein Kristallisationspunkt, um den herum sich diese in größerer oder geringerer Entfernung anordnen – die Form der Kern- und der Hilfstruppen innerlich wiederholend – und gibt so dem ganzen Komplex der Persönlichkeit, soweit sie kämpft, eine eigenartige Struktur. Sobald nun der Konflikt auf eine der gewöhnlichen Arten beendet ist – durch Sieg und Niederlage, durch Versöhnung, durch Kompromiß – bildet diese seelische Struktur sich wieder in die des Friedenszustandes zurück, der zentrale Punkt teilt seinen Übergang aus Erregtheit in Beruhigung den einbezogenen Energien mit. Statt dieses organischen, wenn auch unendlich mannigfaltig verlaufenden Prozesses des inneren Ausklingens der Streitbewegung tritt aber oft ein ganz irrationeller und turbulenter ein, wenn das Streitobjekt plötzlich wegfällt, so daß die ganze Bewegung noch sozusagen ins Leere schwingt; dies geschieht insbesondere, weil unser Gefühl konservativer ist, als unser Verstand und so die Erregung jenes keineswegs in demselben Augenblick zur Ruhe kommt, in dem der Verstand ihre Veranlassung als hinfällig erkennt. Allenthalben entsteht Verwirrung und Schädigung, wenn seelischen Bewegungen, die um eines bestimmten Inhaltes willen entstanden sind, dieser plötzlich geraubt wird, so daß sie sich nicht mehr naturgemäß weiterentwickeln und ausleben können, sondern haltlos an sich selbst zehren oder nach einem sinnlosen Ersatzobjekt greifen. Wenn also, während der Streit im Gange ist, Zufälle oder höhere Gewalt ihm das Ziel entführen – Nebenbuhlerschaft, deren umworbener Gegenstand sich für einen dritten entscheidet, Streit um eine Beute, die während dessen von einem andern geraubt wird, theoretische Kontroversen, deren Problem eine überlegene Intelligenz plötzlich so löst, daß beide streitende Behauptungen sich als irrig zeigen – so findet oft noch ein leeres Weiterstreiten, eine unfruchtbare gegenseitige Anschuldigung, ein Wiederaufleben früherer, längst begrabener Differenzen statt; dies ist das Weiterschwingen der Streitbewegungen, die sich in irgend einer, unter diesen Umständen ganz sinnlosen und tumultuarischen Art austoben müssen, ehe sie zur Ruhe kommen. Am bezeichnendsten tritt dies vielleicht in den Fällen ein, wo der Streitgegenstand von beiden Parteien als illusorisch, des Streites nicht wert, erkannt wird. Hier läßt die Beschämung über den Irrtum, den keiner dem andern eingestehen mag, den Kampf oft noch lange fortsetzen, mit einem ganz wurzellosen und mühsamen Kraftaufwand, aber mit um so größerer Erbitterung gegen den Gegner, der uns zu dieser Donquixoterie nötigt.

Die einfachste und radikalste Art, vom Kampf zu Frieden zu kommen, ist der Sieg – eine ganz einzigartige Erscheinung des Lebens, von der es zwar unzählige individuelle Gestalten und Maße gibt, die aber mit nichts anders Benanntem, was sonst zwischen Menschen vorgehen kann, eine Ähnlichkeit besitzt. Von den vielen Nuancen des Sieges, durch die er den ihm folgenden Frieden qualifiziert, erwähne ich nur denjenigen, der nicht ausschließlich durch das Übergewicht der einen Partei, sondern, mindestens teilweise, durch Resignation der andern herbeigeführt wird. Dieses Kleinbeigeben, sich für besiegt Erklären oder den Sieg des andern über sich ergehen Lassen, ohne daß schon alle Widerstandskräfte und Chancen erschöpft wären, ist ein nicht immer einfaches Phänomen. Es kann dazu eine gewisse asketische Tendenz wirken, die Lust an der Selbstdemütigung und dem Sichpreisgeben, nicht stark genug, um sich von vornherein kampflos auszuliefern, aber hervortretend, sobald die Stimmung des Besiegten die Seele zu ergreifen beginnt; oder sogar an dem Gegensatz zu der eben noch lebendigen Kampfstimmung ihren sublimsten Reiz findend. Zu dem gleichen Entschluß drängt ferner das Gefühl, daß es vornehmer ist, sich zu ergeben, als sich bis zuletzt an die unwahrscheinliche Chance einer Wendung der Dinge zu klammern; diese Möglichkeit hinzuwerfen und um diesen Preis dem zu entgehen, daß einem die eigne Niederlage in ihrer ganzen Unvermeidlichkeit bis ins letzte demonstriert wird – dies hat etwas von dem großen und edlen Stil der Menschen, die nicht nur ihrer Stärke, sondern auch ihrer Schwächen gewiß sind, ohne sich ihrer jedesmal erst fühlbar versichern zu müssen. Endlich: in dieser Freiwilligkeit des Sich-besiegt-Erklärens liegt noch ein letzter Machtbeweis des Subjekts, dieses Letzte wenigstens hat es noch gekonnt, ja, es hat damit eigentlich dem Sieger noch etwas geschenkt. Darum läßt sich in personalen Konflikten manchmal beobachten, daß das Nachgeben der einen Partei, bevor die andere noch wirklich von sich aus ihre Sache durchgesetzt hat, von dieser als eine Art Beleidigung empfunden wird – als wäre sie eigentlich die schwächere, der man aus irgendwelchen Gründen nachgibt, ohne es nötig zu haben.

Zu der Streitbeendigung durch den Sieg steht die durch das Kompromiß in vollem Gegensatz. Es ist eine der charakteristischsten Einteilungsarten der Kämpfe, ob sie ihrem Wesen nach einem Kompromiß zugängig sind oder nicht. Dies entscheidet sich keineswegs nur an der Frage, ob ihr Preis eine unteilbare Einheit bildet oder zwischen den Parteien geteilt werden kann. Gewissen Gegenständen gegenüber steht das Kompromiß durch Teilung außer Frage: zwischen Nebenbuhlern um die Gunst einer Frau, zwischen Reflektanten um ein und dasselbe unzerlegbare käufliche Objekt, auch bei Kämpfen, deren Motiv Haß und Rache ist. Dennoch sind dem Kompromiß auch Kämpfe um unzerlegbare Gegenstände zugänglich, wenn diese nämlich vertretbar sind; so daß der eigentliche Kampfpreis zwar nur dem einen zufallen kann, dieser aber den andern für seine Nachgiebigkeit durch einen andern Wert entschädigt. Ob Güter in dieser Weise fungibel sind, hängt natürlich nicht von irgend einer objektiven Gleichwertigkeit unter ihnen ab, sondern von der Geneigtheit der Parteien, den Antagonismus durch Überlassung und Entschädigung zu beenden. Diese Chance bewegt sich zwischen den Fällen bloßen Eigensinns, in denen die rationellste und reichlichste Entschädigung, für die die Partei sonst den Kampfgegenstand gern preisgäbe, nur darum zurückgewiesen wird, weil sie eben vom Gegner geboten wird – und den andern, in denen die Partei zuerst durch die Individualität des Kampfpreises angezogen scheint und ihn dann doch gutwillig der andern überläßt, entschädigt durch ein Objekt, dessen Fähigkeit, jenes zu ersetzen, jedem dritten oft völlig rätselhaft bleibt.

Im ganzen ist das Kompromiß, namentlich das durch die Fungibilität bewirkte, so sehr es für uns zu der alltäglichen und selbstverständlichen Lebenstechnik gehört, eine der größten Erfindungen der Menschheit. Es ist der Impuls der Naturmenschen wie des Kindes, ohne weiteres nach jedem gefallenden Gegenstande zu greifen, gleichviel ob er sich bereits in fremdem Besitz befindet. Der Raub ist – neben dem Geschenk – die nächstliegende Form des Besitzwechsels und ein solcher geht deshalb in primitiven Verhältnissen selten ohne Kampf ab. Daß dieser nun vermieden werden kann, indem man dem Besitzer des ersehnten Gegenstandes einen andern, aus dem eignen Besitz, anbietet und damit die Gesamtaufwendung schließlich doch eine geringere ist, als wenn man den Kampf fortsetzt oder beginnt – das einzusehen ist der Anfang aller kultivierten Wirtschaft, alles höheren Güterverkehrs. Aller Tausch um Dinge ist ein Kompromiß – und freilich ist dies die Armut der Dinge gegenüber dem bloß Seelischen, daß ihr Austausch immer Weggeben und Verzicht voraussetzt, während Liebe und alle Inhalte des Geistes getauscht werden können, ohne daß das Reicherwerden mit einem Ärmerwerden bezahlt werden muß. Wenn von gewissen Sozialzuständen berichtet wird, daß es zwar als ritterlich gilt, zu rauben und um den Raub zu kämpfen, der Tausch und Kauf aber als würdelos und gemein, so wirkt dazu der Kompromißcharakter des Tausches, die Einräumung und Verzichtleistung, die ihn zum Gegenpol alles Kampfes und Sieges macht. Jeder Tausch setzt voraus, daß Wertungen und Interessen einen objektiven Charakter angenommen haben. Das Entscheidende ist nun nicht mehr die bloße subjektive Leidenschaft des Begehrens, der nur der Kampf entspricht, sondern der von beiden Interessenten anerkannte Wert des Objekts, der, sachlich ungeändert, durch verschiedene Objekte ausdrückbar ist. Der Verzicht auf den bewerteten Gegenstand, weil man das in ihm enthaltene Wertquantum in anderer Form erhält, ist das in seiner Einfachheit wahrhaft wunderbare Mittel, entgegengesetzte Interessen anders als durch Kampf zum Austrag zu bringen – das aber sicher eine lange historische Entwicklung forderte, weil es eine psychologische Lösung des allgemeinen Wertgefühles von dem einzelnen Gegenstand, der zuerst mit ihm verschmolzen ist, voraussetzt, eine Erhebung über das Befangensein in dem unmittelbaren Begehren. Das Kompromiß durch Vertretbarkeit – von dem der Tausch ein Sonderfall ist – bedeutet die prinzipielle, wenngleich nur sehr partiell realisierte Möglichkeit, den Kampf zu vermeiden oder ihm ein Ende zu setzen, bevor die bloße Kraft der Subjekte ihn entschieden hat.

Von dem objektiven Charakter, den die Streitbeendigung durch das Kompromiß trägt, hebt sich die Versöhnung als ein rein subjektiver Modus ab. Ich meine hier nicht die Versöhnung, die die Folge eines Kompromisses oder einer sonstigen Beilegung des Streites ist, sondern die Ursache dieser letzteren. Die Versöhnlichkeit ist eine primäre Stimmung, die, ganz jenseits objektiver Gründe, den Kampf ebenso zu beenden sucht, wie die Streitlust, nicht weniger ohne sachliche Veranlassung, ihn unterhält. In den unzähligen Fällen, wo der Streit anders beendet wird, als es in der unbarmherzigsten Konsequenz der Machtverhältnisse liegt, ist sicher diese ganz elementare und irrationale Versöhnlichkeitstendenz im Spiele – die etwas ganz anderes ist, als Schwäche oder Gutmütigkeit, soziale Moral oder Nächstenliebe.

Nun gibt das »versöhnte« Verhältnis in seinem Unterschiede gegen das nie gebrochene ein besonderes Problem auf. Hier ist nicht von den oben berührten die Rede, deren innerer Rhythmus überhaupt zwischen Zerwürfnis und Versöhnung pendelt; sondern von denen, die einen wirklichen Bruch erlitten haben und nach diesem wie auf einer neuen Basis wieder zusammengegangen sind. Durch wenige Charakterzüge werden Verhältnisse so bezeichnet, wie dadurch: ob sie in diesem Falle in ihrer Intensität gesteigert oder herabgesetzt sind. Wenigstens ist dies die Alternative für alle tieferen und sensibleren Naturen; wo ein Verhältnis, nachdem es einen radikalen Bruch erfahren hat, nachher in genau derselben Weise wieder auflebt als wenn nichts geschehen wäre, kann man im allgemeinen entweder frivolere oder grobkörnigere Sinnesart voraussetzen. Der zuerst genannte Fall ist der am wenigsten komplizierte: daß eine einmal geschehene Entzweiung sich nie mehr ganz überwinden läßt, auch nicht durch den ehrlichsten Willen der Parteien, ist ohne weiteres begreiflich; wobei durchaus kein Rest des Streitobjekts als solchen zurückgeblieben zu sein braucht, sondern die bloße Tatsache, daß überhaupt ein Bruch einmal da war, entscheidet. Zu diesem Erfolg wirkt bei engen Verhältnissen, die einmal bis zu äußerer Entzweiung gekommen sind, oft dies mit: man hat gesehen, daß man überhaupt ohne einander auskommen kann, daß das Leben, wenn auch vielleicht nicht sehr heiter, eben doch weiterging. Dies setzt nicht bloß den Wert des Verhältnisses herab, sondern der einzelne wirft sich gerade dies, nachdem die Einheit wieder hergestellt ist, leicht als eine Art Verrat und Untreue vor, die gar nicht wieder gutzumachen ist und die in das wieder aufwachsende Verhältnis eine Mutlosigkeit und ein Mißtrauen seiner Individuen gegen das eigene Gefühl verwebt.

Freilich läuft hier oft eine Selbsttäuschung unter. Die überraschende relative Leichtigkeit, mit der man manchmal das Auseinandergehen eines nahen Verhältnisses erträgt, entstammt der Erregung, die wir noch von der Katastrophe mitbringen. Diese hat alle möglichen Energien in uns lebendig gemacht, deren Schwung uns noch eine Weile weiterträgt und aufrecht hält. Wie aber auch der Tod eines geliebten Menschen nicht in der ersten Stunde seine ganze Furchtbarkeit entfaltet, weil erst die weiterrollende Zeit alle die Situationen herbeibringt, in denen er sonst ein Element war, die wir nun wie mit einem herausgerissenen Gliede zu durchleben haben und die kein erster Augenblick zusammenfassend vorwegnehmen konnte – so löst sich eine wertvolle Beziehung sozusagen nicht in dem ersten Moment des Auseinandergehens, in dem vielmehr die Gründe ihrer Lösung unser Bewußtsein beherrschen; sondern wir spüren den Verlust für alle einzelnen Stunden erst von Fall zu Fall, und deshalb wird ihm oft erst nach langer Zeit unser Gefühl ganz gerecht, das ihn im ersten Moment mit einem gewissen Gleichmut zu ertragen schien. Auch aus diesem Grunde ist die Versöhnung mancher Verhältnisse in dem Maße tiefer und leidenschaftlicher, in dem der Bruch schon eine längere Zeit bestanden hat.

Daß aber das Intensitätsmaß des versöhnten Verhältnisses über das des ungebrochenen *hinauswächst*, hat mancherlei Ursachen. Hauptsächlich wird dadurch ein Hintergrund geschaffen, von dem alle Werte und alle Selbsterhaltungen der Vereinigung sich bewußter und klarer abheben. Dazu bringt die Diskretion, mit der man jede Berührung des Vergangenen umgeht, eine neue Zartheit, ja, eine neue unausgesprochene Gemeinsamkeit in das Verhältnis. Denn allenthalben kann das gemeinsame Vermeiden eines allzuempfindlichen Punktes eine ebenso große Intimität und Sich-Verstehen bedeuten, wie die Ungeniertheit, die jeden Gegenstand des individuellen Innenlebens zu einem Gegenstand der positiven Gemeinsamkeit macht. Und endlich entstammt die Intensität des Wunsches, das wieder auflebende Verhältnis vor jedem Schatten zu bewahren, nicht nur den erfahrenen Leiden des Bruches, sondern vor allem dem Bewußtsein, daß der zweite Bruch nicht mehr geheilt werden könnte, wie es der erste konnte. Dies würde in unzähligen Fällen und wenigstens unter sensitiven Menschen, das ganze Verhältnis zu einer Karikatur machen. Es kann wohl auch in dem tiefstgegründeten Verhältnis zu einem tragischen Bruch und zu einer Versöhnung kommen; aber dies gehört zu den Ereignissen, die so nur einmal stattfinden dürfen und deren Wiederholung ihnen alle Würde und Ernsthaftigkeit raubt. Denn hat einmal die erste Wiederholung stattgefunden, so spricht nichts gegen eine zweite und dritte, die die ganzen Erschütterungen des Vorgangs banalisieren und zu einem frivolen Spiel herabziehen würden. Vielleicht ist dieses Gefühl, daß ein nochmaliger Bruch der definitive wäre, ein Gefühl, zu dem es vor dem ersten kaum eine Analogie gibt, für feinere Naturen das stärkste Band, durch das das versöhnte Verhältnis sich von dem nie gebrochenen unterscheidet.

Grade wegen der tiefen Bedeutung, die das Maß der Versöhnlichkeit nach dem Streit, nach einseitig oder gegenseitig zugefügten Leiden, für die Entwicklung der Verhältnisse zwischen den Menschen hat, läßt sie ihr negatives Extrem, die Unversöhnlichkeit, an dieser Bedeutung teilnehmen. Auch sie kann, wie die Versöhnlichkeit, eine formale Stimmung der Seele sein, die freilich einer äußeren Situation zu ihrer Aktualisierung bedarf, dann aber ganz spontan und nicht nur als Folge anderweitiger, vermittelnder Emotionen eintritt. Beide Tendenzen gehören zu den polaren Grundelementen, deren Mischungen alle Verhältnisse zwischen den Menschen bestimmen. Man hört gelegentlich aussprechen: wer nicht vergessen könnte, könnte auch nicht vergeben, bzw. sich nicht vollständig versöhnen. Dies würde ersichtlich die fürchterlichste Unversöhnlichkeit bedeuten, denn es macht die Versöhnung davon abhängig, daß jede Veranlassung zu ihrem Gegenteil aus dem Bewußtsein verschwunden ist; auch wäre sie, wie alle auf dem Vergessen beruhenden Vorgänge, in der steten Gefahr der Widerrufung. Wenn die ganze Meinung einen Sinn haben soll, so läuft er in der umgekehrten Richtung: wo die Versöhntheit als primäre Tatsache besteht, wird sie die Ursache sein, daß der Zwist und das Leiden, das einem der Andre bereitet hat, nicht mehr ins Bewußtsein aufsteigen. Entsprechend besteht nun auch die eigentliche Unversöhnlichkeit keineswegs darin, daß

das Bewußtsein nicht über die vergangenen Konflikte hinweg-
kommt. Dies ist vielmehr erst eine Folgeerscheinung. Die Unversöhnlichkeit bedeutet, daß die Seele durch den Kampf eine
Modifikation ihres Seins erlitten hat, die nicht mehr rückgängig zu machen ist, die insofern nicht einer vernarbbaren
Wunde, sondern einem verlorenen Gliede vergleichbar ist.
Dies ist die tragischste Unversöhnlichkeit: weder ein Groll
noch ein Vorbehalt oder geheimer Trotz braucht in der Seele
zurückzubleiben und eine positive Schranke zwischen die eine
und die andre zu legen; es ist nur durch den durchgekämpften
Konflikt etwas in ihr getötet worden, das nicht wieder zu beleben ist, auch nicht durch die eigne leidenschaftliche Bemü-
hung darum; hier liegt ein Punkt, an dem die Ohnmacht des
Willens gegenüber dem tatsächlichen Sein des Menschen grell
hervortritt – im stärksten psychologischen Gegensatz zum
»Verzeihen«, dem fast einzigen Fall, in dem dem Willen ein
unmittelbares Verfügenkönnen über das Gefühl zugemutet
wird; sonst wäre die *Bitte* um Verzeihung sinnlos. Und doch
kann Verzeihung und jene Unmöglichkeit innerer Versöhnung
demselben Menschen gegenüber stattfinden. Während dies die
Unversöhnlichkeitsform sehr einheitlicher und nicht grade
leicht beweglicher Naturen ist, findet sich bei innerlich stark
differenzierten eine andre: das Bild und die Nachwirkung des
Konfliktes und alles dessen, was man dem andern vorzuwerfen
hatte, bleibt im Bewußtsein bestehn und kann nicht ver-
schmerzt werden. Aber um dies herum wächst nun doch die
unverminderte Liebe und Anhänglichkeit, indem jene Erinnerungen und Resignationen nicht als Abzug wirken, sondern
wie organische Bestandteile in das Bild des andern eingefügt
sind, den wir nun sozusagen inklusive dieser Passiva in der
Bilanz unsres Gesamtverhältnisses zu ihm lieben – wie wir
doch einen Menschen auch mit all seinen Fehlern lieben, die
wir nicht aus ihm fortdenken können. Die Bitternis des
Kampfes, die Punkte, an denen die Persönlichkeit des andern
versagt hat, die einen dauernden Verzicht oder eine immer
erneute Irritation in das Verhältnis bringen – all dies ist
unvergessen und eigentlich unversöhnt. Allein es ist sozusagen lokalisiert, als ein Faktor in die ganze Beziehung auf-

genommen, deren zentrale Intensität darunter nicht zu leiden braucht.

Es liegt auf der Hand, daß diese beiden Erscheinungen von Unversöhnlichkeit, die sich von den gewöhnlich so genannten ersichtlich unterscheiden, doch die ganze Skala auch dieser einschließen: die eine läßt den Erfolg des Konfliktes, von dessen einzelnen Inhalten völlig gelöst, grade in das Zentrum der Seele sinken, es gestaltet die Persönlichkeit, soweit sie sich auf die andre bezieht, in ihrer tiefsten Schicht um. In der andern, umgekehrt, wird die psychologische Hinterlassenschaft des Streites gleichsam isoliert, bleibt ein Einzelelement, das in das Bild des andern aufgenommen werden kann, um dann von dem Gesamtverhältnis zu ihm mitumfaßt zu werden. Zwischen jenem schlimmsten und diesem leichtesten Fall von Unversöhnlichkeit liegt offenbar die ganze Mannigfaltigkeit der Maße, mit denen die Unversöhnlichkeit den Frieden noch in den Schatten des Kampfes stellt.

Der Henkel
Ein ästhetischer Versuch

Moderne Theorien der Kunst betonen es mit Entschieden-
heit als die eigentliche Aufgabe der Malerei und Plastik, die
räumliche Gestaltung der Dinge zur Darstellung zu bringen.
Darüber kann leicht verkannt werden, daß der Raum innerhalb des Gemäldes ein völlig anderes Gebilde ist als der reale,
den wir erleben. Denn indem innerhalb dieses der Gegenstand
getastet werden kann, im Bildwerk aber nur geschaut; indem
jedes wirkliche Raumstück als Teil einer Unendlichkeit empfunden wird, der Bildraum aber als eine in sich abgeschlossene
Welt; indem der reale Gegenstand in Wechselwirkungen mit
allem steht, was um ihn herum flutet oder beharrt, der Inhalt
des Kunstwerkes aber diese Fäden abgeschnitten hat und nur
seine eigenen Elemente zu selbstgenugsamer Einheit ver-
schmilzt – lebt das Kunstwerk ein Dasein jenseits der Realität.
Aus den Anschauungen der Wirklichkeit, aus denen das
Kunstwerk freilich seinen Inhalt bezieht, baut es ein souverä-
nes Reich; und während die Leinwand und der Farbenauftrag
auf ihr Stücke der Wirklichkeit sind, führt das Kunstwerk, das
durch sie dargestellt wird, seine Existenz in einem ideellen
Raum, der sich mit dem realen so wenig berührt, wie sich Töne
mit Gerüchen berühren können.

Mit jedem Gerät, mit jeder Vase, insoweit sie als ästhetische
Werte betrachtet werden, verhält es sich ebenso. Als ein Stück
Metall, tastbar, wägbar, einbezogen in die Hantierungen und
Zusammenhänge der Umwelt, ist die Vase ein Stück Wirklichkeit, während ihre Kunstform eine rein abgelöste, in sich ruhende Existenz führt, für die ihre materielle Wirklichkeit der
bloße Träger ist. Allein indem das Gefäß nicht, wie das Bild
oder die Statue, für eine inselhafte Unberührsamkeit gedacht
ist, sondern einen Zweck erfüllen soll – wenn auch nur symbolisch – da es in die Hand genommen und in die praktischen
Lebensbewegungen hineingezogen wird – so steht es gleichzeitig in jenen zwei Welten: während das Wirklichkeitsmo-

ment in dem reinen Kunstwerk völlig indifferent, sozusagen verzehrt ist, erhebt es Forderungsrechte an die Vase, mit der hantiert wird, die gefüllt und geleert, hin und her gereicht und gestellt wird. Diese Doppelstellung der Vase nun ist es, die sich in ihrem Henkel am entschiedensten ausspricht. Er ist das Glied, an dem sie ergriffen, gehoben, gekippt wird, mit ihm ragt sie anschaulich in die Welt der Wirklichkeit, das heißt der Beziehungen zu allem Außerhalb hinein, die für das Kunstwerk als solches nicht existieren. Nun soll doch aber nicht nur der Körper der Vase zugleich den Ansprüchen der Kunst gehorchen, und die Henkel wären bloße, gegen ihren ästhetischen Formwert gleichgültige Griffe, wie die Ösen des Bilderrahmens. Sondern diese Henkel, die die Vase dem Dasein jenseits der Kunst verknüpfen, sind zugleich in die Kunstform einbezogen, sie müssen, ganz gleichgültig gegen ihren praktischen Zwecksinn, rein als Gestaltung und dadurch, daß sie mit dem Vasenkörper *eine* ästhetische Anschauung bilden, gerechtfertigt sein. Durch diese zweifache Bedeutung und ihr charakteristisch deutliches Hervortreten wird der Henkel zu einem der nachdenklichsten ästhetischen Probleme.

Wie die Gestalt des Henkels die beiden Welten in sich zur Harmonie bringt: die äußere, deren Anspruch mit ihm an das Gefäß herangreift, und die Kunstform, die ihn, ohne Rücksicht auf jene, für sich fordert – das scheint das unbewußte Kriterium seiner ästhetischen Wirkung zu sein. Und zwar muß der Henkel die praktische Funktion nicht nur tatsächlich üben können, sondern er muß dies auch durch seine Erscheinung eindringlich machen. Dies geschieht mit Nachdruck in den Fällen, wo der Henkel angelötet wirkt, im Gegensatz zu denen, wo er mit der Substanz des Vasenkörpers aus einem Fluß gebildet erscheint. Die erstere Gestaltung markiert, daß der Henkel von äußeren Mächten, aus einer äußeren Ordnung der Dinge herangesetzt ist, sie läßt seine aus der reinen Kunstform herausreichende Bedeutung hervortreten. Solches Intervall zwischen Vase und Henkel pointiert sich stärker in der häufigen Form: daß der Henkel als Schlange, Eidechse, Drache gestaltet ist. Dies deutet jene Sonderbedeutung des Henkels dadurch an, daß das Tier von außen an die Vase herange-

346

krochen und sozusagen erst nachträglich in die Gesamtform eingeschlossen scheint. Durch die ästhetisch-anschauliche Einheit von Vase und Henkel hindurch wirkt hier noch die Zugehörigkeit des Henkels zu einer ganz anderen Ordnung, aus der er entsprang, und die mit ihm die Vase für sich reklamiert. Dagegen liegt der vernehmlichere Ton auf dem Einbezogensein in die ästhetische Einheit, sobald der Henkel aus dem Vasenkörper in ununterbrochenem Übergang und von den gleichen Kräften herausgetrieben scheint – wie die Arme des Menschen, die in demselben einheitlichen Organisierungsprozeß wie sein Rumpf erwachsen sind und gleichfalls die Beziehungen des ganzen Wesens zu der Welt außerhalb seiner vermitteln. In stärkster Akzentuierung dieser Einheitstendenz scheinen manche Vasen zylindrische Vollformen gewesen zu sein, aus denen dann so viel weggenommen ist, daß Hals und Henkel stehengeblieben sind; so am vollendetsten an manchen chinesischen Schalen, deren Henkel aus dem kalten Metall herausgeschnitten sind.

Der Eindruck schlägt aber sogleich in Mißfallen um, sobald eine der beiden Sinngebungen des Henkels in der Erscheinung völlig zugunsten der anderen vernachlässigt ist. So z. B., wenn die Henkel nur eine Art Reliefornament bilden, an den Körper der Vase ohne Zwischenraum anschließen. Indem der Zweck des Henkels: das Anfassen und Hantieren der Vase, durch diese Form ausgeschlossen ist, entsteht ein peinliches Gefühl von Sinnwidrigkeit und Gefangenheit, wie wenn einem Menschen die Arme an den Leib gebunden wären; und keine dekorative Schönheit der Erscheinung kann dafür entschädigen, daß hier die innere Einheitstendenz der Vase ihre Beziehung zu der äußeren Welt verschlungen hat. Die Einsicht in den entgegengesetzten Fehler bedarf eines Umwegs. Die äußerste Fremdheit des Henkels gegen das Gefäß als Ganzes, seine äußerste Designiertheit zum praktischen Zweck liegt vor, wo er mit dem Gefäßkörper überhaupt nicht starr verbunden, sondern umlegbar ist; in der Sprache des Materials wird dies oft dadurch betont, daß der Henkel von anderem Stoff ist als das Gefäß. Dies ergibt vielfältig kombinierte Erscheinungen. Bei manchen griechischen Vasen und Schalen hat der Henkel, an dem Gefäßkörper starr befestigt und aus dem gleichen Stoff, das Wesen eines breiten Bandes. Wenn ihm dabei eine volle Formeinheit mit dem Gefäß erhalten bleibt, so kann dies sehr glücklich sein. Das Material eines Bandes, mit seiner vom Stoffe des Vasenkörpers ganz abweichenden Schwere, Konsistenz, Biegsamkeit, wird hiermit symbolisiert und deutet durch diese anklingenden Verschiedenheiten hinreichend die Zugehörigkeit des Henkels zu einer anderen Provinz des Daseins an, während er durch seine unverkennliche Stoffgleichheit mit jenem doch den ästhetischen Zusammenhang des Ganzen erhält. Allein das feine und labile Gleichgewicht zwischen den beiden Forderungen an den Henkel verschiebt sich auf das ungünstigste, wenn der feste Henkel zwar tatsächlich von demselben Stoff ist wie der Vasenkörper, aber einen anderen Stoff naturalistisch nachahmt, um durch diese andere Erscheinung seinen besonderen Sinn zu markieren. Bei den Japanern, die sonst die größten Meister des Henkels sind, die in manchen Bronzevasen den äußeren Zweckcharakter des Henkels und die gleichzeitige Macht der ästhetischen Gesamtform über ihn in sonst unerreichter Einheit erhalten – gerade bei ihnen findet sich dieses ganz Widrige: feststehende, über dem Durchmesser der Vase sich wölbende Porzellanhenkel, die genau die strohgeflochtenen, umlegbaren Henkel von Teekannen imitieren. Wie sehr sich mit dem Henkel eine dem selbständigen Sinn der Vase fremde Welt ihr aufdrängt, wird hier aufs äußerste anschaulich, wo der Sonderzweck des Henkels das Material der Vase eine ihm ganz unnatürliche und maskenhafte Oberfläche hergeben läßt. Wie der mit dem Vasenkörper abstandslos verwachsene Henkel seine Zugehörigkeit zu jenem einseitig auf Kosten seiner Zweckbedeutung übertreibt, so fällt die letztere Gestaltung in das entgegengesetzte Extrem: der Henkel kann die Distanz gegen alles übrige an der Vase nicht rücksichtsloser betonen, als indem er den Stoff dieses übrigen aufnimmt und gerade ihm das Aussehen eines ganz heterogenen, der Vase nur wie von außen angehängten Reifens aufzwingt. –

Es würde vielleicht nicht lohnen, das spezialistische Problem des Henkels mit einer so umfänglichen Deutung zu versehen, wenn nicht die Deutung selbst dies durch die Weite symbolischer Beziehungen rechtfertigte, die gerade sie diesem unscheinbaren Phänomen verleiht. Denn es gibt wohl innerhalb der Kunst kein deutlicheres Zeichen der großen Synthese und Antithese: daß ein Wesen ganz und gar der Einheit eines umfassenden Gebietes angehört und zugleich von einer ganz andern Ordnung der Dinge beansprucht wird – indem diese letztere ihm eine Zweckmäßigkeit auferlegt, von der seine Form bestimmt wird, ohne daß diese Form darum weniger jenem ersten Zusammenhang – als ob der zweite gar nicht bestünde – eingeordnet bleibt. Das Individuum etwa, dem geschlossenen Kreise einer Familie, einer Gemeinde angehörig, ist doch zugleich der Angriffspunkt, an dem die Ansprüche äußerlicher Art, die Forderungen des Staates, des Berufes in jene Kreise eindringen. Der Staat umgibt gleichsam die Familie, wie das praktische Milieu das Gefäß umgibt; und jedes einzelne ihrer Mitglieder ist wie der Henkel, mit dem der Staat mit der Familie um seiner Zwecke willen hantiert. Und wie der Henkel über seine Bereitheit zu der praktischen Aufgabe nicht die Formeinheit der Vase durchbrechen darf, so fordert die Lebenskunst vom Individuum, seine Rolle in der organischen Geschlossenheit des einen Kreises zu bewahren, indem es zugleich den Zwecken jener weiteren Einheit dienstbar wird und durch solche Dienstbarkeit den engeren Kreis in den umgebenden einordnen hilft. Vielleicht formuliert dies den Lebensreichtum der Menschen und der Dinge, der doch in der Vielfachheit ihres Zueinandergehörens ruht, in der Gleichzeitigkeit des Drinnen und Draußen, in der Bindung und Verschmelzung nach der einen Seite, die doch zugleich Lösung ist, weil ihr die Bindung und Verschmelzung nach einer anderen Seite gegenübersteht. Das ist ein Wunderbarstes in der Weltauffassung, Weltgestaltung im Menschen, daß ein Element die Selbstgenügsamkeit eines organischen Zusammenhanges mitlebt, als ginge es ganz in ihm auf – und zugleich die Brücke sein kann, über die ein ganz anderes Leben in jenes erste einfließt, die Handhabe, an der die Ganzheit des einen die Ganzheit des andern erfaßt, ohne daß darum eine von ihnen zerrissen wird. Und daß diese Kategorie, die in dem Henkel der Vase vielleicht ihr äußerlichstes, aber eben deshalb ihre Spannweite am meisten offenbarendes Symbol findet – daß sie unser Leben mit einer solchen Vielheit des Lebens und Mitlebens beschenkt, ist wohl die Spiegelung des Schicksals unserer Seele, die ihre Heimat in zwei Welten hat. Denn auch sie vollendet sich erst in dem Maße, in dem sie ganz in die Harmonie der einen als notwendiges Glied hineingehört und nicht trotz, sondern gerade mittels der Form, die diese Zugehörigkeit ihr auferlegt, in die Verflechtungen und den Sinn der andern hineinreicht; als wäre sie der Arm, den die eine Welt ausstreckt – mag es die reale, mag es die ideale sein – um die andere zu ergreifen und an sich zu schließen und sich von ihr ergreifen und an sich schließen zu lassen.

Editorischer Bericht

Die im vorliegenden ersten Band der »Aufsätze und Abhandlungen 1901-1908« zum Abdruck gebrachten Texte umfassen alle von Georg Simmel namentlich gekennzeichneten deutschsprachigen Aufsätze und Abhandlungen, die erstmals in den Jahren 1901 bis 1905 in Zeitungen, Zeitschriften und Jahrbüchern erschienen sind. 1901 bis 1908 umfaßt die zweite Werkepoche Simmels. Die »Aufsätze und Abhandlungen 1901-1908. Band 1« mit 1905 enden zu lassen, ist technisch bedingt: das Datum bietet sich als Zäsur bei der notwendig werdenden Teilung des Konvoluts der Aufsätze und Abhandlungen 1901 bis 1908 in zwei Bänden an.

1. Textkritik

Die Wiedergabe der Texte folgt jeweils getreu der Orthographie und Interpunktion des Erstdruckes. Dies geschieht auch dann, wenn sie nicht den seit 1901 geltenden Regeln entsprechen, wie sie bei der *Orthographischen Konferenz* vereinbart worden waren. Damit wird zum einen der Tatsache Rechnung getragen, daß einige Texte bzw. Textteile von Simmel in der Zeit vor dieser Konferenz geschrieben wurden; zum anderen wird damit berücksichtigt, daß Simmel gewisse stilistische Eigenarten pflegte, auf die sich auch Abweichungen in der Interpunktion, der Orthographie und der Grammatik zurückführen lassen. Aus diesen Gründen sind Unterschiede dieser Art zwischen den verschiedenen Texten beibehalten, hingegen unterschiedliche Schreibweisen innerhalb eines Textes dann vereinheitlicht, wenn es sich eindeutig um übersehene Anpassungen handelt.

So finden sich unterschiedliche Orthographien für mehrgliedrige Substantivierungen, solcher von Adjektiven und für folgende Wörter und abgeleitete Formen:

Accent – Akzent, accidentell – akzidentell, andrer – anderer, antezipieren – antizipieren, Association – Assoziation, äußeren – äußern, aufgrund – auf Grund, auseinandergehen – auseinander gehen, besonderer – besondrer, Bureaukratien – Bureaukratieen, Carrieren – karrieren, central – zentral, cirkulieren – zirkulieren, difficil – diffizil, Dynastien – Dynastieen, eben damit – ebendamit, ebenso – eben so, ebensowenig – ebenso wenig, eigene – eigne, Energien – Energieen,

Erkenntniß – Erkenntnis, Entwickelung – Entwicklung, Garantien – Garantieen, gar nicht – garnicht, gegebenen – gegebnen, Geheimniß – Geheimnis, Gehilfe – Gehülfe, Gesammtheit – Gesamtheit, gerade – grade, gibt – giebt, gleichgültig – gleichgiltig, Gleichniß – Gleichnis, gültig – giltig, Hilfe – Hülfe, imstande – im stande, in Bezug – in bezug, indeß – indes, instinctiv – instinktiv, Kategorien – Kategorieen, koinzident – koincident, Krystall – Kristall, Litteratur – Literatur, Maaß – Maß, mittels – mittelst, Prinzip – Princip, sämmtlich – sämtlich, Schock – Choc, selbstgenügsam – selbstgenugsam, so daß – sodaß, so wie so – sowieso, sozial – social, Soziologie – Sociologie, Spezialisierung – Spezialisirung – Specialisirung, specifisch – spezifisch, transscendent – trancendent – transzendent, unserer – unsrer, Verhältniß – Verhältnis, verschiedener – verschiedner. Verständniß – Verständnis, zu gunsten – zu Gunsten – zugunsten, zustande – zu stande – zu Stande.

Durchgehend modernisiert sind, um Mißverständnissen vorzubeugen, die Schreibweisen folgender Wörter und der von ihnen abgeleiteten Formen: allmählich statt allmählig, Fron statt Frohn, Gebärde statt Geberde, hiermit statt hiemit, Souveränität statt Suveränität bzw. Suveränetät.

Offensichtlich stehengebliebene Setzfehler werden stillschweigend korrigiert.

Formaler Art sind die folgenden Vereinheitlichungen bzw. Modernisierungen, die im Schriftsatz vorgenommen werden:
(1) Texthervorhebungen sind durch Kursivierung gekennzeichnet;
(2) Anführungszeichen werden in der Form »...«, bzw. ›...‹ wiedergegeben;
(3) Binde-, Trenn- und Gedankenstriche sind vereinheitlicht und modernisiert;
(4) Fußnotenexponenten erscheinen ohne Klammer;
(5) das »ß« wird nur in der modernen Schreibweise verwendet;
(6) angeglichen wurden u.s.w. zu usw., bezw. zu bzw., dergl. zu dgl. und vergl. zu vgl.

Emendationen werden nicht gesondert aufgeführt, sondern sind dem Variantenverzeichnis zu entnehmen.

Im vorliegenden Band sind 28 Aufsätze und Abhandlungen Georg Simmels zusammengefaßt, die zwischen 1901 und 1905 in deutschsprachigen Periodika veröffentlicht wurden; überwiegend sind diese Texte also nach Abschluß seiner »Philosophie des Geldes«, die im Dezember 1900 erschien (vgl. David P. Frisby und Klaus Chr. Köhnke: Editorischer Bericht. In: GSG 6, S. 725-29) geschrieben worden und vor der Veröffentlichung seiner Vorlesungen zu »Kant«, der Neufassung der »Probleme der Geschichtsphilosophie« (1905, in: GSG 9) und der kleinen Monographie »Philosophie der Mode« (1905, in: GSG 10). Im vorliegenden Band finden sich neben vier soziologischen Abhandlungen, die jedoch so umfänglich sind, daß sie ein Drittel dieses Bandes füllen, elf kunstphilosophische Studien, sechs philosophische, fünf religionswissenschaftliche und drei kulturphilosophische Beiträge. Setzt Simmel mit den religionswissenschaftlichen Abhandlungen alte Überlegungen fort und belegen die soziologischen Aufsätze, daß er an seinem Plan der 90er Jahre, eine Monographie »Soziologie« zu schreiben, festhält, so stehen die kunstphilosophischen Studien für ein neues Interessengebiet Simmels; aber Kunst- und Kulturphilosophie sind für ihn nicht nur von theoretischem Interesse – der mit »philosophischer Kultur« angesprochene theoretische Ansatz des »späten Simmel« fußt auf den entsprechenden Studien dieser Jahre –, sondern haben, wie sein Engagement für den »Kulturleben-Club« 1902/03 belegt (vgl. Otthein Rammstedt: On Simmel's Aesthetics: Argumentation in the Journal *Jugend*, 1897-1906. Theory, Culture & Society 8, 1991, S. 125-145), der sich gegen die Kunstpolitik des Kaisers Wilhelm II. konstituierte, durchaus politische Dimensionen; und dafür steht auch seine Mitarbeit an der Programmzeitschrift »Das freie Wort«, in der er in den Jahren 1901 bis 1905 sieben Beiträge veröffentlicht.

Das von Paul Saenger gegründete und dann von Max Henning herausgegebene »Freie Wort« erschien erstmals am 5. April 1901. Die Zeitschrift postulierte »Zur Einführung« in ihrem programmatischen Geleitwort: »Wir kennen nur ein Interesse, das wir verfechten: die *Wahrheit*; nur eine Partei, die wir hochhalten: die *Menschheit*; nur ein Ziel, das wir erstreben: den *Fortschritt* auf allen Gebieten menschlichen Lebens, Handelns und Hoffens« (Das freie Wort 1, 1901, S. 1). Und bedauert wurde in diesem Zusammenhang, daß der Staat bisher nichts getan habe, die »Verbindung zwischen Moral und Religion zu lösen und die erstere auf die eigenen Füße zu stellen«; daher gelte es, »die Massen [zu] lehren, daß die Sittlichkeit eine Sache für sich ist und ihre eigenen Gesetze hat, deren Verletzung mit unerbittlicher Folgerichtigkeit am Einzelnen wie an der Gesamtheit gerächt wird« (ebd., S. 4). Zu diesem Programm bekannten sich u. a. Harald Höffding (Kopenhagen), Friedrich Jodl (Wien), Theodor Lipps (München), Ferdinand Tönnies (Altona) und dann vor allem Simmels Freunde Ignaz Jastrow (Charlottenburg) und Hermann Goldschmidt-Faber (Frankfurt a. M.), die als Mitarbeiter werbend im ersten Heft dieser »Frankfurter Halbmonatsschrift für Fortschritt auf allen Gebieten des geistigen Lebens« genannt werden. Und auch Simmel schließt sich der Gruppierung schnell an, denn schon im ersten Jahrgang ist er mit einer Selbstanzeige der »Philosophie des Geldes« (in: GSG 6, S. 719-723) und den »beiden Formen des Individualismus« vertreten, im zweiten Jahrgang mit den Arbeiten »Zum Verständnis Nietzsches«, »Vom Pantheismus« und »Vom Heil der Seele«, im dritten Jahrgang erscheint »Die Lehre Kants von Pflicht und Glück« und schließlich im vierten Jahrgang noch »Die Gegensätze des Lebens und die Religion«.

1. Bei Simmels Beiträgen zur Soziologie in diesem Band handelt es sich um:
   Über räumliche Projektionen socialer Formen (1903),
   Soziologie der Konkurrenz (1903),
   Soziologie des Raumes (1903),
   Das Ende des Streits (1905).

Unmittelbar nach Veröffentlichung der »Philosophie des Geldes« wendet sich Simmel wieder dem zwischenzeitlich niedergelegten Plan zu, seinen theoretischen Ansatz einer Soziologie, wie er ihn in seinem programmatischen Aufsatz von 1894 »Das Problem der Sociologie« (in: GSG 5, S. 52-61) skizziert hatte, in einer umfangreicheren Monographie zu entfalten (vgl. Otthein Rammstedt: Programm und Voraussetzungen der *Soziologie* Simmels. Simmel Newsletter 2, 1992, S. 3-21). Diese Arbeit an der »Soziologie«, die erst 1908 erschien, war ihm eine »nicht sehr sympathische, aber unumgängliche Verpflichtung«, wie er am 28. Mai 1901 Heinrich Rickert schreibt (in: GSG 22/23); und ihm schildert er in den folgenden Jahren dann auch noch häufiger seine Schwierigkeiten mit der »Soziologie«, so z. B. ein Jahr später, daß sie »mir unter den Händen ins Uferlose wächst und die nächsten drei bis vier Jahre beanspruchen wird« (Brief vom

23. Juni 1902; in: GSG 22/23); so z. B. zwei Jahre später: »Ich stecke jetzt tief in der Soziologie u. bin ungeduldig, sie fertig zu machen – was freilich noch einige Jahre dauern wird« (Brief an Heinrich Rickert vom 8. Mai 1905. In: Kurt Gassen / Michael Landmann, Hg.: Buch des Dankes an Georg Simmel. Briefe, Erinnerungen, Bibliographie, Berlin 1958, S. 102; vgl. auch Otthein Rammstedt: Editorischer Bericht, in: GSG 11, S. 896 ff.). Einen Teil dieser zwischen 1901 und 1905 geschriebenen Abhandlungen für die »Soziologie« veröffentlicht Simmel vorweg – vornehmlich im »American Journal of Sociology«; auf deutsch erscheinen als für die »Soziologie« vorgesehene Abhandlungen »Soziologie des Raumes« (1903), »Über räumliche Projektionen socialer Formen« (1903) und »Das Ende des Streits« (1905); die »Soziologie der Konkurrenz« (1903) ist demgegenüber als separate Veröffentlichung von Simmel konzipiert gewesen.

Die »Soziologie des Raumes« wird einleitend von Simmel als Vorabdruck eines Kapitels seiner Monographie »Soziologie« ausgewiesen. In der »Soziologie« von 1908 bildet dieser Aufsatz den ersten Teil des 9. Kapitels: »Der Raum und die räumlichen Ordnungen der Gesellschaft« (GSG 11, S. 687-764). Der Aufsatz greift auf Vorarbeiten aus der Zeit 1894 bis 1898 zurück, nach Erscheinen von »Das Problem der Sociologie« und vor Manuskripterstellung der »Philosophie des Geldes«. So korrigiert Simmel ein »noch vor 50 Jahren« (s. o., S. 151) 1908 in ein »noch vor 60 Jahren« (GSG 11, S. 711). Fertig stellt er die Arbeit im Herbst 1902; noch im September 1902 ist Simmel nur in der Lage, dem »Jahrbuch für Gesetzgebung, Verwaltung und Volkswirtschaft im Deutschen Reich« den Titel seines Beitrages mitzuteilen – »der gewünschte titel lautet: soziologie des raumes« –, aber nicht den Umfang; den kalkuliert er auf »um 40 seiten herum« (Brief an Arthur Spiethoff vom 11. September 1902; in: GSG 22/23) – es werden dann 44 Seiten.

Simmels Beitrag »Über räumliche Projektionen socialer Formen« schließt an seine Argumentation in »Soziologie des Raumes« an und war für die Aufnahme in die »Soziologie« (1908) bestimmt. In dieser Monographie wird sie als zweiter Teil des 9. Kapitels »Der Raum und die räumlichen Ordnungen der Gesellschaft« eingefügt (GSG 11, S. 771-790).

Zwar findet sich auch die »Soziologie der Konkurrenz« (1903) dann 1908 in der »Soziologie« aufgenommen (GSG 11, S. 323-349), doch war dies 1903 so noch nicht vorgesehen. 1908 wird die »Soziologie der Konkurrenz« dem »Streit«, dem vierten Kapitel der »Soziologie«, eingegliedert, ein Kapitel, das weitgehend im Sommer 1903 bereits abgeschlossen vorlag; denn 1903/04 erscheint »The Sociology of Conflict« in drei von zumindest vier angekündigten Teilen im »American Journal of Sociology« (in: GSG 18). In dieser amerikanischen Übersetzung fehlen aber die Passagen über Konkurrenz. Für die separate Veröffentlichung »Soziologie der Konkurrenz« greift Simmel im einleitenden ersten Absatz auf den zweiten Absatz der »Sociology of Conflict« zurück, was er dann 1908 für den »Streit« rückgängig macht.

»Das Ende des Streits« ist 1905 von Simmel als Vorveröffentlichung der »Soziologie« von 1908 (GSG 11, S. 371-382) in Druck gegeben worden. Simmel hat den Text 1903 geschrieben; eine Übersetzung erscheint bereits im Mai 1904 im »American Journal of Sociology« (9. Jg., Heft 6; in: GSG 18). Ursprünglich war »Das Ende des Streits« Teil der als separate Monographie geplanten »Soziologie des Konfliks«.

2. Von Simmels Studien zur Kunstphilosophie finden sich in diesem Band:
  Stefan George. Eine kunstphilosophische Studie (1901),
  Die ästhetische Bedeutung des Gesichts (1901),
  Aesthetik der Schwere (1901),
  Rodins Plastik und die Geistesrichtung der Gegenwart (1902),
  Der Bildrahmen. Ein ästhetischer Versuch (1902),
  Über ästhetische Quantitäten (Vortrag vor der Psychologischen Gesellschaft zu Berlin, Sitzung vom 20. Januar 1903) (1903),
  Die ästhetische Quantität (1903),
  Kant und die moderne Aesthetik (1903),
  Das Abendmahl Leonardo da Vincis (1905),
  Aesthetik des Porträts (1905),
  Der Henkel. Ein ästhetischer Versuch (1905).

Fühlte sich Simmel seit 1901 verpflichtet, wieder an seiner »Soziologie« zu arbeiten, so »liegt (andrerseits) mein Hauptinteresse seit einiger Zeit nach der Kunstphilosophie hin u. ich brenne darauf, meine Ideen darüber zusammenzufassen. Einige Kleinigkeiten, die mir wie aus der Ferne auf das Ganze hindeuten, sende ich Ihnen in absehbarer Zeit«, schreibt Simmel an Heinrich Rickert am 28. Mai 1901 (in: GSG 22/23); und ihm gegenüber wiederholt er auch ein Jahr später, am 22. April 1902, daß er die Arbeit an der umfänglichen »Soziologie« manchmal durch kunstphilosophische Studien unterbreche, »denen ich mich später ganz zu widmen denke«; und er berichtet, daß er im Sommer »zum ersten Mal ›Formprobleme der Kunst‹ lesen« werde (in: GSG 22/23). Mit der Thematik schließt Simmel zuerst einmal an der »Soziologischen Ästhetik« (1896, in: GSG 5, S. 197-215) und einigen Studien aus den späten 90er Jahren an, wie »Stefan George« (1898, in: GSG 5, S. 287-300) und »Rom« (1898, in: GSG 5, S. 301-310) und seinen entsprechenden Beiträgen in der »Jugend« (in: GSG 17; vgl. Otthein Rammstedt: On Simmel's Aesthetics. A.a.O.), methodisch aber vor allem an seinen Ausführungen in der »Vorrede« zur »Philosophie des Geldes« (1900, in: GSG 6), in der er in Opposition zur positiven Wissenschaft Soziologie wie aber auch zum »abstrakten philosophischen Systembau« auf einen der Kunst verpflichteten Ansatz verweist, nämlich »an der Einzelheit des Lebens die Ganzheit des Sinnes zu finden« (GSG 6, S. 12).

Hatte Georg Simmel Anfang 1898 mit »Stefan George. Eine kunstphilosophische Betrachtung« (vgl. GSG 5) den ihm seit gut einem Jahr persönlich bekannten Dichter (vgl. Angela Rammstedt: »Instinktarmer Intellektualismus« – Zu graphologischen Analysen der Handschrift Georg Simmels, in: Simmel Newsletter 4, 1994, S. 52, Anm. 28) mit seinem Werk der Öffentlichkeit vorgestellt, so verdankt sich »Stefan George. Eine kunstphilosophische Studie« von 1901 der öffentlichen Ausgabe von Georges »Der Teppich des Lebens und die Lieder von Traum und Tod, mit einem Vorspiel«. Dessen erste Ausgabe war als Kunstdruck mit 300 Abzügen im November 1899 (mit dem Veröffentlichungsdatum 1900) erschienen, aber erst die sogenannte zweite Auflage von 1901, die bereits im November 1900 fertiggestellt war (vgl. Georg Peter Landmann: Stefan George und sein Kreis. Eine Bibliographie. Hamburg 1976), wurde als Veröffentlichung gewürdigt. Stefan George hat beide Fassungen Simmel dediziert, der sich am 1. Dezember 1899 und dann am 7. November 1900 mit den Worten bedankt: »wir danken Ihnen recht herzlich für Ihre neue Gabe; nicht nur die Gabe, sondern auch das Gegebene ist ein Neues in dieser veränderten Form. Man empfindet in ihr stärker das Ganze als eine Einheit, während die besondere Umrahmung in der ersten Ausgabe auch die Individualität jedes einzelnen Gedichtes betont. So ergänzt sich das Für-sich-sein und das Füreinander-sein in der schönsten Weise« (in: Heinz-Jürgen Dahme / Otthein Rammstedt, Hg.: Georg Simmel und die Moderne, Frankfurt a. M. 1984,

S. 432, 433). Diesen Eindruck, den die Veröffentlichung Georges auf Simmel machte, spricht Simmel auch in einem Brief an, den Friedrich Wolters zitiert: »Als der *Teppich des Lebens* erschien ..., begann ich einzusehen, daß hier kein von vornherein nur in der Ebene der Kunst verlaufendes Schöpfertum vorlag, sondern daß eine Lebenstotalität mit all ihren tiefsten Erschütterungen so restlos in die Kunstform eingegangen war, nirgends hinausragend und nichts leer lassend, daß ich sie eben zuerst gar nicht wahrgenommen hatte, sondern gerade nur im Kunstwerk zu sehen meinte. Während diese Erkenntnis sich aufarbeitete, schrieb ich den zweiten Aufsatz über Stefan George (in der Neuen Rundschau), der deshalb ein einigermaßen schwankendes, noch nicht rein ergriffenes Bild zeigt« (Friedrich Wolters, Erinnerungen an Simmel, in: Buch des Dankes. A.a.O., S. 197). Zwischen November 1900 und Januar 1901 hat Simmel diese kunstphilosophische Studie geschrieben, die er, wie er Richard M. Meyer wissen läßt, für »viel schwerer« als seinen George-Artikel von 1898 hält (Brief vom 8. Februar 1901, in: GSG 22/23); die Studie erscheint Anfang Februar 1901 in der »Neuen Deutschen Rundschau«.

»Rodins Plastik und die Geistesrichtung der Gegenwart« ist bei Simmel angeregt worden durch die Diskussion über Rodin im Berliner »Sezessionsclub«, dem Vorläufer des »Deutschen Künstlerbundes«, und dem ihm nahestehenden »Kulturleben-Club«, in dessen Comité Simmel mitwirkte. Rodin galt als zentraler Vertreter des »art pour l'art« (vgl. Harry Graf Kessler: Klingers Beethoven, 1902. Gesammelte Schriften, Bd. 2, Frankfurt a. M. 1988, S. 48-53). Seine Charakterisierung als Vertreter der Modernen findet sich in Simmels Aufsatz wieder – verbunden mit einem ersten Hinweis auf das »individuelle Gesetz«. Als Anlaß des Aufsatzes ist dann die große Rodin-Ausstellung in Prag zu sehen. Simmel reiste für einige Tage in Begleitung seiner Schülerin Margarete Susman am 5. August 1902 zu dieser Ausstellung (vgl. Brief Margarete Susmans an Erwin Kircher vom 4. August 1902; Deutsches Literaturarchiv / Schiller-Nationalmuseum, Marbach a. N.). Die Plastiken Rodins hinterließen auf beide einen großen Eindruck: »Die Rodins waren teilweise überwältigend – ich wollte Dir davon erzählen, aber das wäre nichts«, schreibt Margarete Susman gleich nach ihrer Rückkehr an ihren Freund Erwin Kircher (Brief vom 12. August 1902; Deutsches Literaturarchiv / Schiller-Nationalmuseum, Marbach a. N.). Simmel muß unmittelbar im Anschluß an die Reise seinen Artikel geschrieben haben, der dann am 29. September 1902 im »Berliner Tageblatt« erscheint. – Rodin soll sich in einem zwei Seiten langen Brief bei Simmel für diesen Aufsatz bedankt haben (vgl. Brief Friedrich Gundolfs an Stefan George vom 7. Januar 1903; Buch des Dankes. A.a.O., S. 143).

Simmels Aufsatz »Der Bildrahmen. Ein ästhetischer Versuch« erscheint am 18. November 1902 in »Der Tag«. Auch dieses Thema war Simmel spätestens seit den Diskussionen im »Kulturleben-Club« in Berlin geläufig. Harry Graf Kessler notiert dazu in seinem Tagebuch unter »Berlin 19 Januar 1903«, also zwei Monate nach der Veröffentlichung: »Liebermann kam heute, wie schon neulich, auf den Gedanken zurück, daß der Rahmen das Bild *abschliessen* müsse; das Kunstwerk dürfe nicht auf den Rahmen übergreifen. Es müsse, wie Simmel sagt, eine Insel im Leben bleiben. Mir scheint hier ein sehr tief gehender Zwiespalt der Kunstauffassung zugrundezuliegen. Bei L. und Simmel ein Verzicht darauf, das Leben selbst zu gestalten. Kunst prinzipiell als eine Lebensflucht. Romantik. Aber es lässt sich darüber streiten, d. h. ob das Andre *praktisch* durchzuführen ist« (Deutsches Literaturarchiv / Schiller-Nationalmuseum, Marbach a. N.).

Der Aufsatz »Über ästhetische Quantitäten« geht auf einen Vortrag Simmels vor der Psychologischen Gesellschaft zu Berlin zurück, den er in der Sitzung am 20. Januar 1903 gehalten hat. Die Diskussion über den Vortrag wird »auf Wunsch des Herrn Vortragenden vertagt« und findet in der Sitzung am 5. Februar 1903, aber dann in Abwesenheit Simmels, statt: »Diskussion. (Absatz) Herr *Martens*: Die Änderung der natürlichen Quantität von Objekten im Kunstwerk wirkt auf jeden schärferen Kenner der Naturobjekte immer mißlich. Kleinere Darstellung z. B. von Pferden auf Schlachtfeldern macht auf mich denselben naiven Eindruck wie die mehrfache Größe der Königsdarstellung auf den altägyptischen Bildern. (Absatz) Herr *Stern* bemerkt: Herr Professor *Simmel* hat in seinem Vortrage die unzweifelhaft richtige Tatsache hervorgehoben, daß sehr kleine Modelle von architektonischen Kunstwerken keinen ästhetischen Eindruck auf uns machen, wenn wir nicht gerade selber Architekten sind. Er hat dies sehr richtig dadurch erklärt, daß uns bei der Betrachtung sehr kleiner Modelle die Wirkung der Kräfte in dem Bauwerk nicht zum Bewußtsein kommt, was aber beim Architekten der Fall ist. Er drückt dies etwa durch die Wendung aus, daß die ›Dynamik der Kräfte‹ oder die ›dynamischen Gesetze‹ uns nicht zum Bewußtsein kommen. Ich wollte mir nun die Frage erlauben, natürlich in ganz bescheidener Weise, ob Herr Professor *Simmel* es nicht vorziehen würde, hier zu sagen: die ›Statik der

Kräfte‹ oder die ›statischen Gesetze‹. Denn ein Bauwerk ist ein System, in welchem die Kräfte zur Ruhe gelangt sind oder im Gleichgewichte sich befinden. Und die Statik ist eben der Teil der Mechanik, welcher die zum Gleichgewicht erforderlichen Bedingungen (die Größe der Kräfte, ihre Richtungen und die Lage ihrer Angriffspunkte) bestimmen lehrt. Die Dynamik hingegen ist derjenige Teil der Mechanik, der die Art der *Bewegung* bestimmen lehrt, die ein nicht im Gleichgewicht befindlicher Körper nehmen muß (z. B. ob in gerader oder krummer Linie, mit welcher Geschwindigkeit, welche Wirkung er auf einen anderen Körper, den er auf seiner Bahn trifft, ausübt etc.). Und das in dem Bauwerk noch vorhandene dynamische Spiel der Molekularkräfte, also etwa die Oscillationen der Moleküle innerhalb des Bauwerks infolge der Temperaturschwankungen in der Außenwelt, die sich diesem mitteilen, oder ähnliche Molekularbewegungen können hier nicht gemeint sein, da diese weder den das Bauwerk Betrachtenden, noch den Architekten, sondern nur den Naturforscher und den Naturphilosophen interessieren. (Absatz) Herr *Pfungst* pflichtet dem Herrn Vortragenden in der Betonung einer oberen und einer unteren ästhetischen Schwelle durchaus bei, glaubt jedoch nicht, daß beide jemals auch nur im idealen Falle zusammenfallen können, da sich neben den Forderungen des Objekts immer noch diejenigen des schaffenden Subjekts behaupten werden; diese sind aber – und dies ist ein ästhetisch ungemein bedeutender Faktor – individuell äußerst variabel. (Absatz) Herr *Bärwald*: Das Gesetz, das die ästhetische Wirkung eines Objekts, sofern sie sich gerade an seine Größe heftet, bei der verkleinerten Nachbildung verloren gehe, wird beschränkt durch die Gegenwirkung der Association, die auch mit dem verkleinerten Gegenstande die Vorstellung der ursprünglichen Größe und somit die gewohnte Gemütswirkung verbindet. Die menschliche Figur verträgt nur deshalb jegliche Verkleinerung, weil sie bei jedermann mit Associationen überhäuft ist. Ebenso versagt das architektonische Modell seinen ästhetischen Effekt nur dem Nichtarchitekten, das Alpenbild den seinigen nur dem Nichtalpinisten. Die Associationsfülle schafft also hier Unterschiede der ästhetischen Empfänglichkeit. (Absatz) Gerade an die Verkleinerung aber können sich andererseits Associationen knüpfen, die eine schiefe ästhetische Wirkung mit sich führen. Das verkleinerte Modell des Klingerschen Beethoven wirkt nicht wie erhabene Willenskonzentration, sondern wie gnomenhafte Verbissenheit. (Absatz) In anderen Fällen wird der richtigstellende Einfluß der Association dadurch paralysiert, daß die Kleinheit der Nachbildung mit der Wucht des Inhalts einen komisch

wirkenden Gegensatz bildet. So in den winzigen Kopien des Land-
grebeschen Beethoven, der in höchster Erregung hinstürmend dargestellt werden soll und um so mehr in Gefahr gerät, als ein possierlicher
psychischer ›Sturm im Wasserglase‹ zu erscheinen. (Absatz) Das
Schlußwort erstattet Herr *Simmel*, der nicht zugegen sein konnte,
schriftlich« (Zeitschrift für Pädagogische Psychologie, Pathologie und
Hygiene 5, 1903, Heft 3, S. 212-214). – Über das schriftliche Schlußwort Simmels ist nichts weiter bekannt.

Der Aufsatz »Über ästhetische Quantität« ist eine überarbeitete
Fassung des Vortrages »Über ästhetische Quantitäten«, den Simmel
im Januar 1903 vor der Psychologischen Gesellschaft in Berlin gehalten hatte. Ergebnisse der Diskussion dieses Vortrages werden für den
vorliegenden Text berücksichtigt, der am 30. März 1903 im »Zeitgeist«, dem Beiblatt zum »Berliner Tageblatt« gedruckt wird.

Simmels Studie über »Das Abendmahl Leonardo da Vincis« erscheint am 22. Februar 1905 in »Der Tag«. Mindestens eine Besichti-
gung des Abendmahls von da Vinci in S. Maria delle Grazie in Mailand ist belegbar: Um den 12. August 1903 reisten Georg Simmel und
Margarete Susman für einen Tag nach Mailand, »um endlich das
Abendmahl zu sehen« und dann weiter nach Perugia (Brief Margarete
Susmans an Erwin Kircher vom 7. August 1903; Deutsches Literaturarchiv / Schiller-Nationalmuseum, Marbach a. N.).

»Der Henkel. Ein ästhetischer Versuch« findet sich in »Der Tag«
vom 26. August 1905. Für Simmel war der Henkel ein exemplarisches
Beispiel für eine »Einzelerscheinung, insbesondere des praktischen
Daseins«, gemäß seines methodischen Ansatzes in der »Philosophie
des Geldes« (GSG 6, S. 12); zudem wies der Henkel den Vorteil auf,
literarisch als typisch für diese Art von Einzelerscheinung zu gelten;
so hieß es in einer Kritik Hugo von Hofmannsthals in der »Frankfurter Zeitung« vom 24. März 1894: »Ich wollte, ich wüßte mehr von
diesem Pherekydes: er scheint erhabene, unsägliche Dinge in sehr
schönen feinen malerischen Metaphern ausgedrückt zu haben; er
wußte vielleicht über den Sinn einer geknüpften Schnur und die Philosophie eines Henkelkruges Tieferes als wir alle, wenn wir nicht
zufällig John Ruskin oder Gottfried Semper heißen« (Gesammelte
Werke, Bd. 3, 1. Frankfurt 1979, S. 191; für den Hinweis auf Hofmannsthal ist Erwin Schullerus zu danken).

3. Die Beiträge zur Religion im vorliegenden Band sind:
Beiträge zur Erkenntnistheorie der Religion (1901),
Vom Pantheismus (1902),
Vom Heil der Seele (1902),
Die Gegensätze des Lebens und die Religion (1904),
Ein Problem der Religionsphilosophie (1905).

Zwei Jahre nach der Beschäftigung mit Religion aus soziologischer Sicht, die ihren Niederschlag in »Zur Soziologie der Religion« von 1898 findet (vgl. GSG 5, S. 266-286), problematisiert Georg Simmel 1899 erneut Religion – diesmal philosophisch. Hinweise auf sein Interesse an Religionsphilosophie finden sich dann auch wiederholt in Briefen an Heinrich Rickert; so fragt er ihn am 5. Juli 1899: »Habe ich Ihnen schon geschrieben, daß ich in diesem Semester Religionsphilosophie lese? Das befriedigt mich mehr, als irgend ein sonstiges Kolleg u. obgleich es wahrscheinlich mit das schwerste Kolleg ist, das an deutschen Universitäten gelesen wird, so gibt es doch dafür auch hier Interessenten« (in: Buch des Dankes. A.a.O., S. 98). Und noch einmal, in einem Brief vom 27. Oktober 1899, informiert Simmel Rickert über dieses Kolleg zur Religionsphilosophie, das er für sein »bestes« halte, und betont: »Mich selbst interessieren die religionsphilosophischen Probleme schon seit langem aufs äußerste.« (Ebenda) – Als Simmel ins »Comité de Patronage« für den ersten internationalen Philosophenkongreß gebeten wird, sagt er bereits am 26. Juli 1899 in einem Brief an Xavier Léon zu, »dem Kongress eine kleine Abhandlung – das Resultat ganz neuerdings von mir geführter Untersuchungen – vorzulegen. Dieselbe wird über ›Religiöse Erkenntnistheorie‹ (Théorie de la connaissance religieuse) handeln« (in: GSG 22/23). Da Simmel aber dann verhindert ist, am *Premier Congrès International de Philosophie* im August 1900 in Paris teilzunehmen, wird sein Beitrag von Elie Halévy vorgelesen und in der Diskussion verteidigt (vgl. Revue de Métaphysique et de Morale 8, 1900, S. 583-586). Die Publikation seines übersetzten Vortragstextes unter dem Titel »De la Religion au point de vue de la théorie de la connaissance« (in: GSG 19) im 2. Band »Morale Générale« der Reihe »Bibliothèque du premier congrès international de philosophie« (S. 319-337) verzögert sich jedoch wider alle Erwartung bis 1903 (vgl. Brief an Xavier Léon vom 9. Februar 1901, in: GSG 22/23), so daß die von Simmel vorgesehene Gleichzeitigkeit der Veröffentlichungen des Textes in deutsch und französisch nicht zustande kommt; die deutsche Fassung erscheint bereits im Februar 1901.

Die beiden Texte »Vom Pantheismus« und »Vom Heil der Seele«, die im August bzw. Dezember 1902 in der freireligiös orientierten Programmzeitschrift »Das freie Wort« erschienen, hatte Simmel bereits im Frühjahr 1902 fertiggestellt, wie einem Brief an Heinrich Rickert vom 23. Juni 1902 zu entnehmen ist: »Inzwischen habe ich ein paar ganz kleine religionsphilosophische Aufsätze verfaßt, die ich Ihnen nach Erscheinen schicken werde. Sie sind in der Form ganz populär, aber ihrem letzten Sinn nach sehr unpopulär gemeint« (in: GSG 22/23). »Die Gegensätze des Lebens und die Religion« erscheinen dann, im Juli 1904, ebenfalls in »Das freie Wort«.

4. Bei den Texten zur Philosophie handelt es sich um:
Die beiden Formen des Individualismus (1901),
Zum Verständnis Nietzsches (1902),
Kant und die moderne Aesthetik (1903),
Die Lehre Kants von Pflicht und Glück (1903),
Kant und der Individualismus (1904),
Ueber Geschichte der Philosophie (1904).

Nach der Selbstanzeige seiner »Philosophie des Geldes« (in: GSG 6) sind »Die beiden Formen des Individualismus« der zweite Beitrag Simmels im Eröffnungsjahrgang der Programmzeitschrift »Das freie Wort«. Schon die Selbstanzeige hatte sich auf den Hinweis auf ein Kapitel der »Philosophie des Geldes« beschränkt, nämlich auf das vierte: »Die individuelle Freiheit«, das auch Ausgangspunkt des vorliegenden Aufsatzes wird.

»Zum Verständnis Nietzsches« erscheint im April 1902 im »Freien Wort«. Der formal bewußt populär gehaltene Text geht auf einen Vortrag zurück, den Simmel 1902 im Rahmen eines Vortragszyklus über »Schopenhauer und Nietzsche« im Victoria-Lyceum gehalten hatte. In einem Brief an Elisabeth Foerster-Nietzsche berichtet er darüber – er wolle »bei den geistig hochstehensten Frauenkreisen Berlins ein wenig (dazu) beitragen..., die noch immer sehr mißdeutete Lehre Ihres Bruders zu reinerem und tieferem Verständnis zu bringen« (4. März 1902; in: GSG 22/23). Elisabeth Foerster-Nietzsche formuliert in einem erhalten gebliebenen Briefentwurf vom 6. Dezember 1902 an Simmel, daß sie das, was er »im vorigen April im ›Freien Wort‹« geschrieben habe, für so »ausgezeichnet« halte, daß sie sich erlaube, »einen Passus daraus im Schlußband d. Biographie z. citiren«.

Die drei Texte »Die Lehre Kants von Pflicht und Glück«, der im Oktober 1903 in »Das freie Wort«, »Kant und die moderne Aesthetik«, der im Oktober 1903 im »Berliner Tageblatt« und »Kant und der Individualismus«, der im Januar 1904 in der »Vossischen Zeitung« abgedruckt sind, sind Vorabdrucke aus der im Januar 1904 erschienenen Monographie »Kant. Sechzehn Vorlesungen gehalten an der Universität Berlin«. Sie kommen damit rechtzeitig zum 100. Todestag des Philosophen am 12. Februar 1904 auf den Markt. Es handelt sich um die Vorlesungen 11, 15 und 16. Da Simmel mehrmals über Kant Vorlesungen gehalten hat, ist nicht mehr auszumachen, wann diese stattgefunden haben (vgl. Kurt Röttgers: Editorischer Bericht. In: GSG 9). Wahrscheinlich ist das Wintersemester 1902/03; im Sommersemester 1903 war Simmel beurlaubt, lebte in Florenz und hatte früh die Kant-Vorlesungen für den Druck überarbeitet. Er wohnte in der Villa Giovanelli. »Eine Inschrift besagt, dass in diesem Hause Galilei von Sustermanns gemalt worden ist. Sollte inzwischen hinzugefügt sein, dass hier Georg Simmel sein Buch über Kant geschrieben hat, so wäre auch dieses richtig«, schreibt Hans Simmel in seinen Lebenserinnerungen (Typoskript, S. 33 f.). Schon im Juli muß das Druckmanuskript fertiggestellt gewesen sein, denn Margarete Susman informiert Erwin Kircher: Simmels »Buch über Kant erscheint bald« (Brief vom 15. Juli 1903; Deutsches Literaturarchiv / Schiller-Nationalmuseum, Marbach a. N.).

Simmels Bemerkungen »Ueber Geschichte der Philosophie« erschienen im Zusammenhang mit seiner im Sommersemester 1904 erstmals gehaltenen fünfstündigen Hauptvorlesung »Allgemeine Geschichte der Philosophie« an der Berliner Universität.

5. Bei den kulturphilosophischen Beiträgen handelt es sich um:
Weibliche Kultur (1902),
Die Großstädte und das Geistesleben (1903),
Bruchstücke aus einer Psychologie der Frauen (1904).

»Weibliche Kultur« geht auf einen Vortrag zurück, den Simmel auf der Sitzung der Sozialwissenschaftlichen Studentenvereinigung in Berlin am 4. November 1901 gehalten hat (siehe Klaus Chr. Köhnke: Der junge Simmel in Theoriebeziehungen und sozialen Bewegungen. Mskr., Berlin 1994, S. 370). Teile des Aufsatzes gingen in Simmels im gleichen Jahr erscheinende Bestandsaufnahme »Tendencies in German Life and Thought since 1870« ein (in: GSG 18). Eine überarbeitete Fassung (1911, in: GSG 12) wird dann auch Teil seiner »Philosophischen Kultur« (1911, in: GSG 14).

Der Aufsatz »Die Großstädte und das Geistesleben« geht ebenfalls auf einen Vortrag Simmels zurück, den er im Rahmen eines von der Gehe-Stiftung zu Dresden im Winter 1902/1903 veranstalteten Vortragszyklus gehalten hat. Dieser wird 1903 in einem Band dokumentiert, der neben Simmels auch die Vorträge bzw. Aufsätze von Karl Bücher, Friedrich Ratzel, Georg v. Mayr, Heinrich Waentig, Theodor Petermann und eben jenes Dietrich Schäfer enthält, der sich in seinem Gutachten über Simmel anläßlich der Berufungsabsichten der Heidelberger Universität 1908 eben dieser Arbeit erinnern wird (s. Buch des Dankes. A.a.O., S. 27). Simmels Vortrag nötigte Petermann zu folgender »Vorbemerkung des Herausgebers«, die im Band mit »März 1903« datiert ist und die Anlaß und Rahmen der Veranstaltung verdeutlicht: »Nach dem den Einzelvorträgen der Gehestiftung im Winter 1902/03 zu Grunde gelegten Plane sollten die ersten drei derselben die Ursprünge, den Schauplatz und das Personal des Großstadtlebens behandeln und die drei folgenden der Erörterung der wirtschaftlichen, geistigen und politischen Bedeutung der Großstädte gewidmet sein. (Absatz) Da jedoch die geistreichen Ausführungen des Herrn Prof. Dr. Simmel über die Großstädte und das Geistesleben vielmehr den Einfluß auf das Geistesleben des einzelnen Großstädters als die geistigen Kollektivkräfte der Großstädte und deren Kollektivwirkungen zum Gegenstand hatten, entstand eine Lücke in der Durchführung des ursprünglichen Programms, zu deren bestmöglicher Ausfüllung, mit Zustimmung des wissenschaftlichen Ausschusses, der Verfasser des Aufsatzes ›Die geistige Bedeutung der Großstädte‹ [sc. Petermann selbst] vom Direktorium ermächtigt wurde.« Diese offensichtliche Diskrepanz zwischen der Erwartung der Organisatoren und dem von Simmel Gebotenen findet eine Erklärung, die Simmel am Schluß seiner Abhandlung in einer Fußnote selbst gibt; demzufolge geht der Inhalt des Vortrags »seiner Natur nach nicht auf eine anzuführende Literatur zurück«. Jedoch: »Begründung und Ausführung seiner kulturgeschichtlichen Hauptgedanken ist in meiner ›Philosophie des Geldes‹ gegeben«, der Vortrag, mithin die vorliegende Abhandlung, hat Simmel zufolge also ihren Ursprung in jener 1900 erschienenen Monographie.

Druckvorlagen

Georg Simmel: Beiträge zur Erkenntnistheorie der Religion, aus: Zeitschrift für Philosophie und philosophische Kritik (vormals Fichte-Ulricische Zeitschrift), im Verein mit Dr. H. Siebeck u. Dr. J. Volkelt herausgegeben und redigiert von Dr. Richard Falckenberg, Band 119, Heft 1, 1901, S. 11-22, Leipzig

Georg Simmel: Stefan George. Eine kunstphilosophische Studie, aus: Neue Deutsche Rundschau, 13. Jg. (= Heft 2 vom Februar 1901), S. 207-215, Berlin

Georg Simmel (Berlin): Die ästhetische Bedeutung des Gesichts, aus: Der Lotse. Hamburgische Wochenschrift für deutsche Kultur, Redaktion C. Mönckeberg und Dr. Heckscher, 1. Jg., 2. Band (= Heft 35 vom 1. Juni 1901), S. 280-284, Hamburg

Georg Simmel: Aesthetik der Schwere, aus: Der Zeitgeist, Beiblatt zum Berliner Tageblatt, 10. Juni 1901, Berlin

Professor Dr. G. Simmel: Die beiden Formen des Individualismus, aus: Das freie Wort, Frankfurter Halbmonatszeitschrift für Fortschritt auf allen Gebieten des geistigen Lebens, begründet von Carl Saenger, herausgegeben von Max Henning, 1. Jg. (= Nr. 13 vom 5. Oktober 1901), S. 397-403, Frankfurt a. M.

Georg Simmel: Zum Verständnis Nietzsches, aus: Das freie Wort, Frankfurter Halbmonatszeitschrift für Fortschritt auf allen Gebieten des geistigen Lebens, begründet von Carl Saenger, herausgegeben von Max Henning, 2. Jg. (= Nr. 1 vom 5. April 1902), S. 6-11, Frankfurt a. M. (auch in: Das freie Wort: Eine Auswahl von Beiträgen aus den beiden ersten Jahrgängen der Zeitschrift »Das freie Wort«, herausgegeben von Max Henning, 1903, S. 107-112, Frankfurt a. M.)

Georg Simmel: Weibliche Kultur, aus: Neue Deutsche Rundschau (Freie Bühne), 13. Jg. (= Heft 5 vom Mai 1902), S. 504-515, Berlin

Georg Simmel (Berlin-Westend): Vom Pantheismus, aus: Das freie Wort, Frankfurter Halbmonatszeitschrift für Fortschritt auf allen Gebieten des geistigen Lebens, begründet von Carl Saenger, herausgegeben von Max Henning, 2. Jg. (= Nr. 10 vom 20. August 1902), S. 306-312, Frankfurt a. M.

Professor Dr. Georg Simmel: Rodins Plastik und die Geistesrichtung der Gegenwart, aus: Der Zeitgeist, Beiblatt zum Berliner Tageblatt, 29. September 1902, Berlin

Prof. Dr. Georg Simmel: Der Bildrahmen. Ein ästhetischer Versuch, aus: Der Tag, Nr. 541, 18. November 1902, Berlin

Georg Simmel (Berlin): Vom Heil der Seele, aus: Das freie Wort, Frankfurter Halbmonatszeitschrift für Fortschritt auf allen Gebieten des geistigen Lebens, begründet von Carl Saenger, herausgegeben von Max Henning, 2. Jg. (= Nr. 17 vom 5. Dezember 1902), S. 533-538, Frankfurt a. M.

Dr. Simmel, a. o. Professor an der Universität Berlin: Die Großstädte und das Geistesleben, aus: Die Großstadt. Vorträge und Aufsätze zur Städteausstellung. Jahrbuch der Gehe-Stiftung zu Dresden, herausgegeben von Th. Petermann, Band IX, 1903, S. 185-206, Dresden

Georg Simmel: Soziologie des Raumes, aus: Jahrbuch für Gesetzgebung, Verwaltung und Volkswirtschaft im Deutschen Reich (Das »Jahrbuch für Gesetzgebung, Verwaltung und Rechtspflege des Deutschen Reiches« Neue Folge), herausgegeben von Gustav Schmoller, 27. Jg., 1. Band, 1903, S. 27-71, Leipzig

Herr Prof. Dr. G. Simmel: Über ästhetische Quantitäten (Vortrag vor der Psychologischen Gesellschaft zu Berlin, Sitzung vom 20. Januar 1903), aus: Zeitschrift für pädagogische Psychologie, Pathologie und Hygiene, herausgegeben von Ferdinand Kemsies und Leo Hirschlaff, 5. Jg., Heft 3, 1903, S. 208-212, Berlin

Professor Dr. Georg Simmel: Die ästhetische Quantität, aus: Der Zeitgeist, Beiblatt zum Berliner Tageblatt, 30. März 1903, Berlin

Professor Dr. Georg Simmel in Berlin: Über räumliche Projektionen socialer Formen, aus: Zeitschrift für Socialwissenschaft, herausgegeben von Dr. Julius Wolf, ord. Professor d. Staatswissenschaften, 6. Jg. (= Heft 5 vom Mai 1903), S. 287-302, Breslau

Georg Simmel: Soziologie der Konkurrenz, aus: Neue Deutsche Rundschau (Freie Bühne), 14. Jg. (= Heft 10 vom Oktober 1903), S. 1009-1023, Berlin

Georg Simmel (Berlin): Die Lehre Kants von Pflicht und Glück, aus: Das freie Wort, Frankfurter Halbmonatszeitschrift für Fortschritt auf allen Gebieten des geistigen Lebens, begründet von Carl Saenger, herausgegeben von Max Henning, 3. Jg. (= Nr. 14 vom Oktober 1903), S. 548-553, Frankfurt a. M.

Georg Simmel: Kant und die moderne Aesthetik, aus: Der Zeitgeist, Beiblatt zum Berliner Tageblatt, 12. Oktober 1903 und 19. Oktober 1903, Berlin

Georg Simmel: Kant und der Individualismus, aus: Vossische Zeitung, Königlich privilegirte Berlinische Zeitung von Staats- und gelehrten Sachen, Nr. 7, Morgenausgabe vom 6. Januar 1904, Feuilleton-Teil, Berlin

Georg Simmel (Berlin): Ueber Geschichte der Philosophie, aus: Die Zeit, Wiener Wochenschrift für Politik, Volkswirtschaft, Wissenschaft und Kunst, herausgegeben von Professor Dr. I. Singer, Dr. Heinrich Kanner, Professor Dr. Richard Muther, XXXIX. Band (= Nr. 504 vom 28. Mai 1904), S. 99-100, Wien

Professor Georg Simmel: Bruchstücke aus einer Psychologie der Frauen, aus: Der Tag, 9. Juli 1904, Berlin

Georg Simmel: Die Gegensätze des Lebens und die Religion, aus: Das freie Wort, Frankfurter Halbmonatszeitschrift für Fortschritt auf allen Gebieten des geistigen Lebens, begründet von Carl Saenger, herausgegeben von Max Henning, 4. Jg. (= Nr. 8 vom zweiten Juliheft 1904), S. 305-312, Frankfurt a. M.

Professor Georg Simmel: Das Abendmahl Leonardo da Vincis, aus: Der Tag, 22. Februar 1905, Berlin

Georg Simmel: Ein Problem der Religionsphilosophie, aus: Vossische Zeitung, Königlich privilegirte Berlinische Zeitung von Staats- und gelehrten Sachen, Nr. 179, Morgenausgabe vom 15. April 1905, Feuilleton-Teil, Berlin

Professor Georg Simmel (Berlin): Aesthetik des Porträts, aus: Neue freie Presse, 22. April 1905, Wien

Georg Simmel: Das Ende des Streits, aus: Die neue Rundschau, XVI. Jahrgang der freien Bühne, 1. Band (= Heft 6 vom Juni 1905), S. 746-753

Georg Simmel: Der Henkel. Ein ästhetischer Versuch, aus: Der Tag, 26. August 1905, Berlin

Varianten

Verzeichnet sind, bezogen auf Seiten- und Zeilenzahl der vorliegenden Ausgabe, sämtliche durch Textverbesserungen entstandenen Abweichungen von den jeweiligen Druckvorlagen sowie Tilgungen von Verfasser- und sonstigen Angaben im Titel, in Anmerkungen oder am Textende. Die herangezogenen Texte sind mit Siglen bezeichnet, deren Auflösung das Verzeichnis der Abkürzungen und Siglen enthält.

Beiträge
zur Erkenntnistheorie der Religion
(S. 9-20)

9,2-3 Religion [Absatz] I.] BERel: Religion. [Absatz] Von *Georg Simmel*. [Absatz] I.   **9,14** gelegene] BERel: belegene   **10,23** seiend, bald] BERel: seiend bald   **10,32** Kategorieen] BERel: Kategorien   **12,14** usw.] BERel: u.s.w.   **13,37** bzw.] BERel: bezw.   **14,4** ephemeristischer] BERel: euhemeristischer   **15,24** *Kantische*] BERel: kantische   **18,8** *Jehova*] BERel: Jehova   **18,9** *Ormuzd*] BERel: Ormuzd   **18,9** *Ahriman*] BERel: Ahriman   **18,9** *Vitzliputzli*] BERel: Vitzliputzli

Stefan George
Eine kunstphilosophische Studie
(S. 21-35)

21,1-3 George... Die] StfGe: George. [Absatz] Eine kunstphilosophische Studie. [Absatz] Von *Georg Simmel*. [Absatz] Die   **22,11** darstellt] StfGe: da stellt   **22,20** äußeren] StfGe: aeußeren   **24,10** Nicht-Habens] StfGe: Nicht-habens   **24,10-11** Nicht-Wollens] StfGe: Nicht-wollens   **26,29** Georgeschen] StfGe: George'schen   **29,15** bloß] StfGe: blos   **30,1** Nicht-empfunden-Werden] StfGe: Nicht-Empfunden-Werden   **31,9** ästhetische] StfGe: aesthetische   **32,35** der] StfGe: das   **33,25** Neues] StfGe: neues   **34,18** Heyses] StfGe: Heyse's

Die ästhetische Bedeutung des Gesichts
(S. 36-42)

38,7 Gebärden] ÄBdGs: Geberden   **42,10** spannen.] ÄBdGs: spannen. [Absatz] *Berlin Georg Simmel*

Aesthetik der Schwere
(S. 43-48)

43,1-2 Schwere [Absatz] Die] ÄSchw: Schwere. [Absatz] Von (Nachdruck verboten) [Absatz] Georg Simmel. [Absatz] Die   **44,23** bloß] ÄSchw: blos   **46,9** tote] ÄSchw: todte

Die beiden Formen des Individualismus
(S. 49-56)

49,1-2 Individualismus [Absatz] Das] FoIs: Individualismus. [Absatz] Von *Georg Simmel*. [Absatz] Das   **49,26** kritisieren, ist] FoIs: kritisieren ist   **50,9** Fronpflichten] FoIs: Frohnpflichten

Zum Verständnis Nietzsches
(S. 57-63)

57,1-2 Nietzsches [Absatz] I.] VstN1902/VstN1903: Nietzsches. [Absatz] Von *Georg Simmel*. [Absatz] I.   **57,31** legitimiert] VstN1902: legitimirt / VstN1903: legitimiert   **58,3** Idealen: Selbstlosigkeit] VstN1902: Idealen: Selbstlosigkeit / VstN1903: Idealen, Selbstlosigkeit   **58,4** Sich-Hingeben] VstN1902/VstN1903: Sich-hingeben   **58,7** höchsten] VstN1902: höchsten / VstN1903: höchste   **58,17** konservieren] VstN1902: konserviren / VstN1903: konservieren   **58,36** qualifizierte] VstN1902: qualifizirte / VstN1903: qualifizierte   **59,5** daß] VstN1902: daß / VstN1903: Daß   **60,30** Glücke] VstN1902: Glück / VstN1903: Glücke   **61,19** unzerstörbar] VstN1902: unzerstörbar / VstN1903: zerstörbar   **61,30-31** Für-sich-Seins] VstN1902/VstN1903: Für-sich-seins   **63,3** Sich-selbst-Genügen] VstN1902/VstN1903: Sich-selbst-genügen

Weibliche Kultur
(S. 64-83)

64,1-2 Kultur [Absatz] Wenn] WblK: Kultur. [Absatz] Von *Georg Simmel.* [Absatz] Wenn **65,9** Wie-Sehr] WblK: Wie-sehr **65,9** Wie-Oft] WblK: Wie-oft **66,6** beeinflussen] WblK: beeinflussen **73,1** Völkern] WblK: Völken **74,27** Gebärdungsart] WblK: Geberdungsart **75,35** allmählich] WblK: allmählig **78,33** dgl.] WblK: dergl.

Vom Pantheismus
(S. 84-91)

84,1-2 Pantheismus [Absatz] Die] Pthm: Pantheismus. [Absatz] Von *Georg Simmel* (Berlin-Westend). [Absatz] Die **89,16** können, die] Pthm: können; die

Rodins Plastik
und die Geistesrichtung der Gegenwart
(S. 92-100)

92,2-3 Gegenwart [Absatz] Die] RoPl: Gegenwart [Absatz] Von (Nachdruck verboten.) [Absatz] *Professor Dr. Georg Simmel.* [Absatz] Die **94,7** Brunnen] RoPl: Bronnen **95,24** Unselbständigkeit] RoPl: Unselbstständigkeit **95,26** Unselbständigkeit] RoPl: Unselbstständigkeit **96,11** Souveränität] RoPl: Souveränetät **96,24** Souveränitätserklärung] RoPl: Souveränetätserklärung **98,16** Spezialistenthum] RoPl: Spezialisteuthum **99,1** selbständigen] RoPl: selbstständigen **99,30** bloß] RoPl: blos

Der Bildrahmen
Ein ästhetischer Versuch
(S. 101-108)

101,1-3 Bildrahmen... Der] Bldr: Bildrahmen. [Absatz] *Ein ästhetischer Versuch* [Absatz] von [Absatz] Prof. Dr. Georg Simmel. [Absatz] Der **105,21** Resignation, deren] Bldr: Resignation deren **106,16** freilich] Bldr: reilich

Vom Heil der Seele
(S. 109-115)

109,1-2 Seele [Absatz] Es] HlSle: Seele. [Absatz] Von *Georg Simmel* (Berlin). [Absatz] Es **111,16** Aeußerliche] HlSle: Äußerliche **111,24** Aeußeren] HlSle: Äußeren **111,25** Sich-ergänzen-Wollen] HlSle: Sich-ergänzen-wollen **111,28** Aeußerliches] HlSle: Äußerliches **112,8** Sich-Ausleben] HlSle: Sich-ausleben **114,8** Aeußerliches] HlSle: Äußerliches

Die Großstädte und das Geistesleben
(S. 116-131)

116,1 Die Großstädte] Grst: Die [Absatz] Großstädte **116,1-2** Geistesleben [Absatz] Die] Grst: Geistesleben [Absatz] von [Absatz] *Dr. Simmel*, [Absatz] a.o. Professor an der Universität Berlin. [Absatz] Die **120,35** Eigenartigen] Grst: eigenartigen **120,35** Präzisierbaren] Grst: präzisierbaren **123,24** vor] Grst: von **128,35** Sich-Heraushebens] Grst: Sich-heraushebens

Soziologie des Raumes
(S. 132-183)

132,1-3 Raumes [Absatz] ... Die] SozR: Raumes. [Absatz] Von [Absatz] *Georg Simmel*. [Absatz] Inhaltsverzeichnis. [Absatz] Die **133,4** usw.] SozR: u.s.w. **136,8** so daß] SozR: sodaß **143,22** Sich-Treffen] SozR: Sich-treffen **143,22** Sich-Scheiden] SozR: Sich-scheiden **145,30** usw.] SozR: u.s.w. **146,7** Aufeinander-Angewiesensein] SozR: Aufeinander angewiesensein **149,14** bzw.] SozR: bezw. **151,33** tut] SozR: thut **151,37** teilweise] SozR: theilweise **154,12-13** Glaubensnuancen] SozR: Glaubensnüancen **156,18** Für-sich-Sein] SozR: Für-sich-sein **156,26-27** Zu-einander-Gehörens] SozR: Zu-einander-gehörens **156,34** so daß] SozR: sodaß **160,37-38** Geruchsnuancen] SozR: Geruchsnüancen **163,15** bzw.] SozR: bezw. **163,21** so daß] SozR: sodaß **163,22** Sich-unsichtbar-Machen] SozR: Sich-unsichtbar-machen **172,25** Sich-Geben] SozR: Sich-geben **173,14** Table d'hôte] SozR: Table d'hote **178,8** Verbunden-Sein] SozR: Verbundensein **179,11** Auf-sich-selbst-Stehen] SozR: Auf-sich-selbst-ste-

hen **179,12** Sich-selbst-überlassen-Sein] SozR: Sich-selbst-überlassen-sein **180,7-8** Sich-unsichtbar-Machens] SozR: Sich-unsichtbar-
machens

Über ästhetische Quantitäten
(S. 184-189)

184,1-2 Über... Der] ÄQtSb: *Sitzungsberichte.* [Absatz] *Psychologi-*
sche Gesellschaft zu Berlin. [Absatz] Sitzung vom 20. Januar 1903.
Beginn 7 Uhr 20 Min. [Absatz] Vorsitzender: Herr *Th. S. Flatau.* [Ab-
satz] Schriftführer: Herr *Pfungst.* [Absatz] Der Vorsitzende verkün-
digt die Meldung von drei neuen Mitgliedern und zwar den Herren:
[Absatz] Kriminalkomissar Joh. v. Manteuffel, Berlin NW., Perle-
bergstr. 26, [Absatz] Dr. med. James H. Honan, American Physician,
Berlin W., Lützowstr. 78, [Absatz] Freiherr v. Münchhausen, Berlin,
Schleiermacherstr. 19. [Absatz] Er begrüßt sodann den Redner des
Abends und die zahlreich erschienenen Gäste. Hierauf hält Herr Prof.
Dr. *G. Simmel* (a. G.) den angekündigten Vortrag: [Absatz] *Über äs-*
thetische Quantitäten. [Absatz] Der **185,32-33** weshalb intellektua-
listische] ÄQtSb: weshalb idealistische (?) intellektualistische **186,37**
hierfür] AQtSb: hiefür **189,30** ist.] ÄQtSb: ist. [Absatz] (Autorre-
ferat.) [Absatz] Die *Diskussion* über den Vortrag wird auf Wunsch des
Herrn Vortragenden vertagt. [Absatz] Schluß der Sitzung 8 1/2 Uhr.

Die ästhetische Quantität
(S. 190-200)

190,1-2 Quantität [Absatz] Der] ÄQt: Quantität. [Absatz] Von
[Nachdruck verboten.] [Absatz] *Professor Dr. Georg Simmel.* [Ab-
satz] Der **190,2** Souveränität] ÄQt: Suveränetät **191,32** Nuancie-
rungen] ÄQt: Nüancierungen **198,13** Nuanciertheit] ÄQt: Nüan-
ciertheit

Über räumliche Projektionen socialer Formen
(S. 201-220)

201,1-2 Projektionen [Absatz] socialer] RPjSFo: Projektionen socialer   201,2-3 Formen [Absatz] Wenn] RPjSFo: Formen. [Absatz] Von [Absatz] Professor Dr. *Georg Simmel* in Berlin. [Absatz] Wenn   204,2 socialen] RPjSFo: sozialen   204,6 Dithmarscher] RPjSFo: Dittmarschen   204,12 socialen] RPjSFo: sozialen   204,33-34 Kontinuum] RPjSFo: Konstinuum   207,1 cuius... eius] RPjSFo: cujus... ejus   208,31 Lokalisierung der] RPjSFo: Lokalisierung, der   209,17 Zwecken, politische] RPjSFo: Zwecken politische   210,15 usw.] RPjSFo: u.s.w.   212,12 Diffusion] RPjSFo: Dffiusion   212,13 Heimathause] RPjSFo: Heimatshause   212,29 usw.] RPjSFo: u.s.w.   213,14 jene Herr] RPjSFo: jenen Herrn   213,37-38 sociologische] RPjSFo: soziologische   214,12 Festgelegtheit] RPjSFo: Festgelegenheit   214,25 Usipier] RPjSFo: Usiper   214,32 usw.] RPjSFo: u.s.w.   215,8 bewußte] RPjSFo: bewusste   216,3 bzw.] RPjSFo: bezw.   216,15 Nuance] RPjSFo: Nüance   217,24 okkupierbar] RPjSFo: occubierbar   219,22 prinzipiellen] RPjSFo: prinziellen

Soziologie der Konkurrenz
(S. 221-246)

221,1-2 Konkurrenz [Absatz] Aus] SozKonk: Konkurrenz. [Absatz] Von *Georg Simmel*. [Absatz] Aus   221,12 Psychologe] SozKonk: Psycholog   223,10 Sich-Darbieten] SozKonk: Sich-darbieten   225,19 zu] SozKonk: zu   226,6 Sich-Aufreiben] SozKonk: Sich-aufreiben   226,18 dritten] SozKonk: Dritten   227,36 Sich-Bemühen] SozKonk: Sich-bemühen   227,37 Sich-Anpassen] SozKonk: Sich-anpassen   228,18 Sich-Anschließen] SozKonk: Sich-anschließen   229,5-6 ergiebigste] SozKonk: ergibigste   229,7 Sich-seiner-Bemächtigen] SozKonk: Sich-seiner-bemächtigen   234,28 Sich-Messen] SozKonk: Sich-messen   234,31 Sich-Ergänzen] SozKonk: Sich-ergänzen   235,18 Sich-Anpassen] SozKonk: Sich-anpassen   238,26 Koinzidenzpunktes] SozKonk: Koinzindenzpunktes   242,28 verfolgen] SozKonk: erfolgen   246,15 Sich-selbst-Gehören] SozKonk: Sich-selbst-gehören

Die Lehre Kants von Pflicht und Glück
(S. 247-254)

247,1 Kants [Absatz] von] LrKaPflGl: Kants von 247,2-3 Glück [Absatz] Die] LrKaPflGl: Glück. [Absatz] Von *Georg Simmel* (Berlin). [Absatz] Die

Kant und die moderne Aesthetik
(S. 255-272)

255,1-2 Aesthetik [Absatz] Unter] KaMoÄ: Aesthetik. [Absatz] Von [Nachdruck verboten.] [Absatz] *Georg Simmel*. [Absatz] Unter 256,33-34 Erscheinungen] KaMoÄ: Erscheinuugen 256,37 eigentlich] KaMoÄ: eigentlch 260,15 aus] KaMoÄ: aus 263,24-25 vermag. [Absatz] Noch] KaMoÄ: vermag. (Ein Schlußartikel folgt.) [Ende des ersten Teils, der zweite beginnt:] Kant und die moderne Aesthetik. [Absatz] [Schluß aus Zeitgeist Nr. 41.] Von [Nachdruck verboten.] [Absatz] *Professor Dr. Georg Simmel*. [Absatz] Noch 266,1 Nuancierung] KaMoÄ: Nüancierung 270,13 Erkenntnis] KaMoÄ: Erkentnis

Kant und der Individualismus
(S. 273-282)

273,1-2 Individualismus* [Absatz] Die] KaIs: Individualismus.*) [Absatz] Von *Georg Simmel*. [Absatz] Die 274,7 in die der] KaIs: in der 276,27 jener] KaIs: jene

Ueber Geschichte der Philosophie
Aus einer einleitenden Vorlesung
(S. 283-288)

283,1 Philosophie [Absatz] GeschPh: Philosophie. [Absatz] 283,2-3 Vorlesung [Absatz] Wahrheit] GeschPh: Vorlesung. [Absatz] Von *Georg Simmel* (Berlin). [Absatz] Wahrheit 283,3 Wissenschaft wie] GeschPh: Wissenschaft, wie 283,16 Geozentrismus] GeschPh: Gäozentrismus 284,16 Leibniz] GeschPh: Leibnitz 286,22 Hiermit] GeschPh: Hiemit 287,37 Vgl.] GeschPh: Vergl.

Bruchstücke aus einer Psychologie
der Frauen
(S. 289-294)

289,2-3 Frauen [Absatz] »Wer] BsPsyFr: Frauen. [Absatz] Von [Absatz] *Professor Georg Simmel.* [Absatz] »Wer

Die Gegensätze des Lebens
und die Religion
(S. 295-303)

295,1-3 Lebens [Absatz]... *Coincidentia*] GgsLbRel: Lebens und die Religion. [Absatz] Von *Georg Simmel.* [Absatz] *Coincidentia* **295,13** gefühlsmäßigen] GgsLbRel: gefühlmäßigen **295,21** überzuführen] GgsLbRel: überzufühlen **295,34** wider] GgsLbRel: wieder **301,1** Haben-Wollen] GgsLbRel: Haben-wollen

Das Abendmahl Leonardo da Vincis
(S. 304-309)

304,1-2 Vincis [Absatz] I.] ALeo: Vincis. [Absatz] Von [Absatz] *Professor Georg Simmel.* [Absatz] I.

Ein Problem der Religionsphilosophie
(S. 310-320)

310,1-2 Religionsphilosophie [Absatz] Für] PRph: Religionsphilosophie. [Absatz] Von *Georg Simmel.* [Absatz] Für **310,11** Hand] PRph: Hant **310,20** so daß] PRph: sodaß **317,25-26** Parteien auftut, ein] PRph: Parteien, ein

Aesthetik des Porträts
(S. 321-332)

321,1-2 Porträts [Absatz] Wenn] ÄPtr: Porträts. [Absatz] Von *Profes-sor Georg Simmel* (Berlin). [Absatz] Wenn 325,26 geheimnisvolle] ÄPtr: geheimnißvolle 326,13 Seele] ÄPtr: Sele 328,38 bloß] ÄPtr: blos 330,21 Aeußeres] ÄPtr: Aeußere

Das Ende des Streits
(S. 333-344)

333,1-2 Streits [Absatz] In] EnStr: Streits / von Georg Simmel [Absatz] In 335,10 gar nicht] EnStr: garnicht 336,11 so daß] EnStr: sodaß 337,24-25 Sich-besiegt-Erklärens] EnStr: Sich-besiegt-erklärens 338,8 so daß] EnStr: sodaß 338,17 für die] EnStr: für den 338,38 kultivierten] EnStr: kultivirten 341,31 Sich-Verstehen] EnStr: Sich-verstehen 342,9 banalisieren] EnStr: banalisiren 342,27 bzw.] EnStr: bezw.

Der Henkel
Ein ästhetischer Versuch
(S. 345-350)

345,1-3 Henkel ... Moderne] Hkl: Henkel. [Absatz] *Ein ästhetischer Versuch*. [Absatz] Von [Absatz] Georg Simmel. [Absatz] Moderne

Verzeichnis der Abkürzungen und Siglen

ÄBdGs   Die ästhetische Bedeutung des Gesichts
ÄPtr   Aesthetik des Porträts
ÄQt   Die ästhetische Quantität
ÄQtSb   Über ästhetische Quantitäten
ÄSchw   Aesthetik der Schwere
ALeo   Das Abendmahl Leonardo da Vincis
BERel   Beiträge zur Erkenntnistheorie der Religion
Bldr   Der Bildrahmen. Ein ästhetischer Versuch
BsPsyFr   Bruchstücke aus einer Psychologie der Frauen
EnStr   Das Ende des Streits
FoIs   Die beiden Formen des Individualismus
GeschPh   Ueber Geschichte der Philosophie
GgsLbRel   Die Gegensätze des Lebens und die Religion
Grst   Die Großstädte und das Geistesleben
Hkl   Der Henkel. Ein ästhetischer Versuch
HlSle   Vom Heil der Seele
KaIs   Kant und der Individualismus
KaMoÄ   Kant und die moderne Aesthetik
LrKaPflGl   Die Lehre Kants von Pflicht und Glück
PRph   Ein Problem der Religionsphilosophie
Pthm   Vom Pantheismus
RoPl   Rodins Plastik und die Geistesrichtung der Gegenwart
RPjSFo   Über räumliche Projektionen socialer Formen
SozKonk   Soziologie der Konkurrenz
SozR   Soziologie des Raumes
StfGe   Stefan George. Eine kunstphilosophische Studie
VstN 1902   Zum Verständnis Nietzsches
VstN 1903   Zum Verständnis Nietzsches
WblK   Weibliche Kultur

Namenregister

Ahriman 18, 370
Athene 264
Augustus, Gaius Octavius 214

Bärwald, Richard 360
Beethoven, Ludwig van 61,
 304, 358, 360
Bernini, Gian Lorenzo 93
Breysig, Kurt 79
Bruno, Giordano 284
Bücher, Karl 364

Calame, Alexandre 192
Cäsar (Caesar), Gaius Julius 71
Catilina, Lucius Sergius 71

Dahme, Heinz-Jürgen 357
Dante Alighieri 221, 285
Donatello 92, 93
Duccio, Buoninsegna di 305

Faust 110, 304
Fichte, Johann Gottlieb 51, 53
Flatau, Theodor Simon 374
Foerster-Nietzsche, Elisa-
 beth 363
Friedrich II. d. Gr., König von
 Preußen 51, 275
Frisby, David P. 352

Galilei, Alessandro 364
Gassen, Kurt 354
Gehe, Franz Eduard 364, 365
Geißler, Johann Heinrich 328
George, Stefan 21, 22, 23, 25,
 26, 28, 30, 33, 34, 356, 357,
 358, 370
Giotto, Bondone di 285, 305

Goethe, Johann Wolfgang
 von 21, 25, 29, 52, 54, 61,
 131, 281, 285, 304
Goldschmidt-Faber, Her-
 mann 353
Gregor von Nyssa 17
Gundolf, Friedrich 358

Halévy, Elie 362
Hegel, Georg Wilhelm Fried-
 rich 57
Heinrich II., König von Eng-
 land 177
Henning, Max 353
Heraklit 57, 285
Heyse, Paul 34
Hildebrand, Adolf von 92
Hitz, Dora 74
Höffding, Harald 353
Hofmannsthal, Hugo von 361
Hölderlin, Friedrich 21
Honan, James H. 374
Houdon, Jean Antoine 92

Jahve 154
Jastrow, Ignaz 353
Jehova 18, 112, 370
Jesus 114
Jodl, Friedrich 353
Judas 307

Kant, Immanuel 15, 16, 19,
 51, 52, 53, 54, 57, 96, 134,
 247, 249, 250, 251, 252, 253,
 255, 257, 258, 259, 260, 261,
 262, 263, 265, 266, 267, 268,
 269, 270, 271, 272, 273, 275,
 276, 277, 278, 279, 280, 281,

282, 285, 287, 352, 354, 356,
363, 364, 370, 375, 376
Kessler, Harry Graf 358
Kircher, Erwin 358, 361, 364
Kleisthenes 202
Klinger, Max 358, 360
Köhnke, Klaus Chr. 352, 364
Kollwitz, Käthe 74
Kopernikus, Nikolaus 295

Landgrebe, Erich 360
Landmann, Georg Peter 357
Landmann, Michael 354
Leibniz, Gottfried Wil-
helm 284, 376
Léon, Xavier 362
Leonardo da Vinci 304, 305,
308, 356, 361, 377
Lessing, Gotthold Ephraim 307
Liebermann, Max 359
Lipps, Theodor 353
Livingstone, David 170
Ludwig XIV., König von
Frankreich 166

Manteuffel, Joh. von 374
Mars 260
Martens, Rolf Wolfgang 359
Mayr, Georg von 364
Meister, Wilhelm 52
Meunier, Konstantin (Con-
stantin) 45, 46, 92
Meyer, Richard M. 358
Michelangelo (Michelagniolo
Buonarroti) 21, 32, 33, 45,
92, 93, 96, 100, 285
Millet, Jean François 45
Münchhausen, Börries 374

Narzissus 260
Nero, Claudius 214

Newton, Isaac 255
Nicolaus (Nikolaus) Cusa-
nus 295
Nietzsche, Friedrich Wil-
helm 52, 54, 57, 58, 59, 60,
61, 62, 63, 92, 114, 116, 120,
130, 281, 282, 354, 363, 371

Ormuzd 18, 370

Paulus, Apostel 299, 300
Petermann, Theodor 364
Pfungst, Oscar 360, 374
Pherekydes von Syros 361
Phidias 285
Philipp II. August, König von
Spanien 212
Plato 57, 109, 284, 285, 297

Raffael (Raphael; Raffaello
Santi) 221
Rammstedt, Angela 357
Rammstedt, Otthein 353, 354,
357
Ratzel, Friedrich 364
Rembrandt (R. Harmensz van
Rijn) 94
Rickert, Heinrich 354, 356,
362
Rodin, Auguste 92, 93, 94, 95,
97, 98, 99, 100, 356, 358,
372
Röttgers, Kurt 364
Ruskin, John 120, 361

Saenger, Paul 353
Schäfer, Dietrich 364
Schelling, Friedrich Wil-
helm 285
Schiller, Friedrich von 247,
267, 358, 359, 361, 364

Schleiermacher, Friedrich
  Ernst Daniel 52, 53, 281,
  319, 374
Schopenhauer, Arthur 268, 363
Schullerus, Erwin 361
Segantini, Giovanni 184, 191
Semper, Gottfried 361
Simmel, Hans 364
Sokrates 247, 284
Spiethoff, Arthur 355
Spinoza, Baruch de 12, 249, 284
Stern, William 359
Stirner, Max 54, 55, 56
Susman, Margarete 358, 361,
  364
Sustermans, Justus 364

Tacitus 215

Thomas von Aquino
  (Aquin) 284
Tönnies, Ferdinand 353

Venus 264
Verrocchio, Andrea del 93
Victoria (Viktoria), deutsche
  Kaiserin 363
Vitzliputzli 18, 370

Waentig, Heinrich 364
Wagner, Kornelie 74
Whistler, James Abbot
  McNeill 285
Wilhelm II., deutscher Kai-
  ser 353
Wolters, Friedrich 357, 358